HEYNE BIOGRAPHIEN

Erich Eyck

BISMARCK UND DAS DEUTSCHE REICH

Wilhelm Heyne Verlag
München

6. Auflage

Genehmigte, ungekürzte Taschenbuchausgabe

Zeittafel und Register wurden erarbeitet von
Dr. Joyce Schober, München
Printed in Germany 1983
Umschlagfoto: Städtische Galerie im Lenbachhaus, München
Bildnachweis: Staatsbibliothek Preußischer Kulturbesitz, Berlin
Umschlaggestaltung: Atelier Heinrichs, München
Gesamtherstellung: Ebner Ulm

ISBN 3-453-55008-0

INHALT

VORWORT

Dies Buch geht zurück auf Vorlesungen, die ich an der Universität Oxford gehalten habe und in denen ich versuchte, die wichtigsten Ergebnisse meiner dreibändigen Bismarck-Biographie meinen Hörern in Kürze vorzutragen. Ein dieser Aufgabe gewidmeter Band ist inzwischen in englischer, italienischer und schwedischer Sprache erschienen. Wenn ich mich jetzt entschlossen habe, auch dem deutschen Publikum eine auf einen Band konzentrierte Darstellung vorzulegen, so haben dazu die Eindrücke wesentlich beigetragen, die ich bei Besuchen in Deutschland in den letzten Jahren empfangen habe. Der Zuspruch, den meine Bismarck-Vorträge in Berlin und anderen Städten Westdeutschlands gefunden haben, die freundliche Aufmunterung, die mir in zahlreichen Gesprächen und Briefen entgegentrat, schienen mir zu zeigen, daß ein Bedürfnis nach einer kurzen Darstellung besteht, die geeignet ist, auch in solche Kreise zu dringen, welche ein dreibändiges Werk von etwa zweitausend Seiten nur schwer erreichen kann.

Daß ich dies knapp gefaßte Buch nicht mit Literatur-Angaben und Quellen-Nachweisen belastet habe, dürfte sich ohne weiteres rechtfertigen. Wer meine Auffassung im einzelnen nachzuprüfen wünscht, sei auf die Quellenverzeichnisse verwiesen, welche den drei Bänden meiner Bismarck-Biographie, die 1941/44 in Zürich erschienen ist, angefügt sind. Ebensowenig ist hier der Platz für eine Auseinandersetzung mit meinen Kritikern. Ich muß mich auf die Bemerkung beschränken, daß ich es nicht für zutreffend halten kann, wenn mir nachgesagt worden ist, ich hätte vom Standpunkt der einstigen Gegner Bismarcks geschrieben. Ich schreibe vom liberalen Standpunkt aus, den die Geschichtswissenschaft meines Erachtens ebenso als grundsätzlich berechtigt anerkennen muß wie den konservativen, den katholischen, den nationalistischen oder den sozialistischen, die alle ihre Vertreter gefunden haben. Doch lehne ich die Formulierung eines bekannten Nachschlagewerkes ab, das mir den Vorwurf macht, ich wertete Bismarck einseitig vom »westeuropäisch-liberalen Blickpunkt«. Das klingt, als ob der Liberalismus im Lande Schillers und Wilhelm von Humboldts kein Heimatrecht hätte.

Aber wenn der Geschichtsschreiber sich auch zu einer bestimmten Auffassung bekennen darf, so ändert das nichts an seiner Pflicht, die Tatsachen so objektiv wie möglich zu ermitteln und darzustellen und sein Urteil sorgfältig und gerecht abzuwägen. Wenn ich diese Selbstverständlichkeit in der Vorrede ausspreche, so geschieht es nur, »damit mich keine Nachrede trifft«, wie Fritz Reuter sagt.

London, im Sommer 1955 *Erich Eyck*

EINLEITUNG

Der Mann, mit dem diese Arbeit sich beschäftigt, ist die wichtigste Persönlichkeit für die Geschichte und Entwicklung nicht nur Deutschlands, sondern ganz Europas in der zweiten Hälfte des 19. Jahrhunderts. Die Wirkungen seiner Taten reichen weiter als die irgendeines anderen Staatsmannes seiner Zeit. Die Einigung des deutschen Volkes im Herzen und Zentrum des europäischen Kontinents, die Ausschließung Österreichs aus Deutschland wie aus Italien, der Sturz Napoleons III. und seines Kaiserreichs, die Niederlage Frankreichs und infolge davon der dauernde Gegensatz zwischen Frankreich und Deutschland, das Bündnis des Deutschen Reiches mit der Habsburg-Monarchie, die Zerstückelung des Königreichs Dänemark – das alles sind Ereignisse, welche die Geschichte Europas bis zum Ersten Weltkrieg entscheidend bestimmt haben, und sie alle sind Bismarcks Taten. Jedermann sieht das. Aber was nicht so auf der Hand liegt, und doch nicht weniger bedeutsam und weitreichend ist, das ist die Umbildung des Geistes und der Denkart des deutschen Volkes, und auch das ist Bismarcks Werk.

Für die meisten Menschen, besonders außerhalb Deutschlands, ist Bismarck der Mann von »Blut und Eisen«. Nicht ohne Grund! Er selbst hat diese Wendung geprägt, und er hat, wie wir sehen werden, oft in ihrem Geist gehandelt. Aber er war weit mehr als das. Er war allen Staatsmännern seiner Zeit geistig überlegen, und diese Überlegenheit wurde nicht nur von seinem eigenen Volk anerkannt, sondern von den fremden Staatsmännern ganz Europas. Jules Favre, der Auswärtige Minister der französischen Republik nach dem Zusammenbruch des Kaiserreichs bei Sedan, hatte die schwere und mehr als peinliche Aufgabe, mit Bismarck über einen Waffenstillstand zu verhandeln. Er hatte gewiß keinen Grund, Bismarck zu lieben. Aber er nennt ihn »einen Staatsmann, der alles übertrifft, was man sich vorstellen kann«. Lord Salisbury, der englische Premierminister, ein scharfer und zuweilen sarkastischer Kritiker der Methoden Bismarcks, schreibt nach seinem Sturz: »Der Achitophel der Deutschen ist gegangen . . . aber man vermißt schmerzlich den außerordentlichen durchdringenden

Verstand des alten Mannes.« Von seinen »Gedanken und Erinnerungen« hat ein Historiker von so umfassender Belesenheit wie G. P. Gooch gesagt, daß ihre Bedeutung als Handbuch des Staatsmanns unvergleichlich sei und daß sie immer der erlesene Begleiter des Staatsmanns, des Lehrers und des Studenten der Geschichte sein werden. Ohne jeden Zweifel sind sie ein literarisches Meisterwerk. Sie enthalten Szenen, die unvergeßlich sind und mit einer Kraft und Lebendigkeit der historischen Darstellung erzählt sind, die auch von den größten Geschichtserzählern, wie Mommsen und Macaulay, nicht übertroffen werden. Bismarck ist einer der größten Meister der deutschen Sprache. Als Briefschreiber steht er in der allerersten Reihe. Mehrere seiner Briefe, besonders an Johanna, seine Braut und später seine Frau, zählen zu den schönsten, die je in deutscher Sprache geschrieben worden sind.

All dies zeigt, in wie hohem Maße es sich lohnt, Bismarck zu studieren und sich in seine Handlungen und Schriften zu vertiefen. Unsere Aufgabe wird es sein, die Frage zu beantworten, ob er seine außerordentlichen und unvergleichlichen Gaben in den Dienst echter Ideale gestellt hat, ob seine Taten und Leistungen den wahren Fortschritt Deutschlands und Europas gefördert haben, wie die Bilanz zwischen den positiven und negativen Kräften dieses großen Mannes gezogen werden muß.

Bismarck ist in dem Jahre von Waterloo 1815 geboren. Er war 11 Jahre jünger als Disraeli und 6 Jahre jünger als Gladstone. Napoleon III. war um 7 und Cavour um 5 Jahre älter als Bismarck. Er wurde preußischer Ministerpräsident im Jahre 1862, als Palmerston Premierminister von Großbritannien und Abraham Lincoln Präsident der Vereinigten Staaten und Cavour bereits ein Jahr begraben war. Er regierte Preußen und Deutschland achtundzwanzig Jahre, bis er 1890 von Wilhelm II. entlassen wurde, im 53. Jahre der Regierung der Königin Victoria. Er starb im Alter von 83 Jahren 1898, in demselben Jahr wie Gladstone. Der Höhepunkt seines Lebens ist der 18. Januar 1871, als er die Gründung des Deutschen Reiches und die Erhebung des Königs von Preußen, Wilhelm I., zum deutschen Kaiser in demselben Saal des Schlosses von Versailles proklamierte, in dem 48 Jahre später der Friedensvertrag von 1919 unterzeichnet wurde.

I

DIE JAHRE DER VORBEREITUNG

1. Eltern und Jugend

Bismarcks Vater war ein preußischer Junker. Der Begriff »Junker« ist spezifisch preußisch. In der Monarchie der Hohenzollern bildeten die Junker eine besondere privilegierte Klasse von adligen Grundbesitzern, die das platte Land östlich der Elbe im wesentlichen regierten. Ihnen gehörten die großen Güter, die das charakteristische Merkmal der ostdeutschen Agrarverfassung bildeten und bezeichnenderweise »Rittergüter« genannt wurden. Dort saßen sie inmitten der Kätner und Kleinbauern, die ihnen die Arbeitskräfte für ihren Betrieb lieferten, wie kleine Könige. Aber sie besetzten in Preußen auch den größten Teil der höheren Beamten- und besonders der Offiziersstellen. Es war vornehmlich die Politik Friedrichs II. gewesen, so gut wie ausschließlich Adelige zu Offizieren zu machen, »sintemalen«, wie er sagte, »des Adeligen Söhne das Land defendieren und die Rasse davon so gut ist, daß sie auf alle Weise meritieret, conservieret zu werden«. Zur Zeit von Bismarcks Geburt waren diese Privilegien theoretisch und rechtlich abgeschafft, aber in der Praxis bestanden sie nichtsdestoweniger fort. Praktisch wurde so gut wie niemals ein anderer als ein Adliger zum Offizier, besonders in den Garderegimentern und bei der Kavallerie, befördert. Die rechtliche Stellung der Junker hatte eine durchgreifende Umwandlung durch die großen Reformen des Freiherrn vom Stein und des Grafen Hardenberg nach der Niederlage von Jena 1806 erlitten. Bis zu diesen Reformen waren die Bauern den adligen Gutsbesitzern »erbuntertan« gewesen. Stein emanzipierte sie und machte sie zu freien Bauern. Aber diese Reformen erfolgten erst wenige Jahre vor Bismarcks Geburt. Natürlich ändert eine solche rechtliche Reform die sozialen und geistigen Gepflogenheiten nicht in einigen wenigen Jahren; außerdem war der Junker nach wie vor das Haupt der ländlichen Verwaltung als Vorsteher des Gutsbezirks, und er übte die Gerichtsbarkeit (Patrimonialgerichtsbarkeit) über die Bewohner seines Bezirks aus. So wuchs der junge Bismarck auf den Gütern seines Vaters unter Menschen auf, die gewohnt waren, von ihrem Gutsherrn regiert zu werden und in jedem Angehörigen der Junkerklasse ihren geborenen Herrn zu sehen.

Politisch vertraten die Junker mit der Hartnäckigkeit, welche die lange Gewohnheit des Herrschens gibt, den konservativ-reaktionären Standpunkt. Vereinzelt gab es allerdings auch unter ihnen Männer von liberaler und fortschrittlicher Gesinnung; z. B. der Führer der

Fortschrittspartei in den sechziger Jahren des 19. Jahrhunderts, der Freiherr von Hoverbeck, war ein ostpreußischer Junker. Aber das war nur eine Ausnahme, welche die Regel bestätigte. Als Klasse waren die Junker stets einmütig in der Feindschaft gegen alle Reformen und rücksichtslose Verfechter ihrer eigenen Privilegien und Vorteile. Gegen die Reformen von Stein und Hardenberg hatten sie einen schroffen und leider nur zu erfolgreichen Kampf geführt und sie zum Stillstand gebracht, als mit dem Sturze Napoleons die Stunde der Gefahr für den preußischen Staat vorübergegangen war. Für den Geist, in dem sie kämpften, ist die Anklage eines ihrer Führer gegen die Reformer bezeichnend, sie wollten »das alte ehrliche brandenburgische Preußen in einen neumodischen Judenstaat verwandeln«, und ein anderer von ihnen jammerte, »unsere Landsitze werden uns zur Hölle werden, wenn freie Bauern unsere Nachbarn sind«. Die Junker waren feurige Royalisten, aber nur unter der Bedingung, daß der König ihre alten Privilegien aufrechterhielt, besonders auch ihre Bevorzugung bei der Besetzung der Offiziers- und Beamtenstellen.

Als ein Mitglied dieser Klasse hat Bismarck sich selbst in seinen jüngeren Jahren betrachtet. Im Jahre 1849 sagte er zu dem liberalen Abgeordneten von Unruh, mit dem er in freundschaftlichem Verkehr stand: »Ich bin ein Junker und will auch Vorteile davon haben.« Und doch gehörte er zu dieser Klasse nur von der väterlichen Seite. Seine Mutter war nicht von adliger, sondern von bürgerlicher Herkunft. Sie hieß Wilhelmine Mencken und war die Tochter eines hohen Beamten, des Geheimen Kabinettsrats Ludwig Mencken, der schon unter Friedrich II. in den Dienst getreten war und später zu den milden Reformen zugeneigten vertrauten Ratgebern Friedrich Wilhelms III. gehörte. Unzweifelhaft war die Mutter die intelligentere und geistig bedeutendere von Bismarcks Eltern. Sein Vater war ein Mann von durchaus mittelmäßigen Fähigkeiten. Die Mutter hingegen hatte ihre eigenen Ansichten über viele Fragen, wie über das Ziel des menschlichen Daseins, die moralischen Verpflichtungen des Menschen und die Methoden der Erziehung, die den Menschen zur Erfüllung dieser Aufgaben reif machen sollen. Aber Bismarck hat nie ein gutes Wort für seine Mutter gehabt.

Bei allen ihren geistigen Vorzügen fehlte ihr die selbstlose mütterliche Liebe, die das Herz des Kindes gewinnt, und sie störte seinen frühzeitig reifen Individualismus durch ihre Versuche, sich einzumischen und ihm den Weg vorzuschreiben. Aber man kann mit Sicherheit sagen, daß Bismarck von seiner Mutter nicht nur seine sehr empfindlichen Nerven, sondern auch seinen Geist und seine höhere Intelligenz geerbt hat.

Als jüngerer Sohn einer adligen Familie hatte Bismarck die Wahl zwischen zwei Laufbahnen. Er konnte entweder ein Offizier in der preußischen Armee werden oder ein höherer Beamter in der Verwaltung oder der Diplomatie. Der Militärdienst mit seiner strengen Disziplin hatte für ihn nichts Anziehendes. Um zum höheren Verwaltungsdienst befähigt zu sein, mußte man in Preußen Rechtswissenschaft studieren und dann einige Lehrlingsjahre als unbezahlter Referendar oder »Auskultator« dienen. Bismarck, der Berliner Gymnasien besucht und am »Grauen Kloster« sein Abiturientenexamen gemacht hatte, studierte zuerst nicht an der preußischen Universität, sondern in Göttingen, im Königreich Hannover, das damals noch mit Großbritannien durch Personalunion verbunden war. Er nahm seine Studien nicht sehr ernst und ward nur äußerst selten in einer Vorlesung gesehen. Er führte das ungebundene Leben eines Corpsstudenten mit den üblichen Exzessen im Trinken und auf der Mensur. Er brachte es auf nicht weniger als 25 Mensuren und stürzte sich in beträchtliche Schulden. Ähnlich hielt er es in Berlin, wo er seine späteren Semester zubrachte. Die Universität Berlin war damals einer der Mittelpunkte der europäischen Wissenschaft, an dem glänzende Professoren von Weltruf lehrten. Aber auf den jungen Bismarck übten sie keine Anziehung aus. Gleichwohl bestand er seine Examina ohne jede Schwierigkeit. Er wurde zum Auskultator in Aachen ernannt. Das war damals ein internationaler Badeort, und Bismarck stürzte sich, von seinen Amtsgeschäften nicht behindert, in den Strudel der internationalen Gesellschaft. Er traf dort eine »junge Britin von blondem Haar und seltener Schönheit«, eine Miß Russell, eine Nichte des Duke of Cleveland. Bismarck verlobte sich mit ihr und folgte ihr und ihrer Familie unter kaltblütiger Verletzung seiner amtlichen Pflichten auf einer Reise. Er war seiner Sache schon so sicher, daß er einem Freunde schrieb, die Hochzeit werde im März 1838 in Scarsdale in Leicestershire stattfinden. Plötzlich war es jedoch zu Ende. Was den Bruch herbeigeführt hat, wissen wir nicht. Wir lesen nur in einem späteren Brief an einen Freund, daß ihm »die Prise von einem einarmigen Obristen mit 50 Jahren, 4 Pferden und 15000 Talern Revenuen abgejagt« wurde. Enttäuscht und geschlagen kehrte Bismarck zu seinen Amtspflichten zurück. Aber es war nur für kurze Zeit. Einige Monate später nahm er seine Entlassung.

Über die Gründe, die ihn zu diesem Schritte bewogen, hat sich Bismarck einige Jahre später in einem höchst lesenswerten Briefe ausgesprochen. Er enthält einen Satz, der den Kern von Bismarcks Persönlichkeit mit plastischer Anschaulichkeit zum Ausdruck bringt: »Der preußische Beamte gleicht dem Einzelnen im Orchester, mag er die erste Violine oder den Triangel spielen . . . Ich will aber Musik machen, *wie ich sie für gut erkenne,* oder gar keine.« Hier spricht der echte Bismarck. Schon als junger Mensch verlangt er, der Führer zu sein, der Erste, wo immer es sei, niemals das Mitglied eines Orchesters, das nach dem Taktschlag eines anderen zu spielen hat.

Nun wandte er sich der Landwirtschaft zu und verwaltete einige der väterlichen Güter. Aber es wurde wieder eine Enttäuschung. Er langweilte sich »zum Hängen«. Er bekämpfte die Langeweile auf mancherlei Art: durch Extravaganzen, die ihm den Beinamen »der tolle Bismarck« eintrugen, und durch Reisen. Sie führten ihn u. a. nach England, das ihm gut gefiel, wenn er auch den englischen Sonntag verabscheute. Ein anderes Mittel der Zerstreuung fand er in einer ausgebreiteten Lektüre; er las Dichter wie Heine und Lenau, trieb etwas Philosophie und studierte z. B. Spinoza, bei dessen »anscheinend mathematischer Klarheit« er »Beruhigung« suchte. Auch historische Werke las er in großer Zahl, mehr oder weniger gründlich. Aber trotz alledem schien Bismarcks Leben, als er sich den 30 näherte, im großen Ganzen verfehlt zu sein.

Die Wendung kam durch eine Frau, Marie von Thadden, die Tochter des pommerschen Junkers Adolf von Thadden auf Trieglaff. Dieser Herr von Thadden war der Mittelpunkt eines eigentümlichen Kreises frommer Adliger, die sehr bestimmten und etwas sonderbaren, von der Landeskirche abweichenden Ansichten huldigten. Sie waren Pietisten, die streng an dem inspirierten Charakter eines jeden Wortes der Bibel festhielten. Von dieser Auffassung war Bismarck durch eine tiefe Kluft geschieden. Er war damals ein ausgesprochener Nicht-Christ, ein Freidenker, dem die Jung-Hegelianer und Spinoza näherstanden als die Lehren des Christentums. Er machte die Bekanntschaft von Marie Thadden, die mit einem seiner Freunde, Moritz von Blanckenburg, verlobt war. Wie es in dem Thaddenschen Kreise nicht zu vermeiden war, hatten Marie und Bismarck religiöse Gespräche. Sie fühlten sich stark zueinander hingezogen. Aber Marie heiratete gleichwohl Blanckenburg. Dann kam die Katastrophe. Im ersten Jahre ihrer Ehe starb Marie. Als sie auf dem Krankenbette lag, von dem sie nicht wieder aufstehen sollte, betete Bismarck, in der Herzensangst um ihr Leben, zu Gott. Es war das erste Mal seit 16 Jahren, in denen er sich des Gebets entwöhnt hatte. Er selbst hat dies Gebet als einen Wendepunkt in seiner inneren Entwicklung angesehen.

Marie hatte ihn mit einer jungen Freundin, Johanna von Puttkamer, die demselben frommen Kreise pommerscher Adliger angehörte, bekannt gemacht. Er wußte, daß es Maries Herzenswunsch gewesen war, aus ihm und Johanna ein Paar zu machen. Er lernte, sie zu lieben, und machte ihr einen Antrag. Johanna erwiderte seine Liebe, aber sie ließ ihm keinen Zweifel, daß sie nur einen gläubigen Christen heiraten werde und daß ihr Jawort von der Zustimmung ihres frommen Vaters abhängig sei. An den Vater, Heinrich von Puttkamer, schrieb Bismarck im Dezember 1846 einen Werbebrief, der eines der bedeutsamsten Dokumente für sein inneres Leben ist. Es ist ein wundervoller Brief, offen, männlich und ganz außerordentlich geschickt. Er erzählt die Geschichte seiner religiösen Entwicklung in einer faszinierenden Weise und macht sein erstes Gebet für Maria zu ihrem Mittel- und Wendepunkt. Sein Werben war erfolgreich. Wenige Wochen später waren Otto von Bismarck und Johanna von Puttkamer verlobt.

Die bedeutsamste und schwierigste Frage, die sich an diesen berühmten Brief knüpft, ist die, ob er der wahre Ausdruck seiner echten religiösen Überzeugungen war oder nur ein diplomatisches Schriftstück, ein Mittel zum Zweck, um Johannas Hand zu erhalten. Man darf vielleicht sagen: er war beides. Bismarcks Bekehrung vom Freidenker zum gläubigen Christen ist echt. Aber trotzdem enthält der Brief eine starke Beimischung von Diplomatie. Bismarck war zeit seines Lebens ein unerreichter Meister in der Kunst, Menschen zu verstehen und sie von der richtigen Seite zu fassen. Er wußte immer diejenigen Argumente und Empfindungen in den Vordergrund zu stellen, welche am besten geeignet waren, den anderen für seinen Standpunkt zu gewinnen, und seine Briefe geben dauernd ausgezeichnete Proben dieser Meisterschaft. Er hatte in Wort und Schrift etwas Unwiderstehliches, dem auch stärkere Geister als der fromme Herr Heinrich von Puttkamer nicht gewachsen waren.

Tatsächlich bekennt sich Bismarck von diesem Tage ab als gläubigen Christen. Seine Briefe an Johanna sind mehrere Jahre lang erfüllt von dem Ausdruck religiösen Gefühls. Er besuchte auch mit ziemlicher Regelmäßigkeit den Gottesdienst, zum mindesten während einer Reihe von Jahren. Aber wichtiger als diese äußeren Formen der religiösen Betätigung ist für die Erkenntnis eines Menschen die Anwendung der Vorschriften der Religion auf sein Verhalten im praktischen Leben. War Bismarck zu irgendeiner Zeit in seinen politischen Handlungen beeinflußt von den Lehren des Christentums oder überhaupt von irgendwelchen religiösen Prinzipien? Ich kann dafür keinen Beweis finden. Muß man nicht skeptisch werden, wenn man sich einiger Aussprüche erinnert, in denen Bismarck während des Krieges gegen Frankreich seine religiösen Ansichten mit Fragen der Kriegführung in Verbindung brachte? So sagte er z. B., als er die kriegerischen Eigenschaften der Deutschen und der Franzosen gegeneinander abwog: »Das Pflichtgefühl im Menschen, der sich einsam im Dunkeln totschießen läßt, haben die Franzosen nicht. Und das kommt doch von dem Rest von Glauben in unserem Volke, davon, daß ich weiß, daß Jemand da ist, der mich *auch dann sieht, wenn der Leutnant mich nicht sieht.*« Da muß man an das Wort eines anderen Diplomaten denken, der sagte: »Wenn Bismarck an seinen Gott glaubt, dann muß Gott selbst ein Preuße sein.« Ein anderes Beispiel ist vielleicht noch auffälliger. Nach der Schlacht von Sedan sagte Bismarck zu dem jungen englischen Botschaftsrat Edward Malet, er sei entschlossen, alle Franctireurs hängen zu lassen. »Ich lege wenig Wert auf Menschenleben«, motivierte er diese Haltung, »weil ich an eine andere Welt glaube.« Als die Königin Victoria den Bericht Malets las, der diese Äußerung des deutschen Bundeskanzlers wiedergab, schrieb sie entrüstet: »Diese Unterhaltung gibt ein greuliches Bild von Bismarcks Charakter.« Bismarck selbst hat nach seinem Sturz seinem Freunde Alexander von Keyserling gestanden, er sei »während der

Kämpfe der letzten Jahre dem Herrn ferner gerückt«. Noch bezeichnender ist vielleicht, daß er im Sommer 1889 beim Besuch seines Pfarrhauses, auf ein an der Wand hängendes Bild hindeutend, sich mit dem »sinkenden Petrus« – dem Sinnbild wankenden Glaubensmuts – verglich.

Gewiß sind das Fragen, an die man nur mit großer Vorsicht und Behutsamkeit herantreten darf, und es ist leicht zu verstehen, daß besonders nach dem Ende des Hitler-Krieges das Problem von Bismarcks Ethos und Religion immer wieder von neuem untersucht wird, bisher allerdings, ohne eine überzeugende Lösung zu Tage zu fördern.

Politisch war Bismarcks Bekehrung zum positiven Christentum von großem Wert für ihn. Sie brachte ihn geistig in Einklang mit den adligen Kreisen, die in den nächsten Jahren seine politischen Kampfgenossen werden sollten. Von besonderer Bedeutung war, daß zu diesem pietistischen Zirkel mehrere Persönlichkeiten gehörten, die großen Einfluß auf den König, Friedrich Wilhelm IV., besaßen. Die wichtigsten von ihnen waren die beiden Brüder Gerlach, der General Leopold von Gerlach, persönlicher Generaladjutant des Königs, und Ludwig von Gerlach, Präsident des Appellationsgerichts in Magdeburg. Sie waren die Führer der hochkonservativen Partei in Berlin und am Königshofe. Sie wurden Bismarcks Ratgeber, als er im Frühling 1847 nach Berlin ging als Mitglied des ersten preußischen Parlaments, des Ersten Vereinigten Landtages.

2. Der Vereinigte Landtag von 1847

Was war dieser Vereinigte Landtag? Was war sein Ursprung, und warum hatte er diesen Namen?

Preußen war im Jahre 1847 noch eine absolute Monarchie. Der König allein war im Besitz nicht nur der gesamten vollziehenden, sondern auch der gesetzgebenden Gewalt. Ein Wort des Königs machte Gesetze und hob sie wieder auf. Eine Volksvertretung irgendwelcher Art existierte nicht. Zwar hatte der Vater des regierenden Königs, Friedrich Wilhelm III., in den Zeiten der höchsten Gefahr während des Kampfes gegen Napoleon seinem Volke versprochen, ihm »eine Vertretung der Nation sowohl für die Provinzen wie für den ganzen Staat« zu geben, und er hatte dieses Versprechen 1815 wiederholt, als Napoleon von Elba zurückkehrte. Aber diese Versprechungen vergaß er fast vollständig, als die Gefahr vorüber und die Befreiungskriege mit der Hilfe seines patriotischen und loyalen Volkes gewonnen worden waren. Das einzige Überbleibsel dieser Versprechungen war eine königliche Verordnung vom Januar 1820, welche erklärte, daß der König in Zukunft eine öffentliche Anleihe nur mit der Zustimmung der ›Reichsstände‹ aufnehmen werde. Was aber war unter diesen

Reichsständen zu verstehen? Eine Antwort auf diese Frage wurde aufgeschoben bis zu dem Zeitpunkt, wo die Verordnung praktisch werden sollte.

Dieser Fall trat während der Regierungszeit Friedrich Wilhelms III. nicht ein. Er starb 1840, und ihm folgte sein ältester Sohn, Friedrich Wilhelm IV., auf dem Throne. Der neue König war ein Mann von vielen Gaben; er besaß Geist, Beredsamkeit und Witz sowie feines Verständnis für Kunst und Literatur. Aber ihm fehlten alle Eigenschaften, die ein Herrscher besonders in unruhigen Zeiten braucht. Er war völlig außerstande, an einem Vorsatz dauernd festzuhalten, und er hatte eine unüberwindliche Abneigung dagegen, das Einfache und Logische zu tun. Sein Vertrauter, Leopold von Gerlach, schreibt in seinem Tagebuch: »Der König hält mich und seine Minister für Rindvieh, schon darum, weil jene mit ihm kurrente und praktische Geschäfte abmachen, welche nie seinen Ideen entsprechen.« Friedrich Wilhelm war erfüllt von tiefster Abneigung gegen das, was das Beste in dem damaligen preußischen Staate war, nämlich die Bürokratie, die ihre Arbeit korrekt, unbestechlich und großenteils vorurteilslos ausführte. Er verstand, seine wirren Ideen in klingende Worte zu kleiden. Aber das machte es nur schlimmer. Bismarck sagte von ihm in späteren Jahren: »Wenn man fest zugriff, blieb nur eine Handvoll Schleim.«

Die Stunde der Prüfung für den König kam, als die Frage der nationalen Repräsentation nicht mehr umgangen werden konnte. Das Zeitalter der Eisenbahnen war angebrochen. Der preußische Staat war gezwungen, Eisenbahnen zu bauen. Vom militärischen Standpunkt war die wichtigste eine Linie, welche die Hauptstadt Berlin mit dem östlichsten Teile der Monarchie, der Provinz Ostpreußen, verbinden sollte. Sie war auch aus volkswirtschaftlichen Gründen eine Notwendigkeit. Aber der Staat konnte diese Bahn nicht bauen, ohne eine öffentliche Anleihe aufzunehmen. So war denn die Stunde gekommen, wo die ›Reichsstände‹ berufen werden mußten. Die Frage, was unter diesen ›Reichsständen‹ zu verstehen sei, mußte jetzt also klargestellt werden.

Das preußische Volk, oder mindestens seine gebildeten Mittelklassen, hatte diesen Ausdruck im Licht der früheren königlichen Verheißungen interpretiert. Ihre Hoffnung war auf eine »Nationalrepräsentation«, eine preußische Verfassung, gerichtet. Aber Nationalrepräsentation und Verfassung waren liberale Forderungen, und der König haßte den Liberalismus, den er ohne weiteres mit der Revolution gleichsetzte. Eine nationale Repräsentation war in seinen Augen ein Ausfluß des Prinzips der Volkssouveränität, für ihn der Inbegriff alles Bösen. Sie war unvereinbar mit seinem Gottesgnadentum. Andererseits betrachtete er die Aufspaltung des Volkes in verschiedene Stände als die natürliche und christliche Ordnung. Die Französische Revolution hatte 1789 mit der Zerstörung dieser ständischen Einteilung begonnen, indem die drei Stände der États Généraux (Adel, Geistlichkeit und Bürgertum) sich zu einer einheitlichen Volksvertretung verschmolzen. Friedrich Wilhelm IV. wollte zu dem vorrevolutionären Zustand zurückkehren und eine Versammlung berufen, welche in die drei Stände der ›Ritterschaft‹, der ›Bürgerschaft‹ und der ›Bauernschaft‹ geteilt war. Nun besaß jede preußische Provinz einen Provinzial-Landtag, der in diese drei Stände zerfiel. Durch Verordnung vom 3. Februar 1847 berief daher Friedrich Wilhelm eine Vereinigung dieser Provinzial-Landtage als »Vereinigten Landtag« für den ganzen Staat nach Berlin.

Die Bevölkerung nahm diese Verordnung sehr unwillig auf. Sie fühlte sich getäuscht. Tatsächlich war der »Vereinigte Landtag« nicht die Nationalrepräsentation, die ihr versprochen worden war, sondern das Kunstprodukt eines nervösen und schwachherzigen Romantikers. Trotzdem war die Verordnung ein großer Schritt vorwärts auf der Bahn der Entwicklung Preußens zum Verfassungsstaat, und zwar aus einem bestimmten Grunde: der König erlaubte den Zeitungen, welche die Zensur bisher an der Erörterung der deutschen und preußischen Politik verhindert hatte, die Berichte über die Verhandlungen des Landtags im Wortlaut zu veröffentlichen. Zum ersten Mal war so der Bürger in allen Teilen des preußischen Staates, in Berlin wie in Köln, in Königsberg wie in Breslau, in die Lage versetzt, an der öffentlichen Erörterung der Dinge teilzunehmen, die ihn zunächst angingen. Die Landtagsverhandlungen machten daher einen großen Eindruck, und die Männer, die sich mannhaft der liberalen Forderungen annahmen, wurden im ganzen Lande populär. Auf der anderen Seite verfielen die wenigen, welche jedem Fortschritt Widerstand entgegensetzten, der kräftigen Abneigung weiter Kreise.

Ein Mann trat in diesem Landtag auf, der nicht nur vor dieser Unpopularität in keiner Weise zurückschreckte, sondern es geradezu darauf anzulegen schien, sie herauszufordern. Das war der Abgeordnete der sächsischen Ritterschaft, Herr von Bismarck-Schönhausen. Er verfocht nicht nur die reaktionärsten Anschauungen, sondern kleidete sie auch in die verletzendsten und hochmütigsten Worte. Bismarck stand damals in enger Verbindung mit den Brüdern von Gerlach, und es waren manchmal die Gedanken ihres Kreises, die er auf der Tribüne des Landtags zum Vortrag brachte. Aber die Form, in die er diese Ideen und Argumente kleidete, gehörte ihm ganz persönlich an. Er sprach mit einer konzentrierten Schärfe und einem aggressiven Sarkasmus, dessen keiner der anderen konservativen Redner fähig war.

Schon jetzt als parlamentarischer Anfänger zeigte er eine verblüffende Geschicklichkeit, den Äußerungen seiner Gegner den Sinn beizulegen, den er für seine Polemik brauchte. Seine Ansichten und noch mehr sein Auftreten mußte die öffentliche Meinung, die durchweg liberal war, gegen ihn aufbringen. Man sah in ihm die Verkörperung des mittelalterlichen Geistes, wie ihn einer seiner parlamentarischen Gegner nannte. Um so mehr wurden der Hof und die Junker auf ihn aufmerksam, die ihn bald als ihren wirksamsten Vorkämpfer betrachteten.

Die Sitzungen des Vereinigten Landtags kamen zu einem vorzeitigen Ende, als er die Anleihe für die Ostbahn ablehnte. Diese Ablehnung ist von besonderer Bedeutung, weil sie ein charakteristisches Licht auf die Denkart des preußischen Volkes in jener Zeit wirft. Der Nutzen, ja die Notwendigkeit der Ostbahn wurden von keiner Seite bestritten. Wenn die Mehrheit der Abgeordneten, die nächstinteressierten Ostpreußen an der Spitze, die Anleihe gleichwohl ablehnten, so geschah es ausschließlich aus verfassungsrechtlichen Gründen. Sie bestritten, daß der Vereinigte Landtag als die im Gesetz von 1820 vorgeschriebenen ›Reichsstände‹ angesehen werden könnte; deshalb sei er gesetzlich nicht befugt, eine Anleihe zu votieren. Diese Abgeordneten stellten somit das Gesetz höher als ihre eigenen Interessen. Nach ihrer Auffassung war die preußische Monarchie ein »Rechtsstaat«, und sie erachteten eine Verletzung dieses Prinzips für gefährlicher und unheilvoller für die Zukunft des Staates als den Aufschub eines unzweifelhaft wichtigen und nützlichen Eisenbahnbaus. Dabei war dieses Parlament nichts weniger als radikal. Der Liberalismus der meisten Vertreter des Rechtsstaats-Gedankens war so gemäßigt, daß man sie in einem anderen Staate vermutlich eher konservativ genannt haben würde. Nach dem Schluß des Landtags heiratete Bismarck im Juli Johanna von Puttkamer. Diese Ehe endete nach 47 glücklichen Jahren mit Johannas Tod im November 1894. Sie hat Bismarck all das Glück gebracht, das er sich von ihr wünschte. Johanna war eine Frau, wie er sie brauchte, obwohl ihre geistigen Gaben kaum mehr als mittelmäßig und ihr Horizont ziemlich beschränkt war. Aber Bismarck wollte und brauchte keine Frau, die seine Ideen teilte. Dazu war Johanna in der Tat weder imstande, noch war ihr daran gelegen. Sie las nicht einmal seine Reden zu einer Zeit, wo die ganze Welt sie diskutierte. Aber in Bismarcks Augen war das kein Mangel. Haus und Familie waren nach seiner Auffassung die Sphäre der Frau, und in dieser Sphäre war sie alles, was er von ihr erwartete und wünschte. Sie war eine liebende und sorgende Frau und Mutter, die von ganzem Herzen auf sein Wohlbefinden bedacht war, ihn bewunderte und ihm getreulich auf allen seinen Wegen folgte. Seine politischen Kämpfe sah sie rein vom persönlichen Standpunkt. Seinen Freunden und Anhängern war sie eine gute Freundin, und seine Feinde und Gegner haßte sie zuweilen noch heftiger als ihr großer Otto.

Auf der Hochzeitsreise traf Bismarck in Venedig den König Friedrich Wilhelm und hatte mit ihm eine lange Unterhaltung. Sie zeigte ihm, daß der Monarch seine parlamentarische Tätigkeit mit großem Interesse verfolgte und von seinen Reden und seinem Auftreten entzückt war. Der junge Abgeordnete durfte hoffen, daß der König sich seiner erinnern würde, wenn einmal ein politischer Posten zu besetzen war. Aber ehe solche Hoffnungen sich realisieren konnten, traten große, umwälzende Ereignisse ein.

3. Die Revolution von 1848

Im Februar 1848 wurde ganz Europa in höchste Aufregung durch die Kunde versetzt, daß in Paris die Revolution ausgebrochen war und Louis Philippe, den Bürgerkönig, vom Throne gestürzt hatte. Von Paris ausgehend überflutete die revolutionäre Welle den Kontinent. Einige Wochen später wurde in Wien Fürst Metternich zum Rücktritt gezwungen, der stärkste Vertreter und das Symbol der alten Ordnung. Weiter rollte die Welle über Deutschland und erreichte Preußen. Am 18. März brachen in Berlin Straßenkämpfe aus, und am nächsten Tage zog der König seine Soldaten aus der Hauptstadt zurück. Die Revolution hatte auch in Preußen gesiegt. Der König bewilligte die wichtigsten volkstümlichen Forderungen: eine Verfassung mit einem frei gewählten Parlament, die Freiheit der Rede, die Freiheit der Presse, usw.

Für Deutschland hatte die Revolution zwei Seiten. Auf der einen Seite wollte die Bevölkerung der verschiedenen deutschen Staaten ein Ende mit der absoluten Herrschaft ihrer Monarchen machen und selbst Anteil an der Regierung erhalten. Dies Ziel wurde in einem gewissen Grade erreicht. Mit Ausnahme der beiden kleinen mecklenburgischen Herzogtümer brach der Absolutismus überall endgültig zusammen. Auch Preußen erhielt und behielt eine Verfassung. Es wurde eine konstitutionelle Monarchie. Freilich blieb das preußische Parlament weit hinter dem zurück, was das Volk im Jahre 1848 sich gewünscht und wofür es gekämpft hatte. Die österreichische Monarchie richtete nach dem Zusammenbruch der Revolution noch einmal ihre absolute Herrschaft auf, aber auch das war nur vorübergehend, auch sie mußte 1859 nach der Niederlage von Solferino zu den konstitutionellen Formen zurückkehren.

Das andere Ziel der deutschen Revolution war die staatliche Einigung der deutschen Nation. In dieser Beziehung kann sie als eine Erhebung gegen das Werk des Wiener Kongresses von 1815 angesehen werden. Die Staatsmänner Europas, die sich nach dem Sturz Napoleons in der österreichischen Hauptstadt versammelt hatten, um den aus den Fugen gegangenen Kontinent wieder einzurenken, hatten die Hoffnungen zweier Völker, des deutschen und des italienischen, auf nationale Einigung bitter enttäuscht. In Italien war die vom Kongreß geschaffene Lage insoweit noch schlimmer als in Deutschland, als ein großer Teil des Landes wieder unter Fremdherrschaft geriet. Die Lombardei mit Mailand und Venetien wurden Teile der Monarchie der Habsburger. Metternich leugnete die nationale Zusammengehörigkeit der Italiener schlechthin und nannte Italien geradezu »einen geographischen Begriff«.

Ganz so schlimm war es um Deutschland nicht bestellt. Nur der nördlichste Teil, Schleswig-Holstein, gehörte einem fremden Staate, dem Königreich Dänemark, an. Aber das deutsche Volk zerfiel immer noch in 38 verschiedene Staaten, beginnend mit den beiden Großmächten Österreich und Preußen, und vier kleineren Königreichen, Bayern, Württemberg, Sachsen und Hannover. An sie schlossen sich Mittel- und Kleinstaaten, die zum Teil so winzig waren, daß sie kaum auf der Landkarte gefunden werden konnten. Allerdings hatte der Wiener Kongreß diese Staaten zu einem »Deutschen Bund« zusammengefaßt, aber das war nur ein äußerst schwächliches Gebilde. Er hatte nur ein Organ, den »Bundestag«, der in Frankfurt am Main residierte und aus den Gesandten der einzelnen Staaten zusammengesetzt war. Der Gesandte des österreichischen Kaisers war von Verfassungs wegen ständiger Präsident dieser Körperschaft. Der Bundestag war so konstruiert, daß von einer einheitlichen deutschen Politik keine Rede sein konnte, es sei denn, daß die Regierungen sich zu irgendwelchen Unterdrückungsmaßregeln gegen volkstümliche Bewegungen zusammenfanden (Karlsbader Beschlüsse 1819). Das deutsche Volk hatte überhaupt keine Stimme in seinen gemeinsamen Angelegenheiten. Gegen diesen Zustand kämpfte die liberale Bewegung an. Sie wollte den Staatenbund, der die einzelnen deutschen Staaten nur locker zusammenhielt, durch einen nationalen »Bundesstaat« ersetzen, dessen untergeordnete Glieder die einzelnen Staaten werden sollten. Dieser Bundesstaat sollte ein eigenes Parlament und eine eigene Regierung haben und die ganze Nation zu einer machtvollen Einheit zusammenfassen. Ein Bundesstaat dieser Art bestand bereits in den Vereinigten Staaten von Nordamerika und seit kurzem auch in der Schweiz. Aber die deutsche Form mußte erst noch gefunden werden – die schwierigste Aufgabe der Revolution.

Der erste Schritt auf diesem Weg schien getan, als der Bundestag in Frankfurt sich unter dem Druck der Revolution auflöste. Damit schien der »Deutsche Bund« endgültig begraben zu sein. Dem neuen Bundesstaat, der an seine Stelle treten sollte, eine Verfassung zu geben, war die Aufgabe der Deutschen Nationalversammlung, eines gemeinsamen Parlaments, das vom ganzen deutschen Volk in freien und demokratischen Wahlen gewählt wurde. Sie trat in derselben Stadt zusammen, in der bisher der Bundestag residiert hatte, in Frankfurt am Main. Ihr Versammlungsort war die Paulskirche. An diese Paulskirche und die hervorragenden Männer, die zu ihr entsandt worden waren, knüpften sich die Hoffnungen des deutschen Volkes.

Die Stärke der nationalen Bewegung in diesen Wochen kann kaum besser gekennzeichnet werden als durch die Tatsache, daß der preußische König den Versuch machte, in ihr eine Rolle zu spielen, nachdem die Welt, an die er geglaubt, zusammengebrochen war. Wenige Tage nach dem Märzsieg der Revolution machte Friedrich Wilhelm hoch zu Roß, das schwarz-rot-goldene Banner über seinem Haupt, einen feierlichen Umzug durch die Straßen Berlins und hielt nationale Ansprachen. »Ich wünsche deutsche Freiheit und deutsche Einheit.« »Preußen muß fortan in Deutschland aufgehen«, verkündete er in einer Proklamation.

Am Tage dieser Proklamation traf Bismarck, der während der März-Ereignisse auf seinem Landsitz geweilt hatte, in der preußischen Hauptstadt ein. Er war nicht nur von der höchsten Entrüstung gegen die Revolution erfüllt, er begriff sie überhaupt nicht. Er bildete sich ein, daß es sich nur um eine Straßenrevolte gehandelt habe, die durch eine gegenrevolutionäre Bewegung des königstreuen platten Landes wieder unterdrückt werden könne. Diese Gegenrevolution wollte er organisieren. Aber er erlebte eine bittere und vollständige Enttäuschung. Wo er auch immer anklopfte, überall erhielt er die Antwort, für eine solche Bewegung bestehe nicht die geringste Aussicht, und niemand wolle sich daran beteiligen.

Das wichtigste Ereignis dieser Episode war eine Unterredung, die Bismarck mit der Prinzessin Augusta, der Gattin des Prinzen von Preußen, im Potsdamer Stadtschloß hatte. Prinz Wilhelm, der älteste Bruder des Königs und vermutliche Thronfolger, der als solcher den Titel »Prinz von Preußen« führte, galt im Volke als der schärfste Vertreter der Reaktion und der heftigste Gegner der neuen Ordnung. Er war deshalb genötigt, zu fliehen, und begab sich nach London, der Zufluchtsstätte so vieler vertriebener Fürsten und Minister. Er wurde von der Königin Victoria und dem Prinzgemahl Albert, der sich lebhaft für eine moderne Entwicklung Deutschlands interessierte, gut aufgenommen. Die Wochen, die Wilhelm in England verbrachte, waren für ihn von großem Nutzen. Besonders in seinen Unterhaltungen mit Albert eröffnete sich ihm das Verständnis für viele Dinge, die bis dahin außerhalb seines vorzugsweise militärisch bestimmten Horizontes gelegen hatten.

Augusta, die bei der Flucht ihres Gatten geholfen hatte, befand sich in jenen Tagen in Potsdam. Dorthin begab sich Bismarck, um mit ihr zu sprechen. Über diese Unterredung hat Bismarck wiederholt, zuletzt in seinen Erinnerungen, berichtet. Aber seine Darstellung muß mit aller Kritik aufgenommen werden. Tatsächlich kam er nach Potsdam im geheimen Auftrag des Prinzen Karl, eines jüngeren Bruders des Königs. Karl war nicht nur durch und durch reaktionär, er galt auch in der königlichen Familie als schlimmer Intrigant. Sein Plan war allem Anschein nach, sich an die Spitze einer gegenrevolutionären Bewegung zu stellen, als deren Aushängeschild er den jungen Sohn Wilhelms und Augustas, den Prinzen Friedrich Wilhelm (geb. 1831), den späteren Kaiser Friedrich, benutzen wollte. In seinem Auftrag scheint Bismarck der Prinzessin vorgeschlagen zu haben, daß der Prinz von Preußen zugunsten seines Sohnes auf die Thronfolge verzichten und Prinz Karl alsdann im Namen dieses minderjährigen Prinzen das Banner der Gegenrevolution entfalten solle. Prinzessin Augusta, die persönlich liberalen Anschauungen huldigte und den Prinzen Karl verabscheute, lehnte den Vorschlag entrüstet ab. Damit brach der ganze Plan sofort zusammen. Aber Augusta hat es Bismarck niemals vergeben, daß er sich zum Werkzeug einer solchen anstößigen Intrige gemacht hat. Als er 1862 preußischer Ministerpräsident wurde, schrieb Prinz Friedrich Wilhelm, jetzt preußischer Kronprinz, in sein Tagebuch, seine Mutter sehe in Bismarck ihren Todfeind. Bismarck selbst hat Augusta zeitlebens als seine unversöhnliche Feindin betrachtet und sie für alles verantwortlich gemacht, was nicht nach seinen Wünschen ging. Alle seine Gespräche und Schriften, namentlich auch seine »Gedanken und Erinnerungen«, sind voll der bittersten und gehässigsten Angriffe auf Augusta. Mit dieser Unterhaltung im Potsdamer Stadtschloß hängt offenbar auch das Pistolen-Duell zusammen, das Bismarck im März 1852 mit dem Abgeordneten Georg von Vincke, dem damaligen Führer der Liberalen im Abgeordnetenhaus, hatte. Der Vorwand dieses Duells war ein parlamentarisches Rencontre, aber der wahre Grund lag woanders. Bismarck wußte, daß Vincke in den Tagen jener Potsdamer Unterredung der Vertraute Augustas gewesen war; er haßte ihn, weil er über seine unerfreuliche Mission und seine moralische Niederlage unterrichtet war.

Einige Wochen nach dieser Episode war Bismarck abermals in Berlin, diesmal als Mitglied des Vereinigten Landtags, der zu einer kurzen Session zusammenberufen worden war, um den Übergang in den neuen konstitutionellen Staat auf gesetzlichem Wege durchzuführen und sich dann für immer aufzulösen. Die meisten Mitglieder des Landtags, auch solche, die im vorigen Jahre stramm reaktionär aufgetreten waren, beeilten sich jetzt, die neue Entwicklung willkommen zu heißen. Mit dieser Gesellschaft hatte Bismarck nichts gemein, und er sprach es sehr deutlich aus. »Die Vergangenheit ist begraben«, sagte er von der Tribüne des Hauses, »und ich bedauere es schmerzlicher als viele von Ihnen, daß keine menschliche Macht imstande ist, sie wieder zu erwecken, nachdem *die Krone selbst* die Erde auf ihren Sarg geworfen hat.« Mit dieser letzten Wendung machte er den König persönlich für die Niederlage des alten Regimes verantwortlich. Er scheute sich auch nicht, ihm das ins Gesicht zu sagen, als er einige Wochen später eine Audienz bei Friedrich Wilhelm hatte. Die Königin mischte sich in das Gespräch und suchte ihren Gemahl damit zu entschuldigen, daß er in den kritischen Märztagen nicht eine Minute habe schlafen können. »Ein König *muß* schlafen können«, erwiderte Bismarck, sehr apodiktisch, aber sehr wenig höfisch.

Mit Bismarcks parlamentarischer Wirksamkeit war es nun zunächst zu Ende. Die neue preußische »Nationalversammlung« wurde nach dem allgemeinen und gleichen Wahlrecht gewählt, und kein Wahlkreis hatte die geringste Neigung, sich von einem mittelalterlichen

Junker, wie Herrn von Bismarck, repräsentieren zu lassen. Aber seine politische Tätigkeit hörte deshalb keineswegs auf. Denn die Junker gingen alsbald daran, die Gegenrevolution, die im Augenblick unmöglich war, für später vorzubereiten, und an dieser Arbeit beteiligte sich Bismarck mit seiner ganzen Energie. Er war in enger Fühlung mit den Brüdern von Gerlach, die am Hofe sehr schnell wieder zu Einfluß kamen. Sie bildeten zusammen mit einigen Hofgeneralen die »Kamarilla«, die den König umgab und beeinflußte, und das »ministère occulte«, das im Geheimen alle Schritte zu durchkreuzen unternahm, die das amtliche, liberale Ministerium offiziell im Namen des Königs tat. Friedrich Wilhelms Bekehrung zum Konstitutionalismus und zur deutschen Nationalidee war natürlich nur oberflächlich und scheinbar gewesen. Sobald die erste Bestürzung vergangen, schämte er sich der Rolle, die er gespielt, und hegte nur den einen Herzenswunsch, diese schrecklichen Märztage ungeschehen zu machen und schleunigst zu dem alten Glanz des ›Gottesgnadentums‹ zurückzukehren. Mit Eifer hörte er, was Gerlach und seine Helfershelfer ihm ins Ohr flüsterten. An demselben Tage, an dem das erste konstitutionelle Ministerium sein Amt antrat, konnte Gerlach seinem Tagebuch triumphierend anvertrauen: »Bildung des ministère occulte«.

Die Junker waren auch außerhalb des Hofes tätig. Sie unternahmen es, die Revolution mit ihren eigenen Waffen zu bekämpfen. Sie gründeten eine Tageszeitung, die ›Kreuz-Zeitung‹, die den Kampf von Anfang an sehr energisch und skrupellos nach dem Grundsatz, die beste Deckung ist der Hieb, führte. Bismarck war einer ihrer wichtigsten Mitarbeiter. Seine Beiträge zeichneten sich durch ihre Schärfe und ihren sarkastischen Ton aus. Ebenso wichtig war, daß die konservative Partei, deren Kern die Junker bildeten, jetzt eine politische Doktrin erhielt. Ihr geistiger Urheber war der Geheime Rat Friedrich Julius Stahl, Professor der Jurisprudenz an der Universität Berlin und eine der Leuchten der deutschen Wissenschaft. Stahl stammte aus einer jüdischen Familie und war als Student zum evangelischen Glauben übergetreten. Er war ein Mann von großen und vielseitigen Gaben, ein glänzender Schriftsteller und eindrucksvoller Redner. Als er später Mitglied des Herrenhauses geworden war, pflegte man zu sagen, wenn er sich dort zu einer Rede erhob, dann scharten sich die Junker um ihn mit einer Andacht, als ob der Heilige Geist selber seine Weisheit verkünde. Bismarck vergleicht ihn in einem späteren Brief an seine Frau mit Disraeli, ein Vergleich, den auch Lord Acton einmal gezogen hat. Wie der englische Staatsmann konnte auch Stahl von sich sagen, daß er »seine Partei erzogen« habe. Er war viel zu klug, um nicht zu sehen, daß die Tage des Absolutismus vorüber waren und daß dem Volk eine parlamentarische Vertretung nicht länger vorenthalten werden konnte. Aber wenn er den konstitutionellen Staat somit auch als unvermeidlich erkannte, so richtete er sein ganzes Wirken darauf, in diesem Staat die königliche Gewalt und Machtvollkommenheit so weit wie irgend möglich zu erhalten. Er ist der Erfinder dessen, was man später den deutschen Konstitutionalismus nannte und in Gegensatz zum parlamentarischen System stellte. Der Kern von Stahls Lehre ist, daß die preußische Regierung nicht von dem Vertrauen einer Mehrheit des Parlaments abhängen dürfe, sondern nur von dem Vertrauen des Königs. In einem parlamentarisch regierten Lande muß eine Regierung zurücktreten, die sich nicht auf eine Mehrheit der Volksvertretung stützen kann; das Parlament kann sie durch ein Mißtrauensvotum stürzen. Das ist es, was Stahl in Preußen unter allen Umständen verhindern wollte, und seine Bestrebungen haben den größten Erfolg gehabt. Solange Preußen eine Monarchie blieb, d. h. bis zum Jahre 1918, konnte jeder Minister, der dem König gefiel, ruhig auf seinem Sessel bleiben, auch wenn er die überwältigende Mehrheit des Parlaments und des Volkes gegen sich hatte. Wir werden sehen, daß Bismarck es fertiggebracht hat, dies Prinzip nicht nur gegen die schärfste Opposition des Abgeordnetenhauses in Preußen aufrechtzuerhalten, sondern es auch auf das neue Deutsche Reich zu übertragen.

Schon im Laufe des Jahres 1848 begann die Revolution, ihre Kraft zu verlieren unter dem Einfluß von Ereignissen im Ausland und in Deutschland selbst. Im Juni dieses Jahres wurde die Insurrektion der Pariser Arbeiter von General Cavaignac blutig niedergeschlagen, im Dezember wurde Louis Napoleon mit gewaltiger Mehrheit zum Präsidenten der französischen Republik gewählt. Im Oktober 1848 besiegten die kaiserlichen Truppen unter dem Kroatengeneral Jellachich die revolutionären Ungarn, und sein Feldherr, Fürst Windischgrätz, eroberte das aufständische Wien. In Berlin hatte die Kamarilla ihr Werk im Dezember 1848 getan. General von Wrangel besetzte mit seinen Truppen Berlin. Ein anderer General, Graf Brandenburg, ein illegitimer Sproß des Königshauses, wurde Ministerpräsident, und ein reaktionärer Bürokrat, Otto von Manteuffel, Minister des Innern. Die Nationalversammlung wurde vom König aufgelöst. Am 5. Dezember verkündete Friedrich Wilhelm ohne jede Verständigung mit einem Parlament eine Verfassung; er »oktroyierte« sie. Die »oktroyierte Verfassung« war jedoch auch in einem anderen Sinne eine Überraschung. Sie unterschied sich gar nicht so sehr von dem Entwurf einer Verfassung, den der Ausschuß der Nationalversammlung beraten hatte und der nach dem Vorsitzenden dieses Ausschusses, dem radikalen Obertribunalsrat Waldeck, in den Kreisen der Reaktion die »Charte Waldeck« genannt wurde. Sie hielt sogar an dem allgemeinen und gleichen Wahlrecht fest. Eine neue Kammer mußte auf Grund dieses Wahlrechts gewählt werden, und diesmal gelang es Bismarck, wenn auch nur mit sehr geringer Mehrheit, das Mandat eines brandenburgischen Wahlkreises zu erhalten. Es verstand sich von selbst, daß er sofort einer der Führer der äußersten Rechten der Kammer wurde.

Einer der Gründe, die den König und seine Minister abgehalten hatten, der Verfassung einen so reaktionären Charakter zu geben, wie es ihrem Herzenswunsch entsprochen hätte, war, daß die Frage der deutschen Einigung und der Stellung, die Preußen in dem geeinigten Deutschland einnehmen sollte, noch nicht gelöst war. Das Frankfurter Parlament in der Paulskirche beriet noch die Verfassung des künftigen Deutschen Reiches. Sie stand jetzt vor der großen Schicksalsfrage, welcher Macht die Führung Deutschlands anvertraut werden sollte: Österreich oder Preußen? Zwei politische Richtungen kämpften miteinander um die Herrschaft, die »großdeutsche« und die »kleindeutsche«. Die großdeutsche Partei forderte, daß der deutsche Teil der österreichischen Monarchie Bestandteil des neuen Reiches werden müsse. Die kleindeutsche Partei hielt den vollständigen Ausschluß des gesamten österreichischen Territoriums für unvermeidlich. Nach ihrer Auffassung konnte nur *eine* Großmacht an dem neuen Reiche teilhaben und damit naturgemäß seine Leitung übernehmen: mit anderen Worten, Deutschlands Führung müsse in die Hände Preußens fallen. Nach langem und erbittertem parlamentarischem Kampfe siegte die kleindeutsche Partei. Die Mehrheit nahm das »erbkaiserliche« Programm an: an die Spitze des Deutschen Reiches sollte ein von der Nationalversammlung zu wählender Kaiser treten, und die Kaiserkrone sollte sich im Hause dieses Kaisers vererben. Am 28. März 1849 wählte die Nationalversammlung in der Paulskirche den König von Preußen zum Kaiser von Deutschland. Damit schien sie ihr großes Werk vollendet zu haben. Eine Deputation des Parlaments ging nach Berlin, um Friedrich Wilhelm IV. die deutsche Kaiserkrone anzutragen. Ihr Führer und Sprecher war der Präsident der Versammlung, Eduard Simson, ein hochangesehener preußischer Richter von jüdischer Abstammung.

Nun stand es bei Friedrich Wilhelm, den heißen Wunsch der deutschen Nation zu erfüllen und die deutsche Einheit durch Annahme der Kaiserkrone zu begründen. Aber Friedrich Wilhelm war nicht der Mann, den die große Stunde verlangte. Er verabscheute eine Wahl durch das Parlament und eine Krone, die ihm die Vertreter des Volkes anboten. Das war Revolution, und die Revolution haßte er um so leidenschaftlicher, weil er sich einmal vor ihr hatte beugen müssen. Er lehnte die Krone mit der Begründung ab, er würde sie nur dann annehmen, wenn sie ihm von den deutschen Fürsten einstimmig angeboten werden würde.

In der Zweiten Preußischen Kammer, deren Mitglied Bismarck war, kam die deutsche Frage im April 1849 zur Erörterung. Die Rede, die Bismarck in dieser Debatte am 21. April hielt, ist kennzeichnend für die tiefe Kluft, die ihn von dem Empfinden der Nation trennte. Sie ist eine scharfe und arrogante Kritik der Frankfurter Reichsverfassung. Er brandmarkt sie als »die konstituierte Anarchie«, weil sie dem deutschen Volke das allgemeine Wahlrecht gab! Wer hätte damals voraussehen können, daß derselbe Herr von Bismarck siebzehn Jahre später ein deutsches Parlament verlangen würde, das aus dem allgemeinen Wahlrecht hervorgehen solle? In seiner Rede von 1849 gab er zwar zu, daß jedermann die deutsche Einheit wolle, »aber«, setzte er schroff hinzu, »mit *dieser* Verfassung will ich sie *nicht!*« Er zöge vor, daß Preußen Preußen bleibe. Die Rede war ein unumwundenes Pronunziamento des preußischen Partikularismus und des extremen Konservatismus.

Mit der Ablehnung der Kaiserkrone war die Revolution gescheitert. Aber sie ist trotzdem nicht umsonst gewesen. Sie bedeutet einen Schritt vorwärts, der niemals wieder vollständig rückgängig gemacht werden konnte. Zum ersten Mal hat das Frankfurter Parlament klar und deutlich die Frage gestellt, von deren Lösung die Zukunft Deutschlands abhing, die Frage: Preußen oder Österreich, kleindeutsch oder großdeutsch? Obwohl das erste deutsche Parlament nicht imstande gewesen war, seine Aufgabe zu erfüllen, so stand es doch von nun an fest, daß die deutsche Frage nicht gelöst werden konnte ohne ein deutsches Parlament. Diese Nationalversammlung in der Paulskirche war so reich an politischen Gedanken, an hohem Idealismus, an meisterhafter Beredsamkeit gewesen, daß ihr Andenken niemals verlöschen konnte. Sie ist ein Parlament des Bürgertums gewesen, wie die ganze Revolution in Deutschland einen bürgerlichen Charakter getragen hatte. Das deutsche Bürgertum war sehr jung. Man kann sein Auftreten eigentlich erst von den Tagen Lessings an rechnen. Die Parlamente von Frankfurt und Berlin zeigen, wie reich das Bürgertum trotz dieser Jugend an politischem Talent war.

In der Paulskirche hat einer der berühmtesten Deutschen jener Tage, der Dichter Ludwig Uhland, mit prophetischem Schwung ausgerufen: »Es wird kein Haupt über Deutschland leuchten, das nicht mit einem vollen Tropfen demokratischen Öls gesalbt worden ist.« Bismarcks Lebenswerk war es, die staatliche Einigung des deutschen Volkes durchzuführen, aber ihm ein Haupt zu geben, das nicht einmal von dem kleinsten Tropfen demokratischen Öls berührt worden war. Nach dem Zusammenbruch der Revolution war bald überall die Reaktion in vollem Gange. Die preußischen Kammern wurden vom König aufgelöst, wenige Tage, nachdem Bismarck seine Rede gegen die Reichsverfassung gehalten hatte. Diese Rede hatte ihn in so hohem Grade unpopulär gemacht, daß er sicherlich nicht wiedergewählt worden wäre, wenn das allgemeine Wahlrecht weiter bestanden hätte. Aber eine königliche Verordnung beseitigte es und setzte das Dreiklassenwahlrecht an seine Stelle. Bei diesem Wahlrecht wurden die Wähler in drei Klassen geteilt nach Maßgabe der von ihnen entrichteten direkten Staatssteuern. Die reichsten Steuerzahler, die ein Drittel dieser Steuern aufbrachten, bildeten die erste Klasse. Die zweite Klasse wurde im großen ganzen von Angehörigen des Mittelstandes eingenommen, welche das zweite Drittel zahlten. Alle übrigen gehörten zur dritten Klasse. Das Wahlverfahren war indirekt. Jede Klasse wählte Wahlmänner, die dann zusammentraten und den Abgeordneten wählten. Auf diese Weise wurde die dritte Klasse stets von den beiden ersten Klassen überstimmt, und die in ihr zusammengedrängte Masse hatte praktisch überhaupt keine Vertretung. Dies entsprach offenbar der Absicht der Regierung, an deren Spitze jetzt Manteuffel stand. Die demokratische Partei erklärte die Einführung des Dreiklassenwahlrechts auf dem Wege der Verordnung für verfassungswidrig und weigerte sich, solange an der Wahl teilzunehmen, bis das Wahlrecht geändert sein würde. Aber diese Zeit kam niemals.

Unter diesen veränderten Umständen hatte Bismarck es leicht, wieder ein Mandat zu erhalten. Auch in der neugewählten Kammer trat er als krasser Reaktionär auf. Von den Reden, die er damals gehalten, hat eine besonderes biographisches und historisches Interesse. Nach dem Zusammenbruch des Frankfurter Parlaments machte Friedrich Wilhelm IV., der damals unter dem Einfluß seines Freundes, des Generals von Radowitz, stand, einen schwächlichen Versuch, wenigstens einen Teil von Deutschland zu einer »Union« zusammenzufassen. Dabei stieß er auf den Widerstand Österreichs, das in der Person des Fürsten Schwarzenberg einen energischen und klugen, wenn auch reaktionären und engstirnigen Staatsmann besaß. Auf die Seite Österreichs trat Zar Nikolaus I., der Schwager des preußischen Königs. Durch Mut hatte Friedrich Wilhelm sich nie ausgezeichnet, gegenüber einer solchen Opposition brach er zusammen. Im Vertrag von Olmütz (29. November 1850) verzichtete er auf alle seine deutschen Pläne. Die preußische Regierung hatte eine ganz schwere Niederlage erlitten. So empfanden es auch weite Kreise des Landes, die Olmütz als die tiefste Demütigung Preußens seit den Tagen von Jena und Tilsit bezeichneten. Besonders aufgebracht war der Prinz von Preußen, der von nun ab in immer stärkeren Gegensatz zu der Regierung seines schwachmütigen Bruders geriet. Selbst in der sonst so regierungstreuen Kammer erhob sich Widerstand. *Ein* Redner aber trat auf, der den Vertrag nicht nur billigte, sondern preisend lobte. Bismarck, der Mann, der anderthalb Jahrzehnte später Österreich besiegte und aus Deutschland ausschloß, hielt jetzt eine begeisterte Lobrede auf Österreich und nannte es »eine deutsche Macht«, die »das Glück habe, fremde Völkerstämme zu beherrschen«. Aber in dieser Rede, die allem widerstreitet, was Bismarck später in seiner großen Zeit gesagt und getan hat, sprach er einen Satz, der schon ganz er selbst, ganz der Bismarck von 1866 ist: »Die einzige gesunde Grundlage eines großen Staates . . . ist der staatliche Egoismus und nicht die Romantik, und es ist eines großen Staates nicht würdig, für eine Sache zu streiten, die nicht seinen eigenen Interessen angehört.«

Diese temperamentvolle Verteidigung der Regierungspolitik wurde einige Monate später belohnt durch Bismarcks Ernennung zum preußischen Gesandten und Bevollmächtigten beim Deutschen Bundestag in Frankfurt am Main. Diese Beförderung war das Werk seines Gönners, des Generals von Gerlach, der ihn dem König empfohlen hatte. Damit erhielt Bismarck den wichtigsten Posten, den es damals in der preußischen Diplomatie gab. Wir können nicht zweifeln, daß ihn diese Ernennung sehr glücklich machte, aber er hatte es nicht leicht, seine Frau davon zu überzeugen, daß sein Eintritt in eine amtliche Laufbahn in ihrem ebenso wie in seinem Interesse lag. An dem Tage, an dem seine Berufung offiziell angekündigt wurde, schrieb er in einem Brief an Johanna: »Ich war heute bei General Gerlach, und während er mir von Verträgen und Monarchen dozierte, sah ich, wie im Garten unter den Fenstern der Wind wühlte in Kastanien und Fliederblüten, und hörte die Nachtigallen und dachte, wenn ich mit Dir am Fenster der Tafelstube stünde und auf die Terrasse sähe, und wußte nicht, was Gerlach redete.«

Ist das der echte Ausdruck seines Gefühls? Sehnte er sich wirklich nach einem friedlichen, ruhigen und beschaulichen Leben in ländlicher Einsamkeit in diesem Augenblick, wo er den Fuß auf die erste Sprosse der Leiter setzte, auf der er immer höher steigen sollte zu einem Leben voller Kämpfe und Triumphe? In der Tat, eine Sehnsucht nach dem Idyll, nach der ruhigen, ländlichen Existenz »procul negotiis« begleitete diesen Mann des Ehrgeizes und des eisernen Willens durch all die langen Jahre seiner glänzenden politischen Laufbahn. Es währte noch fast vierzig Jahre, ehe er sich, von der Bürde des Amtes befreit, unter die Eichen des Sachsenwaldes zurückziehen konnte. Aber dann verzehrte ihn der zornige Schmerz, daß er aus dem Amt verdrängt worden, daß ein anderer an seiner Stelle saß, und der Sachsenwald war für ihn nur noch die Stätte der Verbannung.

4. Bismarck in Frankfurt

Der 11. Mai 1851, der Tag, an dem Bismarck als preußischer Gesandter zum Bundestag in Frankfurt eintraf, ist ein Markstein nicht nur in seinem Leben, sondern in der Geschichte des Deutschen Bundes, der von diesem Tage an den Keim der Zerstörung in sich trug. Der Bundestag war, wie wir gesehen, im Jahre 1848 vor der Revolution zusammengebrochen. Seine Wiederauferstehung war das Werk der Reaktion, besonders der österreichischen. Schwarzenberg hatte auf der Wiedereinberufung des Bundestages bestanden, in dem Österreich den ständigen Vorsitz führte. Seine Verfassung blieb dieselbe, wie sie vor 1848 gewesen war. Er setzte sich aus den Abgesandten der Regierungen zusammen, die nicht nach ihrer Überzeugung, sondern nach den Instruktionen ihrer Regierung stimmten. Es liegt auf der Hand, daß eine solche Körperschaft außerordentlich schwerfällig sein mußte. Zu Entscheidungen konnte sie, wenn überhaupt, nur sehr langsam kommen. Für ihre Abstimmung galten sehr umständliche und künstliche Vorschriften. Für gewisse Fragen war Stimmen-Einhelligkeit vorgeschrieben, so daß auch kleinere Staaten eine Beschlußfassung verhindern konnten. In anderen Fragen gab es ein Mehrheitsvotum, bei welchem die Staaten entsprechend ihrer Größe verschieden schwer ins Gewicht fielen. Die beiden Großmächte, Österreich und Preußen, hatten je vier Stimmen, aber auch die vier kleineren Königreiche hatten jedes die gleiche Stimmenzahl. Hielten die beiden Großmächte zusammen, so waren sie sicher, daß der Bundestag ihrer Politik folgte. Gingen sie verschiedene Wege, so lag es bei den Mittelstaaten, zu entscheiden, ob die österreichische oder die preußische Politik siegte. In der ganzen Periode vor der Revolution hatte Preußen sich fast durchgängig der österreichischen Politik angeschlossen. Das lag nicht nur an dem österreichischen Präsidium, sondern an der Überlegenheit der österreichischen Politik, d. h. des Fürsten Metternich, über die schwachen preußischen Regierungen. Der Bund war in dieser Zeit nur ein ausführendes Organ Metternichs.

Konnte Preußen nach der Wiederherstellung des Bundestages zu dieser schweigenden Unterwerfung unter die österreichische Politik zurückkehren? Das war unmöglich, weil in der Zwischenzeit die Frankfurter Nationalversammlung sich für die preußische Spitze erklärt, d. h. Preußen als die führende Macht des künftigen Deutschen Reiches bezeichnet hatte. Daß der preußische König die angebotene Kaiserkrone abgelehnt, konnte die Tatsache nicht aus der Welt schaffen, daß die Mehrheit der Vertreter des deutschen Volkes sich für die preußische Führung entschieden hatte. Der Gegensatz der beiden Großmächte und seine entscheidende Bedeutung für die Zukunft Deutschlands war dadurch aller Welt offenbar geworden. Fortan war keine Politik mehr möglich, welche diese Tatsache ignorierte.

Allerdings hatten der König von Preußen und seine Regierung nach ihrer Niederlage von Olmütz durchaus keine Neigung, der österreichischen Politik in Deutschland entgegenzutreten. Der Grund, warum sie Bismarck zu ihrem Vertreter in Frankfurt bestimmt hatten, war gerade, daß man von ihm nach seiner Olmütz-Rede eine Politik der friedlichen Verständigung mit den Österreichern erwartete; denn in diesem Sinne mußte seine Rede gedeutet werden. Auch stand er den österreichischen Diplomaten, die als Bevollmächtigte ihres Kaisers dem Bundestag präsidierten, an reaktionärer und antirevolutionärer Gesinnung um nichts nach. Man hatte daher allen Grund anzunehmen, daß am Bundestag die größte Harmonie zwischen ihnen herrschen werde. Aber es kam ganz anders! Genau das Gegenteil trat ein. Bismarck wurde Österreichs entschiedenster und gefährlichster Gegner. Die Sitzungen des Bundestages wurden stürmisch wie nie zuvor. Bald hatte der kaiserliche Präsidialgesandte keinen sehnlicheren Wunsch, als von diesem »schrecklichen Bismarck« befreit zu werden.

Das merkwürdige ist aber, daß noch keine vierzehn Tage seit Bismarcks Ankunft in Frankfurt vergangen waren, als er bereits an den Ministerpräsidenten Manteuffel schrieb, die Österreicher würden niemals das Recht zur Grundlage ihrer Politik nehmen, sie huldigten der Auffassung eines dreisten Spielers. Welch ein Gegensatz zu der begeisterten Lobpreisung Österreichs in seiner Olmütz-Rede! Wie wir uns aber auch diesen überraschenden Umschwung erklären mögen, daran kann kein Zweifel sein, daß Bismarcks neue Auffassung sich zu einer großen Konzeption entwickelte, die für Deutschlands Zukunft entscheidend wurde. Über Bismarcks Anschauungen in seiner Frankfurter Zeit sind wir besonders genau unterrichtet durch die Berichte und Briefe, die er an seinen Chef, den Ministerpräsidenten von Manteuffel, schrieb und die unter Bismarcks eigener Aufsicht im Jahre 1882 von Heinrich von Poschinger in seinem vierbändigen Werk »Preußen am Bundestag« herausgegeben wurden. Eine weitere sehr wertvolle Quelle für diese Zeit sind Bismarcks Briefe an den General von Gerlach, seinen Gönner, dem er den Frankfurter Posten verdankte. Mit dieser Korrespondenz verfolgte Bismarck den doppelten Zweck, über die internen Vorgänge bei Hofe genau unterrichtet zu werden und den König durch Vermittlung seines Generaladjutanten und Vertrauten im Sinne seiner eigenen Politik zu beeinflussen. Einige seiner Briefe an Gerlach sind offenbar zu dem Zweck geschrieben, dem König vorgelegt zu werden. Am Berliner Hofe wimmelte es von Intrigen. Die offizielle Politik des Ministeriums stieß oft auf den Widerspruch Gerlachs und seiner Kamarilla. Bismarck legte den größten Wert darauf, mit beiden Seiten gut zu stehen und von beiden Seiten genau unterrichtet zu werden. Alle diese Frankfurter Briefe Bismarcks sind außerordentlich lesenswert. Einige seiner Berichte wachsen sich zu politischen Abhandlungen ersten Ranges aus und sind Zeugnisse wahrhaft staatsmännischer Auffassung, geschrieben in einem höchst eindrucksvollen Stil und reich an zum Teil unvergeßlichen Bildern. Seine Privatbriefe funkeln von Witz und Satire. Aber bei dieser genußreichen Lektüre darf man nie vergessen, daß alle diese Schriftstücke durchaus einseitig sind. So sind Bismarcks Bemerkungen über seine Kollegen, vor allem die österreichischen, sehr oft völlig irreführend. Der Freiherr von Prokesch-Osten, der österreichische Präsidialgesandte in den Jahren 1853–55, erscheint z. B. in Bismarcks Briefen als ein hartnäckiger Lügner und ein Mann ohne Kultur, den er »Tatar«, »Armenier« und »Mausefallen-Krämer« nennt. In Wahrheit war Prokesch-Osten ein Mann von einer geradezu universellen Kultur und einem erstaunlich weiten Gesichts- und Interessenkreis. Er war nicht nur General und Diplomat, sondern auch Dichter und Gelehrter, Historiker und Forschungsreisender, Archäologe und Numismatiker. Aber Bismarck hatte nicht den geringsten Sinn für diese Eigenschaften eines Mannes, den Goethe umarmt hatte.

Seinen Höhepunkt erreichte Bismarcks Kampf gegen Österreich

während des Krimkrieges (1854–56). Österreich war infolge seiner geographischen Lage an den Vorgängen auf der Balkanhalbinsel aufs stärkste interessiert. Seine unmittelbaren Interessen zogen es auf die Seite der Westmächte, Frankreich und Großbritannien, und stellten es in Gegensatz zu Rußland. Auf der anderen Seite war der Kaiser von Österreich dem Zaren Nikolaus I. zum größten Danke verpflichtet, weil dieser ihm in der Stunde der Gefahr gegen die aufständigen Ungarn zu Hilfe gekommen war. Nikolaus konnte es daher nur als die schwärzeste Undankbarkeit ansehen, als Österreich ein Bündnis mit den Westmächten einging. Freilich stand dies Bündnis im wesentlichen nur auf dem Papier. Fürst Schwarzenberg, der einzige Staatsmann, den Österreich für lange Zeit aufzuweisen hatte, war bereits am 5. April 1852 gestorben, und seine Nachfolger waren viel zu schwach und ängstlich, um irgendeine Politik konsequent durchzuführen. Vor dem entscheidenden Schritt, der Kriegserklärung an Rußland, scheuten sie trotz des Bündnisses mit den Westmächten zurück; im Gegensatz zu dem wahren Staatsmann Camillo Cavour, der damals die Politik des Königreiches Sardinien-Piemont leitete.

Aber so schwankend und unsicher die österreichische Politik auch war, die preußische Politik brachte es fertig, sie hierin noch zu übertreffen. Man kann sich kaum ein jämmerlicheres Schauspiel denken als die Politik Friedrich Wilhelms IV. während des Krimkrieges. Sein Schwager, Zar Nikolaus, charakterisierte ihn schlagend durch die Worte: »Mein lieber Schwager geht jeden Abend als Russe zu Bett und steht jeden Morgen als Engländer wieder auf.« Wahrscheinlich stand der König schon unter dem Einfluß der Geisteskrankheit, die einige Jahre später bei ihm ausbrach. Jedenfalls war er völlig unfähig, sich gegenüber den Parteien zu behaupten, die sich an seinem Hofe bekämpften. Die Kreuzzeitungspartei, die den Zaren als das Haupt der europäischen Reaktion verehrte und von einer Wiederbelebung der Heiligen Allianz träumte, stand auf der russischen Seite. Ihr gegenüber stand eine kleine, aber geistig bedeutende Partei gemäßigter Konservativer, die sich um den Professor Bethmann-Hollweg, den Großvater des späteren Reichskanzlers, gruppierte und nach ihm die Partei Bethmann-Hollweg genannt wurde. Sie war auch unter dem Namen »Wochenblatt-Partei« bekannt nach einer von ihren Führern herausgegebenen Zeitschrift, die fortgesetzt gegen die Kreuzzeitung polemisierte. Diese Gruppe sah im Vertrag von Olmütz, der unter russischem Druck zustandegekommen war, eine Demütigung Preußens, und der Prinz von Preußen teilte diesen Standpunkt und sympathisierte mit ihr. Zu ihren führenden Köpfen gehörten mehrere begabte jüngere Diplomaten, wie der Graf Goltz, der spätere Botschafter in Paris, und Graf Pourtalès, der aus dem damals dem König von Preußen gehörigen Neuenburg in der Schweiz stammte. Preußens Platz im Krimkrieg war nach der Ansicht der Wochenblatt-Partei auf der Seite der Westmächte, besonders Englands. Sie war dabei gewiß von dem Gedanken mitbestimmt, daß Preußen durch ein Bündnis mit England veranlaßt werden würde, auch im Innern mehr liberale Wege einzuschlagen, und daß dadurch seine Mission, Deutschland zu einigen, gefördert werden würde. Dieselbe Ansicht vertrat der preußische Gesandte in London, Josias von Bunsen, der sich in besonderem Maße des Vertrauens der Königin Victoria und ihres Gatten erfreute. Es sah so aus, als ob diese Partei das Ruder in die Hand bekommen würde, als Graf Pourtalès im Auswärtigen Amt auf einen wichtigen und einflußreichen Posten berufen wurde.

Bismarck war ein unbedingter Gegner dieser Politik. Der Standpunkt, unter dem er die Frage ansah, stimmte nicht völlig mit dem der Junker und Gerlachs überein. Fragen der Parteipolitik standen für ihn erst in zweiter Linie. Von dem Gedanken einer Wiederbelebung der Heiligen Allianz war er schon lange abgekommen. Aber er sah mit Sicherheit voraus, daß Österreich sich durch seine westliche Orientierung in Rußland dauernd verhaßt machen würde, und daß Preußen, falls es sich jetzt nicht auf die gleiche Seite drängen ließe, künftig einmal davon profitieren würde, wenn die nach seiner Überzeugung unvermeidliche Stunde der endgültigen Auseinandersetzung mit Österreich kommen würde. Einen Teil seiner Gedanken spricht er in einem Briefe an Manteuffel in Worten aus, deren bildhafte Kraft unübertrefflich ist: »Es würde mich ängstigen, wenn wir vor dem möglichen Sturm dadurch Schutz suchten, daß wir unsere schmucke und seefeste Fregatte an das wurmstichige alte Orlog-Schiff von Österreich koppelten . . . Die großen Krisen bilden das Wetter, welches Preußens Wachstum fördert, indem sie furchtlos, *vielleicht auch sehr rücksichtslos* von uns benutzt werden.« Jedes Wort dieses Satzes ist für Bismarcks politische Auffassung von höchster Bedeutung. Das kann man auch von dem folgenden Satz aus einem Brief an Gerlach sagen: »Nur keine sentimentalen Bündnisse, bei denen das Bewußtsein unsrer guten Taten den Lohn edler Aufopferung zu bilden hat.«

Doch trugen zu Bismarcks Haltung auch persönliche Motive bei. Er und Pourtalès betrachteten sich gegenseitig mit schärfster Abneigung. Pourtalès nannte Bismarck einen »Judas«, und Bismarck titulierte ihn einen »Hohlkopf«. Wir können daher annehmen, daß Bismarck mit besonderer Freude der Aufforderung Gerlachs folgte, als dieser ihn nach Berlin zu Hilfe rief, um Pourtalès aus dem Sattel zu heben. Die Intervention Bismarcks und anderer Junker hatte überraschenden Erfolg. Von einem Tag zum anderen fand Pourtalès die Tür des königlichen Kabinetts verschlossen, und er war genötigt, seinen Abschied zu nehmen. Auch Bunsen, der einen ziemlich phantastischen Plan für die Neuverteilung Europas entworfen hatte, wurde entlassen. Dasselbe Schicksal teilte der Kriegsminister von Bonin, der in einem Ausschuß der Kammer eine Bemerkung gemacht hatte, welche am russischen Hof als verletzend empfunden wurde. Alle diese

Vorgänge und die plötzliche Schwenkung des Königs brachten den Prinzen von Preußen derart auf, daß er offen mit dem Hofe brach und sich nach Koblenz zurückzog. Das russische Gold rolle bis in die Vorzimmer des Königs, rief er in seiner Empörung aus. Bismarck hatte während der Krisis eine Unterredung mit dem Prinzen, aber Wilhelm war von ihr nichts weniger als befriedigt. Bismarck treibe die »Politik eines Gymnasiasten«, äußerte er unwirsch.

Der Kampf um die Politik der deutschen Großmächte im Krimkriege wurde zum großen Teil in Frankfurt am Verhandlungstisch des Bundestages ausgekämpft; denn Österreich machte den Versuch, den Deutschen Bund auf seine Seite zu ziehen. Diesem Versuch widersetzte sich Bismarck mit aller Energie und mit jedem taktischen Hilfsmittel, dessen sein erfindungsreicher Geist fähig war. Selbst als die preußische Regierung einen Bündnisvertrag mit Österreich abgeschlossen hatte, strengte Bismarck jeden Nerv an, um seine Ausführung zu verhindern. Er bestritt hartnäckig, daß irgend etwas, was Österreich wünschte, im Interesse des ganzen Deutschland läge. Einer der Hauptpunkte der österreichischen Politik war, die Russen dazu zu bringen, daß sie ihre Truppen aus den Donaufürstentümern, dem heutigen Rumänien, zurückzogen. In einem Antrag, zu dessen Unterstützung Preußen durch seinen Vertrag verpflichtet war, führte Österreich aus, ganz Deutschland sei in höchstem Maße an den Gebieten der unteren Donau interessiert, weil Deutschlands Industrie und Handel dort ein fruchtbares Tätigkeitsfeld finden könne. Das war durchaus nicht falsch. In jener Zeit, in der die nationale Bewegung auf dem Balkan erst schwach entwickelt war, hatte dieser Gedanke vielleicht gute Aussichten. Aber Bismarck bestritt rundweg jedes gesamtdeutsche Interesse an den Donaufürstentümern; die österreichische Regierung habe, so schrieb er, nur das Interesse, »ein paar stinkende Wallachen zu ergaunern«. Seine ganze Politik war ausschließlich preußisch, keineswegs deutsch. In jeder Weise war er darauf bedacht, Österreich und seinem Vertreter Prokesch-Osten Verlegenheiten zu bereiten. Während er sonst jeden Versuch der Mittelstaaten, eine eigene Politik zu treiben, mit Verachtung und bissigem Spott behandelte, ermunterte und unterstützte er sie jetzt in jeder Weise, als sie versuchten, sich der österreichischen Führung zu entziehen. Er ging so weit, eine geheime Denkschrift gegen Österreich, die er für den preußischen Ministerpräsidenten ausgearbeitet hatte, dem Bevollmächtigten Rußlands in Frankfurt zu zeigen und ihm sogar eine Allianz zwischen Preußen, Rußland und Frankreich nahezulegen, zu einer Zeit, wo sein König mit Österreich durch einen feierlichen Vertrag verbunden war. Der Russe wandte, sehr begreiflicherweise, ein, es werde wohl kaum möglich sein, den preußischen König für diese von Bismarck empfohlene Allianz zu gewinnen. Selbstbewußt antwortete dieser: »Wenn Sie es mir überlassen, den König zu bearbeiten, garantiere ich für den Erfolg.« Er riet dem Russen sogar, schnell zu handeln, damit die geplante Allianz in der Lage wäre, die Österreicher anzugreifen, bevor sie ihre Truppen zusammenziehen könnten. Das ist derselbe Bismarck, der später, als er Reichskanzler und Chef des auswärtigen Dienstes war, sagte: »Meine Botschafter müssen einschwenken wie die Unteroffiziere.«

Ein anderes Mal suchte Bismarck denselben russischen Diplomaten auf und lenkte seine Aufmerksamkeit auf den Artikel 36 der Deutschen Bundesverfassung. Nach diesem Artikel war eine auswärtige Macht, die sich von einem der Bundesstaaten verletzt glaubte, berechtigt, gegen diesen Staat beim Bund Beschwerde zu führen. Diese Bestimmung war eine besonders schwere Herausforderung des deutschen Nationalgefühls. Aber das störte Bismarck nicht, solange sie ihm als ein brauchbares Werkzeug für seine anti-österreichische Politik dienen konnte. Prokesch-Osten hatte vollkommen recht, wenn er Bismarck den energischsten, aber keineswegs den einzigen Vertreter jener preußischen Politik nannte, deren Ziel es sei, »Österreich um jeden Erfolg seiner ungeheuren Anstrengungen zu bringen ... und es mit zerlumpten Finanzen und verlorener Konsideration zu einem Gegenstand des Spottes und des Bedauerns zu machen und die faktische und bald auch die formelle Hegemonie Deutschlands an sich zu bringen«.

Wie recht Prokesch-Osten mit dieser psychologischen Diagnose seines großen Gegners hatte, ergibt sich aus der besonders wichtigen Denkschrift, die Bismarck kurz nach der Beendigung des Krimkrieges durch den Frieden von Paris (30. März 1856) abfaßte. Hier entwickelte er die These, welche die Quintessenz seiner Frankfurter Erfahrungen darstellt: daß der Deutsche Bund dem Untergang geweiht, daß seine Verfassung unzulänglich und überlebt und eine gemeinsame Existenz Preußens und Österreichs in seinem Rahmen unmöglich sei. »Deutschland ist zu eng für uns beide«, schrieb er hier. »Beide pflügen denselben, streitigen Acker, und Österreich bleibt der einzige Staat, an den wir nachhaltig verlieren, und von dem wir nachhaltig gewinnen könnten.« Er verhüllte auch in keiner Weise seine Überzeugung, daß das einzige Mittel zur Lösung des Problems der Krieg sei. »Der deutsche Dualismus hat seit tausend Jahren gelegentlich, seit Karl V. in jedem Jahrhundert regelmäßig, durch *einen gründlichen inneren Krieg* seine gegenseitigen inneren Beziehungen reguliert, und auch in diesem Jahrhundert wird kein anderes als dieses Mittel die Uhr der Entwicklung auf ihre richtige Stunde stellen können.«

Von der Sentimentalität, gegen die Bismarck sich so oft verwahrt, zeigt dieses Programm allerdings keine Spur. Es wird zu jener Zeit kaum einen Deutschen gegeben haben, der einen Krieg von Deutschen gegen Deutsche nicht nur als eine Möglichkeit zu erörtern, sondern geradezu als ein legitimes politisches Ziel zu proklamieren gewagt hätte. Das war »Realpolitik« vom reinsten Wasser. Eine andere Seite dieser Bismarckschen Realpolitik tritt uns in seinem Briefwechsel mit dem General von Gerlach über die Person Napoleons III. (1857) entgegen. Bismarck selbst hat diesem Briefwechsel in seinem Alter eine so hohe Bedeutung beigemessen, daß er ihn im 8. Kapitel seiner »Gedanken und Erinnerungen« abdruckt. Er hatte die persönliche Bekanntschaft des französischen Kaisers im Sommer 1855 bei einem Besuch in Paris gemacht. Er wünschte diesen Mann zu studieren, der einer der wichtigsten Faktoren der europäischen Politik war und es nach menschlichem Ermessen auch noch in jenem künftigen Zeitpunkt sein würde, in dem er selbst auf der europäischen Bühne eine Rolle zu spielen haben würde. Bismarck machte auf Napoleon einen großen Eindruck; dieser nannte ihn den einzigen Staatsmann in Frankfurt. Seine Ansicht über den französischen Kaiser faßte Bismarck in den folgenden Worten zusammen: »Er ist ein intelligenter und liebenswürdiger Mann, aber keineswegs so klug, wie die Leute glauben. Sein Verstand wird auf Kosten seines Herzens überschätzt.« Noch wichtiger für die Zukunft ist vielleicht, was er über ihn an Gerlach schreibt: »Der Mann imponiert mir durchaus nicht.«

Am Berliner Hofe hörte man, daß Bismarck eine Zusammenarbeit mit Napoleon als ein zulässiges Hilfsmittel für seine politischen Pläne ansah. Einer solchen Auffassung mußte Gerlach sich schon aus Prinzip widersetzen. Denn hier stand für ihn das Prinzip der Legitimität auf dem Spiel. Er, der in den Napoleonischen Kriegen gefochten hatte und sich noch der Zeit der Fremdherrschaft erinnerte, sah in dem Bonapartismus den Erben der Revolution und damit das gerade Widerspiel der Legitimität. Bismarck hingegen hatte sich schon zu dieser Zeit von jeder Doktrin befreit, mit Ausnahme der Lehre von der Staatsraison und der Machtpolitik. Er schrieb Gerlach, daß er für seine Person das Prinzip der Legitimität seinem »spezifisch preußischen Patriotismus« vollständig unterordne. »Frankreich zählt mir, ohne Rücksicht auf die jeweilige Person an seiner Spitze, nur als ein Stein, und zwar ein unvermeidlicher, in dem Schachspiel der Politik, ein Spiel, in welchem ich nur *meinem* Könige und *meinem* Lande zu dienen berufen bin ... Selbst der König hat nicht das Recht, die Interessen des Vaterlandes dem eigenen Gefühl von Liebe oder Haß gegen Fremde unterzuordnen.« »Das Prinzip des Kampfes gegen die Revolution erkenne ich auch als das meinige an, aber ich halte es nicht für richtig, Louis Napoleon als den alleinigen oder auch nur κατ' ἐξοχην als den Repräsentanten der Revolution hinzustellen, und halte es nicht für möglich, das Prinzip in der Politik als ein solches durchzuführen, daß die entferntesten Konsequenzen desselben noch jede andere Rücksicht durchbrechen, daß es gewissermaßen den alleinigen Trumpf im Spiele bildet, von dem die niedrigste Karte noch die höchste jeder anderen Farbe sticht.«

Das alles ist außerordentlich kraftvoll und überzeugend gesagt. Aber rechtfertigen solche Äußerungen die Schlußfolgerung, daß Bismarck sich bei außenpolitischen Erwägungen grundsätzlich in keiner Weise von Fragen der Innenpolitik, besonders von Rücksichten auf das innenpolitische System anderer Staaten beeinflussen ließ? Das würde mit seinen Handlungen und Äußerungen in anderen Situationen in Widerspruch stehen. Es ist immer sehr bedenklich, aus einzelnen Äußerungen Bismarcks allgemeine und prinzipielle Schlüsse zu ziehen. Denn sie beziehen sich stets nur auf eine bestimmte Lage und haben ganz konkrete praktische Ziele. In dem Falle Napoleons III., mit dem sich die Briefe an Gerlach beschäftigen, darf vor allen Dingen nicht außer acht gelassen werden, daß Bismarck durchaus nichts einzuwenden hatte gegen die innere Politik des französischen Kaisers, der die Revolution überwunden und manche Methoden erfunden hatte, die Bismarck durchaus nachahmungswürdig erschienen. Auch sollte der folgende Satz aus einem dieser Briefe nicht übersehen werden: »Der Bonapartismus unterscheidet sich dadurch von der Republik, daß er nicht das Bedürfnis hat, seine Regierungsgrundsätze gewaltsam zu propagieren.« Das unterstreicht er noch durch die auf Palmerston gemünzte Antithese: »Fremde Staaten mit Hilfe der Revolution zu bedrohen, ist heutzutage seit einer ziemlichen Reihe von Jahren das Gewerbe Englands.« Tatsächlich fürchtete er die propagandistische Wirkung des englischen Vorbilds auf die preußische Bevölkerung weit mehr als die des napoleonischen Kaisertums. Er wußte ganz genau, daß Napoleon III. in Preußen viel zu unbeliebt war, als daß irgend jemand sich hätte einfallen lassen können, ihn zum Vorbild zu nehmen. Mit England stand das ganz anders. Die englischen Einrichtungen galten besonders den Gebildeten in Deutschland vielfach als vorbildlich.

Wie sehr Bismarck sich dessen bewußt war, spricht er deutlich genug aus, als der künftige Erbe der preußischen Krone, Friedrich Wilhelm, der Sohn des Prinzen von Preußen, sich mit Victoria, der Tochter der englischen Königin, verlobte. Auf Gerlachs Frage, was er von der englischen Heirat denke, antwortet Bismarck mit einem Spottergüß über die »stupide Bewunderung des deutschen Michels für Lords und Guineen« und über »die Anglomanie von Kammern, Zeitungen, Sportsmen, Landwirten und Gerichtspräsidenten«. Als die englische Prinzessin ihren feierlichen Einzug in Berlin hielt, schrieb der alte Ernst Moritz Arndt, der Dichter des Liedes »Was ist des Deutschen Vaterland?«, freudig: »Victoria in Berlin! Möge uns englischer Geist durchwehen.« Diesen englischen Geist in Preußen fürchtete Bismarck wie alle Junker, denn er hätte ein Ende des Gottesgnadentums, einen größeren Einfluß des Parlaments und eine stärkere Beteiligung der Bürger an den politischen Entscheidungen bedeutet. Es überrascht daher nicht, daß Bismarck von den Hochzeitsfeierlichkeiten sehr niedergeschlagen aus Berlin heimkehrte. Vermutlich hatte die junge Prinzessin ihm den Eindruck gemacht, daß sie ihren Einfluß auf den künftigen König einmal in diesem Sinne ausüben würde. Jedenfalls ist das ganze Leben Victorias aufs stärkste davon beeinflußt worden, daß der Mann, der bestimmt war, der wirkliche Herrscher Preußens und Deutschlands zu werden, so von ihr dachte.

5. Die Neue Ära und Bismarcks Abberufung aus Frankfurt

Bismarcks Wirksamkeit in Frankfurt kam zu ihrem Ende, als Wilhelm, der Prinz von Preußen, an Stelle seines Bruders Regent wurde und das Ministerium Manteuffel entließ. Die Geisteskrankheit Friedrich Wilhelms IV. war im Herbst 1857 offenkundig geworden, und im November 1858 war er gezwungen, seine königliche Gewalt seinem Bruder zu übertragen, der Prinzregent wurde. Wilhelm war weit weniger begabt als Friedrich Wilhelm. Er war ein Mann von einfachem Sinn und kaum mehr als mittelmäßigen Fähigkeiten. Aber er übertraf ihn durchaus an Stärke des Charakters und an Beharrlichkeit. So schwer es ihm oft wurde, zu einem Entschluß zu kommen, so konsequent hielt er an dem einmal gefaßten Entschluß fest. Er hatte genug Selbsterkenntnis, um guten Rat anzunehmen, und hielt, ganz im Gegensatz zu seinem Bruder, an denjenigen Ministern und Beamten getreulich fest, zu denen er einmal Vertrauen gefaßt hatte. Er entbehrte auch nicht eines gewissen Sinnes für Gerechtigkeit. Es fehlte ihm freilich an irgendwelchen größeren politischen Ideen. Er war als Soldat erzogen und fühlte sich in erster Linie als solcher. Auch als Regent und König widmete er sein größtes Interesse dem Heer, das er als seine persönliche Angelegenheit betrachtete. Sein höchster Ehrgeiz war, der ständige Oberste Feldherr der Armee des Deutschen Bundes zu werden. Darüber hinaus ließen ihn die politischen Seiten der deutschen Frage ziemlich kalt. In der inneren Politik war er ein Konservativer der guten alten preußischen Schule, aber von der Kreuzzeitungspartei und ihren Intrigen, die sein sittliches Empfinden verletzten, wollte er nichts wissen. Manteuffel war für ihn vor allem der Mann von Olmütz, der tiefsten Erniedrigung Preußens. Aber sein Gegensatz zu Manteuffel und der Kreuzzeitungspartei hatte mehr einen moralischen als einen politischen Charakter. Die Umstände zwangen ihn, gemäßigt liberale Männer zu seinen Ministern zu machen, als er die Regierung seines Bruders entließ und eine neue Regierung bilden mußte. Den Posten des Ministerpräsidenten übertrug er dem ihm persönlich nahestehenden Fürsten Karl Anton von Hohenzollern. Dieser war einmal ein souveräner Fürst gewesen, hatte es aber vorgezogen, sein Zwergfürstentum Hohenzollern-Sigmaringen an die preußische Krone abzutreten und dafür ein Mitglied des preußischen Königshauses zu werden. Er war der Vater zweier Söhne, die bestimmt waren, noch eine große Rolle zu spielen. Sein jüngerer Sohn Karl wurde Fürst und später König von Rumänien. Der ältere, der Erbprinz Leopold, war 1870 Prätendent der spanischen Königskrone und der Anlaß oder Vorwand des Deutsch-Französischen Krieges. Karl Anton huldigte gemäßigt liberalen Anschauungen. Das gleiche galt von den meisten Mitgliedern seines Kabinetts, wie z. B. dem Grafen Schwerin, der das Ministerium des Innern übernahm. Die Bevölkerung nahm diesen Regierungswechsel mit dem größten Jubel auf. Man war glücklich, von der Herrschaft der Kreuzzeitungspartei befreit zu sein, und setzte seine ganze Hoffnung für eine bessere Zukunft auf die neuen Männer. Man sprach von einer *»Neuen Ära«*, die mit der Regentschaft angebrochen sei. Die Volksstimmung kam bei der Wahl für das Abgeordnetenhaus zum klarsten Ausdruck. Fast überall wurden gemäßigt liberale Männer gewählt, so daß die Regierung über eine überwältigende Mehrheit verfügte. Die bis vor kurzem so mächtige konservative Partei schmolz auf eine geringfügige Minderheit zusammen. Führer der Liberalen wurde Georg von Vincke, mit dem Bismarck vor wenigen Jahren Kugeln gewechselt hatte.

Für Bismarck selbst hatte der Regierungswechsel sehr eingreifende Folgen. Der Prinzregent, der seine Politik mit großem Mißtrauen betrachtete, rief ihn von Frankfurt ab. Andererseits war er zu gewissenhaft, um einen Mann von so unbestreitbar großen Gaben völlig aus der preußischen Diplomatie zu entfernen. Er ernannte ihn zum Gesandten in Petersburg und gab ihm damit den Posten, der als der vornehmste im diplomatischen Dienste galt und in den Augen des Regenten noch deswegen eine besondere Bedeutung hatte, weil er ihn zu seinem Vertreter bei seinem Neffen, dem Zaren Alexander II. (1855–1881), machte. Die Beziehungen zwischen Onkel und Neffen waren besonders intim. Aber Bismarck besänftigte all das nicht. Er war wütend über seine Abberufung von Frankfurt; er sah darin eine Beeinträchtigung seines persönlichen Ansehens, da er die preußische Politik am Bundestag mit Recht als sein eigenstes Werk betrachtete. Verschärft wurde sein Zorn noch durch den Umstand, daß zu seinem Nachfolger ein Mitglied der Wochenblatt-Partei, Guido von Usedom, ernannt wurde. Mit schwerem Herzen nahmen Bismarck und Johanna von Frankfurt Abschied. Sie hatten sich dort wohlgefühlt und waren gut aufgenommen worden. Aber das half Frankfurt nicht im geringsten, als es im Jahre 1866 ein Opfer der Bismarckschen Politik wurde.

Auf seiner Reise von Frankfurt nach Petersburg hielt Bismarck sich einige Tage in Berlin auf. Hier besuchte ihn Victor von Unruh, der liberale Politiker, mit dem er sich in der Zweiten Kammer von 1849 angefreundet hatte (S. 11). Das Gespräch kam natürlich auf die preußische Politik, und Bismarck überraschte Unruh durch seine rückhaltlosen und vorurteilslosen Äußerungen. Preußen, sagte er ihm, könne unter den Großmächten auf keine zuverlässige Allianz rechnen; die Interessen seien zu verschieden. »Der alleinige zuverlässige, dauernde Alliierte, welchen Preußen haben kann, wenn es sich danach benimmt, ist das deutsche Volk.« Als Unruh bei diesem Geständnis des einstigen Erzreaktionärs, sehr verständlicherweise, ein verblüfftes Gesicht machte, fuhr Bismarck fort: »Was denken Sie denn? Ich bin noch derselbe Junker wie vor zehn Jahren, als wir uns in der Kammer kennenlernten. Aber ich müßte kein Auge und keinen Verstand im Kopf haben, wenn ich die wirkliche Lage der Verhältnisse nicht klar erkennen könnte.«

6. Petersburg

Bismarck blieb vom April 1859 bis zum April 1862 Gesandter am russischen Kaiserhof. Politisch wurden diese drei Jahre für ihn von besonderer Bedeutung, weil sie ihm Gelegenheit gaben, einen Großstaat, der in seiner künftigen Politik eine sehr bedeutende Rolle spielen mußte, und seine entscheidenden Männer persönlich und aus der Nähe kennenzulernen. Zar Alexander II. war ein wohlmeinender Mann, der weder die durchgreifende Energie noch die Brutalität seines Vaters Nikolaus I. besaß. Die auswärtige Politik lag in den Händen des Reichskanzlers Fürst Gortschakow, eines hochbegabten Mannes, der in der europäischen Politik vorzüglich bewandert war. Er war ein geistreicher Causeur, aber belastet mit einer außerordentlichen Eitelkeit, die Bismarck stark auf die Nerven fiel. »Eitelkeit«, pflegte er zu sagen, »ist eine Hypothek, die vom Werte eines Mannes abgezogen werden muß.« Die beiden Staatsmänner behandelten sich gegenseitig mit der größten Höflichkeit und Zuvorkommenheit. Aber im Grunde waren sie sich ihrer Verschiedenartigkeit vollkommen bewußt. Als Bismarcks Ruhm später die ganze Welt erfüllte, sagte Gortschakow mit sauersüßer Miene: »Fürst Bismarck liebt es, sich meinen Schüler zu nennen; das ist so, wie man den großen Raphael den Schüler von Perugino nennt.«

Das Ziel von Gortschakows Politik war, sich an Österreich wegen seiner Haltung während des Krimkrieges zu rächen und mit Napoleon III., der eben Rußlands Gegner gewesen war, zu einer freundschaftlichen Verständigung zu kommen. Gerade ein paar Tage vor Bismarcks Ankunft in Petersburg, im März 1859, hatten Rußland und Frankreich einen ganz geheimen Vertrag abgeschlossen, durch den sich Napoleon die russische Neutralität für seinen Krieg gegen Österreich sicherte, zu dem er sich nach dem geheimen Abkommen von Plombières mit Cavour (Juli 1858) bereit machte.

Der Krieg Frankreichs und des mit ihm verbündeten Königreichs Sardinien-Piemont gegen die Habsburg-Monarchie stellte Deutschland und besonders Preußen vor sehr schwierige Probleme. Sollten sie Österreich gegen seine Feinde zu Hilfe kommen? Oder sollten sie es ruhig mit ansehen, wie Napoleon die Österreicher besiegte und ihnen ihre beiden italienischen Provinzen, die Lombardei und Venetien, abnahm? Auf der einen Seite war Österreich Mitglied des Deutschen Bundes, und überdies lag die Befürchtung nahe, daß ein Sieg Napoleons in Italien das Vorspiel eines Angriffes am Rhein sein würde. Das war z. B. die Ansicht Moltkes, des Chefs des preußischen Generalstabs. In einer Denkschrift an den Prinzregenten führt er aus: »Verhielte sich Deutschland neutral, d. h. ließe es Österreich im Stich, so würde diesem Staate durch den Verlust der Lombardei eine tiefe Wunde geschlagen werden . . . Wie dem Feldzug von 1805 der von 1806 folgte, so würde der nächste Schritt Frankreichs gegen Preußen gerichtet sein.« Auf der anderen Seite handelte es sich in diesem Kriege für das italienische Volk um seine nationale Einheit, also um dasselbe Ziel, nach dem auch die deutschen Patrioten für ihre Nation strebten. Die deutsche öffentliche Meinung war von dieser Streitfrage lebhaft erregt. Dank der Neuen Ära konnte sich der Kampf der Meinungen in der Presse und in Flugschriften frei austoben. Forderte doch sogar ein radikaler Politiker wie Ferdinand Lassalle, der wenige Jahre später die deutsche Sozialdemokratie ins Leben rufen sollte, die preußische Regierung auf, den Nationalkampf mit der Parole zu proklamieren, die europäische Karte im Norden nach demselben nationalen Prinzip zu revidieren, das Napoleon im Süden anwandte. In einem solchen Kampfe, rief er aus, würde »die deutsche Demokratie selbst Preußens Banner tragen«. Die preußische Regierung schwankte unentschlossen hin und her. Sie war bereit, Österreich Unterstützung zu gewähren, aber nur unter bestimmten Bedingungen. Die wichtigste war, daß der Prinzregent zum Oberkommandierenden aller Truppen des Deutschen Bundes ernannt wurde. Ganz anders stand Bismarck zu der Frage. Für ihn gab es nicht den geringsten Zweifel, daß Preußen nur einen wahren Feind habe, nämlich Österreich. Er versuchte, in dem Prinzregenten »den Funken königlichen Ehrgeizes« anzublasen durch einen Brief an den Generaladjutanten des Prinzen, der zweifellos dazu bestimmt war, diesem vorgelegt zu werden. Der Kern- und Hauptsatz dieses Briefes lautet: »Die gegenwärtige Lage hat wieder einmal das große Los für uns im Topf, falls wir den Krieg Österreichs mit Frankreich sich scharf einfressen lassen und dann mit unserer ganzen Armee nach Süden aufbrechen, die Grenzpfähle im Tornister mitnehmen und sie entweder am Bodensee oder dort, wo das protestantische Bekenntnis aufhört, vorzuwiegen, wieder einschlagen.« Das ist packend und ungemein eindringlich gesagt! Aber es ist gleichzeitig eine Illustration zu Bismarcks früherem Satz, daß Preußen die großen Krisen nicht nur furchtlos, sondern auch *sehr rücksichtslos* zu seinem Vorteil ausnutzen müsse (S. 32). Mit dieser Rücksichtslosigkeit setzt er sich nicht nur über moralische, sondern auch über juristische Pflichten hinweg. Preußen war doch noch immer ein Mitglied des Deutschen Bundes, dessen Verfassung in ihrem ersten Artikel die deutschen Fürsten zur »Erhaltung der äußeren und inneren Sicherheit Teutschlands und der Unabhängigkeit und Unverletzbarkeit der einzelnen teutschen Staaten« zusammenfaßte und jedem Mitglied des Bundes eine Politik verbot, die sich gegen ein anderes Bundesmitglied richtete. Bismarcks Rat lief also auf einen nackten Bruch der feierlichen Verpflichtungen hinaus, die Preußen als Mitglied des Deutschen Bundes eingegangen war.

Aber Bismarck schrieb an seinen Chef, den Minister des Auswärtigen von Schleinitz: »Ich sehe in unserem Bundesverhältnis ein Gebrechen Preußens, welches wir früher oder später *ferro et igni* werden heilen müssen.« Ferro et igni, durch Eisen und Feuer! Da spricht schon der Bismarck, der wenige Jahre später die Welt durch sein Bekenntnis zu »Blut und Eisen« in Aufregung versetzte.

Dieser Brief an Schleinitz enthält noch einen anderen Satz, an den man bei allen großen Schachzügen Bismarcks denken muß, weil er seine Lieblingsmethode mit epigrammatischer Schärfe formuliert: »Wir sollten jeden rechtmäßigen Anlaß, welchen unsere Bundesgenossen uns bieten, mit Eifer ergreifen, um *die Rolle des Verletzten zu übernehmen.«* Man kann das Wort »rechtmäßig« ruhig weglassen, wenn man Bismarcks wahre Meinung erkennen will. »Die Rolle des Verletzten zu übernehmen«, das war das Rezept, das Bismarck in der Stunde der Entscheidung immer wieder mit höchster Geschicklichkeit und mit größtem Erfolg anwandte.

Aber weder der Regent noch Schleinitz waren die Männer, um Bismarcks unbedenklichem Rat zu folgen. Sie manövrierten, um für ihr Eingreifen den besten Augenblick zu finden, und der Erfolg war, daß sie ihn verpaßten. Bei Magenta und Solferino geschlagen, schloß Franz Joseph plötzlich den Waffenstillstand von Villafranca ab (11. Juli 1859) und erkaufte sich den Frieden durch die Preisgabe der Lombardei. Preußen, das seine Truppen mobilisiert hatte, aber ohne zu sagen und ohne selbst genau zu wissen, gegen wen, sah sich in der Rolle des Mannes, der sein Schwert gezogen hat, aber es kleinlaut wieder einstecken muß, weil niemand da ist, gegen den er fechten kann. Die Erbitterung über diese Blamage war in Preußen um so größer, als Franz Joseph in einer feierlichen Proklamation erklärte, er sei von seinen natürlichen Bundesgenossen im Stich gelassen worden. Die preußischen Offiziösen antworteten darauf mit dem Vorwurf, er habe einem Zugeständnis an Preußen die Aufopferung der Lombardei an Napoleon vorgezogen. Dieser Vorwurf ist jedoch nicht gerechtfertigt; Franz Joseph wußte sehr wohl, daß die Preußen durchaus nicht willens waren, ihm zur Wiedereroberung der Lombardei zu verhelfen. Tatsächlich war der Frieden, den Napoleon ihm bewilligte und der ihm Venetien ließ, um nichts schlechter als die Bedingungen, auf die er hätte rechnen können, wenn er den Krieg mit preußischer Hilfe fortgesetzt hätte.

7. Die Folgen von Villafranca und die Heeresreform in Preußen

Der Waffenstillstand von Villafranca machte in Deutschland einen gewaltigen Eindruck. Er zeigt aufs deutlichste, daß Deutschland bei den Entscheidungen, welche die Zukunft Europas bestimmten, nicht mitzureden hatte, auch wenn es sich um die vitalsten Interessen eines Mitglieds des Deutschen Bundes handelte. In weiten Kreisen griff die Stimmung Platz, daß der Deutsche Bund durch seine Verfassung daran gehindert sei, in die Geschicke Europas einzugreifen und so schnell, wie es die Stunde erforderte, zu einem Entschluß zu kommen. Aber was konnte zur Änderung dieser Verfassung geschehen? In welcher Richtung sollte sie reformiert werden? Darüber waren die Ansichten jetzt nicht weniger geteilt, als sie es in den Jahren der Revolution gewesen waren. Wieder standen sich die Schlagworte großdeutsch und kleindeutsch, österreichische oder preußische Führung gegenüber. Nach dem erzwungenen Schlummer der Reaktionsjahre regte die öffentliche Meinung sich kräftig. Die Deutschen machten lebhaften Gebrauch von der Möglichkeit, ihre Ansichten auszusprechen und sich entsprechend diesen Ansichten zu organisieren. Die bedeutsamste neue Organisation, die aus dieser Bewegung der Geister hervorging, war der »Deutsche Nationalverein«, die Organisation der Liberalen innerhalb und außerhalb Preußens, welche eine volkstümliche Reorganisation Deutschlands unter der Führung Preußens und mit einer erwählten Vertretung der Nation wünschten. Der Nationalverein nahm also die Politik wieder auf, mit der die Nationalversammlung in der Paulskirche 1849 gescheitert war. Präsident des Vereins war der Führer der liberalen Kammeropposition im Königreich Hannover, Rudolf von Bennigsen, der nach 1866 an die Spitze der Nationalliberalen Partei in Preußen und Deutschland trat. Er war ein Mann von gemäßigt liberalen Anschauungen, der sich besonders des Vertrauens der deutschen Bildungsschicht erfreute. An seiner Seite standen in der Leitung des Nationalvereins ein preußischer Demokrat, Hermann Schulze-Delitzsch, der Gründer der deutschen Genossenschaftsbewegung, und ein anderer Hannoveraner, Johannes Miquel, ein politisch hochbegabter Mann, der als Anhänger von Karl Marx begonnen hatte, um als konservativer preußischer Finanzminister zu enden.

Wenn das preußische Ministerium der Neuen Ära die Entschlußkraft gehabt hätte, mit einem weitausschauenden deutschen Reformprogramm vor die Öffentlichkeit zu treten, so hätte es bei dem Nationalverein eine ausgezeichnete populäre Stütze gefunden. Es ist nicht ausgeschlossen, daß einige der Minister Neigungen in dieser Richtung hatten. Aber sie waren zu schwach, um eine Politik durchzusetzen, welche bei dem Prinzregenten auf legitimistische Bedenken stoßen mußte. In der Proklamation vom November 1858, mit der Wilhelm die Regierung übernommen, hatte er verkündet: »In Deutschland muß Preußen moralische Eroberungen machen.« Das war nur möglich, wenn Preußen sich auf das deutsche Volk stützte und die Opposition der deutschen Fürsten brach, die nichts von ihrer kostbaren Souveränität hergeben wollten. Aber gerade das war mit Wilhelms legitimistischen Prinzipien nicht vereinbar.

Dazu kam, daß er mit seinen liberalen Ministern in Meinungsverschiedenheit über andere Fragen geriet, bei denen seine konservative Grundrichtung in Erscheinung trat. Diejenige Frage, deren Folgen am weitesten reichten, hängt ebenfalls mit Villafranca zusammen. Bei der Mobilisation des preußischen Heeres während des italienischen Krieges waren gewisse Mängel seiner Organisation in Erscheinung getreten. Das war nun eine Angelegenheit, die Wilhelm sehr nahe ging. Er war in erster Linie Soldat. Dazu war er erzogen, und davon glaubte er etwas zu verstehen. In militärischen Fragen traute er sich weit mehr als in politischen ein selbständiges Urteil zu. Er verlangte jetzt eine vollkommene Reorganisation der Armee. Zu seinem Gehilfen bei dieser Aufgabe berief er den General Albrecht von Roon und machte ihn zu seinem Kriegsminister. Roon war in der Tat, wenn auch kein Genie, so doch ein Organisator und militärischer Fachmann ersten Ranges. Aber er war auch ein bedenkenloser Intrigant. Die oberste Pflicht des Mitglieds einer Regierung ist, mit seinen Kollegen loyal zusammenzuarbeiten. Roon tat bewußt das gerade Gegenteil. Er war ein starrer Konservativer und sah es als seine oberste Aufgabe an, seinen liberalen Kollegen den Hals zu brechen. Obwohl er ein ausgesprochen religiöser Mann war und obwohl er als Soldat gewiß die Pflichten der Kameradschaft kannte, wühlte er unablässig gegen seine Kollegen, um das Vertrauen zu untergraben, das Wilhelm noch zu ihnen hatte. Rieten sie ihm, ihren Überzeugungen und ihrer Pflicht entsprechend, zu irgendeiner liberalen Maßnahme, so schrieb Roon an Wilhelm: »Mein preußisches Soldatenherz kann es nicht ertragen, daß mein König und Herr einen anderen Willen über den seinen stellt.« Er warnte ihn bei den harmlosesten Vorschlägen des Ministeriums vor einer »Machterweiterung des Parlaments«, welche das »starke tatkräftige Königtum« bedrohte.

Zu wessen Gunsten aber wollte Roon seine Kollegen aus dem Sattel werfen? Es war sein Freund Otto von Bismarck, dem er die Führung der preußischen Politik verschaffen wollte.

Welche Methoden Roon anwandte, zeigt die Angelegenheit von Wilhelms Krönung als König. Der geisteskranke Friedrich Wilhelm IV. starb im Januar 1861, und nun bestieg der Prinzregent den Thron als König Wilhelm I. Die Krönung sollte in einem feierlichen Akt erfolgen, und Wilhelm verlangte, daß sie in der Form vor sich gehe, wie sie vor der Einführung der Verfassung üblich gewesen war, gleichsam als ob Preußen noch immer derselbe absolute Staat wäre wie in den Zeiten seines Vaters, Friedrich Wilhelms III. Er verlangte eine feierliche Huldigung durch die Stände, obwohl es in der konstitutionellen Monarchie Stände überhaupt nicht mehr gab. Die Minister konnten nicht anders als diesem Wunsch entgegentreten. Aber ihr getreuer Kollege Roon schrieb an Bismarck: »Die Huldigungsfrage ist zum Brechen scharf zugespitzt. Der König kann nicht nachgeben, ohne sich und die Krone für immer zu ruinieren. Die Mehrzahl der

Minister kann es ebensowenig; sie würden sich die unmoralischen Bäuche aufschlitzen, sich politisch vernichten. Sie können nicht anders als ungehorsam sein und bleiben ... Meinen Sie, daß es ein doktrinärer Schwindel sei, wenn die lieben Gespielen (Roons Spitzname für seine liberalen Kollegen) sich nicht in der Lage zu befinden glauben; so werden Sie auch nicht Anstand nehmen, in den Rat des Königs einzutreten und die Huldigungsfrage in korrekter Weise zu lösen.« Aber Bismarck war zu klug, um sein Geld auf *diese* Karte zu setzen. Er hatte keine Lust, als Advokat einer absolutistischen Marotte des Königs in den Vordergrund zu treten. Er könne es nicht verstehen, wie man dieser Huldigungsfrage eine so übertriebene Bedeutung beimessen könne, antwortete er Roon. In der Tat wurde diese Differenz durch beiderseitiges Entgegenkommen wenigstens äußerlich behoben. Aber Wilhelms Auftreten bei der Krönung war trotz seiner Konzessionen derart, daß es im Volk großes Unbehagen hervorrief. Man sah, daß dieser neue König noch ganz in den alten überlebten Vorstellungen des Gottesgnadentums befangen war. Das preußische Volk war zu jener Zeit in allen seinen Schichten weit überwiegend monarchisch gesonnen. Sein herzlichster Wunsch war, seinen König zu lieben und verehren zu können. Dazu bedurfte es nur einiger weniger zeitgemäßer liberaler und fortschrittlicher Reformen. Aber Wilhelm stieß diese Gefühle zurück, indem er sich nur schwer zu solchen Maßregeln entschließen konnte und sich dafür laut zu den alten Doktrinen bekannte. Andererseits war der König gegen seine Minister verstimmt, weil er ihnen wenigstens in einigen Punkten hatte nachgeben müssen.

Aber der endgültige Bruch zwischen ihnen und dem König und damit das Ende der Neuen Ära wurde durch die Frage der *Reorganisation der Armee* herbeigeführt. Das war der Keil, den Roon erfolgreich zwischen König und Minister und zwischen Minister und Abgeordnetenhaus trieb.

Ein Teil der Reorganisationspläne war unzweifelhaft vernünftig und wohlbegründet. Seit den Tagen Scharnhorsts galt in Preußen die allgemeine Wehrpflicht. Jeder gesunde junge Mann war gesetzlich verpflichtet, mit der Waffe zu dienen. Aber dieser Grundsatz war seit Jahren nur noch teilweise durchgeführt worden. Praktisch wurde nur ein Teil jeder Altersgruppe zur Truppe einberufen. Es war durchaus möglich und politisch zu rechtfertigen, daß ein größerer Teil einberufen und dadurch die Stärke der Armee erheblich erhöht wurde. Dieser Teil des Reorganisationsplans wäre auch ohne allzu erhebliche Opposition durchzusetzen gewesen. Aber er war mit zwei anderen Fragen verknüpft, die im Volke lebhaften Widerstand finden mußten. Die eine Frage war die der tatsächlichen Dienstzeit. Das bestehende Gesetz verpflichtete den Soldaten zu dreijährigem Dienst mit der Waffe. Aber tatsächlich war die Dienstzeit in der Regel dadurch auf zwei Jahre verkürzt worden, daß die Soldaten nach Ablauf des zweiten

Dienstjahres mit ständigem Urlaub von der Truppe entlassen wurden. Das wollte der König ändern. Er verlangte, daß der Soldat die vollen drei Jahre Dienst tun mußte. Seine Gründe hierfür waren mindestens in gleichem Maße politischer wie militärischer Natur. Er hielt die dreijährige Dienstzeit für notwendig, nicht so sehr um den Soldaten vollständig kriegstüchtig zu machen, als um ihn aus seiner bürgerlichen Gedankenwelt herauszulösen. Damit eng verbunden war die zweite Streitfrage, welche die Heeresreform aufwarf, die Frage der Landwehr. Auch hier waren die politischen Motive mindestens ebenso stark wie die militärischen. Die Landwehr war eine Schöpfung der Befreiungskriege und hatte sich in diesen mit Ruhm bedeckt. Das Volk war stolz auf sie und betrachtete sie im Gegensatz zur stehenden Armee als eine volkstümliche Organisation. Der Landwehrmann war der Staatsbürger in Waffen. Die Landwehr hatte ihre eigenen Offiziere, die nicht wie die der stehenden Armee überwiegend Junker waren. Es ist bezeichnend und beweiskräftig, daß der erzkonservative General von Gerlach die Landwehr die einzige wirklich liberale Institution Preußens nennt. Aber gerade das, was die Landwehr dem Volke lieb machte, machte sie dem König und Roon verdächtig. Sie mißtrauten dem Landwehrmann, weil er zu tief im bürgerlichen Leben verwurzelt war. Der Landwehrmann von heute war der Wähler von gestern und von morgen. Das war im Jahre 1849 zutage getreten, als die Landwehr unter die Fahnen gerufen wurde, um die Süddeutschen, die sich zugunsten der Reichsverfassung erhoben hatten, niederzuschlagen. Damals hatten zahlreiche Landwehrleute deutlich ihren Unwillen zu erkennen gegeben. Das hatte einen Stachel in der Seele Wilhelms zurückgelassen, der die preußische Armee in dieser Reichsverfassungs-Kampagne geführt hatte. In Zukunft wollte er eine solche Bekundung politischer Unabhängigkeit unmöglich machen. Sein Reformplan ging daher auf eine Schwächung und Verminderung der Landwehr aus.

Diese beiden Fragen waren der wirkliche Grund der weitverbreiteten Opposition im Volke weit mehr als die finanzielle Belastung, welche die Reorganisation zur Folge haben mußte. Selbst in dem überwiegend gouvernementalen Abgeordnetenhaus kam dieser Widerstand zum Ausbruch. Die Regierung mußte einsehen, daß sie außerstande war, ihn zu überwinden. Sie zog deshalb das Reorganisationsgesetz zurück und begnügte sich mit der Bewilligung von sieben Millionen Talern für die militärischen Ausgaben des nächsten Jahres. Dabei betonten die Minister jedoch mit aller Deutlichkeit, daß diese Ausgaben nur einen provisorischen und keinen dauernden Charakter haben würden. Die Mehrheit der Kammer, welche den Ministern ihres Vertrauens zu helfen wünschte, bewilligte diese Summe, aber unter ausdrücklicher Hervorhebung ihres »einstweiligen« Charakters. Kaum aber war das Geld bewilligt, als der Regent neue Regimenter bildete, die natürlich bestimmt waren, dauernd zu bestehen.

Wilhelm handelte unter dem Einfluß seiner militärischen Umgebung, deren bedeutendster Kopf der Chef seines Militärkabinetts, der General Edwin von Manteuffel, ein Vetter des früheren Ministerpräsidenten, war. Das Militärkabinett war eine eigentümliche, spezifisch preußische Einrichtung. Es war nicht etwa in der Verfassung vorgesehen, die im Gegenteil vorschrieb, daß alle Regierungsakte des Königs, um gültig zu sein, der Gegenzeichnung durch einen verantwortlichen Minister bedürfen. Im Gegensatz zu dieser Vorschrift entwickelte sich das Militärkabinett als ein Instrument des Königs, das ihn in den Stand setzte, in Heeresangelegenheiten Befehle ohne ministerielle Gegenzeichnung zu erlassen, die auf diese Weise der Nachprüfung durch die Volksvertretung entzogen waren. Auf diesen wichtigen Punkt wies damals eine anonyme Flugschrift hin, die unter dem Titel »Was uns noch retten kann« erschien und großes Aufsehen erregte. Ihr Verfasser war ein junger Richter in Berlin, Karl Twesten, ein eifriger Patriot und überzeugter Liberaler von klarem politischem Blick und festem Charakter. Er wies auf Edwin Manteuffel hin und nannte ihn »einen unheilvollen Mann in unheilvoller Stellung«. Manteuffels Antwort war, Twesten, der sich sofort als Verfasser bekannte, auf Pistolen zu fordern. Um nicht der Feigheit geziehen zu werden, nahm Twesten diese Forderung an. Er wurde durch einen Pistolenschuß des Generals am Arm verwundet. Über den Sinn dieses Vorgehens von Manteuffel war Twesten sich vollkommen klar: jede Kritik militärischer Angelegenheiten sollte unmöglich gemacht werden. Wer die Zeichen der Zeit zu deuten verstand, sah, daß der Militarismus nach der Herrschaft griff und entschlossen war, mit allen Mitteln für seine privilegierte Stellung zu kämpfen.

Das war in der Tat die Absicht jener Generäle, auf die Wilhelm in erster Linie hörte. Professor Gerhard Ritter, der die Vorgeschichte des Konflikts an Hand der Akten erforscht hat, weist überzeugend nach, daß ihr Ziel eine »Entbürgerlichung« des Heeres, eine von allem volkstümlichen und liberalen Empfinden hermetisch abgeschlossene »Königliche Armee« war. In seinem Buch »Staatskunst und Kriegshandwerk« schreibt er treffend: »Die ›Armee-Gesinnung‹, das ist der esprit de corps der Berufssoldaten, in erster Linie des Offizierskorps, in dem nach wie vor das Übergewicht des adligen Elements durch Militärkabinett und Militärbildungsanstalten sorgsam konserviert wird. Diese Offiziere betrachten sich nicht als Soldaten der Nation (wie einst die Führer der Freiheitskriege) . . . sondern ausschließlich als ›Paladine‹ des Hohenzollernthrons, als engere Gefolgschaft des Monarchen, dem sie persönlich Treue geschworen haben, von dem sie nun aber auch erwarten, . . . daß er sie in ihren Standesvorrechten vor dem Andrängen des liberalen Zeitgeistes schützt.« Ja, man kann nach seinen Feststellungen annehmen, daß zum mindesten die Generaladjutanten des Königs darüber hinaus eine Rückkehr zu den alten absolutistischen Zuständen und eine Beseitigung der ja erst ein Jahrzehnt alten Verfassung gern gesehen hätten. Für diese Gefahr hatten weite Kreise des preußischen Volkes ein sehr deutliches Gefühl.

Trotzdem bewilligte die Mehrheit der Kammer wenige Tage nach Twestens Duell noch einmal die militärischen Forderungen, wenn auch nur im Extraordinarium des Budgets, obwohl die Regierung ihr Versprechen nicht gehalten hatte, die streitigen Fragen durch ein Gesetz zu regeln. Aber jetzt nahm die Stimmung überhand, daß die ministerielle Partei des Abgeordnetenhauses gegenüber der Regierung zu willfährig sei. Einige jüngere Mitglieder der Kammer, an ihrer Spitze der Freiherr von Hoverbeck und der Rechtsanwalt von Forckenbeck, schieden aus der Partei aus und gründeten eine neue Partei, die starken Anklang in der Bevölkerung fand. Sie nannte sich »Deutsche Fortschrittspartei«, wobei sie auf das Wort »deutsch« ebenso starkes Gewicht legte wie auf das Wort »Fortschritt«. Sie forderte in ihrem Programm »eine feste Einigung Deutschlands, die ohne eine starke Zentralgewalt in der Hand Preußens und ohne gemeinsame deutsche Volksvertretung nicht gedacht werden kann«. Das ist also im wesentlichen wieder das Programm der kleindeutschen Partei von 1848. Wieder zeigte es sich, daß die Einigung der deutschen Nation eine liberale Forderung war. Die konservative Partei erklärte zur gleichen Zeit in ihrem Programm »kein Untergehen im Schmutz der deutschen Republik, kein Kronenraub und kein Nationalitätenschwindel«. Auf welcher Seite die preußische Regierung eine tatkräftige Unterstützung gefunden hätte, wenn sie mutig genug gewesen wäre, eine entschlossene deutsche Politik zu treiben, liegt auf der Hand. Aber das war nicht der Gesichtspunkt, unter dem der König diese neue Partei ansah. Ihn interessierte nur ihre innerpolitische Forderung: Ausbau der Verfassung, Aufrechterhaltung der Landwehr und zweijährige Dienstzeit. Er war empört, als die Fortschrittspartei bei den Wahlen vom November 1861 gleich beim ersten Male einen großen Erfolg davontrug. Sie eroberte so viele Sitze, daß sie ein maßgebender Faktor im Abgeordnetenhaus wurde. Die ministerielle Partei erlitt schwere Verluste, und die konservative verschwand fast vollkommen. Selbst Roon verlor sein Mandat.

Bismarck verfolgte von Petersburg aus diese Entwicklung mit gespanntem Interesse. Sie ging ihn um so näher an, als sein Ehrgeiz jetzt offen auf einen Platz in der Regierung gerichtet war. Sein Freund Roon gab sich alle Mühe, den König zur Berufung Bismarcks zu bewegen. Bismarck kam selbst nach Berlin, um seine Kandidatur zu betreiben. Aber der König sträubte sich noch immer gegen die Berufung dieses eigenwilligen Mannes, gegen dessen Politik er noch ebensoviel Mißtrauen hatte wie damals, als er sie »die Politik eines Gymnasiasten« genannt hatte (S. 33).

Bismarck hatte jetzt in der Tat ein politisches Programm ganz besonderer und eigener Art. Es ist durchaus nicht identisch mit dem der konservativen Partei. Als er jene Worte über »Kronenraub und

Nationalitätenschwindel« im konservativen Programm las, kritisierte er sie mit aller Schärfe und goß die Fülle seines Spottes aus über den »ganz unhistorischen, gott- und rechtlosen Souveränitätsschwindel der deutschen Fürsten«. Ja, er verblüffte seine Freunde durch die Forderung einer Vertretung des deutschen Volkes beim Bunde. Freilich dachte er sich diese damals noch in der Form von Delegationen der Parlamente der einzelnen Länder.

Bismarck war sich jedoch klar darüber, daß ein solches Programm beim König keine Sympathie finden konnte. Roon gegenüber spricht er offen von der »legitimistischen Richtung, welche der persönliche Wille Seiner Majestät unserer auswärtigen Politik gegeben« und empfiehlt die entgegengesetzte Politik auch aus innerpolitischen Gründen: »Nur durch eine Schwenkung in unserer auswärtigen Haltung kann die Stellung der Krone im Innern von dem Andrang degagiert werden, dem sie auf die Dauer sonst tatsächlich nicht widerstehen wird . . . Wir sind fast ebenso eitel wie die Franzosen: können wir uns einreden, daß wir auswärts Ansehen haben, *lassen wir uns zu Hause viel gefallen.*« Wie meisterhaft hat er später nach dieser Maxime gehandelt! Und dann kommt ein Satz, der für seine Auffassung besonders bezeichnend ist: »Ich bin meinen Fürsten treu bis in die Vendée, aber gegen alle anderen fühle ich in keinem Blutstropfen eine Spur von Verbindlichkeit, den Finger für sie aufzuheben.« Das ist allerdings die denkbar bündigste Absage an das Prinzip der Legitimität, dem jede Krone, klein oder groß, gleich heilig war. Kein Wunder, daß Bismarck hinzufügt: »In dieser Denkungsweise fürchte ich von der unseres allergnädigsten Herrn so weit entfernt zu sein, daß er mich schwerlich zum Rate seiner Krone geeignet finden wird.«

Wilhelm mißtraute Bismarck auch noch aus einem anderen Grunde. Er hatte ihn in dem Verdacht, Anhänger eines preußischen Bündnisses mit Napoleon zu sein. Damit stand der König keineswegs allein. Mehrere deutsche Zeitungen, darunter das Organ des Nationalvereins, schrieben, Bismarck plane, Napoleon das linke Rheinufer abzutreten als Entgelt für die Hilfe, die er Preußen bei der Annexion von Hannover, Sachsen und dem Kurfürstentum Hessen-Kassel leisten sollte. Diese Gerüchte scheinen nicht allen Grunds entbehrt zu haben, denn sie wurden von Personen wiederholt, die dem Auswärtigen Amt nahestanden. Damit soll gewiß nicht gesagt werden, daß Bismarck ernstlich die Absicht hatte, Napoleon das linke Rheinufer zuzuwenden, wohl aber, daß er ihn durch die Vorspiegelung einer solchen Lockspeise in Versuchung führen wollte, mit dem stillschweigenden Vorbehalt, einen Ausweg zu finden, wenn es an die tatsächliche Erfüllung ging.

Unzweifelhaft ist jedenfalls, daß Bismarck es für einen schweren Fehler hielt, sich von Napoleon grundsätzlich fernzuhalten. Er illustrierte diesen Standpunkt durch eines seiner schlagenden Bilder in dem letzten Brief, den er an Leopold von Gerlach schrieb: »Man

'ismarck als Elfjähriger. Zeichnung
on Franz Krüger.

Bismarck als Johanniterritter. Gemälde
von Becker.

'er Ministerpräsident Otto von
ismarck im Jahre 1863.

Otto von Bismarck im Jahre 1885.

Oben: Wilhelm I., König von Preußen 1861–1888, Deutscher Kaiser 1871–1888. – Unten: Helmuth von Moltke (1800–1891). Preußischer Generalfeldmarschall.

kann nicht Schach spielen, wenn einem 16 Felder von 64 von Haus aus verboten sind.« Er verlangte ein vollkommen freies Schachbrett, auf dem keine Rücksicht auf Tradition oder Prinzipien seine Bewegungsfreiheit beschränkte. Einige Jahre zuvor, in seinen letzten Tagen in Frankfurt, als der Krieg zwischen Frankreich und Österreich vor der Tür stand, hatte Bismarck nach einem guten Diner zu einem österreichischen Diplomaten gesagt: »Il y en a des arrangements avec Dieu, et il y en a avec le Diable, et si on n'en fait pas, le Diable s'en mêle.« Es war Bismarck gleichgültig, ob Napoleon zu den Göttern oder zu den Teufeln gerechnet wurde, in keinem Fall wollte er sich sein eigenes Spiel dadurch verderben, daß er vor ihm zurückschreckte.

8. Paris

Im März 1862 berief der König Bismarck von Petersburg ab, ohne ihm jedoch zunächst eine neue Aufgabe zuzuweisen. Bismarck erwartete, in die Regierung berufen zu werden, und begab sich nach Berlin. Hier hatte sich die innere Lage abermals verschärft. Die Neue Ära war zu Ende. Der König hatte das Abgeordnetenhaus unter einem Vorwande aufgelöst und seine liberalen Minister entlassen. Roon und einige mehr konservative Minister, wie Graf Bernstorff, der Minister des Auswärtigen, und von der Heydt, der Finanzminister, waren auf ihren Plätzen geblieben. Aber die Wahlen hatten wieder der Regierung eine schwere Niederlage und der Fortschrittspartei einen glänzenden Erfolg gebracht. Trotzdem scheute der König immer noch vor der Berufung Bismarcks zurück. Es fiel ihm stets schwer, zu einem Entschluß zu kommen. Bismarck war diesmal darüber nicht böse. Es war ihm ganz recht, wenn er noch einige Zeit im Hintergrunde stand, bis die Lage sich so aussichtslos gestaltet hatte, daß der König keinen anderen Ausweg mehr wußte, als nach seiner Hand zu greifen. Minister wollte er erst dann werden, wenn der König schlechterdings gezwungen war, ihm »durch dick und dünn« zu folgen, wie er es selber ein paar Jahre später mit brutaler Deutlichkeit ausgesprochen hat. So ging er denn zunächst als preußischer Botschafter nach Paris.

Auf diesem Posten blieb er nur wenige Monate, und den größten Teil dieser Zeit weilte er außerhalb der französischen Hauptstadt. So besuchte er z. B. London, um sich dort die Industrie-Ausstellung anzusehen. Eine Episode dieses Besuchs ist bemerkenswert. Er hatte eine Unterhaltung mit Disraeli, auf den er großen Eindruck machte: »Paßt auf diesen Mann auf«, sagte Disraeli, »der meint, was er sagt.«

Mit dem Kaiser Napoleon hatte Bismarck eine wichtige Unterredung. Sein Eindruck war, daß er, wenn er an der Spitze der preußischen Regierung stehen würde, auf eine Zusammenarbeit mit Napoleon würde rechnen können. Natürlich glaubte Napoleon, daß er es dann sein würde, der die gemeinsame Politik bestimmen werde, während Bismarck darauf rechnete, den französischen Kaiser für seine eigenen Pläne benutzen zu können. Er sei, schrieb Bismarck in einem Privatbrief an seinen Minister, Graf Bernstorff, in der »Lage Josephs bei der Frau von Potiphar« gewesen, weil der Kaiser »die unzüchtigsten Bündnisvorschläge auf der Zunge« gehabt hätte. Eine andere Haltung war für Bismarck unmöglich, da er sehr genau wußte, daß sein König eine starke Abneigung gegen den französischen Imperator hatte, den er für den nationalen Feind Deutschlands und Preußens hielt.

Im August 1862 ging Bismarck zu seiner Erholung nach Biarritz, dem berühmten französischen Badeorte am Atlantischen Ozean. Hier traf er eine junge russische Fürstin, Katharina Orlow, die Frau des russischen Gesandten in Brüssel. In dieser Gesellschaft verbrachte er einige der schönsten Wochen seines Lebens. Davon sprechen seine Briefe an Frau und Schwester, die man immer wieder und wieder lesen kann. Sie sind erfüllt von den Reizen der ihn umgebenden Landschaft und von dem Zauber dieser intelligenten, witzigen, musikalischen und begeisterungsfähigen jungen Frau. Sie erinnern den Leser an den Sommernachtstraum und an Oberons Märchenwald. Für denjenigen, der sich Bismarck nur als den Mann von Blut und Eisen vorstellt, sind sie eine vollkommene Überraschung.

Während der ganzen Zeit war Bismarck in gespannter Erwartung. Er wartete auf den Brief oder das Telegramm von Roon, das ihn nach Berlin berufen sollte. Aber der Ruf kam nicht. Briefe von Roon und Bernstorff langten an, aber sie waren enttäuschend. Immer noch zögerte der König. Schließlich, als Bismarck schon nach Paris zurückgekehrt war, am 18. September 1862, hielt er in seinen Händen ein Telegramm von Roon. »Periculum in mora. Dépêchez-vous.« Es war das verabredete Signal. Am nächsten Tage war Bismarck auf dem Wege nach Berlin.

9. Ernennung zum Ministerpräsidenten

Inzwischen war in Berlin die Krisis auf ihrem Höhepunkt angelangt. Die Regierung konnte sich nicht mehr verhehlen, daß es unmöglich war, ihre Militärvorlage durch das Abgeordnetenhaus zu bringen, wenn sie sich nicht zu erheblichen Zugeständnissen an die populären Forderungen entschloß. Radikale Mitglieder der Opposition befürworteten die glatte Ablehnung der neuen Organisation. Aber ein erheblicher Teil der Fortschrittspartei war für einen Kompromiß. Twesten, den die Berliner Fortschrittler inzwischen zu ihrem Abgeordneten gewählt hatten, befürwortete es in einer staatsmännischen Rede. Der entscheidende Punkt war die zweijährige Dienstpflicht. Wenn die Regierung in diesem Punkt nachgab, konnte sie den größten Teil ihres militärischen Programms retten und eine das ganze Staatswesen erschütternde Krise vermeiden.

Im Verfassungsstaat kann das Parlament die Politik der Regierung dadurch beeinflussen, daß es ihr die finanziellen Mittel verweigert. Stahl, der Theoretiker der preußischen Konservativen Partei (S. 23), war sich der Gefahr bewußt gewesen, daß selbst ein preußisches Parlament in die Lage kommen könnte, das Übergewicht der monarchischen Gewalt dadurch zurückzudrängen, daß es die Staatseinkünfte ablehnte. Er hatte deshalb in die preußische Verfassung den Artikel 109 hineingeschmuggelt, nach welchem »die bestehenden Steuern und Abgaben forterhoben« wurden, bis sie durch ein Gesetz abgeändert würden. Nach der damals herrschenden Auslegung dieses Artikels waren die preußischen Bürger verpflichtet, die einmal eingeführten Steuern und Abgaben weiter zu entrichten, selbst wenn das jährliche Budget nicht vom Parlament beschlossen worden war. Andererseits schrieb aber die Verfassung ausdrücklich und mit deutlichen Worten vor, daß alle Einnahmen und Ausgaben des Staates jedes Jahr im voraus veranschlagt und auf den Staatshaushalts-Etat gebracht werden müssen, der jährlich durch ein Gesetz festzustellen sei (Artikel 99). Ein Gesetz konnte nach der Verfassung nur durch Übereinstimmung beider Häuser des Parlaments und des Königs zustandekommen. Jeder unvoreingenommene Jurist mußte aus dieser Vorschrift schließen, daß eine Regierung, die auch nur einen Taler ohne Zustimmung des Parlaments ausgab, die Verfassung verletzte. Solange das Budget nicht vom Parlament bewilligt war, durfte die Regierung keine Ausgabe machen, selbst wenn das Geld der Steuerzahler gemäß Artikel 109 fortfuhr, in die Kassen der Steuerbehörden zu fließen.

Soweit schien die Verfassung vollkommen klar zu sein. Aber seit den griechischen Sophisten hat es immer Menschen gegeben, die das besondere Talent haben, weiß zu sehen, wo jeder andere schwarz sieht. Die preußischen Sophisten sagten: Ein Budget wird Gesetz, wenn 1. das Abgeordnetenhaus, 2. das Herrenhaus und 3. der König zustimmen. Wenn einer dieser drei Faktoren seine Zustimmung verweigert, kommt kein Budget zustande. Ein normaler Kopf würde die Schlußfolgerung gezogen haben, daß der Staat in diesem Fall kein Geld ausgeben darf. Aber die preußischen Sophisten lehnten diese Schlußfolgerung mit überlegenem Lächeln ab und behaupteten, die Verfassung enthalte eine »Lücke«. Der Staat müsse leben, und deshalb sei die Regierung in diesem Falle berechtigt, so viel Geld auszugeben, wie sie im Interesse das Staates für gerechtfertigt ansehe. Das ist die berüchtigte »Lücken-Theorie«. Da das Herrenhaus eine überwältigende Mehrheit der reaktionären Junker hatte, war es der Regierung immer möglich, diese »Lücke« in Erscheinung treten zu lassen, wenn ein liberales Abgeordnetenhaus ein Budget festsetzte, das ihr nicht paßte.

Diese Lückentheorie war nicht nur ein Sophisma, ein unhaltbarer Trugschluß, die Minister selbst, die sie in ihrer Presse predigen ließen, wußten es ebensogut wie die Männer der Opposition. Das wird über jeden Zweifel klargestellt durch eine Denkschrift, die sie in jenen kritischen Tagen dem König vorlegten. Hier sagen sie ganz klar und deutlich, daß die Ablehnung des Budgets durch den Landtag der Regierung die verfassungsmäßige Grundlage der Verwaltung entziehen würde. Sie würden *gänzlich den Boden der Verfassung aufgeben*, wenn sie »gegen den gesetzlichen Beschluß der Landesvertretung und ohne gesetzlichen Etat die Staatsausgaben zu bestreiten« unternehmen sollten. Diese Denkschrift wurde von sämtlichen Ministern unterschrieben, auch von dem Kriegsminister von Roon. Der König war über sie höchst aufgebracht. Er versuchte seine Minister zu einer Änderung ihres Standpunktes zu bewegen, aber zunächst ohne Erfolg.

Die ersten Abstimmungen im Abgeordnetenhaus zeigten der Regierung aufs deutlichste, daß sie ihren Willen nicht durchsetzen konnte. Eine Niederlage folgte der anderen. Plötzlich, am Vormittage des 17. September 1862, erhob sich Roon im Abgeordnetenhaus, um im Namen des gesamten Kabinetts zu erklären, daß die Regierung keineswegs einen Konflikt wünsche und daß der Antrag Twestens die *Grundlage für ein Kompromiß* geben könne, vorausgesetzt, daß die Kammer bereit sei, einige »Kompensationen« zu gewähren. Das war gewiß nicht viel. Aber es genügte, um die Stimmung der Kammer sofort zu ändern. Ohne jede weitere Diskussion vertagte sich das Haus, um der Regierung die Möglichkeit zu geben, in einer geheimen Ausschuß-Sitzung zu einer Verständigung mit den Abgeordneten zu kommen. So angelegentlich wünschte diese Fortschrittspartei, der Wilhelm revolutionäre Gelüste zutraute und gegen die seine militärischen Ratgeber bereits Gewaltmaßregeln planten, eine Verständigung mit der Krone!

Aber der König selbst war es, der alle Hoffnungen mit einem Schlage zunichte machte. Er hörte nicht auf seine Minister, die ihm die zweijährige Dienstzeit zu konzedieren rieten, er hörte nur auf seine militärische Umgebung, deren Stimmung ein so gemäßigter Mann wie Max Duncker mit den Worten charakterisierte: »Die Militärpartei dürstet nach einem Konflikt wie der Hirsch nach dem Wasser.« Am Abend desselben 17. September, an dem Roon in der Kammer die Bereitwilligkeit zur Verständigung proklamiert hatte, hielt der König einen Kronrat ab. Bernstorff und von der Heydt vertraten den Standpunkt der gemeinschaftlichen Denkschrift der Minister. Da wechselte zu ihrer maßlosen Überraschung Roon plötzlich die Front und erklärte dem König seine Bereitschaft, die Regierung *auch ohne Budget* fortzuführen. Diese plötzliche Schwenkung von Roon war es, die den Konflikt zwischen König und Parlament unvermeidlich machte, und Roon kann nicht im Zweifel darüber gewesen sein, daß er durch seine Erklärung den Eid brach, den er auf die Verfassung geleistet hatte. Aber daran stieß sich der strenggläubige Mann nicht. Er wußte, daß er jetzt am Ziel war. Denn er hatte den Mann bereit, welcher der Aufgabe gewachsen war, Preußen ohne alle konstitutionellen Gewissensskrupel zu regieren. Jetzt war der Augenblick gekommen, wo er Bismarck das verabredete Signal geben konnte, und noch am selben Abend blitzte das Telegramm nach Paris, das ihn drängte, sofort an den Schauplatz der Krisis zu eilen.

Das Abgeordnetenhaus war natürlich außer sich, als Roon ihm am nächsten Morgen nicht nur erklärte, die Regierung sei zu keiner Konzession bereit, sondern überdies kaltblütig bestritt, jemals Konzessionen in Aussicht gestellt zu haben. Nun kam, was kommen mußte: Das Heeresbudget wurde von der Kammer abgelehnt. Der Konflikt war offen ausgebrochen!

Ehe Bismarck in Berlin angelangte, war noch ein letzter Versuch gemacht worden, den König umzustimmen. Es war der Kronprinz, der diesen Versuch wagte. Er war liberal, wie seine ganze Generation, und hatte den dringenden Wunsch, das junge Verfassungsleben seines künftigen Königreichs vor einer Erschütterung zu bewahren, deren Folgen unübersehbar sein konnten. Er zweifelte außerdem nicht, daß die zweijährige Dienstzeit für eine gesunde militärische Ausbildung genüge. Der König konnte seine Argumente auch nicht widerlegen. Aber er legte ihm eine Urkunde vor, in der er zugunsten seines Sohnes *abdankte,* und forderte diesen auf, sie zum Zeichen seines Einverständnisses zu unterschreiben. Das lehnte der Prinz mit Entschiedenheit ab. Trotz aller Meinungsverschiedenheiten liebte er seinen Vater und wünschte unter keinen Umständen die Krone zu dessen Lebzeiten auf sein Haupt zu setzen, wie Shakespeares Prinz Heinz die Krone seines Vaters.

War nun der Weg für Bismarck frei? Der Kronprinz konnte das unmöglich annehmen; denn der König sagte ihm aus freien Stücken, er werde Bismarck in keinem Falle berufen, was auch kommen möge. Bei dieser Erklärung handelte Wilhelm sicherlich unter dem Einfluß der Königin, die in Bismarck ihren Todfeind sah. Aber drei Tage später war ihr Einfluß gebrochen und Bismarck Minister.

Die historische Audienz vom 22. September 1862 hat Bismarck selbst im 11. Kapitel seiner »Gedanken und Erinnerungen« in seiner eigenen unübertrefflichen Weise erzählt. Es ist eine packende Erzählung, aber sie ist keineswegs in allen Punkten zuverlässig. Das Wesentliche ist, daß der König jetzt schlechterdings keinen anderen Weg mehr vor sich sah, als die Regierung dem einzigen Mann zu übertragen, der bereit und fähig war, dem Parlament zu trotzen und sich nicht darum zu kümmern, ob die Verfassung verletzt wurde oder nicht. Bismarck machte auf den König den tiefsten Eindruck durch seine vollständige Furchtlosigkeit, seine stählerne Energie und seine bedingungslose Bereitschaft, ihm zu dienen, wie ein Lehnsmann seinem Feudalherrn. Was konnte dem König besser gefallen, als wenn

Bismarck ihm sagte, die Frage sei jetzt einfach: »Königliches Regiment oder Parlamentsherrschaft«. Als die Audienz beendet war, stand nicht nur fest, daß Bismarck Ministerpräsident und Auswärtiger Minister werden, sondern auch, daß er von keinem Programm eingeschränkt sein würde, wie der König es ursprünglich vorzuschlagen beabsichtigt hatte.

Wir haben keinen Grund, die Aufrichtigkeit von Bismarcks Wunsch zu bezweifeln, ein treuer Diener seines Königs zu sein. Aber er kannte Wilhelm mit all seinen Schwächen und Beschränktheiten gut genug, um sicher zu sein, daß *er* den König führen und nicht von ihm geführt werden würde. Er wußte im Innersten seines Herzens ganz genau, daß er den König zu einem Ziele führen werde, von dem dieser nicht einmal zu träumen wagte. Während er Wilhelm versprach, ihm getreulich zu folgen, war er überzeugt, daß der König gezwungen war, ihm »durch dick und dünn« zu folgen, und daß er selbst nun an dem Ziel war, das er sich gesteckt hatte. Es war jetzt 24 Jahre her, daß der junge Bismarck im September 1838 geschrieben hatte: »Ich will Musik machen, *wie ich sie für gut erkenne*, und keine andere.« Jetzt, im September 1862, stand er an der Spitze des Orchesters und war in der Lage, die Musik zu machen, die er selbst wünschte. Auf diese Musik hörte Preußen, Deutschland, ja ganz Europa durch achtundzwanzig Jahre, die der Weltgeschichte eine neue Wendung gaben.

II

DER KAMPF GEGEN DAS PARLAMENT UND GEGEN ÖSTERREICH

A. BIS ZUR KONVENTION VON GASTEIN

1. *Die Anfänge des Ministerpräsidenten*

Bismarcks Berufung machte einen großen, aber weit überwiegend ungünstigen Eindruck. Max von Forckenbeck sprach aus, was die preußischen Liberalen dachten, als er seiner Frau schrieb: »Bismarck-Schönhausen bedeutet Regieren ohne Etat, Säbelregiment im Innern, Krieg nach außen. Ich halte ihn für den gefährlichsten Minister für Preußens Freiheit und Glück.« In den Berliner Theatern wurde jede spöttische Bemerkung, die auf den König bezogen werden konnte, mit donnerndem Beifall begrüßt. In Wien war der Minister des Auswärtigen Graf Rechberg, der Bismarck aus ihrer gemeinschaftlichen Frankfurter Zeit kannte, entsetzt, daß dieser »schreckliche Bismarck« jetzt die preußische Politik leitete. Wie man im Ausland dachte, zeigt die Äußerung des Londoner »Spectator«, Bismarck, der einen starken, aber begrenzten Verstand besitze, sei der ausgesprochenste Junker, der je in Preußen regiert habe.

Bismarcks erste Aufgabe war, eine neue Regierung zu bilden. Graf Bernstorff und von der Heydt lehnten es abermals ab, verfassungswidrig ohne Budget zu regieren, und nahmen ihre Entlassung. Bismarck machte zunächst einen Versuch, mit den gemäßigten Liberalen in Verbindung zu treten. Er bat Twesten, der den Vermittlungsantrag im Abgeordnetenhaus gestellt hatte, um seinen Besuch. Der Frage der Dienstzeit stand er sehr kühl gegenüber; für seine Person wäre er bereit gewesen, sich mit der zweijährigen Dienstzeit abzufinden. Da aber der König diese unbedingt ablehnte, konnte er Twesten nichts bieten, und die Unterredung verlief ergebnislos. Sie ist aber bemerkenswert durch die verblüffende Indiskretion, mit der sich Bismarck zu diesem Oppositionsführer über seinen König aussprach, der ihm eben erst das höchste Amt im Lande anvertraut hatte. Er verglich Wilhelm mit einem »Pferde, das vor einem neuen Gegenstand scheut, bei Gewaltanwendung störrisch wird, sich aber allmählich gewöhnen läßt.«

Man hat guten Grund, zu bezweifeln, daß Bismarck jemals im Ernst daran gedacht habe, einen liberalen Minister in sein Kabinett aufzunehmen. Tatsächlich setzte es sich aus reaktionären Beamten zusammen, die kein anderes Verdienst hatten als ihre konservative Gesinnung und ihren adligen Namen. In späteren Jahren sprach Bismarck von ihnen mit uneingeschränkter Verachtung. Den Finanzminister von Bodelschwingh nannte er kurzab einen Lügner und den Landwirtschaftsminister von Selchow ein Rindvieh. Nur der Minister des Innern, Graf Fritz von Eulenburg, besaß Intelligenz und rednerische Gewandtheit; aber er war indolent und frivol. Wie unzulänglich aber auch immer diese Minister waren, sie erfüllten die beiden Bedingungen, um derentwillen Bismarck sie berief: sie waren bereit, ihm bei der Niederwerfung der Opposition zu helfen und ihm in seiner auswärtigen Politik freie Hand zu lassen.

Im Parlament eröffnete Bismarck seine Tätigkeit damit, daß er das Budget zurückzog. Als er im Ausschuß des Abgeordnetenhauses gefragt wurde, was er denn nun zu tun gedenke, antwortete er in einer Rede, die weithin das allergrößte Aufsehen hervorrief. Aus seiner Brieftasche nahm er einen Ölzweig – es war der Ölzweig, den ihm Katharina Orlow zum Abschied gegeben hatte, als sie sich in Avignon trennten –, zeigte ihn den Mitgliedern des Ausschusses und bemerkte dazu, daß es seine Absicht gewesen sei, diesen Ölzweig dem Hause als Friedenszeichen anzubieten, daß er aber zu seinem Bedauern sehe, es sei noch nicht an der Zeit. Dann aber sprach er über Preußens gegenwärtige Lage und künftige Aufgabe: »Nicht auf Preußens Liberalismus sieht Deutschland, sondern auf seine Macht . . . Preußens Grenzen sind einem gesunden Staatsleben nicht günstig . . . Nicht durch Reden und Majoritätsbeschlüsse werden die großen Fragen der Zeit entschieden, das ist der große Fehler von 1848 und 1849 gewesen, sondern durch *Blut und Eisen!*«

Die Sensation, die diese aufregenden Sätze hervorriefen, war nichts weniger als freundlich. Selbst Roon sprach unwirsch von »geistreichen Exkursionen«, die der Sache nicht förderlich seien. Der Historiker Heinrich von Treitschke, später der lauteste Herold Bismarcks, entrüstete sich über die Gemeinheit und Lächerlichkeit dieses »flachen Junkers«, der von dem Eisen und Blut prahle, mit dem er Deutschland unterjochen wolle. Auch der König war keineswegs entzückt. Er befand sich in Baden-Baden in der Gesellschaft der Königin, ihrer Tochter, der Großherzogin von Baden, und ihres Schwiegersohns, des Großherzogs. Bismarck war sich wohl bewußt, daß von diesen keiner auf seiner Seite stand, er fürchtete, daß sie seine Worte beim Könige gegen ihn ausnutzen würden. Um diesen wieder für sich zu gewinnen, fuhr er ihm bei seiner Rückkehr bis zu der letzten Bahnstation vor Berlin, Jüterbog, entgegen. Diese Episode hat Bismarck mit unvergänglichen Worten in seinen »Gedanken und Erinnerungen« (Kapitel 12) geschildert.

Wie der König aber auch immer über die Rede seines neuen Ministerpräsidenten gedacht haben mag, über eines war er sich klar: dieser Mann war ihm dem Abgeordnetenhaus gegenüber unentbehrlich. Dort wurde die konstitutionelle Doktrin der Regierung in einer langen Debatte kritisch zerpflückt, wobei die gemäßigten Redner nicht weniger scharf auftraten als die radikalen. Professor Rudolf Gneist, einer der ersten Juristen Deutschlands, mahnte den neuen Regierungschef, er solle eine deutsche Grundeigenschaft respektieren, den *Glauben an eine feste und sittliche Rechtsordnung,* die letzten Endes über die Geschicke der Staaten entscheide. Das war in der Tat damals die Auffassung der maßgeblichen Schichten des preußischen Volkes. Es fragte sich, ob dieser Glaube von den Ereignissen gerechtfertigt werden würde.

Zunächst nahmen die Dinge den entgegengesetzten Verlauf. Das vom Abgeordnetenhaus festgesetzte Budget wurde vom Herrenhaus verworfen, und nun regierte das Ministerium Bismarck ohne ein Budget. Es fuhr fort, Steuern und Abgaben einzuziehen, und bestritt aus ihnen die militärischen Ausgaben nach seinem Gutdünken. Da das Wirtschaftsleben im Aufschwung begriffen war, warfen die Steuern steigende Erträge ab, so daß die Regierung nicht durch Geldmangel in Verlegenheit kam. Dem stand das Abgeordnetenhaus hilflos gegenüber. Es fehlte ihm jede rechtliche Handhabe, entweder die Einziehung der Steuern zu verhindern oder die Regierung unter Anklage zu stellen. Zwar sagte die Verfassung, daß die Minister für ihre politischen Handlungen verantwortlich seien, aber sie gab keine Möglichkeit, sie auf die Anklagebank zu setzen, wenn sie die Verfassung brachen. Die Macht des Abgeordnetenhauses war daher sehr beschränkt, was man im Ausland mit seinen ganz anderen Institutionen meist nicht begriff. Dort schob man auf Schwäche der Abgeordneten, was in Wahrheit auf Schwäche der Einrichtungen beruhte.

Wie tief Bismarcks Methoden das Rechtsgefühl des preußischen Volkes verletzten, trat sehr deutlich im Januar 1863 zutage, als das Abgeordnetenhaus eine Adresse an den König debattierte. Berichterstatter und Sprecher des Adress-Ausschusses war der berühmte Historiker Heinrich von Sybel, derselbe, der einige Jahrzehnte später unter den Auspizien Bismarcks sein siebenbändiges Werk über die Begründung des Deutschen Reiches durch Wilhelm I. schrieb. Sybel war gewiß kein Radikaler. Er war ein Bewunderer Preußens und seiner Geschichte und ein eifriger Anwalt der preußischen Mission in Deutschland. Aber auch dieser Mann konnte sich nicht enthalten auszurufen: »Die Minister und die Mehrheit dieses Hauses reden verschiedene Sprachen, sie denken nach anderen Gesetzen, und sie handeln nach anderen Sittenregeln.« Auf ihren Höhepunkt kam die Debatte, als Bismarck dem Hause kaltblütig erklärte, wenn ein Kompromiß nicht zustandekomme und ein Konflikt entstehe, dann werde der Konflikt zur Machtfrage. »Wer die Macht in Händen hat, geht dann in seinem Sinne vor.« Wieder war es ein gemäßigter Liberaler, der hierauf am schärfsten antwortete. Es war der Graf Schwerin, der bis vor kurzem König Wilhelms Minister gewesen war: »Der Satz, in dem die Rede des Ministerpräsidenten kulminierte, *Macht geht vor Recht,* sprecht was ihr wollt, wir haben die Macht und also werden wir unsere Theorien durchführen, ist kein Satz, der die Dynastie in Preußen auf die Dauer stützen kann. Der Satz, auf dem die Größe unserer Dynastie, unseres Landes und die Verehrung beruht, die das preußische Regentenhaus bisher genießt und fort und fort genießen wird, lautet dagegen: *Recht geht vor Macht.*« Das waren Worte, die einen tiefen Eindruck nicht nur im Hause, sondern im ganzen Lande machten, und Graf Schwerin wurde als der Vertreter der guten alten preußischen Tradition gefeiert.

Daß das Volk in seiner großen Mehrheit hinter der Kammer stand, bewies jede Neuwahl. So oft Bismarck auch das Abgeordnetenhaus unter dem einen oder dem anderen Vorwand auflöste, die Wähler sandten immer wieder dieselben Abgeordneten, so wenig wählerisch die Regierung auch in den Mitteln war, mit denen sie die Abstimmung zu beeinflussen suchte. Tatsächlich ist das preußische Abgeordnetenhaus in der Konfliktzeit das einzige Parlament in der ganzen konstitutionellen Geschichte Deutschlands, das sich wirklich auf seine Wähler verlassen konnte. In späteren Fällen – 1878, 1887, 1893, 1907 – hatte eine Auflösung immer den Erfolg, den die Regierung wünschte, weil eine genügend große Anzahl von Wählern die Opposition in der entscheidenden Stunde im Stich ließ. In allen Fällen handelte es sich um den nach Allgemeinem Wahlrecht gewählten Reichstag. Das preußische Abgeordnetenhaus wurde nach dem Dreiklassenwahlrecht gewählt, und die Entscheidung lag im wesentlichen bei dem bürgerlichen Mittelstand. Dieser blieb seinen Abgeordneten treu. Doch kann es keinem Zweifel unterliegen, daß die breiten Massen der besitzlosen Wähler, besonders des Proletariats, auf demselben Standpunkt standen.

2. Die Presse-Verordnung von 1863 und die Opposition des Kronprinzen

Eine Regierung, die die Verfassung des Landes an einer Stelle verletzt, kann in der Regel dabei nicht stehenbleiben. Die Natur der Dinge zwingt sie bald, die Verfassung auch an anderen Stellen zu brechen. Ein Unrecht erzeugt ein anderes. Die preußische Verfassung garantierte die Freiheit der Presse. Aber die große Mehrheit der preußischen Zeitungen war liberal und unterstützte die Mehrheit des Abgeordnetenhauses in ihrem Kampf gegen die Regierung energisch. Die Folge war, daß Bismarck im Juni 1863 versuchte, sie zum Schweigen zu bringen durch eine königliche Verordnung, welche den Polizeibehörden das Recht gab, opponierende Zeitungen zu unterdrücken. Gleichzeitig löste er das Abgeordnetenhaus auf; die Presse-Verordnung sollte den Zeitungen während des Wahlkampfes den Mund verschließen. Aber das skrupellose Manöver schlug vollkommen fehl. Die oppositionelle Mehrheit kehrte unvermindert zurück, und die Verordnung wurde durch Beschluß des Abgeordnetenhauses aufgehoben, nachdem sie fünf Monate in Kraft gewesen war.

Das war schlimm genug. Noch viel aufregender aber war, daß Widerspruch gegen Bismarcks Maßregel auch von einer Seite laut wurde, die er nicht in Rechnung gestellt hatte. Der Thronfolger, Kronprinz Friedrich Wilhelm, erklärte sich öffentlich gegen die Verordnung. Der Prinz und seine Gattin, Victoria, mißbilligten Bismarcks Gewaltmethoden seit langem. Sie befürchteten, daß die von ihm befürworteten Verfassungsverletzungen zu einem Bruch zwischen Volk und Dynastie führen würden. Der Kronprinz warnte seinen Vater eindringlich vor jeder Verletzung der Verfassung. Auf Befehl seines Vaters mußte er allen Kronratsitzungen, d. h. Sitzungen des Ministeriums, denen der König persönlich präsidierte, beiwohnen. Aber der Beschluß, die Verordnung gegen die Presse zu erlassen, war gefaßt worden, als der Prinz auf einer militärischen Inspektionsreise in den östlichen Provinzen abwesend war. Hier erfuhr er aus den Zeitungen zu seiner völligen Überraschung, wozu Bismarck seinen Vater wieder überredet hatte. Er befand sich gerade in Danzig, einer liberalen Stadt, an deren Spitze der liberale Oberbürgermeister Winter stand. Auf den Rat Winters und der Kronprinzessin erwiderte er auf eine Begrüßungsrede des Oberbürgermeisters im Danziger Rathaus, in der dieser die Zerwürfnisse zwischen Regierung und Volk beklagte: »Ich habe von den Verordnungen, die dazu geführt haben, nichts gewußt. Ich war abwesend; ich habe keinen Teil an den Ratschlägen, die dazu geführt haben.« Natürlich erregte diese Kundgebung eine gewaltige Sensation. Im Volk war man tief bewegt. Der König war außer sich und schrieb seinem Sohn einen zornigen Brief, in dem er ihn, wie die Kronprinzessin ihrer Mutter klagte, wie ein kleines Kind behandelte. Das Kronprinzenpaar war in einer äußerst schwierigen Lage, und die Danziger Episode wurde für ihre ganze Zukunft entscheidend. Seit jenen Tagen begann die geflissentliche Isolierung des Prinzenpaares, die einen tiefen Schatten auf ihr ganzes Leben warf. Bismarck hat diese Opposition dem Kronprinzen nie vergessen. Er hat diesem Zwischenfall so große Bedeutung beigemessen, daß er in seinen »Gedanken und Erinnerungen« seine Bemerkungen zu einer Denkschrift abdruckt, in der der Kronprinz sein Verhalten seinem Vater gegenüber verteidigt. Diese Randbemerkungen sind in ihrer Art meisterhaft. Sie gehen von dem Grundgedanken aus, daß der Kronprinz keinen »status« in der Verfassung und deswegen kein Recht habe, eine politische Rolle zu spielen, geschweige seinem Vater offene Opposition zu machen. Darin liegt staatsrechtlich sehr viel Wahres. Was aber würde Bismarck selbst getan haben, wenn er über sich einen

König gehabt hätte, der seiner Politik nicht zustimmte, und neben sich einen Kronprinzen, der mit ihm einverstanden war, mit anderen Worten, wenn Kaiser Friedrich III. als gesunder Mann auf den Thron gekommen wäre und der spätere Wilhelm II. sich auf Bismarcks Seite gestellt hätte? Das Schicksal hat Bismarck diese Probe aufs Exempel erspart, aber wer die Geschichte der 99 Tage Friedrichs III. kennt, wird zweifeln, ob Bismarck 1888 praktisch nach seinen Lehren von 1863 gehandelt hätte.

3. Streitigkeiten mit Österreich

Aber was Bismarck in diesen ersten Jahren seiner Regierung beschäftigte, war keineswegs allein der Kampf gegen das Abgeordnetenhaus. Im Vordergrund standen in seinen Gedanken die Fragen der auswärtigen, besonders der deutschen Politik, in der sein Gegner Österreich damals gerade besonders aktiv war.

Die Habsburg-Monarchie machte nach ihrer Niederlage in Italien den Versuch, in die Bahnen des Konstitutionalismus zurückzukehren. Im Februar 1861 wurde eine neue Verfassung erlassen, die für die gesamte Monarchie ein zentrales Parlament schuf. In diesem Parlament wurden die deutschen Liberalen die führende Partei. Die Verfassung war das Werk des Staatsministers Anton von Schmerling, der 1848 in der Paulskirche der Führer der österreichischen Partei und zeitweise ein Mitglied der Reichsregierung gewesen war. In seinen Augen war Österreichs Rückkehr zur Verfassung ein Mittel, um seine Vorherrschaft in Deutschland zu verteidigen. Aber zu seinem Unglück war Schmerling für die Angelegenheiten des Deutschen Bundes nicht zuständig. Sie gehörten zum Bereich des Auswärtigen Ministers, des Grafen Rechberg. Während Schmerling zu den Liberalen gerechnet wurde, nannte Rechberg sich einen konservativen Staatsmann, der Metternich als seinen Lehrmeister verehrte. Wie konnten zwei so verschieden denkende Staatsmänner harmonisch zusammenarbeiten? Rechberg hatte in Frankfurt, wo er österreichischer Präsidialgesandter am Bundestag gewesen war, Bismarck aus der Nähe kennengelernt und einen ganz großen Eindruck von seiner Fähigkeit und Energie, aber auch von seiner vollständigen Rücksichtslosigkeit erhalten. Er fürchtete sich geradezu vor ihm. Noch bevor Bismarck Ministerpräsident wurde, hatte Rechberg sich in düsteren Prophezeiungen ergangen über diesen schrecklichen Bismarck, der imstande sei, selbst den Rock auszuziehen und auf die Barrikade zu steigen. Und nun war dieser gefährliche Mann der Leiter der preußischen Politik geworden! Mußte Rechberg nicht alles daransetzen, um einen Kampf mit diesem gefährlichen Gegner zu vermeiden?

Aber der Widerstreit zwischen Österreich und Preußen war nun einmal als feststehende Tatsache gegeben. Besonders seit Villafranca war das deutsche Volk überzeugt, daß eine Bundesreform absolut notwendig sei. Der erste Staatsmann, der einen Reformplan vorlegte, war der Minister des Königs Johann von Sachsen, der Freiherr von Beust, ein kluger und gewandter, wenn auch reichlich eitler Mann. Er gab dem Wiener Hof den Rat, die Zeit, in der Preußen durch die Schwäche seiner Regierung behindert sei, auszunutzen zu einer *konservativen* Reform des Bundes. Er unterbreitete ein ausgearbeitetes Projekt, aber es verschwand in den Akten. Ein paar Monate später, noch vor Bismarcks Übernahme der Regierung, legte Österreich mit Unterstützung mehrerer mittelstaatlicher Regierungen im Bundestag ein anderes Projekt vor. Um den populären Forderungen wenigstens etwas entgegenzukommen, schlug es für gewisse Materien, an denen das ganze deutsche Volk ein gemeinsames Interesse hatte, z. B. über das Verfahren im Zivilprozeß, die Schaffung einheitlicher Gesetze für das ganze Gebiet des Deutschen Bundes vor. Der wichtigste Punkt des Projektes war, daß zur Beratung dieser einheitlichen Gesetze Delegierte der Parlamente der Einzelstaaten zusammenberufen werden sollten. Damit hätte das deutsche Volk zum ersten Mal innerhalb des Bundes eine parlamentarische Vertretung erhalten, wenn auch nur eine indirekte. In diesem Zeitpunkt übernahm Bismarck in Preußen die Regierung. Er hatte einige Jahre zuvor in einer Denkschrift an den Prinzregenten ebenfalls eine solche Volksvertretung durch Delegationen der einzelnen Kammern befürwortet. Jetzt aber wandte er sich auf das schärfste dagegen. Er fürchtete nämlich nicht nur, daß eine solche Reform das Leben des Deutschen Bundes verlängern, sondern auch Österreichs Ansehen im Volk und damit seinen Einfluß stärken würde. Beides stand zu seinen Zielen im schärfsten Widerspruch. Er war deshalb entschlossen, diese Reform auf jeden Fall zu vereiteln.

Im Lauf der darüber geführten Verhandlungen hatte Bismarck zwei Unterredungen, die den Österreichern eigentlich hätten zeigen sollen, was sie von ihm zu erwarten hatten. Sie sind überdies sehr charakteristisch für seine diplomatische Methode. Bismarck war gewiß kein Wahrheitsfanatiker. Er war vielmehr besonders reich an Mitteln, der Wahrheit aus dem Wege zu gehen, wenn das seinen Zwecken entsprach. Aber im Gegensatz zu manchen Diplomaten der alten Schule hatte er durchaus keine grundsätzlichen Bedenken gegen eine ungeschminkte Äußerung seiner wahren Ansichten und Absichten. Er war sich vollkommen klar darüber, daß man in gewissen Lagen am besten zum Ziele kommt, wenn man klar und deutlich ausspricht, was man auf dem Herzen hat. Von dieser Methode machte er gegenüber dem österreichischen Gesandten in Berlin, Graf Karolyi, Gebrauch. Er sagte ihm rundheraus, die Beziehungen zwischen Österreich und Preußen seien derart, daß sie zum Kriege führen müßten, wenn sie nicht gebessert werden könnten. Das einzige Mittel, einen bewaffneten Konflikt auf die Dauer zu vermeiden, sei, daß Österreich seinen

Schwerpunkt nach Osten, nach Ungarn, verlege. Das würde die Aufgabe der österreichischen Stellung in Deutschland bedeutet haben, besonders in Norddeutschland, welches Preußen als seine natürliche Einflußsphäre ansah. Wenn die Habsburg-Monarchie diesem Rate folge, dann werde Preußen ihr getreuer Bundesgenosse sein. Andernfalls sei eine Katastrophe unausbleiblich.

Man konnte unmöglich offener und drohender sprechen. Hätte an der Spitze Österreichs ein wahrer Staatsmann gestanden, so hätte er entweder Bismarcks Rat befolgt oder sich auf den Krieg vorbereitet. Rechberg tat weder das eine noch das andere.

Die zweite ebenso wichtige und bezeichnende Unterredung hatte Bismarck mit dem Grafen Thun, dem österreichischen Botschafter in Petersburg. Thun war Bismarcks Kollege in Frankfurt gewesen und kam, gestützt auf diese alten Beziehungen, nach Berlin, um sich mit ihm über die Lage auszusprechen. Wieder ließ es Bismarck an Offenheit nicht fehlen. Er sagte Thun rundheraus, was er von der Heiligkeit der Verträge dachte. Der grundlegende Satz des Völkerrechts: »pacta sunt servanda« stand nicht in Bismarcks Katechismus. Preußen und Österreich seien zu große Staaten, sagte er zu Thun, um sich durch den Wortlaut von Verträgen binden lassen zu können. Sie könnten sich *nur durch ihre Interessen und Konvenienzen* leiten lassen. Träten Verträge diesen entgegen, so müßten sie sie eben *brechen.* Das sind die unverfälschten Maximen des Machiavellismus und der Staatsräson. Sie waren das genaue Gegenteil des Systems, das Metternich auf Verträgen aufgebaut hatte. Was aber tat Graf Rechberg, der Schüler Metternichs, als er diese bedrohlichen Sätze las? Er machte nur zwei große Ausrufungszeichen an den Rand von Thuns Bericht!

Der Bruch zwischen den beiden deutschen Großstaaten wurde dadurch vermieden, daß der Bundestag den österreichischen Vorschlag mit einer kleinen Mehrheit ablehnte. Bei der Abstimmung verlas der preußische Bevollmächtigte eine scharfe Erklärung Bismarcks, die einen aufsehenerregenden Satz enthielt. Um den österreichischen Vorschlag einer von Delegierten der Einzel-Parlamente zu bildenden Volksvertretung zu überbieten, erklärte Bismarck: »Nur in einer Volksvertretung, die nach Maßgabe der Bevölkerung jedes Bundesstaates aus letzterer durch *unmittelbare* Wahlen hervorgeht, kann die deutsche Nation das berechtigte Organ ihrer Einwirkung auf die allgemeinen Angelegenheiten finden.« Das war eine geradezu revolutionäre Wendung. Hiermit machte Bismarck sich den Grundgedanken der Revolution von 1848 und das Programm des Nationalvereins zu eigen. Hätte ein anderer Staatsmann diesen Vorschlag gemacht, so würde er eine außerordentliche Wirkung gehabt haben. Aber niemand konnte glauben, daß es Bismarck mit ihm wirklich ernst sei. Wie konnte der Junker und Diktator, der das preußische Parlament seiner verfassungsmäßigen Rechte beraubte, der Vorkämpfer eines vom Volk gewählten deutschen Parlaments sein?

Die Heiligkeit der Verträge, von der Bismarck so geringschätzig zu Thun gesprochen hatte, kam auch bei einem anderen großen Streit in Betracht, den Bismarck damals mit Österreich auszukämpfen hatte. Er lag auf dem Gebiet der Handelspolitik.

Die europäische Handelspolitik war in ein neues Stadium eingetreten durch den englisch-französischen Handelsvertrag von 1860, das gemeinsame Werk Cobdens, Gladstones und Napoleons III. Es stellt den Höhepunkt der Freihandelspolitik dar. In der Verfolgung desselben Gedankens schloß Napoleon 1862 einen Handelsvertrag mit Frankreichs östlichem Nachbarn Preußen ab. In handelspolitischen Fragen war aber Preußen dadurch gebunden, daß es ein Mitglied, und zwar das führende Mitglied, des Deutschen Zollvereins war. Dieser verpflichtete seine Mitglieder zu einer gemeinschaftlichen Handelspolitik. Der französisch-preußische Handelsvertrag konnte daher nur in Kraft treten, wenn der ganze Zollverein ihn annahm, und viele seiner Mitglieder setzten dem ihren energischsten Widerstand entgegen.

Österreich gehörte dem Zollverein nicht an. Diesen hatte Preußen gegen das Interesse und den Wunsch Österreichs in den dreißiger Jahren ins Leben gerufen. Aber in den Jahren nach 1848 hatte ein weitschauender österreichischer Staatsmann, der Handelsminister Bruck, den großen Gedanken eines mitteleuropäischen Zollvereins gefaßt und zu verwirklichen versucht. Dieser sollte alle Länder von der Nordsee bis zum Adriatischen Meer, von Königsberg und Köln bis Triest umfassen. Dieser Plan war an dem Widerstand Preußens gescheitert. Nur *ein* Zugeständnis hatte Österreich durchsetzen können: in dem österreichisch-preußischen Handelsvertrag von 1853 hatte Preußen sich verpflichten müssen, mit Österreich erneut über eine Zolleinigung zu verhandeln, bevor sein Vertrag mit den anderen Zollvereinsmitgliedern ablief, d. h. vor dem Ende 1865.

Diese Zusage hatte Preußen nach der österreichischen Auffassung durch den Abschluß des Handelsvertrags mit Frankreich gebrochen. Denn mit einer preußisch-österreichischen Zollunion sei er in keinem Fall zu vereinbaren. So war es in der Tat. Das Merkwürdige ist, daß der eigentliche Leiter der preußischen Handelspolitik dem österreichischen Argument im Grunde seines Herzens zustimmte. Dies war Rudolf Delbrück, damals Geheimrat im preußischen Handelsministerium, später der Präsident des deutschen Reichskanzleramtes und als solcher Bismarcks wichtigster Mitarbeiter in allen Wirtschaftsfragen. In einer geheimen Denkschrift sprach er offen aus, daß die Österreicher mit ihrem Protest im Recht waren. Trotzdem setzte er seine ganze Kraft an die Durchführung des Handelsvertrags mit Frankreich. Das rechtfertigte er mit dem Argument, »daß kein Staat seine Lebensinteressen einem ihm vor einer Reihe von Jahren abgezwungenen Versprechen zum Opfer bringen kann«. Das hätte Bismarck auch schreiben können. Aber Delbrück, der in der guten alten Schule des preußischen Beamtentums aufgewachsen war, machte den sehr bezeichnenden Zusatz: »*Bestraft* ist Preußen trotzdem.« So wenig konnte er sich in die neue Doktrin hineinfinden, daß die Staatsraison allen Verpflichtungen voranzugehen habe. Solche Skrupel störten Bismarck natürlich durchaus nicht. Er dachte nur an die Durchsetzung des Handelsvertrages und zwang die anderen Mitglieder des Zollvereins mit allen Machtmitteln, ihm zuzustimmen. Diese Politik hatte die Unterstützung der Mehrheit des Abgeordnetenhauses, ebensowohl aus volkswirtschaftlichen wie aus nationalen Gründen. Die preußischen Liberalen waren Freihändler, und sie betrachteten den Zollverein als einen Grundpfeiler des preußischen Einflusses in Deutschland.

4. Der Polnische Aufstand von 1863

Bei Bismarcks Entschluß, den Handelsvertrag mit Frankreich durchzusetzen, spielte auch ein politisches Motiv mit. Er wünschte, in gutem Einvernehmen mit Napoleon III. zu sein. Aber im Frühjahr 1863 brachte eine Frage der auswärtigen Politik ihn in scharfen Gegensatz zum französischen Kaiser. Es handelte sich um die polnische Frage, die durch eine Erhebung der Polen gegen das Regime des Zaren akut wurde.

Polen war damals unter die drei Großmächte Rußland, Preußen und Österreich aufgeteilt, die sich seiner durch die drei Teilungen im 18. Jahrhundert bemächtigt hatten. Diese Teilungen wurden im westlichen Europa als ein Schandfleck der modernen Geschichte angesehen, während die drei Teilungsmächte sie mit dem Argument rechtfertigten, die Polen hätten sich als unfähig erwiesen, sich selbst zu regieren. Im deutschen Volk war auch um die Mitte des 19. Jahrhunderts noch eine starke Sympathie mit dem schweren Los des unglücklichen Volkes lebendig. Von solchen Gefühlen war Bismarck vollständig frei. Er sah die ganze Frage lediglich unter dem Gesichtspunkt der Macht des preußischen Staates, die in der Tat durch eine Abspaltung der polnischen Provinzen schwer beeinträchtigt worden wäre. Aber Bismarck ging weiter. In seinen Augen waren die Polen Feinde Preußens, gegen die jede Unterdrückungsmaßregel gerechtfertigt war. Im Frühjahr 1861 schreibt er aus Petersburg an seine Schwester: »Haut doch die Polen, daß sie am Leben verzagen; ich habe alles Mitgefühl für ihre Lage, aber wir können, wenn wir bestehen wollen, nichts anderes tun, als sie ausrotten. Der Wolf kann auch nichts dafür, daß er von Gott geschaffen ist, wie er ist, aber man schießt ihn doch dafür tot, wenn man kann.« Im gleichen Jahr weist er in einem Brief an seinen Minister die Kritik zurück, die der preußische Konsul in Warschau an der Brutalität der Kosaken gegenüber den Polen geübt hatte: »Brutal und willkürlich ist hier mit Strenge gleichbedeutend, und wie die Dinge in Warschau liegen, ist es schade um jeden Schlag, der vorbeifällt. Jeder Erfolg der polnischen Nationalbewegung ist eine Niederlage für Preußen, und wir können den Kampf gegen dies Element nicht nach den Regeln der bürgerlichen Gerechtigkeit, sondern nur nach denen des Krieges führen.«

Als Bismarck diese Sätze, die einer Kriegserklärung gegen die Polen gleichkommen, schrieb, hatte sich noch keinerlei Widerstand der Polen gegen die preußische Regierung und Verwaltung bemerkbar gemacht. Auch der Aufstand von 1863 beschränkte sich auf das russische Polen; er war ausschließlich durch die dortige zaristische Mißwirtschaft hervorgerufen. Er griff weder damals noch später auf preußisches Gebiet über. Trotzdem mobilisierte Bismarck sofort die preußischen Regimenter in den östlichen Provinzen und schickte einen Sondergesandten nach Petersburg. Es war ein Generaladjutant des Königs, der General von Alvensleben, ein schroffer Reaktionär von der Richtung der Kreuzzeitung. Alvensleben hatte dem Zaren zu sagen, daß die preußische Regierung sich als seinen Verbündeten gegenüber einem gemeinsamen Feinde betrachte. Auf Grund der Instruktionen, die Bismarck ihm gegeben, schloß Alvensleben mit den Russen eine Konvention, in der beide Regierungen sich gegenseitig Unterstützung bei der Niederwerfung des Aufstandes versprachen und ihren Truppen gegenseitig das Recht einräumten, die Grenze des anderen Staates bei der Verfolgung flüchtiger polnischer Insurgenten zu überschreiten. Da in Preußen alles ruhig war, hatten preußische Truppen nicht den geringsten Grund, die russische Grenze zu überschreiten. Die Konvention lief daher tatsächlich auf die einseitige Konzession an die Russen heraus, daß ihre Truppen die preußische Grenze überschreiten durften, um polnische Untertanen des Zaren unschädlich zu machen.

Die Konvention war geheim. Aber Bismarck sprach ganz offen über ihren Inhalt zu dem Landtagsabgeordneten für Danzig und übertrieb dabei noch ihre Bedeutung. Er deutete an, daß sie den preußischen Truppen das Recht gäbe, bis nach Warschau zu marschieren. Natürlich wurde diese Indiskretion des Ministerpräsidenten mit Windeseile herumerzählt. In Westeuropa, wo man mit den Polen sympathisierte, herrschte große Entrüstung über den Vertrag. Der britische Botschafter in Berlin, Sir Andrew Buchanan, sagte zu Bismarck, Europa werde eine preußische Besetzung Polens nicht dulden. »Wer ist Europa?« antwortete Bismarck. »Mehrere große Nationen«, erwiderte der Botschafter. In Frankreich war die öffentliche Meinung besonders erregt, und Napoleon sagte dem preußischen Botschafter, daß er die Konvention bedauere. »Il la regrette« ist immer unangenehm, schrieb König Wilhelm, der auf solchen allgemeinen Widerspruch nicht gefaßt gewesen war.

Auch im preußischen Abgeordnetenhaus erhob sich kräftige Opposition, und Bismarck ließ es sich angelegen sein, das Haus noch besonders zu reizen. Er lehnte es rundweg ab, die Interpellation zu beantworten, in welcher um Auskunft über den Inhalt des Vertrages gebeten wurde. Der alte Waldeck, einer der volkstümlichsten Führer der Opposition, rief entrüstet aus: »Wenn eine Konvention abgeschlossen wird, die vielleicht unsere Kinder in einen Krieg führt, dann sagt der Minister, ich lege sie nicht vor, darüber habt ihr nichts zu sagen.« Die fortschrittliche Opposition wünschte gewiß nicht, daß die preußische Regierung für die polnischen Insurgenten Partei ergreifen solle, geschweige denn, daß sie an eine Abtretung der polnischen Provinzen Preußens gedacht hätte. Aber sie bekämpfte nachdrücklich, daß die preußische Regierung für die zaristische Regierung Partei ergriff, und verlangte strenge Neutralität. Sie stand aber auch auf dem Standpunkt, daß die großen Grundsätze der Menschlichkeit auch in internationalen Fragen nicht mit Füßen getreten werden durften. Das war eine der Grundüberzeugungen des deutschen Liberalismus, die er Bismarck und seiner Doktrin von der Machtpolitik entgegensetzte. Auch das ist ein Punkt, in dem der deutsche Liberalismus von Bismarck besiegt und zurückgedrängt wurde. Das trat etwa zwanzig Jahre später in Erscheinung. Im Jahre 1885 ließ Bismarck etwa 30000 polnische Einwohner Preußens, die russische oder österreichische Staatsbürger waren, aus Preußen ausweisen. Es waren Menschen, die sich nicht das geringste hatten zuschulden kommen lassen, die seit vielen Jahren, zum Teil seit Generationen, in Preußen lebten und preußische Staatsbürger meist nur deswegen nicht geworden waren, weil die preußische Verwaltung ihnen beharrlich die Naturalisation verweigerte. Es war eine unerhört grausame Maßregel. Aber die Mehrheit des preußischen Abgeordnetenhauses stimmte ihr, unter maßgeblicher Mitwirkung der Nationalliberalen, gleichwohl zu. Nur die Deutschfreisinnigen hielten die alte liberale Tradition aufrecht.

Die deutschen Historiker haben die Alvensleben-Konvention lange als ein diplomatisches Meisterstück Bismarcks gefeiert, der sich durch sie der russischen Unterstützung in den kritischen Jahren 1866–1871 versichert habe. Diese Auffassung wurde von Bismarck selbst in seinen Reden und Schriften geflissentlich unterstützt. Aber heute, wo uns die Archive offenstehen, wissen wir, daß das keineswegs stimmt. Ein amerikanischer Historiker, Professor Lord, hat den wahren Sachverhalt überzeugend dargelegt. Tatsächlich brachte die Konvention Bismarck viele Unannehmlichkeiten, nicht nur mit den Westmächten, sondern auch mit dem Leiter der russischen Politik, Gortschakow, der ihr nur sehr widerwillig zugestimmt hatte.

Trotzdem trifft es zu, daß die polnische Insurrektion eine Neugruppierung der europäischen Mächte zur Folge hatte, die Bismarcks Werk wesentlich erleichterte. Frankreich, Großbritannien und Österreich fanden sich zu einer gemeinsamen Note an die russische Regierung zusammen, in der sie sich für Zugeständnisse an die polnische Bevölkerung einsetzten. Sie forderten auch Bismarck auf, sich an diesem diplomatischen Druck zu beteiligen. Aber er lehnte ab. Reformen zugunsten der Polen interessierten ihn nicht im geringsten, um so mehr aber die internationale Stellung Preußens. Begierig ergriff er die Gelegenheit, dem Zaren zu demonstrieren, daß er in Preußen einen Freund habe, wenn die anderen Mächte sich gegen ihn zusammenfanden. Die Folge war eine diplomatische Niederlage der Westmächte und eine blutige Niederwerfung des polnischen Aufstandes.

Zwei Vorkommnisse dieses diplomatischen Feldzuges müssen besonders erwähnt werden. Es war ein außenpolitischer Grundsatz Napoleons, jederzeit mindestens einen Verbündeten unter den Großmächten zu haben. Aus diesem Grunde hatte er nach dem Krimkrieg zu einer Verständigung mit Rußland kommen wollen, aber damit war es natürlich zu Ende, als er sich für die Polen einsetzte. Von den beiden deutschen Großmächten war Preußen ihm die sympathischere. Es vertrat in seinen Augen ein moderneres Prinzip als das national gemischte Österreich, dessen ganze Existenz im Widerspruch zu seiner Nationalitäten-Idee stand. Als Bismarck jetzt aber Preußen in das russische Lager führte, schwenkte Napoleon um und bot Österreich ein Bündnis an. Dies würde, schrieb er an Franz Joseph, »allen Ungewißheiten der Gegenwart wie allen Gefahren der Zukunft ein Ende machen«. Aber Österreich lehnte das Angebot ab. Rechberg meinte, daß bei einem solchen Bündnis »das Risiko gewiß und die Vorteile problematisch« seien. Welche andere Politik war aber für Österreich weniger riskant? Auf diese Frage hatte Rechberg keine Antwort. Er hegte nur die stille Hoffnung, sich eines Tages schließlich doch noch irgendwie mit Preußen verständigen zu können. Zwar hatte Bismarck ihn deutlich, ja brutal gewarnt. Aber Rechberg wollte das nicht hören. Er war ein Konservativer und betrachtete Bismarck, der sich so mutig mit seinem liberalen Parlament herumschlug, als einen Gesinnungsgenossen. Brachte er es doch in der Einfalt seines Herzens fertig, dem preußischen Ministerpräsidenten sagen zu lassen, alle konservativen Mächte müßten sich den Gefahren der Revolution gegenüber zusammenschließen, um die »Gesamtheit europäischer Rechtszustände zu befestigen und nötigenfalls zu verteidigen«. Man möchte das grimmige Lächeln sehen, mit dem Bismarck dies naive Glaubensbekenntnis gelesen hat. »Die Gesamtheit der europäischen Rechtszustände« war in den Wiener Verträgen von 1815 verkörpert, und ihnen ein Ende zu bereiten, war das Hauptziel von Bismarcks Politik.

Das andere Vorkommnis ist das Bündnisangebot, das der Zar Alexander II. im Juni 1863 Preußen machte. Von diesem Angebot hat die Welt zuerst durch Bismarck selbst erfahren, als er 25 Jahre später in einer Rede vor dem Abgeordnetenhaus seine Polenpolitik verteidigte. Aber er gab eine völlig verzerrte Darstellung, die er dann später in seinen Memoiren noch weiter ausgeschmückt hat. Wenn man ihm glauben wollte, hatte Alexander Preußen seine Unterstützung gegen Österreich angeboten, damit es Deutschland neu organisieren könne; aber er, Bismarck, und König Wilhelm hätten aus treuem, deutschpatriotischem Empfinden heraus dies Angebot abgelehnt, weil sie grundsätzlich dagegen gewesen wären, daß eine fremde Macht sich in die deutschen Angelegenheiten mische. Die ganze Erzählung ist ein Beispiel für die Art, in der Bismarck in seinen späteren Jahren versuchte, seine ganze Wirksamkeit unter national-deutschen Gesichtspunkten darzustellen. Aber auch hier haben die Archive wieder ein ganz anderes Bild von den wirklichen Vorgängen gegeben. Das Bündnis, das der Zar anbot, richtete sich nicht gegen Österreich, sondern gegen Napoleon III., und es sollte nicht nur aus Rußland und Preußen, sondern auch aus Österreich bestehen. Mit andern Worten, es war der Vorschlag einer neuen Auflage der »Heiligen Allianz«. Daß Bismarck dies Angebot ablehnte, war zweifellos politisch klug, und man kann nur die Geschicklichkeit bewundern, mit der er seine Ablehnung unter Gegenvorschlägen verbarg, die ihr den Stachel nahmen. Aber von deutschnationalen Motiven ist dabei nicht die geringste Spur zu entdecken. Er ließ sich ausschließlich von einer sehr scharfen und überlegten Berechnung der Vorteile und Nachteile leiten, wie sie sich unter dem Gesichtspunkt der Machtpolitik darstellten. Hingegen hatte er tatsächlich nichts gegen die Einmischung fremder Mächte in deutsche Angelegenheiten einzuwenden, vorausgesetzt nur, daß sie von ihm selbst dirigiert wurde. Das tritt bei späteren Ereignissen klar zutage.

So hatten sowohl Rechberg wie Bismarck ein Bündnis abgelehnt, das ihnen eine auswärtige Großmacht angeboten hatte. Aber wenn zwei dasselbe tun, so ist es nicht dasselbe. Nie trat die Wahrheit dieses Satzes klarer in Erscheinung. Rechberg lehnte das französische Angebot ab aus Vorurteil und aus Mangel an Entschlußkraft. Er wußte nicht, welche Politik er einschlagen sollte, und tat infolgedessen gar nichts. Bismarck wußte sehr genau, was er wollte und was er tat. Darum entzog er sich jenem Bündnis, das ihm die Freiheit hätte einschränken können, seine eigenen Wege zu gehen.

5. Der Deutsche Fürstentag in Frankfurt 1863

So kurzsichtig die österreichischen Politiker auch waren, sie konnten sich der Einsicht nicht entziehen, daß die Verfassung des Deutschen Bundes veraltet und die Lösung des deutschen Problems brennend geworden war. Irgend etwas mußte jetzt geschehen, um das Verlangen des deutschen Volkes nach einer stärkeren und wirksameren Zentralgewalt und nach seiner eigenen Beteiligung an den Entscheidungen über seine Geschicke zu befriedigen. So wie die Dinge standen, konnten sie nicht bleiben, und wenn die Präsidialmacht Österreich nicht die Initiative ergriff, so hatte sie damit zu rechnen, daß entweder Preußen oder das deutsche Volk sich ihrer bemächtigen würde, und das eine paßte ebensowenig in die Rechnung des Wiener Hofes wie das andere. So kamen denn Franz Joseph und seine beiden Ratgeber Rechberg und Schmerling zu dem Entschluß, ihrerseits die Initiative zu ergreifen. In diesen Monaten wurde in der Deutschen Kanzlei der österreichischen Regierung sehr intensiv gearbeitet, und viele freiwillige Mitarbeiter beteiligten sich an diesen Bemühungen. Die meisten dieser Männer waren Katholiken, die den Aufstieg der protestantischen preußischen Macht zu verhindern wünschten. Viele von ihnen waren nicht von Geburt Österreicher, sondern kamen aus den süddeutschen Mittelstaaten und hatten sich aus Interesse an der Sache in den Dienst Österreichs gestellt. So war das Haupt der Wiener Deutschen Kanzlei, Freiherr von Biegeleben, ein Hesse aus dem Großherzogtum Darmstadt. Er war bei weitem der beste Fachmann der österreichischen Regierung für die deutschen Angelegenheiten und hatte infolgedessen großen Einfluß. Aus seiner Feder stammen die meisten Noten, welche die Hofburg nach Berlin schickte, und man muß ihnen nachrühmen, daß sie meist ausgezeichnet geschrieben waren. Biegeleben war von tiefem Mißtrauen gegen die preußische Regierung erfüllt und hoffte, ihre Bestrebungen durch ein Bündnis Österreichs mit den Mittelstaaten vereiteln zu können.

Das gemeinsame Ziel all dieser Männer war eine *konservative* Bundesreform. Sie sollte die populären Forderungen nur zum Teil erfüllen und soviel wie möglich von der Souveränität der Einzelstaaten retten. Ihr Ziel war nicht ein deutscher Bundesstaat, sondern ein reformierter Staatenbund. Dieser konservative Reformplan ist gescheitert. Die Einigung, die schließlich erreicht wurde, ging so viel weiter, daß eine Reform, die auf halbem Wege stehenblieb, späteren Geschlechtern ängstlich und totgeboren erschien. Aber man muß gleichwohl Respekt vor dem deutschen Patriotismus dieser konservativen Reformer haben. Zu ihnen ist ein Theoretiker zu rechnen, der unermüdlich die Lehre verkündete, das Heil Deutschlands bestehe nicht in einem einheitlichen Staate, sondern in einem föderalistischen Zusammenschluß: Constantin Frantz. Zu seinen Lebzeiten (1817–1891) war er ein Prediger in der Wüste. Aber lange nach seinem Tode, nachdem Bismarcks Werk unter dem Sturm des Ersten Weltkrieges zusammengebrochen war, begann man wieder auf diesen einsamen und vergessenen Denker aufmerksam zu werden, der reich an Ideen, allerdings auch reich an Schrullen und Vorurteilen gewesen ist.

Zwei Neuerungen wünschten die Österreicher einzuführen: ein Direktorium, in dessen Händen die vollziehende Gewalt lag, und eine Versammlung von Delegierten. Das Direktorium sollte aus sechs Mitgliedern bestehen, zu denen der Kaiser von Österreich und die Könige von Preußen und Bayern ständig gehören sollten. Die Delegiertenversammlung sollte die Vertretung des deutschen Volkes werden. Diese Delegierten sollten von den Volksvertretungen der einzelnen Länder gewählt werden, z. B. 75 vom österreichischen Reichsrat und 75 von den preußischen Kammern. Um das österreichische Projekt ins Leben zu setzen, sollte eine Tagung der deutschen Fürsten nach Frankfurt berufen werden. Kaiser Franz Joseph lud persönlich jeden einzelnen Fürsten ein. Er beabsichtigte auch, in Person den Vorsitz zu führen. Daß die große Mehrheit der Fürsten dieser Einladung mit Vergnügen Folge leisten würde, verstand sich von selbst. Aber die Frage, von welcher alles abhing, war, ob der König von Preußen es auch tun würde. König Wilhelm befand sich gerade zur Kur in Gastein auf österreichischem Boden. Auf den Rat seiner Minister entschloß sich Franz Joseph, ihm dort einen Besuch abzustatten und ihm dabei die Einladung in Person zu überbringen. Das schien ein ebenso liebenswürdiges wie aussichtsreiches Verfahren zu sein.

Aber Wilhelm war in Gastein nicht allein. Bismarck hatte ihn begleitet. Er war entschlossen, den König möglichst nicht aus seinen Augen zu lassen, um jedem Versuch vorzubeugen, ihn in einer anderen Richtung zu beeinflussen. Es kann in der Tat nicht zweifelhaft sein, daß Wilhelm die Einladung Franz Josephs angenommen haben würde, wenn er allein gewesen wäre und seinen eigenen Neigungen hätte folgen können. Nach seiner ersten Unterhaltung mit Wilhelm telegraphierte Franz Joseph nach Hause: »König unentschieden, eher günstig gestimmt. Ich glaube, er wird nach Frankfurt kommen.« Wilhelm hatte sich noch nicht vollständig zu der Lehre von Blut und Eisen bekehrt und war einer friedlichen Lösung nicht abgeneigt. Aber dann griff Bismarck ein. Vom ersten Augenblick an war er fest entschlossen, dem König unter keinen Umständen zu gestatten, nach Frankfurt zu gehen. Er sah voraus, daß er dort, umgeben von einer Korona deutscher Fürsten, bereit sein würde, mitzuhelfen und mitzuarbeiten. Aber ein Erfolg des Deutschen Fürstentages wäre ein großer Erfolg Österreichs und eine Wiederbelebung des Bundes gewesen. Es war durchaus möglich, daß das deutsche Volk diese Reform akzeptieren würde, zum mindesten als eine Abschlagszahlung. Die weitere Initiative würde dann auf die neuen Organe des Bundes, besonders die Delegiertenversammlung, übergehen. Was auch immer der Erfolg einer solchen Entwicklung sein würde, sie würde keinesfalls zum Ausschluß Österreichs und zur unbedingten Vorherrschaft Preußens führen. Diese Entwicklung mußte daher im Keime erstickt werden, d. h. der Fürstentag mußte dadurch zu einem Fiasko gemacht werden, daß der König von Preußen ihm fernblieb. Diesen Gedankengang konnte Bismarck aber dem König unter keinen Umständen vortragen; er würde ihn mit Entrüstung zurückgewiesen haben. Darin lag die große Schwierigkeit für Bismarck. So griff er denn zu seinem Lieblingsmittel, »die Rolle des Verletzten zu übernehmen«. Er suchte dem König einzureden, Franz Joseph habe ihn dadurch beleidigt, daß er ihn ohne jede Vorbereitung eingeladen habe, nur ein paar Tage vor dem Termin, an welchem der Fürstentag zusammentreten sollte. Es war nicht leicht, dies dem König beizubringen, und Bismarck mußte seine ganze Dialektik ins Feld führen, ehe Wilhelm nachgab und die Einladung ablehnte. Aber damit war das Spiel noch nicht endgültig gewonnen. Wilhelm machte die Rückreise nach Berlin über Baden-Baden. Da war die Königin, und Bismarck rechnete damit, daß sie den König wieder umstimmen würde. Er durfte ihn also auch jetzt nicht aus den Augen lassen und begleitete ihn nach Baden-Baden. Diese Vorsichtsmaßregel erwies sich als sehr notwendig. Denn die deutschen Fürsten hatten sich kaum in Frankfurt versammelt, als sie beschlossen, die Einladung an den preußischen König zu erneuern und ein gekröntes Haupt aus ihrer Mitte mit der Mission zu beauftragen, ihm die Einladung persönlich zu überbringen. Es war der König Johann von Sachsen, ein Mann von hoher Kultur, der als Übersetzer Dantes literarischen Ruhm erworben hatte und der für diese Mission dadurch prädestiniert war, daß er dem König von Preußen persönlich als Freund nahestand.

Wilhelm konnte sich in der Tat nicht entschließen, eine Einladung abzulehnen, die von dreißig regierenden Fürsten an ihn gerichtet und von einem König überbracht wurde. Aber es zeigte sich, daß der Wille des Ministers stärker war als der des Königs. Es war ein harter und aufregender Kampf. Der König verfiel in einen Weinkrampf, und Bismarcks Nerven waren so mitgenommen, daß er, als er nach erfochtenem Sieg in sein Zimmer zurückkehrte, zuerst ein riesiges Waschgefäß ergriff und auf den Boden schmetterte. Der laute Krach beruhigte seine Nerven so weit, daß er ausrufen konnte, der Sieg sei errungen und die Einladung endgültig abgelehnt.

Es war in der Tat ein entscheidender Sieg der Bismarckschen Politik. Die Abwesenheit des Königs von Preußen schnitt dem Fürstentag den Lebensfaden ab. Zwar präsidierte ihm Franz Joseph mit überraschendem Geschick, zwar bemühten die versammelten Fürsten sich nach besten Kräften, zu einem Ergebnis zu kommen, zwar wurden Beschlüsse gefaßt, die bei einem großen Teil des deutschen Volkes Anklang fanden. Was aber half das alles? Keine Reform war ohne Mitwirkung Preußens möglich. Rechberg hatte weder die Fähigkeit noch die Willenskraft, die Beschlüsse des Fürstentages gegen die preußische Opposition durchzuführen, so sehr ihm Beust und Biegeleben auch zu einer energischen Politik zuredeten. Ihm war nicht wohl bei dem Gedanken, daß Österreich in der Gesellschaft der Mittel- und Kleinstaaten auftrat und sich eine Großmacht zum Feinde machte. So kam die Sache keinen Schritt weiter, und der Deutsche Bund blieb nach dem Fürstentag auf demselben Fleck, auf dem er vorher gestanden hatte.

Zur Rechtfertigung seiner Politik veröffentlichte Bismarck den Immediatbericht des preußischen Staatsministeriums an den König vom 15. September. Der wichtigste Punkt dieses Berichts, der das größte Aufsehen erregte, war das Verlangen nach einer »wahren, aus direkter Beteiligung der ganzen Nation hervorgehenden Nationalvertretung. Nur eine solche Vertretung wird für Preußen die Sicherheit gewähren, daß es nichts zu opfern hat, was nicht dem ganzen Deutschland zugute kommt«. Zu dieser im Grunde demokratischen Forderung sah sich Bismarck in dem Bestreben genötigt, den österreichischen Reformvorschlag zu überbieten. Es war leicht, dagegen sein Verhalten gegenüber dem eigenen Parlament ins Feld zu führen, und die preußischen Wähler zeigten in der Tat bei der nächsten Wahl, daß sie sich durch Bismarcks Wendung nicht hatten beeinflussen lassen. Aber viele seiner bisherigen Gegner hatten jetzt doch das Gefühl, daß dieser Mann mit besonderem Maß zu messen sei. So erkannte die demokratische »Frankfurter Zeitung«, die Bismarcks Politik immer mit besonderer Schärfe bekämpft hatte, doch »eine gewisse Genialität« darin, wie er es fertigbrachte, herrschende Ideen der Zeit für seine Zwecke zu benutzen.

Bismarck selbst sagte zum österreichischen Botschafter, die Bundesreform »liege mit einem Fuße im Grabe«. Das war keine Übertreibung. Nur wenige Jahre vergingen, dann lag nicht nur die Bundesreform im Grab, sondern auch der Deutsche Bund selbst.

Einige Wochen nach dem Fürstentag wurde Europa durch den Vorschlag eines anderen Kongresses in Aufregung versetzt. Am 5. November 1863 lud Napoleon III. die europäischen Souveräne zu einem internationalen Kongreß nach Paris ein. Dieser hatte ein noch unglücklicheres Schicksal als der Fürstentag. Er trat niemals zusammen. In erster Linie scheiterte er an dem unüberwindlichen Mißtrauen, das der englische Minister des Auswärtigen, Lord (John) Russell, Napoleon entgegenbrachte. Bismarck hatte auch manches gegen den Kongreß einzuwenden. Aber er war zu klug und zu vorsichtig, um durch seine Ablehnung sich Napoleons Unwillen zuzuziehen. Das überließ er anderen Staatsmännern, die weniger überlegt handelten. Fehlschläge rufen immer Kritik hervor, und so ist auch Napoleons Kongreßidee häufiger verspottet als gewürdigt worden. Lächerlich erschien vielen Historikern der Gedanke, durch einen Kongreß Fragen zu lösen, die nur die Waffen lösen konnten. Sie sahen in Bismarck den Realpolitiker und in Napoleon den unpraktischen Träumer. Zu seinen Lebzeiten galt der Mann des Staatsstreichs vom 2. Dezember vielen als ein Heuchler, wenn er sich anmaßte, die aus den Fugen gegangene Welt wieder einzurenken. Aber nach den Erfahrungen, welche die Menschheit seitdem gemacht, wird man heute vielleicht mit anderen Augen die Worte seiner Proklamation lesen. Nachdem er an die Wirren erinnert, welche der polnische Aufstand hervorgerufen hatte, fragte der Kaiser: »Was bleibt uns zu tun übrig? Bleibt uns nur die Wahl zwischen Stillschweigen oder Krieg?« »Laßt uns nicht abwarten«, rief er in seinem Einladungsschreiben den europäischen Souveränen zu, »bis plötzlich unwiderstehliche Ereignisse unser Urteil trüben und uns wider Willen in entgegengesetzte Richtungen treiben . . . Zum Throne berufen durch die Vorsehung und den Willen des französischen Volkes, aber erzogen in der Schule des Unglücks, darf ich weniger als ein anderer die Rechte der Herrscher und die berechtigten Bestrebungen der Völker mißachten. Wer solche wechselvollen Schicksale durchgemacht hat, der besitzt in der Regel den Geist der Mäßigung und Gerechtigkeit. Diesen Geist will ich auf den Kongreß bringen. Nicht aus Eitelkeit ergreife ich diese Initiative, sondern weil ich derjenige Souverän bin, dem man in erster Linie ehrgeizige Pläne zutraut, ist es mein Herzenswunsch, zu zeigen, daß mein einziges Ziel ist, ohne Erschütterungen zur Befriedung Europas zu gelangen.«

Europa war in Wahrheit an der Schwelle »unwiderstehlicher Ereignisse«, an der Schwelle dreier Kriege, eines Zeitalters von Blut und Eisen. Wer weiß, was dies Zeitalter drei Generationen Europas gekostet hat, wird in dieser seltsamen Proklamation Napoleons III. die Totenglocke einer Zeit hören, die für immer entschwunden ist.

Nur eine Woche nach diesem Manifest des französischen Imperators starb König Friedrich VII. von Dänemark, und Bismarcks große Gelegenheit war gekommen.

6. Schleswig-Holstein

Der Tod des Königs von Dänemark brachte in diesem kritischen Zeitpunkt die Frage Schleswig-Holsteins in ihr akutes Stadium. Seit mehr als einem Jahrzehnt war sie der Schrecken der europäischen Staatskanzleien gewesen, wo man sich je länger desto weniger in ihr zurechtfand. »Nur drei Personen haben sie je verstanden«, spottete Lord Palmerston, »der eine war Prinz Albert: er ist verstorben. Der zweite war ein deutscher Professor: er ist verrückt geworden. Der dritte bin ich, und ich habe alles wieder vergessen.«

Die wesentlichsten Züge einer so verwickelten Frage in Kürze darzulegen, ist nicht leicht. Man muß von der Lage ausgehen, wie sie sich nach dem Wiener Frieden von 1815 darstellte. Damals war Dänemark bedeutend größer als heute. Es reichte bis zu den Toren von Hamburg. Altona war eine dänische Stadt. Aber der König von Dänemark regierte nicht über ein einheitliches Reich. Es zerfiel vielmehr in drei staatsrechtlich gesonderte Teile: 1. das eigentliche Königreich Dänemark, die Inseln in der Ostsee und der nördlichste Teil der Halbinsel Jütland. Seine Bevölkerung war von dänischer Nationalität und Sprache. 2. der südlichste Teil Jütlands von der Elbe bis zu dem Flüßchen Eider bildete das Herzogtum Holstein, dessen Bevölkerung deutsch war und sprach. Er umfaßte den bedeutenden Ostseehafen Kiel. 3. zwischen dem eigentlichen Dänemark und dem Herzogtum Holstein lag das Herzogtum Schleswig, dessen Bevölkerung national gemischt war. Im Süden überwogen die Deutschen, im Norden die

Dänen. Diese beiden Herzogtümer, Holstein und Schleswig, wurden die Elbherzogtümer genannt. Die Bevölkerung des eigentlichen Dänemark war etwa doppelt so groß wie die der beiden Herzogtümer zusammen.

Von den Herzogtümern gehörte Holstein zum Deutschen Bund. Der König von Dänemark war als Herzog von Holstein Mitglied des Deutschen Bundes und am Bundestag in Frankfurt durch seinen Bevollmächtigten vertreten. Schleswig hingegen stand außerhalb des Bundes, der dort keinerlei Autorität besaß. Trotz dieser wesentlichen Verschiedenheit betrachteten die beiden Herzogtümer sich als miteinander unauflöslich verbunden. Sie beriefen sich dafür auf eine Proklamation eines dänischen Königs aus dem 15. Jahrhundert, wonach sie »up ewig ungedeelt« bleiben sollten.

Die Frage war aber noch weiter dadurch verwickelt, daß die Thronfolge im Königreich einerseits und den beiden Herzogtümern andererseits verschiedenen Gesetzen unterlag. In den Herzogtümern galt noch das »salische« Recht, welches Frauen von der Erbfolge ausschloß. Nach dem dänischen Recht hingegen war die Krone auch in der weiblichen Linie vererblich. Das Problem mußte akut werden, wenn König Friedrich VII. starb; denn er war kinderlos. Daher wurde die Frage, wer in diesem Falle im Königreich und in den Herzogtümern den Thron besteigen solle, seit Jahren aufs lebhafteste erörtert und umstritten. Die Deutschen in den Herzogtümern hofften, daß der Thronwechsel zu ihrer Abtrennung von Dänemark führen würde. Ihr Kandidat war der Herzog von Augustenburg, und zahlreiche Gelehrte traten in Flugschriften und dicken Büchern für sein Thronfolgerecht ein.

In früheren Zeiten hatten Dänen und Deutsche friedlich zusammengelebt. Im 18. Jahrhundert waren die meisten der leitenden dänischen Minister Deutsche aus den Herzogtümern gewesen, wie die Grafen Bernstorff und der durch sein romantisches und tragisches Schicksal berühmte Dr. Struensee, der Arzt in Altona gewesen war. Der König von Dänemark war in der Regel voller Wohlwollen gegen seine deutschen Untertanen. Der größte deutsche Historiker des 19. Jahrhunderts, Theodor Mommsen, ein Sohn Holsteins, verdankte es einem Stipendium des dänischen Königs, daß er sich der wissenschaftlichen Laufbahn widmen konnte. Aber im 19. Jahrhundert wurde der Geist des Nationalismus immer stärker und zerstörte diese friedlichen Verhältnisse. Im Revolutionsjahr 1848 erhoben sich die Deutschen in Holstein und Schleswig gegen das »Joch der dänischen Fremdherrschaft«, und ihre Bewegung fand in Deutschland großen Anhang. Viele Freiwillige eilten den Brüdern in den Elbherzogtümern zu Hilfe. Der Herzog von Augustenburg wurde an die Spitze der provisorischen Regierung gestellt. Auch der König von Preußen setzte sich zunächst für die schleswig-holsteinische Unabhängigkeitsbewegung ein und schickte seine Truppen zu Hilfe, aber nach einigen Monaten ließ er sie im Stich, und die Erhebung wurde von den Dänen niedergeschlagen. Der Herzog von Augustenburg mußte landflüchtig werden.

In diesem Zeitpunkt griffen die Großmächte ein. Sie waren aus verschiedenen Gründen an der Aufrechterhaltung der Unversehrtheit des dänischen Königreichs interessiert. Für England z. B. spielte die Frage der Meerengen, welche Ost- und Nordsee verbinden, eine besondere Rolle. Eine internationale Konferenz trat 1852 in London zusammen. Ihr Ergebnis war der Londoner Vertrag und das Protokoll vom Mai 1852. Hier setzten die Mächte fest, daß Dänemark einschließlich der Herzogtümer ungeteilt und in seinem Bestand unversehrt bleiben sollte und daß zur Thronfolge hier wie dort der Prinz Christian von Sonderburg-Glücksburg berufen sei. Dieser Vertrag, den die deutsche Nationalbewegung natürlich als einen ganz schweren Schlag empfand, wurde auch von den beiden deutschen Großmächten, Österreich und Preußen, unterzeichnet, jedoch nicht vom Deutschen Bund. Der Herzog von Augustenburg wurde von den Großmächten dazu gebracht, mit dem König von Dänemark einen Vertrag abzuschließen. Die Verhandlungen darüber führte mit ihm der preußische Bevollmächtigte am Bundestag, Herr von Bismarck. In diesem Vertrag vom 30. Dezember 1852 versprach der Augustenburger »für uns und unsere Familie bei fürstlichen Worten und Ehren« nichts vorzunehmen, »wodurch die Ruhe in des dänischen Königs Landen gestört und gefährdet werden könnte, und der Regelung der Erbfolge und Verfassung nicht entgegenzutreten«. Hingegen enthielt der Vertrag keinen ausdrücklichen Verzicht des Herzogs auf sein Thronfolgerecht. Die dänische Regierung behauptete, ein solches Recht habe niemals bestanden; deshalb könnte auch nicht darauf verzichtet werden. Das war eine Überklugheit, die sich noch bitter an Dänemark rächen sollte. Der Herzog trat an den dänischen König seinen umfangreichen Landbesitz in den Herzogtümern ab. Der König von Dänemark zahlte ihm $2^3/_4$ Millionen Taler bar.

Dieser Vertrag wurde die Quelle unendlicher Streitigkeiten. Aber noch schwierigere Streitigkeiten riefen die Erklärungen hervor, mit denen Österreich und Preußen ihre Zustimmung zum Londoner Vertrag verknüpft hatten. Auf der einen Seite hatten nämlich die Großmächte, einschließlich Österreichs und Preußens, in dem Londoner Vertrage festgesetzt, daß Dänemark eine »Gesamt-Staats-Verfassung« erhalten sollte, welche das eigentliche Dänemark und die beiden Herzogtümer in »ein wohlgeordnetes Ganzes« zusammenfassen sollte. Auf der anderen Seite bedingten Österreich und Preußen sich aus, daß die beiden Herzogtümer ihre besonderen Vertretungen, ihre Stände, behalten sollten, daß Schleswig nicht in das Königreich einverleibt werden dürfe und daß keine Schritte unternommen werden dürften, die auf eine solche Einverleibung abzielten. Damit hatte der dänische König sich einverstanden erklärt.

Diese einander widersprechenden Bedingungen stellten die dänische Regierung vor eine so gut wie unlösbare Aufgabe. Es war unmöglich, eine Verfassung zu konstruieren, die sowohl von dem dänischen Parlament, dem Rigsraad, wie von den Ständen der beiden Herzogtümer angenommen werden konnte. Wenn ein Entwurf dem Rigsraad zusagte, so war die notwendige Folge, daß die Stände ihn unannehmbar fanden. Die grundlegende und unüberwindliche Schwierigkeit war das zahlenmäßige Verhältnis der deutschen zu der dänischen Bevölkerung. Die Deutschen machten weniger als ein Drittel der gesamten Bevölkerung aus und mußten sich daher in einem gemeinschaftlichen Parlament stets in einer hoffnungslosen Minderheit befinden, wenn die Vertretung der Bevölkerung nach ihrem zahlenmäßigen Verhältnis geregelt wurde. Nur wenn man den Deutschen relativ doppelt so viel Abgeordnete gegeben hätte wie den Dänen, wäre diese Gefahr zu vermeiden gewesen – eine Konzession, zu der sich die Dänen niemals verstehen konnten. Bismarck traf den Nagel auf den Kopf, wenn er sagte, es handele sich um die Quadratur des Zirkels.

Schon ehe er preußischer Ministerpräsident wurde, hatte Bismarck sich mit der schleswig-holsteinischen Frage zu befassen gehabt. Es ist nun ganz charakteristisch für ihn, daß er sie nie unter dem deutschen und nationalen Gesichtspunkt ansah. Es interessiert ihn nicht, ob die Deutschen in Schleswig von ihren dänischen Beherrschern unterdrückt oder mißhandelt werden. Einem englischen Diplomaten gegenüber macht er sich lustig über die »deutschen Enthusiasten, die in patriotische Erregung gerieten, wenn ein betrunkener Deutscher von einem dänischen Beamten grob behandelt würde«. Nur unter dem Gesichtspunkt der preußischen Machtpolitik interessierte er sich für die schleswig-holsteinische Frage. Preußen hatte weder juristisch noch historisch den geringsten Anspruch auf die Herzogtümer. Bismarcks Ziel aber war es von Anfang an, sie für Preußen zu annektieren. Was ihn diesem Ziel näherbringen konnte, begrüßte und begünstigte er; was damit nicht vereinbar war, fand entweder nicht sein Interesse oder sogar seinen Widerstand. Schon im Jahre 1857 schrieb er aus Frankfurt in einem Briefe an Manteuffel: »Es ist gewiß gut, unser Verhalten so einzurichten, daß man nicht den *Eindruck* erhält, als entzögen wir uns klaren und bestimmten Forderungen des Berufs, Deutschland nach außen zu vertreten; aber sobald die Holsteiner *unter ihrem Herzog sehr glücklich* leben, so würden sie *kein Interesse für Preußen* haben. Dies Interesse aber kann uns, wenn nicht in diesem Augenblick, doch in möglichen Fällen nützlich werden.« Das Wohlergehen der Deutschen in Holstein war in seinen Augen also kein preußisches Interesse. Was die meisten deutschen Patrioten von Herzen wünschten, die Unabhängigkeit der Herzogtümer unter ihrem erblichen heimischen Fürsten, das fürchtete er am meisten, weil alle preußischen Aussichten auf Annexion dadurch zuschanden würden. Der Mangel jedes Rechtstitels störte ihn nicht im geringsten. Es gab ja einen Titel, der stärker war als alle juristischen oder historischen:

der Titel der Eroberung. Der war freilich nur um den Preis eines Krieges zu erwerben. Aber das schreckte Bismarck nicht. Einige Monate, nachdem er an die Spitze der preußischen Regierung getreten war, schrieb er: »Ich bin darüber zweifellos, daß die ganze dänische Angelegenheit *nur durch einen Krieg* in einer für *uns erwünschten* Weise gelöst werden kann. Der Anlaß zu diesem Kriege läßt sich in jedem Augenblick finden, welchen man für den günstigen zur Kriegsführung hält.«

Dieser günstige Augenblick war nun mit dem Tode des Königs von Dänemark gekommen. Wenige Tage vor dem Todesfall hatte der dänische Rigsraad eine neue Verfassung angenommen, die man in Deutschland als eine Einverleibung von Schleswig in das Königreich Dänemark und daher als einen Bruch der Versprechungen ansah, die der dänische König 1852 Österreich und Preußen gegeben hatte. Die neue Verfassung hatte noch nicht die vorgeschriebene Unterschrift des Königs erhalten, als ihn der Tod ereilte. Sein Nachfolger in Gemäßheit des Londoner Vertrages, Prinz Christian von Glücksburg, bestieg den Thron sowohl als König von Dänemark wie als Herzog von Holstein und von Schleswig. Unter dem Druck seiner Regierung und der Bevölkerung der Hauptstadt Kopenhagen unterzeichnete er die neue Verfassung.

Gleichzeitig erschien aber eine Proklamation des ältesten Sohnes des Herzogs von Augustenburg, des Erbprinzen Friedrich, in welcher dieser erklärte, er habe die Regierung der Herzogtümer übernommen. Er berief sich darauf, daß sein Vater *auf sein Thronfolgerecht zu seinen Gunsten verzichtet* habe. So war also gerade die Lage eingetreten, der vorzubauen der Zweck des Londoner Vertrags gewesen war.

Das Vorgehen der Augustenburger war gewiß sehr merkwürdig, und es entbrannte sofort ein heftiger Federkrieg über seine staatsrechtliche Zulässigkeit. Mit Recht wurde darauf hingewiesen, daß der sogenannte Verzicht des Herzogs zugunsten seines Sohnes unvereinbar mit seinem feierlichen Versprechen war, »nichts zu tun, wodurch der Friede in den Ländern des Königs von Dänemark gestört werden könnte« (S. 75). Auf der anderen Seite führten die deutschen Vorkämpfer des Augustenburgers aus, daß er nie auf sein Thronfolgerecht verzichtet hatte und daß die bare Abfindung, die er erhalten hatte, höchstens der Gegenwert seiner Ländereien sei, die er dem dänischen König abgetreten hatte. Sie bestritten, daß der Vertrag von 1852 seinen Sohn, den Erbprinzen, irgendwie binden könne, weil er ihn niemals unterzeichnet hatte, obwohl er damals bereits großjährig war. Mehr traf den Kern der Sache das Argument, daß die Thronfolge in den Herzogtümern *nicht ohne die Zustimmung der Stände* geändert werden könnte und daß die Stände dem Londoner Vertrage niemals zugestimmt hätten. Für die Holsteiner und Schleswiger war der Augustenburger ihr Herzog, was auch immer im Londoner Vertrage stehen mochte.

Gleichviel wie es um die juristische Durchschlagskraft dieser Argumente bestellt sein mochte, sie waren jedenfalls plausibel genug, um die Deutschen zu überzeugen, daß sie für eine gerechte Sache kämpften, wenn sie für den Prinzen von Augustenburg und die Unabhängigkeit der Herzogtümer eintraten. Nicht nur der Nationalverein und zahllose andere deutsche Organisationen erklärten sich laut für den Augustenburger. Auch König Wilhelm neigte ihm und der Sache der Herzogtümer zu. Nicht im entferntesten dachte er damals daran, die Herzogtümer für Preußen erwerben zu wollen, und Bismarck wußte sehr wohl, daß er ihm von seinen eigenen Plänen kein Sterbenswörtchen verraten dürfe. Er stand vor geradezu überwältigenden Schwierigkeiten, und die größte von ihnen war vielleicht, daß er seine Absichten vor jedermann sorgfältig verborgen halten mußte, vor seinem König wie vor dem Kronprinzen, der ein Freund und Parteigänger des Augustenburgers war, vor seinen Ministern und vor dem Parlament und natürlich und in erster Linie vor den anderen Großmächten. Es gelang ihm fast vollständig. Der einzige fremde Diplomat, der zuweilen argwöhnisch wurde, war der britische Botschafter in Berlin, Sir Andrew Buchanan, ein kluger Schotte, der am 12. Dezember 1863 auf die Möglichkeit hinwies, daß der bevorstehende Krieg von Preußen dazu ausgenutzt werden könnte, Ansprüche auf die Herzogtümer zu erheben. »Es sollte mich überraschen, wenn Bismarck es nicht darauf anlegt, für Preußen *solidere Vorteile* davonzutragen als die Ehre, einen Prinzen von Augustenburg auf den Thron der Herzogtümer gesetzt zu haben.«

Wer sich Bismarcks Schwierigkeiten und Probleme zur Zeit des Todes des Dänenkönigs vergegenwärtigt, dem muß es fast wie ein Wunder erscheinen, wie er es fertiggebracht hat, alle zu überwinden und als Triumphator aus ihnen hervorzugehen. Seine Verschlagenheit und seine Virtuosität, seine Energie und sein Mut, seine Geschmeidigkeit und zugleich seine Festigkeit in der Verfolgung des einmal gesetzten Zieles, sein Reichtum an taktischen und dialektischen Hilfsmitteln, seine Skrupellosigkeit und sein Selbstvertrauen waren nie in seinem Leben größer.

Aber wenn wir das bereitwillig und nachdrücklich anerkennen, dürfen wir darüber doch nicht vergessen, daß diese meisterhafte Politik Machtpolitik und Kabinettspolitik war ohne die geringste Beimischung nationaler oder moralischer Motive. Bismarck selbst betont die machtpolitische Seite seiner Politik an der berühmten Stelle seiner Erinnerungen, wo er erzählt, er habe den König zum Erwerb der Herzogtümer durch die Erinnerung ermuntert, daß jeder seiner nächsten Vorgänger – selbst sein Bruder nicht ausgenommen – für den Staat einen Zuwachs gewonnen habe. Bezüglich der Kabinettspolitik braucht man nur seinen Brief an Rechberg zu zitieren, in welchem er es als die Voraussetzung des Erfolgs bezeichnet, »wenn wir uns beiderseits auf den praktischen Boden der Kabinettspolitik stellen, ohne uns die Situation durch den Nebel trüben zu lassen, welcher aus den Doktrinen deutscher Gefühlspolitiker aufsteigt.«

Nationale Gefühlspolitik lag Bismarck in der Tat vollkommen fern, ja man wird schwerlich auch nur deutsches Empfinden in einem preußischen Minister entdecken können, der sich nicht scheute, eine fremde Großmacht gegen Deutschland aufzustacheln. In den letzten Tagen des Dezembers 1863 hatte Bismarck mit dem britischen Botschafter Buchanan eine Aussprache über eine Note, mit welcher dessen Regierung dem Deutschen Bund entgegentreten wollte. Gegen diese Note hatte Bismarck nur das eine einzuwenden, daß ihre Sprache nicht scharf genug sei. Er ließ der englischen Regierung durch Buchanan sagen, sie sollte ihre Sprache so sehr verschärfen, wie es mit den diplomatischen Formen irgendwie verträglich sei, und mit einer Blockade der deutschen Seehäfen drohen. Das ist derselbe Mann, der späteren Geschlechtern als der Verkörperer des deutschen Nationalgefühls galt.

Bismarcks Erfolg wurde durch zwei Faktoren erleichtert: einmal durch die fast unentwirrbare Kompliziertheit der schleswig-holsteinischen Frage, und sodann durch die Differenzen der Großmächte untereinander. England war im Grunde die einzige Macht, die es mit ihrer Unterschrift unter den Londoner Vertrag ernst nahm. Besonders Palmerston, der Premierminister, hielt die Unversehrtheit Dänemarks für wichtig genug, um auch vor einem bewaffneten Eingreifen nicht zurückzuschrecken. Aber er war jetzt ein alter Mann von 80 Jahren, der den Höhepunkt seiner Kraft längst überschritten hatte und Bismarck nicht mehr gewachsen war. Außerdem hatte er die Königin gegen sich. Victoria war gewöhnt gewesen, sich in ihren politischen Entscheidungen leiten zu lassen von ihrem Gatten, dem Prinzgemahl Albert, dessen überlegene Intelligenz sie anerkannte. Nun, da er ihr seit 1861 entrissen war, versuchte sie, jedes Problem so zu sehen, wie ihr verstorbener »Engel« es gesehen haben würde. Sie war daher pro-deutsch, wenn auch keineswegs pro-preußisch, lehnte den Londoner Vertrag innerlich ab und setzte ihre Hoffnung auf den Augustenburger. Bismarcks Spiel durchschaute sie natürlich noch weniger als der Premierminister. Dieser ließ sich dazu hinreißen, im Juli 1863 im Unterhaus, ohne vorherige Verständigung mit seinem Kabinett, zu erklären: »Wir sind überzeugt – wenigstens ich für meine Person bin überzeugt – daß, wenn jemand versuchen sollte, die dänischen Rechte gewaltsam zu vernichten oder die dänische Unabhängigkeit zu bedrohen, er finden würde, daß Dänemark nicht allein steht.« Aber Bismarck war nicht der Mann, sich durch solche Drohungen schrekken zu lassen. Was konnte England ohne eine beträchtliche Armee im Ernstfall tun? Allerdings wäre die Lage anders gewesen, wenn Frankreich mitgemacht hätte, und man darf vielleicht annehmen, daß Palmerston, als er jene Erklärung abgab, auf französische Unterstützung gerechnet hat. Ein Zusammengehen der beiden Westmächte würde jede Lösung der Schleswig-Holstein-Frage durch das Schwert unmöglich gemacht haben. Aber dieses Zusammengehen war durch die diplomatischen Ereignisse des Jahres 1863 und besonders die Politik des Foreign Secretary Lord Russell sehr erschwert worden. Napoleon machte es ihm zum Vorwurf, daß er ihn in der Polenfrage gegenüber Rußland im Stich gelassen habe, und er war tief gekränkt, weil Russell ihm seinen Europäischen Kongreß vereitelt hatte. Dazu kam ein weiterer Umstand. Die ideologische Grundlage von Napoleons Politik war das Nationalitätsprinzip, und diesem lief der Londoner Vertrag zuwider, indem er die Deutschen Schleswig-Holsteins der dänischen Herrschaft unterwarf. Die ideale Lösung war in Napoleons Augen die Aufteilung der Herzogtümer nach dem Nationalitätsprinzip, d. h. Angliederung der dänischen Bevölkerung Nordschleswigs an Dänemark und des Restes an Deutschland. Das wußte Bismarck natürlich genau, und er säumte nicht, dem Kaiser zu verstehen zu geben, daß er durchaus bereit sei, den Dänen Nordschleswig zu überlassen.

Daß Bismarck den Standpunkt der deutschen Patrioten in der schleswig-holsteinischen Frage nicht teilte, war schon vor dem Tode des Königs Friedrich ziemlich klar in Erscheinung getreten. Der Londoner Vertrag war in den weitesten Kreisen der Deutschen außerordentlich unpopulär. Er galt als eine schwere Verletzung des deutschen Nationalgefühls. Als die Dänen im Jahre 1863 konstitutionelle Experimente machten, welche nach der deutschen Auffassung im Widerspruch zu ihren Vertragspflichten standen, stellten sich die meisten Deutschen auf den Standpunkt, daß der Vertrag jetzt hinfällig geworden sei. So dachte auch der preußische König und auf der anderen Seite die Fortschrittler im Abgeordnetenhaus. In ihrem Namen interpellierte Twesten die Regierung am 17. April 1863 und verlangte, sie solle erklären, daß sie die Verträge von 1852 als zerrissen betrachte und sich vorbehalte, »auf die alten Rechte der Herzogtümer und ihrer künftigen erbberechtigten Landesherren zurückzukommen«. Aber Bismarck lehnte es ab, sich auch nur mit einem Wort über diese Frage zu äußern. Dagegen reizte er das Abgeordnetenhaus aufs schroffste durch die herausfordernde Erklärung: »Wenn wir es für nötig finden, *Krieg zu führen,* so werden wir ihn führen, *mit oder ohne Ihr Gutheißen.«*

Im Deutschen Bund hatte man dieselben Vorgänge dazu benutzt, um eine »Exekution« gegen den König von Dänemark in seiner Eigenschaft als Herzog von Holstein in die Wege zu leiten. Als Herzog von Holstein war er unzweifelhaft den Bestimmungen der deutschen Bundesverfassung unterworfen, und diese sah eine »Bundes-Exekution« gegen solche Mitglieder vor, die ihre Bundespflichten verletzten. Die Exekution war ausführlich und umständlich in der Verfassung geregelt. Alle diese Vorschriften mußten peinlich beobachtet werden. Es bedurfte zahlreicher Sitzungen, Verhandlungen, Instruktionen,

Ausschußberichte und Beschlüsse, ehe das Verfahren sich langsam und schwerfällig in Bewegung setzen konnte. Die treibenden Kräfte waren hierbei Beust, der Minister Sachsens, und von der Pfordten, der Bevollmächtigte Bayerns in Frankfurt. Bayern und Sachsen hatten den Londoner Vertrag ebensowenig unterzeichnet wie der Deutsche Bund.

Ehe die Exekution zur Ausführung kommen konnte, starb König Friedrich von Dänemark. Damit trat die Frage in ein neues Stadium. Die »Exekution« war nur zulässig gegen ein Mitglied des Bundes; sie hing also von der Vorfrage ab, ob der neue König Christian von Dänemark auch gleichzeitig Herzog von Holstein geworden sei. War er das nicht, so stand er außerhalb des Bundes, und von einer Exekution konnte staatsrechtlich nicht die Rede sein. Das aber war die Sachlage nach der überwiegenden Meinung nicht nur des deutschen Volkes, sondern auch der im Bund vereinigten deutschen Regierungen. Anstelle der »Exekution« mußte nach dieser Auffassung eine »Okkupation« treten, d. h. die Truppen des Deutschen Bundes mußten das Herzogtum für seinen rechtmäßigen Landesherrn in Besitz nehmen. Wer dieser rechtmäßige Landesherr war, würde der Bundestag zu entscheiden haben.

Das war nun gerade dasjenige, was Bismarck nicht zulassen wollte. Wurde die Okkupation »zugunsten dessen, den es angeht«, beschlossen, so war mit Sicherheit vorauszusehen, daß der zweite Schritt ein Beschluß des Bundestages sein würde, der den Augustenburger für den rechtmäßigen Herzog von Holstein erklärte. Das hätte alle Hoffnungen Bismarcks auf eine preußische Annexion zunichte gemacht. Infolgedessen brauchte Bismarck jedes denkbare Mittel, um einen Okkupationsbeschluß zu verhindern und einen Exekutionsbeschluß zu erzwingen. Auf eine Mehrheit im Bundestag konnte er aber nur dann rechnen, wenn er Österreich auf seine Seite brachte.

So lag denn die Entscheidung über die Zukunft – zunächst Schleswig-Holsteins, in Wahrheit aber Deutschlands – in diesem Augenblick in den Händen Franz Josephs und seines Ministers, des Grafen Rechberg. Stellten sie sich auf die Seite der Mittelstaaten, so war Bismarcks Plan gescheitert. Preußen wäre im Bundestag in einer hoffnungslosen Minderheit gewesen, Österreich hingegen würde im ganzen deutschen Volke als der Vorkämpfer der nationalen Bewegung gefeiert worden sein. Aber der Kaiser und sein Minister erkannten nicht die Bedeutung des Augenblicks, geschweige denn, daß sie eine Ahnung von Bismarcks Absichten gehabt hätten. Allerdings hatte Österreich den Londoner Vertrag unterzeichnet, und wenn Rechberg ausführte, daß dieser trotz allem in Kraft bleibe, so wird man solchen völkerrechtlichen Argumenten seine Achtung nicht versagen. Aber diese waren doch nicht in letzter Linie entscheidend. Als ein Konservativer der Metternichschen Schule stand er populären Bewegungen mit Mißtrauen und Antipathie gegenüber. Die Mittelstaaten, die jetzt das große Wort führten, waren in seinen Augen kein festes Bollwerk gegen die Revolution, wie es die preußische Regierung war, welche ihr Parlament so energisch in seine Schranken zurückwies. Außerdem führte er dem Kaiser und den anderen Ministern gegenüber noch ein anderes Argument zugunsten des Londoner Vertrags ins Feld: er läge in Österreichs wohlverstandenem Interesse. Denn wenn der Augustenburger Herzog von Holstein und Mitglied des Deutschen Bundes würde, so sei mit Sicherheit darauf zu rechnen, daß er der preußischen Fahne folgen, d. h. am Bundestag mit Preußen stimmen würde. Genau dasselbe Argument verwandte Bismarck gegen den Prinzen von Augustenburg, natürlich mit umgekehrtem Vorzeichen. Er prophezeite seinem König, der Augustenburger würde am Bundestag immer *gegen* Preußen stimmen. So hatte der unglückliche Prinz das Schicksal, daß die Minister der beiden entscheidenden Staaten mit genau entgegengesetzter Begründung zu dem gleichen, ihm ungünstigen Ergebnis kamen.

Aus all diesen Gründen bestimmte Rechberg seinen Kaiser, Bismarcks Angebot anzunehmen und mit ihm im Bunde zusammenzugehen. Die beiden Großmächte zwangen den heftig widerstrebenden Bundestag, zu beschließen, daß es bei der Exekution bliebe und daß sie vor dem 1. Januar 1864 zu beginnen habe. Im deutschen Volk war man über diesen Bundesbeschluß außer sich. Man sah in ihm den ersten Schritt zu einem Verrat an den Brüdern in Schleswig und Holstein. Fünfhundert deutsche Parlamentarier, Mitglieder der Volksvertretungen der Einzelstaaten, versammelten sich in Frankfurt, um gegen diesen Bundesbeschluß zu protestieren. Sie setzten einen Ausschuß von 36 Mitgliedern ein, »als Mittelpunkt der gesetzlichen Tätigkeit der Deutschen Nation für die Durchführung der Rechte der Herzogtümer und ihres rechtmäßigen Herzogs«, des Augustenburgers. Diesem Ausschuß gehörten von preußischen Abgeordneten u. a. Twesten, Schulze-Delitzsch, Sybel und Unruh an.

Aber der Widerstand gegen Bismarcks Politik beschränkte sich keineswegs auf seine parlamentarischen Gegner. Die Mehrheit der höheren preußischen Beamten war gegen ihn, einschließlich der Diplomaten. Dieser Gegensatz hat einen sehr bemerkenswerten Ausdruck gefunden in Bismarcks Briefwechsel mit dem Botschafter in Paris, dem Grafen von der Goltz. Bismarck selbst hat den Brief, den er damals am Weihnachtsabend 1863 an Goltz schrieb, in seinen Erinnerungen abgedruckt. Man muß ihn aber in Zusammenhang mit Goltz' Brief lesen, denn dieser zeigt die andere Seite des Bildes. Aus Bismarcks Brief mag hier ein kurzer Abschnitt wiedergegeben werden: »Sie trauen Österreich nicht über den Weg. Ich auch nicht; aber ich finde es für jetzt richtig, Österreich bei uns zu haben; ob der Augenblick der Trennung kommt, und von wem, das werden wir sehen . . . Ich bin in keiner Weise kriegsscheu, im Gegenteil, ich bin auch gleichgültig gegen revolutionär und konservativ, wie gegen alle Phrasen; Sie werden sich vielleicht bald überzeugen, daß der Krieg auch in meinem Programm liegt.« Goltz aber schreibt: »Sie sind kein Majoritätsminister, Ihre ministerielle Existenz beruht einzig und allein auf dem Willen und Vertrauen des Königs, und Seine Majestät muß in der Lage bleiben, Ihnen dies Vertrauen *en pleine connaissance de cause* zu bewahren. Wenn dagegen die Gesandten durch eine Art von Terrorismus ... gehindert werden, ihre Ansicht auszusprechen, wenn man sogar jeden derselben im dunkeln über die Auffassung der anderen hält, ... so ist der König nicht mehr *en pleine connaissance de cause* ... Das ist zwar nicht die parlamentarische, aber auch nicht mehr die monarchische Regierung, sondern die *Diktatur des Ministers der Auswärtigen Angelegenheiten.«* Diesen letzten Satz konnte in späteren Jahren mehr als ein deutscher Diplomat wiederholen.

Aber alle diese Schwierigkeiten hinderten Bismarck nicht, seinen Weg vorwärts zu gehen, Schritt für Schritt, mit äußerster Vorsicht, aber mit absoluter Furchtlosigkeit und Rücksichtslosigkeit. Er wußte genau, wie ausschlaggebend die Haltung Napoleons werden müßte. Darum verschmähte er kein Mittel, um ihn für sich zu gewinnen. In den letzten Tagen des Jahres 1863 kam nach Berlin der französische General Fleury, den sein Kaiser zur Begrüßung des neuen Königs nach Kopenhagen geschickt hatte. Er suchte Bismarck auf, der ihm von dem gescheiterten Europäischen Kongreß sprach. Er hätte sich, sagte er dem General, mit einem solchen Kongreß nicht einverstanden erklären können, weil er auch die polnische Frage aufgeworfen hätte. »Lieber sterben, als unseren Besitz von Posen diskutieren lassen. Lieber würde ich unsere *rheinischen Provinzen abtreten.«*

Warum sprach Bismarck vom Rheinland? Fleury hatte es nicht mit einer Silbe erwähnt, aber Bismarck wußte, daß Napoleon im stillen von dem Erwerb des linken Rheinufers träumte. Vielleicht war es nicht mehr als ein Traum. Aber welch eine Versuchung mußte es für ihn sein, Bismarck zu Hilfe zu kommen, wenn er als Lohn dafür die Erfüllung dieses Traumes erhoffen durfte!

7. Der Krieg gegen Dänemark und die Londoner Konferenzen

Sobald die deutschen Truppen in Holstein einmarschiert waren und die Dänen es ohne Schwertstreich geräumt hatten, ging Bismarck auf sein nächstes Ziel los, die preußischen Truppen nach Schleswig hineinzubringen und einen Krieg mit Dänemark herbeizuführen. Aber auch das war wieder nur im Einverständnis mit Österreich möglich. Er mußte mit diesem einen Bündnisvertrag abschließen. Bismarck erreichte nicht nur dies, es gelang ihm auch, dem Vertrag jede Bestimmung fernzuhalten, die seine Bewegungsfreiheit in Zukunft hätte einschränken können. Daß die Interessen der beiden Partner nicht in allen Fällen und in alle Zukunft übereinstimmen würden, konnte selbst Rechberg nicht entgehen. Von Österreich waren die Elbherzogtümer durch die ganze Breite Deutschlands getrennt, aber Preußen waren sie unmittelbar benachbart. Während Österreich infolgedessen nie an ihre Annexion denken konnte, mußte es Preußen im Verdacht haben, daß es darauf ausgehe. Es war daher eine durchaus notwendige Vorbeugungsmaßregel gegen eine mögliche unerfreuliche Entwicklung, wenn die Österreicher in ihrem Vertragsentwurf vorschlugen, daß beide Teile sich gegeneinander verpflichten sollten, die Unversehrtheit des dänischen Königreichs und das Thronfolgerecht des Königs Christian *nicht ohne gegenseitige Verständigung* aufzugeben. Wäre diese Bestimmung tatsächlich in den Vertrag aufgenommen worden, so hätte Österreich die zwar nicht heroische, aber nützliche Rolle des Hundes in der Krippe spielen können, der zwar das Heu nicht selbst fressen, aber das Pferd daran hindern kann. Aber mit seiner wunderbaren diplomatischen Kunst gelang es Bismarck, die Österreicher dazu zu bringen, daß sie diese Klausel fallenließen und sich mit einer von ihm vorgeschlagenen Formel zufriedengaben, die so elastisch gefaßt war, daß sie im entscheidenden Moment nichts damit anfangen konnten.

Den österreichischen Botschafter in Berlin, Karolyi, hatte Bismarck jetzt davon zu überzeugen vermocht, daß er Österreichs aufrichtiger Freund sei. Hätte Karolyi nur ein kleines Zwiegespräch gehört, das Bismarck mit dem italienischen Gesandten, de Launay, hatte! Bei einer Begegnung auf einem Ball deutete Bismarck auf den Degen, den der Gesandte an seiner Seite trug, und sagte lächelnd: »Der Degen Italiens!« »Sie scheinen von diesem Degen keinen Gebrauch machen zu wollen«, antwortete de Launay, »da Sie sich einen anderen Verbündeten gesichert haben.« »Ach, der! Den haben wir gemietet«, erwiderte Bismarck. »Umsonst?« fragte der Italiener. *»Il travaille pour le Roi de Prusse«,* replizierte Bismarck lachend, und dann wandte er sich zu dem französischen Botschafter und erzählte ihm freudestrahlend den ausgezeichneten Witz, den er soeben gemacht hatte. Das war am Vorabend des Tages, an dem die preußischen und österreichischen Truppen als treuverbündete Waffengefährten in Schleswig einrückten!

Mit verbundenen Augen lief Rechberg in dies Abenteuer hinein. Dabei hatte es ihm an Warnungen von vielen Seiten wahrlich nicht gefehlt. Im österreichischen Reichsrat wurde vier lange Tage über die Frage debattiert; zahlreiche Redner der liberalen Partei kritisierten die Politik des Grafen Rechberg aufs schärfste. Diese Liberalen hatten weit mehr politischen Sinn und beurteilten die Lage weit richtiger als der verblendete Minister. Sehr treffend sagte einer von ihnen, jeder Fehler der Politik Österreichs würde die Mißstimmung gegen es in Deutschland vergrößern, aber die Preußen könnten so viele Fehler machen, wie sie wollten, das würde nichts an den Hoffnungen ändern, die das deutsche Volk auf Preußen setzte. Ein anderer deutete auf Bismarcks Persönlichkeit hin, indem er prophezeite, Preußen werde aus diesem Krieg gestärkt hervorgehen, denn es habe dadurch die einheitliche Leitung in die Hand eines energischen, eigenwilligen und kühnen Mannes gebracht. Ein dritter, der Dichter Julius Schindler, warf eine Frage auf, die in der Folge den Österreichern immer wieder im Ohr klingen sollte: »Kaum hat Preußen den Raub von Schlesien verdaut, so streckt es seine Fänge nach den Herzogtümern aus, und wir lassen unsre guten Regimentsmusiken aufspielen, und mit Trommelwirbel und Schalmeienklang führen wir sie hinein. *Und mit welcher Melodie werden wir sie hinausführen?*« Aber diese Warnungen waren umsonst. Rechberg ging weiter auf seinem verhängnisvollen Wege.

Am 1. Februar 1864 überschritten preußische und österreichische Truppen die Grenzen von Schleswig. Die Dänen entschlossen sich, zu kämpfen. Sie hofften auf die Hilfe Englands. Bismarck gab sich alle Mühe, sie in dieser Hoffnung zu bestärken. Denn er brauchte kämpfende Dänen, um den Titel der Eroberung geltend machen zu können. Die friedliche Besetzung hätte dafür nicht ausgereicht. Aber der britische Minister Lord Russell beschränkte sich darauf, von den beiden deutschen Mächten zu verlangen, sie sollten in bindender Form erklären, daß sie die Unversehrtheit des dänischen Staates nicht antasten würden. König Wilhelm scheute vor dieser Erklärung zurück, aber Bismarck brachte ihn dazu, sie in etwas verklausulierter Form abzugeben. Natürlich lag ihm nichts ferner, als sich an diese Zusage gebunden zu halten. Auch hier war sein Motto: in verbis simus faciles. Er wußte: »Sei im Besitze und du bist im Recht.« Wenn die Herzogtümer erst von preußischen Truppen besetzt waren, so würde er in der Lage sein, eine andere Sprache zu sprechen. Den König beruhigte er im Kronrat mit der Erklärung, diese Zusage würde seine Handlungsfreiheit in der Zukunft nicht beschränken; zur endgültigen und dauernden Aufrechterhaltung der Integrität Dänemarks würden sie ihn nicht verpflichten.

Es war im Kronrat vom 3. Februar 1864, daß König Wilhelm sich zur Abgabe dieser Erklärung überreden ließ. In dieser Sitzung enthüllte Bismarck zum ersten Mal das wahre Ziel seiner Politik, die Annexion der Herzogtümer. Bismarck gibt von dem Eindruck dieser Enthüllung eine höchst dramatische, aber nicht ganz zuverlässige Schilderung in seinen Erinnerungen. Soviel aber ist wahr, der König war ganz betroffen über Bismarcks Enthüllung und stimmte seiner Politik nicht zu; eine Randbemerkung von seiner Hand zum Protokoll zeigt das. Aber darüber sah Bismarck leicht hinweg. Solange Wilhelm ihn seinen Weg ungehindert gehen ließ, konnte er in die geheimen Akten soviele Proteste schreiben, wie er wollte. Bismarck sah mit Sicherheit voraus, daß alle diese Gewissensbedenken des Königs sich in nichts auflösen und daß er, der Tradition der Hohenzollern getreu, am Ende das nehmen würde, was er bekommen könnte.

Der Widerstand der Dänen gegen die weit überlegenen österreichischen und preußischen Truppen konnte natürlich nur von beschränkter Dauer sein. Am 18. April erstürmten die Preußen die Düppeler Schanzen. Damit war den Dänen ganz Schleswig entrissen. Jetzt erst intervenierte England und berief eine Konferenz der Signatarmächte des Londoner Vertrages. Bismarck blieb nichts anderes übrig, als diese Konferenz ebenfalls zu beschicken. Aber er wußte die schwierige Lage so zu meistern, daß bei der Konferenz nichts herauskam. Zu diesem Zweck ging er nicht selbst nach London. Er war sich bewußt, daß er seine Hände besser freihalten und sein Ziel leichter erreichen könnte, wenn er nicht persönlich an Ort und Stelle war, sondern von Berlin aus die Fäden zog. Es war ihm auch ganz recht, daß diesmal der Deutsche Bund zur Teilnahme eingeladen wurde und daß als dessen Vertreter Beust nach London ging. Er kannte die Differenzen in der Auffassung der Österreicher und Beusts und war entschlossen, diese Differenzen dazu auszunutzen, daß es zu keiner Vereinbarung kam und er von jeder Bindung frei blieb. Tatsächlich vereitelte er auch jede Verständigung, indem er seine Ansprüche sofort höher schraubte, sowie die Dänen widerstrebend und verspätet sich zu einer Konzession bereit zeigten.

Das war nun keineswegs im Einklang mit Rechbergs Zielen. Er wünschte, diesen Krieg, bei dem für Österreich nichts herauskommen konnte, so schnell wie möglich zu beenden. Aber er war vollkommen hilflos. Der britische Bevollmächtigte Lord Clarendon sagte zornig: »Bismarck est un homme sans foi et loi et Rechberg est son nègre.« Der Höhepunkt der Konferenz kam, als Österreich und Preußen von den anderen Mächten gezwungen wurden, über ihr Kriegsziel eine klare und unzweideutige Erklärung abzugeben. In der Sitzung vom 28. Mai 1864 verlas der österreichische Delegierte im Namen der beiden verbündeten deutschen Mächte die Erklärung, Schleswig und Holstein sollten unter vollständiger Trennung von Dänemark zu einem einheitlichen Staat *unter der Souveränität des Erbprinzen von Augustenburg* vereinigt werden; denn dieser besitze sowohl das beste Erbfolgerecht wie auch die unzweifelhafte Zustimmung der großen Mehrheit der Bevölkerung. Da Dänemark dies nicht akzeptieren konnte, ging die Konferenz ergebnislos auseinander.

Ganz Deutschland jubelte! So stand es also endlich fest, daß der Augustenburger zu seinem Rechte kommen würde. Anders konnte man die feierliche Erklärung des Kaisers von Österreich und des Königs von Preußen nicht auffassen.

Nur *ein* Mann verstand es anders. Es fiel Bismarck gar nicht ein, sich durch diese Erklärung gebunden zu fühlen. Nur drei kurze Tage lang konnte der Erbprinz von Augustenburg sich der Hoffnung erfreuen, Herzog von Schleswig und Holstein zu werden. Dann war alles zu Ende. Drei Tage nach der Abgabe jener Erklärung in London, in der Nacht vom 1. Juni, hatte der Prinz eine Aussprache mit Bismarck, und als diese Aussprache schloß, war das Schicksal des Prinzen besiegelt: ein Prinz ohne Land zu bleiben für den Rest seines Lebens. Bismarck verstand es, ihn durch übertriebene preußische Forderungen so in Aufregung und Angst zu versetzen, daß er Antworten gab, die Bismarck dem König mit einigem Geschick als Beweis für die Undankbarkeit des Prinzen vortragen konnte. Wenn es Bismarcks Absicht gewesen wäre, zu einer Verständigung zu kommen, so wäre das ganz leicht und einfach gewesen. Aber was er wünschte, war nicht eine Verständigung, sondern ein Konflikt, und da er alle Trümpfe in der Hand hatte, so war der unglückliche Prinz hilflos.

Wenn wir Bismarcks Verhalten so auslegen, so legen wir ihm nichts unter, was er nicht selbst bekennt. Im Herbst 1865 traf er seinen alten Gegner Beust in Gastein. In der Unterhaltung auch mit einem politischen Gegner konnte Bismarck, wenn er wollte, von bezaubernder Liebenswürdigkeit sein. So verkehrten denn die beiden Herren diesmal aufs freundschaftlichste miteinander, und Bismarck, dessen Politik inzwischen triumphiert hatte, hielt mit seiner Ansicht nicht hinter dem Berge. Dabei machte er sich über den Augustenburger schonungslos lustig. »Bei der Londoner Konferenz habe ich den Prinzen von Augustenburg als Ochsen vor den Pflug gespannt, um diesen vorwärts zu bringen; als der Pflug im Gange war, habe ich den Ochsen wieder ausgespannt.« »Ipsissima verba« schließt Beust seine Erzählung dieses Geplauders auf dem Spaziergang in Gastein, und wer Bismarcks Ausdrucksweise kennt, zweifelt keinen Augenblick, daß er wortgetreu berichtet hat.

Die endgültige militärische Niederlage der Dänen war natürlich unvermeidlich. Nun stand England vor der Frage, ob es mit Waffengewalt intervenieren solle. Palmerston und Russell waren dafür, obwohl es jetzt feststand, daß auf Napoleons Hilfe nicht zu rechnen war. Die Königin war entschieden dagegen. Im Kabinett wurde Palmerston von einer Mehrheit überstimmt, die von Gladstone geführt wurde. Dieser wies darauf hin, daß England für einen Krieg in keiner Weise vorbereitet sei. Das traf zweifellos zu. England hatte kein Heer, mit dem es zwei mächtigen Militärstaaten allein hätte entgegentreten können. Es war vielleicht die schwerste Niederlage in Palmerstons sonst so erfolgreicher Laufbahn. Es war auch eine schwere Niederlage der englischen Politik, die von einem großen Teil der öffentlichen Meinung sehr bitter empfunden wurde. Dem gab mit besonderer Schärfe Lord Robert Cecil, der spätere Premierminister Lord Salisbury, in einem Artikel der Quarterly Review Ausdruck.

Von allen Unterzeichnern des Londoner Vertrags im Stich gelassen, mußte Dänemark um Frieden bitten. Der Friedensvertrag wurde im August 1864 in Wien abgeschlossen. Der König von Dänemark mußte auf die Herzogtümer verzichten und seine Rechte an ihnen vollständig an den Kaiser von Österreich und den König von Preußen abtreten. Bismarck ging persönlich nach Wien, um an den Verhandlungen teilzunehmen. In Schönbrunn, der Residenz von Franz Joseph, hatte dieser mit König Wilhelm in Gegenwart von Rechberg und Bismarck eine Aussprache über die Frage, was man denn nun mit der Kriegsbeute anfangen solle. Österreich war bereit, sie vollständig an Preußen abzutreten, falls dieses sich dagegen verpflichtete, Österreich nicht nur den Besitz seiner ihm noch verbliebenen italienischen Provinz Venetien zu garantieren, sondern auch unter gewissen Umständen bei der Wiedereroberung der Lombardei zu Hilfe zu kommen. Bismarck erzählt, wie Wilhelm das Angebot der Herzogtümer mit den Worten abgelehnt habe, er habe auf diese kein Recht. Das war aber nicht der entscheidende Grund. Bismarck war unter keinen Umständen dazu bereit, Österreich in Italien gegen Napoleon und Victor Emanuel beizustehen. Dies war der wahre Grund, warum er das österreichische Angebot ablehnte. Mit den Herzogtümern hatte er keine Eile. Er war fest überzeugt, sie würden Preußen früher oder später zufallen – und manches andere noch dazu!

Rechberg lud seinen großen preußischen Kollegen zur Feier des Sieges mit dem ganzen diplomatischen Corps zu einem Diner in sein Landhaus Kettenhof ein. Diese Gelegenheit benutzte Bismarck zu einer vertraulichen Unterhaltung mit dem französischen Botschafter, dem Herzog von Gramont, in der er in Indiskretionen geradezu schwelgte. Er versicherte dem Franzosen, nicht England, wohl aber Preußen werde imstande sein, Napoleon das linke Rheinufer zu verschaffen. »Wir können besser als jeder andere mit Frankreich marschieren; denn wir fangen damit an, daß wir ihm für seine Mitwirkung ein Pfand nicht versprechen, sondern geben. Wir wünschen gewiß keine europäische Unruhe. Aber wenn sie eintritt, gehören wir nicht zu denen, die dabei am meisten verlieren. Diese Perspektive schreckt uns nicht.« Da klingt wieder dasselbe an, was Bismarck vor Jahren an Otto von Manteuffel geschrieben hatte: »Die großen Krisen bilden das Wetter, welches Preußens Wachstum fördert, indem sie furchtlos, vielleicht auch sehr rücksichtslos von uns benutzt werden.« (S. 32)

Kein europäischer Staatsmann konnte jetzt mehr zweifeln, daß der preußische Ministerpräsident nicht nur furchtlos, sondern auch absolut rücksichtslos war. Hätten sie von jener Unterhaltung mit Gramont erfahren, sie hätten sich sagen müssen, daß Bismarcks augenblicklicher Verbündeter, Österreich, der erste sein würde, der erfahren sollte, was es bedeutet, von Bismarck furchtlos und rücksichtslos angegriffen zu werden.

8. Die Folgen des Dänischen Krieges

Im Wiener Frieden hatte der König von Dänemark den Monarchen von Österreich und Preußen alle seine Rechte an den Herzogtümern abgetreten. Was bedeuteten diese Rechte? Die meisten Deutschen beantworteten diese Frage mit einem glatten: gar nichts. Sie wiesen auf die Erklärung vom 28. Mai 1864 auf der Londoner Konferenz hin, in der Österreich und Preußen erklärt hatten, daß der Erbprinz von Augustenburg die besten Thronfolgerechte in den Herzogtümern habe. Beust machte auch den Versuch, diese Erklärung staatsrechtlich zu verankern durch einen Beschluß des Deutschen Bundestages zugunsten des Augustenburgers. Bismarck aber hinderte den Bundestag durch Drohungen daran, irgendeinen Beschluß zu fassen. Er ließ es sich angelegen sein, dem Erbprinzen so viele Hindernisse wie möglich in den Weg zu stellen, z. B. dadurch, daß er einen neuen Prätendenten in der Person des Herzogs von Oldenburg ausfindig machte, der mit dem Zaren verwandt war und darum vielleicht auf dessen Unterstützung rechnen konnte. Den Augustenburger bekämpfte er nicht nur, weil er der preußischen Annexionspolitik im Wege stand, sondern auch weil er liberal und ein Freund des preußischen Kronprinzen war.

Andererseits konnten sich Preußen und Österreich nicht über eine endgültige Verteilung der Herzogtümer verständigen und mußten übereinkommen, sie provisorisch gemeinsam zu verwalten. So richteten sie denn ein »Kondominium« in ihnen ein; eine preußische und eine österreichische Besatzungsbehörde hatten die Herzogtümer mit gleichen Rechten gemeinschaftlich zu verwalten. In der Praxis lief das aber darauf hinaus, daß Preußen Schritt für Schritt auf sein Ziel losging und Österreich sich gezwungen sah, widerwillig jedesmal nach einigem Sträuben seine Zustimmung zu geben. Sehr drastisch wird die Lage durch das Schicksal der Truppen des Deutschen Bundes illustriert, die noch auf Grund der Bundes-Exekution in Holstein lagen. Bismarck trieb sie dadurch hinaus, daß er ihnen mit Gewalt drohte, ohne seinen Bundesgenossen Österreich vorher zu fragen, obwohl dieser außerdem noch die Präsidialmacht des Deutschen Bundes war. Für die österreichische Regierung war die Situation natürlich höchst unerfreulich. Aber sie wollte unter keinen Umständen die Allianz mit Preußen aufs Spiel setzen. So trieb sie eine Politik der Beschwichtigung und des Ausgleichs, wobei die praktischen Erfolge durchweg auf der Seite Preußens waren, während Österreich sich mit einigen formellen Zugeständnissen begnügen mußte.

In diesen Verhandlungen wurde Österreich nicht mehr durch Rechberg vertreten. Die Fehlerhaftigkeit seiner Politik war allmählich nicht nur der Bevölkerung in Österreich, sondern auch seinen eigenen Kollegen im Ministerium offenbar geworden. Schmerling stellte den Kaiser vor ein Entweder-Oder: Rechberg geht, oder ich gehe. Da Schmerling im Parlament unentbehrlich war, ließ Franz Joseph den Grafen Rechberg fallen. Als seinen Nachfolger aber bestimmte er einen anderen Konservativen, von dem er voraussetzte, daß er mit Schmerling nicht würde Hand in Hand arbeiten können. Franz Joseph liebte es nicht, wenn seine Minister unter sich allzu einig waren. Seine eigene Macht war größer, wenn er den einen gegen den anderen ausspielen konnte. Rechbergs Nachfolger wurde ein früherer General, Graf Mensdorff, ein Mann von mittelmäßigen Gaben, aber hocharistokratischer Geburt und großem Vermögen, der außerdem mit der Königin von England und anderen europäischen Fürstlichkeiten verwandt war. Da Mensdorff völlig außerstande war, politisch wirklich zu führen, wuchs naturgemäß der Einfluß Biegelebens, des Vorstandes der Deutschen Kanzlei. Er war im Lauf der Zeit ein scharfer Kritiker der Rechbergschen Politik geworden. Rechberg war erst in den letzten Tagen seines Ministeriums dahintergekommen, daß dieser Herr von Bismarck ein etwas verdächtiger Bundesgenosse sei. Bei der Übersendung eines Briefes, den er von Bismarck erhalten, an den Kaiser bemerkte er: »Die Sprache dieses Briefes ist eines Cavour würdig«, und Cavour war für den Wiener Hof die Verkörperung des bösen Prinzips. Es ist das tragische Schicksal und zugleich die historische Verantwortlichkeit Rechbergs, daß er die wirkliche Natur Bismarcks und seiner Politik erst zu ahnen begann, als es bereits zu spät war.

Für Bismarck war die Austreibung der deutschen Bundestruppen aus Holstein eine Kraftprobe gewesen. Jetzt wußte er, daß er sie gewonnen hatte. Er machte sich ein Vergnügen daraus, dem britischen Botschafter Lord Napier zu erzählen: »Wenn im Frühling das Vieh auf die Weide gebracht wird, läßt man in Deutschland die Bullen es untereinander auskämpfen, ohne sich dareinzumischen. Der stärkste Bulle siegt, und dann ist für den Rest des Sommers Frieden. So habe ich es jetzt gemacht. Ich habe die Sache ausgekämpft, und hoffe, in Zukunft weniger Schwierigkeiten zu haben.«

Die Behandlung, die der Bund sich von Preußen hatte gefallen lassen müssen, und die müde Resignation, mit der Österreich sie zugelassen hatte, überzeugte den klugen Beust, daß der Bund in seiner jetzigen Gestalt unhaltbar geworden war. Er sagte dem österreichischen Gesandten in Dresden, ein deutsches Parlament, das unmittelbar vom Volke gewählt werde, sei jetzt nicht mehr zu umgehen; Österreich würde in seinem eigenen Interesse gut daran tun, diesen Trumpf nicht Herrn von Bismarck zu überlassen. Denn dieser würde auf seinem Weg von der Annexion der Herzogtümer weiterschreiten zur Unterwerfung der deutschen Staaten. Da man eine solche Politik nicht mit der nackten Gewalt allein machen könne, werde Bismarck bei seinem kühnen Charakter nicht davor zurückschrecken, seine Politik durch ein nationales Parlament sanktionieren zu lassen. Bismarck, sagte er bei einer anderen Gelegenheit, ist deshalb eine Macht, weil er der Prototyp des altpreußischen Geistes ist. Besonders warnte er die Österreicher, sie sollten ihre Hoffnung nicht auf die Ehrenhaftigkeit des Königs von Preußen setzen. »Ich fürchte mich mehr vor den gewissenhaften preußischen Königen als vor den gewissenlosen; denn das Übel geschieht unter ihnen ebenso, der Unterschied besteht nur darin: vor den gewissenlosen ist jedermann auf der Hut und wappnet sich, aber die gewissenhaften flößen durch ihren Charakter ein Vertrauen ein, das ihre Taten nicht rechtfertigen, und darum sind sie die Gefährlichsten.«

Wahrlich eine scharfsinnige Voraussage! Aber um nach Beusts Vorschlägen zu handeln, dazu brauchte man Mut und Entschlossenheit, und die fehlten in Wien vollständig. Lieber tröstete man sich in Wien mit der Hoffnung, irgendwie und irgendwann werde man vielleicht doch noch zu einer Verständigung mit Bismarck kommen können. Immerhin konnte der Wiener Regierung nicht entgehen, daß es nicht in Österreichs Interesse lag, wenn das provisorische Kondominium ins Endlose verlängert wurde. Die Österreicher versuchten deshalb, zu einer endgültigen Regelung zu gelangen. Nach den Herzogtümern oder auch nur einem Teil davon trug Österreich kein Verlangen. Vielmehr wünschte es jetzt die Einsetzung des Herzogs von Augustenburg, dessen Thronfolgerecht es in London feierlich anerkannt hatte und der allein imstande war, die preußische Annexion zu verhindern. Biegeleben schrieb vorzügliche Noten, um Berlin zu einem Einlenken in diese Bahn zu bewegen. Er räumte dabei Preußen ausdrücklich das Recht ein, sowohl als Nachbar wie auf Grund der von ihm gebrachten Opfer eine privilegierte Stellung in den Herzogtümern zu beanspruchen. Bismarcks Taktik bestand darin, zunächst überhaupt nicht zu antworten. Schließlich, im Februar 1865, konnte er nicht umhin, sich zu äußern, aber seine Antwort fiel so aus, daß sie auch die schlimmsten Erwartungen sowohl des Wiener Hofes wie des Augustenburgers weit übertrafen. Seine Bedingungen für die Anerkennung des Herzogs waren derart, daß diesem nur eine rein formelle Stellung geblieben wäre. Alle wichtigen Funktionen würden in die Hände der preußischen Verwaltung gekommen sein. Bismarck scheute sich nicht, zum Kronprinzen zu sagen, er hätte diese Bedingungen absichtlich so gefaßt, damit weder Österreich noch der Prätendent sie annehmen konnten. Biegeleben rief bei der Lektüre der Note aus: »Lieber möchte ich als einfacher Bauer Kartoffeln pflanzen, als unter solchen Bedingungen Herzog von Schleswig-Holstein sein.«

Nun war es mit den Verhandlungen zwischen Wien und Berlin fast zu Ende. Bismarck verschärfte die Lage geflissentlich noch dadurch, daß er den ausgezeichneten Hafen Kiel in eine preußische Flottenstation umwandelte, wobei Roon noch im Abgeordnetenhaus erklärte, Preußen sei fest entschlossen, diesen Hafen unter allen Umständen zu behalten. Zugleich verlangte Bismarck von dem Wiener Hofe, er solle sich mit der Ausweisung des Augustenburgers aus den Herzogtümern einverstanden erklären. Natürlich lehnten die Österreicher dies ab, und Bismarck machte ihnen darauf amtlich den Vorwurf, sie seien es, welche die Grundlage des Bündnisses zerstört hätten.

So war Preußen auf dem Wege zur Annexion immer weiter vorgeschritten, ohne daß diese jedoch bisher das offizielle Ziel der preußischen Politik gewesen wäre. Denn König Wilhelm hatte sich noch nicht damit einverstanden erklärt. Er hatte immer noch einige

Gewissensbedenken wegen des Mangels irgendeines Rechtsgrundes für seine Ansprüche und wegen der besseren Rechte des Erbprinzen von Augustenburg. Bismarck durchschaute seinen Herrn gut genug, um die beiden Seelen zu erkennen, die in seiner Brust kämpften. Auf der einen Seite scheute er sich, etwas zu nehmen, das von Rechts wegen einem anderen Fürsten gehörte. Auf der anderen Seite begehrte er nach dem Besitz der Herzogtümer ebenso heftig wie König Ahab nach dem Besitz von Nabobs Weinberg. Sein höchster Wunsch war daher, von jenen Skrupeln befreit zu werden. Es war Bismarcks Aufgabe, ihm zu einem guten Gewissen zu verhelfen, und er war um den Weg dazu nicht verlegen. Er ersuchte die preußischen Kron-Syndici um ein Gutachten über die Frage des Thronfolgerechts in den Herzogtümern. Er wußte, er konnte sich darauf verlassen, daß diese Kron-Syndici dasjenige Gutachten abgeben würden, das für die preußische Krone so günstig wie irgend möglich war. Die Kron-Syndici waren eine Erfindung des Königs Friedrich Wilhelm IV. Als er das preußische Herrenhaus als ein Werkzeug des königlichen Beliebens und der Junkerinteressen schuf, behielt er der Krone das Recht vor, »durch besonderes königliches Vertrauen« einige Juristen als Kron-Syndici in das Herrenhaus zu berufen. Abgesehen von den kurzen Jahren der »Neuen Ära« waren die leitenden Posten in den Gerichtshöfen und der Staatsanwaltschaft immer nur mit unverfälschten Reaktionären besetzt worden. Aus ihnen wurden die Kron-Syndici ausgesucht. Sie repräsentierten gleichsam die konzentrierte Säure der preußischen Reaktion. Ihr Präsident war der Justizminister Graf Lippe, der verbohrteste Reaktionär, der in Preußen überhaupt zu finden war. Bismarcks Hoffnung wurde in der Tat nicht enttäuscht. Die Mehrheit der Syndici gab ein Gutachten ab, das für seine Zwecke vorzüglich paßte, wenn es auch von den unbefangenen Deutschen wie ein Hohn empfunden wurde. Die würdigen Herren erklärten, daß es immer nur *einen* rechtmäßigen Herzog von Schleswig und Holstein gegeben habe, nämlich den *König Christian von Dänemark.* Da dieser alle seine Rechte an den Kaiser von Österreich und den König von Preußen abgetreten hatte, folgte somit, daß diese beiden Monarchen alle Rechte des rechtmäßigen Herzogs besaßen. Quod erat demonstrandum.

Man kann nicht sagen, daß dies Gutachten außerhalb des Hofes auf irgend jemanden Eindruck gemacht hätte. Die unabhängigen Juristen zerrissen es mit sachverständigen Argumenten. Das deutsche Volk wollte davon ebensowenig etwas wissen wie die Bevölkerung der Herzogtümer. Diese hing nach wie vor treu an dem Augustenburger, und die Deutschen stimmten meist mit der Ansicht überein, die Heinrich von Gagern, der berühmte Präsident der Paulskirche von 1848, aussprach: »*Nur mit Ironie* werde man noch von dem Rechtssinn preußischer Könige und der Pflichttreue preußischer Richter sprechen können.« Aber das ließ Bismarck vollkommen kalt. Ihm kam es ja nur darauf an, daß der König über seine Gewissensbedenken hinweggebracht wurde. Jetzt konnte Wilhelm sich mit ruhigem Gewissen selbst überreden, daß er nichts begehrte, als worauf er ein Recht habe. Es war nur noch nötig, ihn gegen den Erbprinzen persönlich aufzubringen, damit er sich aller Verpflichtungen gegen ihn ledig fühlte – und auch das brachte Bismarck fertig.

9. Der Kronrat vom 29. Mai 1865 und die Verschärfung des Verfassungs-Konfliktes

Das Gutachten, das die Mehrheit der Kron-Syndici abgeben würde, war dem Justizminister, Grafen Lippe, bereits bekannt, als er mit den anderen Ministern am 29. Mai 1865 zu einem Kronrat um den König versammelt wurde. Außer den Ministern waren auch mehrere der wichtigsten Generäle, wie der Generalstabchef von Moltke, zugezogen. Denn es handelte sich um die große Frage, wie weit Preußen mit seinen Forderungen gehen sollte: sollte die Regierung auf den Februarbedingungen bestehen oder darüber hinaus die Annexion der Herzogtümer verlangen, selbst auf die Gefahr eines Krieges hin? Wenn es somit eine der wichtigsten Kronratsitzungen der Epoche war, so war es gleichzeitig auch eine der seltsamsten. Nicht nur das Protokoll der Sitzung liegt vor, sondern auch die Notizen, die Moltke sich während ihres Verlaufes gemacht hat. Trotzdem herrscht unter den Historikern die denkbar größte Meinungsverschiedenheit darüber, welche Politik Bismarck denn nun eigentlich in dieser Sitzung getrieben habe.

Nach einer meisterhaften Analyse der verschiedenen politischen Wege, die Preußen gehen könne, betonte Bismarck, daß es immer noch ein gutes Geschäft machen würde, selbst wenn es von den Februarbedingungen einiges ablassen sollte, wie z. B. den Fahneneid der schleswig-holsteinischen Truppen für den König von Preußen, an dem die Bevölkerung der Herzogtümer besonders heftigen Anstoß nahm. Über Preußens Aussichten im Kriegsfall sprach er sich zuversichtlich aus, kam aber dann trotzdem zu dem Schluß: Aller dieser Erwägungen ungeachtet, könne er nur dazu raten, den Versuch zur Erlangung der von ihm als unerläßlich bezeichneten Minimalbedingungen zu machen, und erst, wenn dieser Versuch gänzlich scheitern sollte, ein *höheres Ziel* ins Auge zu fassen. Und dann folgte der merkwürdige Satz: »Wollte S. M. sich nicht mit jenen Bedingungen begnügen, vielmehr die völlige Einverleibung der Herzogtümer durchsetzen, so müsse dies aus der eigenen, freien Entschließung des Königs hervorgehen.«

Alle übrigen Redner, besonders die Generäle, voran Edwin von Manteuffel und etwas vorsichtiger Moltke, sprachen sich für den Krieg aus. Nur der Kronprinz trat für das gute Recht des Augustenburgers und für eine friedliche Verständigung ein. Er warnte vor einem Kriege gegen Österreich und Süddeutschland und nannte ihn einen »deutschen Bürgerkrieg«. Gegen diese Bezeichnung protestierte Bismarck aufs Entschiedenste und sagte, wenn Krieg mit Österreich in Allianz mit Frankreich aus dem Wörterbuch der Diplomatie gestrichen würde, so sei keine preußische Politik mehr möglich. Wenn man aber zum Krieg gegen Österreich schreite, dann müsse er Preußen nicht nur die Einverleibung der Herzogtümer bringen, sondern auch ein staatsrechtliches Verhältnis der Mittel- und Kleinstaaten zu Preußen, wie der Kronprinz es als wünschenswert bezeichnet habe. Hier spricht Bismarck also zum ersten Male in der Gegenwart des Königs seinen Gedanken aus, daß Deutschland neugestaltet werden müsse durch »Blut und Eisen«.

Bismarcks Ausführungen in dieser Sitzung sind sehr verschieden ausgelegt worden, und sie sind in der Tat ziemlich rätselhaft. Aber die Auslegung muß abgelehnt werden, als ob Bismarck bereit gewesen wäre, nachzugeben und den Krieg mit Österreich durch preußische Zugeständnisse zu vermeiden. Was er wirklich vermeiden wollte, war nur ein Krieg in *diesem Augenblick,* bevor er nicht über die Haltung von Italien und Frankreich völlig im klaren war. An der Annexion der Herzogtümer hielt er nach wie vor fest, aber er hielt es für vorteilhafter, dieses Ziel auf einem Umweg zu erreichen, der Preußen in dem günstigen Licht desjenigen zu erscheinen erlaubte, der einem Kompromiß geneigt und Zugeständnisse zu gewähren bereit ist. Das würde es ihm später erleichtern, »die Rolle des Verletzten zu übernehmen«. Aber so fest er auf der Annexion beharrte, so war er sich doch darüber klar, daß auf dieser Basis allein ein Krieg gegen den bisherigen Bundesgenossen nicht unternommen werden konnte. Der Krieg mußte ein Ziel haben, das ihn in den Augen von Mit- und Nachwelt rechtfertigte. Dies höhere Ziel konnte nur die Einigung Deutschlands sein, und auf dies mußte der langsame Geist des mit einem Entschluß schwer ringenden Königs allmählich vorbereitet werden. Darum schob er Wilhelm die volle Verantwortlichkeit zu, und darum wollte er den Ausbruch des Krieges noch hinausschieben. Die dadurch gewonnene Zeit benutzte er dazu, den Krieg finanziell, diplomatisch und militärisch vorzubereiten und – den Konflikt in Schleswig-Holstein zu verschärfen.

Auch mit seinem Parlament sich zu verständigen, versuchte Bismarck nicht. Das wäre in jenem Zeitpunkt nicht allzu schwer gewesen. Gegen eine Regierung, die in einem Krieg siegreich war, ist die Opposition niemals leicht. Sie wurde für die preußischen Liberalen besonders schwer deswegen, weil die Politik, die sie vor dem Krieg vertreten hatten, jetzt bis zu einem gewissen Grade überholt war. Wie alle deutschen Liberalen waren sie für ein unabhängiges Schleswig-Holstein unter seinem eigenen Herzog, dem Augustenburger, eingetreten. Aber jetzt, nach dem Siege, fand der Gedanke der Annexion der Herzogtümer von Monat zu Monat mehr Anhänger im preußischen Volke. Die Vossische Zeitung z. B., das alte fortschrittliche Blatt der Gebildeten in Berlin, spendete Treitschke Beifall, als er für die Annexion mit der ihm eigenen Leidenschaft eintrat. Der alte Waldeck, der Führer des radikalen Flügels der Fortschrittspartei, der noch vom Jahre 1848 her großen Anhang im Volke hatte, sprach sich gegen einen neuen Mittelstaat und für die Einverleibung der Herzogtümer in Preußen aus. Mommsen, selbst ein Sohn Holsteins, schrieb eine Flugschrift, in der er seine Landsleute zu überzeugen versuchte, daß ihr Heil nur im Aufgehen in den größeren Staat liege. Andere Abgeordnete waren wenigstens für einen Vertrag der Herzogtümer mit Preußen, der diesem dauernd eine bevorzugte Stellung gab. Eine Lösung in dieser Richtung befürwortete Twesten im Juni 1865 im Abgeordnetenhaus. Er erkannte Bismarcks Außenpolitik mit Nachdruck an und machte sich einige ihrer Ziele zu eigen. Aber er betonte doch klar und deutlich den prinzipiellen Unterschied, der eine liberale Politik von der Bismarckschen Machtpolitik trennte. Wir sind keine Legitimisten, sagte er, und wissen, daß die fürstliche Legitimität, wie jedes wohlerworbene Recht, den dauernd notwendigen Interessen der Völker weichen muß. »Aber man soll solche Rechte, seien es Volksrechte, seien es Fürstenrechte, nicht als papierene Rechte brechen und verspotten in jedem beliebigen Augenblick, wenn einem solche Rechte unbequem sind.«

Die Meinungsverschiedenheit unter den Abgeordneten war so groß, daß die Opposition sich nicht mehr auf einen festen Kurs einigen konnte. Je ausgeprägter Bismarcks Überlegenheit war, desto geringer war seine Neigung, sich mit dem Abgeordnetenhaus über die große Frage zu einigen, in der es keine Konzession machen konnte, der Regierung ohne Budget. In diesem Punkte war allerdings der König gegen jedes Nachgeben. Jetzt, wo sein Heer siegreich gewesen war, sah er es wie ein absoluter Herrscher als seine rein persönliche Angelegenheit an, in die das Parlament ihm nicht hineinzureden hatte. In seinen Augen hatte das Parlament nur eine einzige Pflicht, nämlich ihm die Gelder zu bewilligen, die er als notwendig für die Armee erachtete. So war ein Kompromiß unerreichbar, und Bismarck fand es in dieser Lage richtig, nur noch ausfallender und aggressiver zu werden. So griff er den Bericht, den ein Ausschuß des Hauses über die Flottenfrage erstattet hatte, in den schärfsten und verletzendsten Ausdrücken an. Verfasser dieses Berichts war der große Pathologe Rudolph Virchow, eine der größten Zierden der medizinischen Wissenschaft des 19. Jahrhunderts. Als er Bismarck im gleichen Tone antwortete, forderte dieser ihn auf Pistolen, weil er seine Wahrheitsliebe in Zweifel gezogen habe. In diesem Punkte war er außerordentlich empfindlich, obwohl er sich im Privatgespräch über Politiker lustig machte, die nicht wüßten, daß Lügen zum politischen Handwerk gehörte.

Der Konflikt ging also in alter Schärfe weiter. Bismarck vermied nicht nur jeden Schritt, durch den er hätte gemildert werden können, er war bereit, zu drastischeren und gefährlicheren Mitteln zu greifen. Er sagte dem König, mit der Verfassung sei nicht zu regieren, eine durchgreifende Änderung, ein »Schlag« sei entweder in diesem oder dem nächsten Winter notwendig. Dieser »Schlag« konnte kaum etwas anderes sein als ein Staatsstreich.

10. Die internationale Lage

Gleichzeitig mehrten und verschärften sich in Schleswig-Holstein die Zusammenstöße zwischen der österreichischen und der preußischen Verwaltung von Tag zu Tag. Fast stets wurden die Österreicher in die Defensive gedrängt. Sie mußten den Eindruck haben, als ob die Preußen bewußt darauf ausgingen, ihre Stellung unhaltbar zu machen. Auch die Noten, die Bismarck nach Wien schickte, wurden immer schärfer und angreiferischer.

Bismarck beging nie den Fehler, die Stärke seines Gegners zu unterschätzen. Er war sich bewußt, daß Österreich trotz all seiner Schwierigkeiten militärisch immer noch eine bedeutende Macht war. Er mußte deshalb die internationale Lage sehr sorgfältig prüfen, ehe er einen Schritt tat, der nicht mehr zurückgenommen werden konnte. Von Rußland, das dem Habsburger Reich mit der größten Abneigung gegenüberstand, war nichts zu befürchten. Sehr viel aber hing von der Haltung ab, die Napoleon und das Königreich Italien einnehmen würden. Napoleon III. hatte in Italien großen Einfluß. Volk wie Regierung hatten guten Grund, ihm für die Hilfe dankbar zu sein, die er ihnen im Kriege gegen Österreich geleistet hatte. Aber ein großes und schweres Problem stand zwischen ihnen: die Römische Frage. Im Jahre 1849 hatte Napoleon als Präsident der Zweiten Republik französische Truppen gegen Garibaldi und die Römische Republik gesandt, um dem Papst Pius IX. zu Hilfe zu kommen. Garibaldi war nach glorreichem Widerstand unterlegen, und der Papst war nach Rom zurückgekehrt. Napoleon aber war seitdem nie in der Lage gewesen, seine Truppen zurückzuziehen. Nach der Gründung des Königreichs Italien war das noch weniger möglich als zuvor. Denn niemand zweifelte, daß die Italiener in Rom einmarschieren würden, sobald die französische Garnison abgezogen war. Das hätte das Ende der weltlichen Herrschaft des Papstes bedeutet. Napoleon war überzeugt, daß seine eigene Herrschaft in Frankreich zum großen Teil auf dem Klerus und der von ihm beeinflußten Bevölkerung beruhte und daß sein Thron in Gefahr geraten würde, wenn er den Zusammenbruch der päpstlichen Herrschaft zuließe. Er glaubte daher unter allen Umständen dafür sorgen zu müssen, daß diese erhalten blieb. Andererseits wünschte er ebenso dringend, seine Truppen so schnell wie möglich aus Rom zurückzuziehen. Deshalb schloß er im September 1864 mit dem Königreich Italien einen Vertrag ab, in dem dieses sich verpflichtete, das Gebiet des Kirchenstaates niemals anzugreifen und es sogar gegen jeden Angriff zu verteidigen. Um zu zeigen, daß ihm alle Absichten auf Rom fern lagen, mußte Italien sich überdies verpflichten, seine Hauptstadt von Turin nach Florenz zu verlegen. Dagegen verpflichtete Napoleon sich, binnen zwei Jahren nach dieser Verlegung der Hauptstadt seine Soldaten aus Rom abzuberufen. Der Wechsel der Hauptstadt wurde auch vertragsgemäß einige Monate nach Vertragsschluß durchgeführt. Aber davon, daß das italienische Volk nun auch innerlich auf Rom verzichtet hätte, konnte natürlich keine Rede sein. Auf der anderen Seite bewies der Papst durch seine Encyclica »Quanta cura« und den Syllabus Errorum (Dezember 1864), daß er es ablehnte, der modernen Entwicklung auch nur die kleinsten Zugeständnisse zu machen.

Der Wiener Hof sah diese Entwicklung mit mißtrauischen Augen an. Würde sich Italien nicht vielleicht, wenn ihm der Weg nach Rom versperrt war, gegen Venedig wenden? Hätte Österreich auf preußische Unterstützung gegen einen italienischen Angriff rechnen können, so wäre es zu bedeutenden Zugeständnissen an anderen Stellen bereit gewesen. Aber man konnte jetzt in Wien nicht mehr daran zweifeln, daß Bismarck eine solche Unterstützung unbedingt ablehnte. Die Hofburg wandte sich deshalb nach Paris und suchte gute Beziehungen mit Napoleon dadurch herzustellen, daß sie das gemeinsame Interesse beider Höfe an der Aufrechterhaltung der weltlichen Herrschaft des Papstes betonte. Solche Verhandlungen waren Bismarck unwillkommen. Seine Politik zielte darauf ab, daß der Weg nach Paris nur ihm selbst freistehen sollte. Da er gegen den preußischen Botschafter in Paris, den Grafen Goltz, Mißtrauen hegte, pflegte er um so mehr die Beziehungen zu dem französischen Botschafter in Berlin, Benedetti. Es ist derselbe Benedetti, dessen Unterhaltung mit König Wilhelm auf der Kurpromenade in Ems im Juli 1870 lange Zeit in Deutschland als die Ursache des Deutsch-Französischen Krieges angesehen wurde. In jenen Jahren aber stand er zu Bismarck in den engsten und freundlichsten Beziehungen. Bismarck ließ ihn zu sich kommen, selbst wenn er auf dem Krankenbette lag, und er ging ihm gegenüber in seinen Indiskretionen, z. B. über König und Kronprinz, noch weiter als gegenüber anderen Personen, und das will viel sagen. Benedetti war in der Tat ein Freund guter Beziehungen zwischen Frankreich und Preußen, und er gab sich alle Mühe, seinem Kaiser gegenüber Bismarcks Standpunkt zu vertreten.

Napoleons auswärtige Politik war damals der Gegenstand lebhafter Kritik im Corps Législatif, dem französischen Parlament. Die Kritik fand um so mehr Echo, als bereits ziemlich klar war, daß Napoleons unglückselige Expedition nach Mexiko zu einem Fiasko führen mußte. Der schärfste und gewichtigste Kritiker war Adolphe Thiers, der frühere Minister Louis Philippes und später der erste Präsident der Dritten Republik. Er richtete seinen Angriff auf den Zentralpunkt der napoleonischen Politik, die Nationalitätenlehre. Er suchte nachzuweisen, daß es durchaus dem Interesse Frankreichs zuwiderlaufe, die Einigung Deutschlands und Italiens zu fördern. Er sagte voraus, daß einmal eine Zeit kommen werde, wo Deutsche und Italiener ein Bündnis schließen würden, dessen Opfer Frankreich sein würde.

Napoleon hielt aber trotz aller Kritik an der Richtung seiner Politik fest. Nach Thiers' Aufsehen erregender Rede wurde Benedetti beauftragt, Bismarck zu ersuchen, er möge offen sagen, was er von Napoleon erwarte und was er ihm dafür biete. Das war ein kaum verhülltes Bündnisangebot. Aber Bismarck ging nicht darauf ein. Diese Haltung legte Benedetti dahin aus, daß Bismarck wisse, sein König sei nicht zu den Opfern bereit, die der Beistand Frankreichs ihn kosten würde. Dabei dachte er natürlich an das linke Rheinufer.

Um Italien für sich zu gewinnen, nutzte Bismarck den Einfluß Preußens im Zollverein dazu aus, die Mittelstaaten zum Abschluß günstiger Handelsverträge mit Italien zu veranlassen. Darin sahen die Österreicher eine unfreundliche Handlung, da Italien für sie der Feind war. Noch immer hatte die Habsburg-Monarchie das Königreich Italien nicht amtlich anerkannt. Aber das war nicht die einzige Schwierigkeit, mit der die Monarchie zu kämpfen hatte. Auch im Innern sah es unbefriedigend aus. Schmerlings Verfassung funktionierte nur in einem Teil der Monarchie. Die größten Schwierigkeiten machten die Ungarn. Sie lehnten es ab, das gemeinsame Parlament, den Reichsrat, zu beschicken. Da Schmerling mit diesem Problem nicht fertig werden konnte, verlor er das Vertrauen des Kaisers und wurde entlassen. Zu seinem Nachfolger ernannte Franz Joseph ein Mitglied der alten konservativen Aristokratie, den Grafen Belcredi, von dem man mit Recht annahm, daß er ein Feind des Konstitutionalismus überhaupt und besonders der Führerstellung der Deutschen in der Monarchie war. Auch das mußte dazu beitragen, Österreichs Stellung in Deutschland zu schwächen.

Das war die Situation, in der Bismarck im Sommer 1865 daran ging, gegen Österreich einen scharfen diplomatischen Feldzug zu eröffnen und seine Stellung in den Herzogtümern noch rücksichtsloser anzugreifen. Er verlangte von den Österreichern nicht nur die Zustimmung zur Ausweisung des Augustenburgers, sondern gab ihnen zu verstehen, daß er den Prinzen von seinen Soldaten verhaften und in eine preußische Festung abführen lassen würde. Um ihnen vor Augen zu führen, wessen er fähig sei, ließ er, ohne die Österreicher auch nur zu verständigen, den Redakteur einer holsteinischen Zeitung, der zufällig preußischer Staatsbürger war, arretieren und als Gefangenen auf eine preußische Festung bringen. Dieser brutale Angriff auf die Freiheit der Presse wurde in ganz Deutschland mit einem Aufschrei der Entrüstung beantwortet. Aber Bismarck kümmerte sich darum ebensowenig wie um den Protest der österreichischen Verwaltung in den Herzogtümern.

Die diplomatische Kampagne erreichte ihren Höhepunkt im Juli 1865. Bismarck befand sich damals in Karlsbad, auf österreichischem Boden, zur Kur. Von dort sandte er nach Wien vier Noten, die Vorwurf über Vorwurf enthielten und in denen er ankündigte, wenn Österreich seine Vorschläge ablehnen sollte, so würde er die nötigen Maßnahmen einseitig ergreifen und sie *auf jede Gefahr hin* durchführen. Die Lage war jetzt so ernst, daß der Minister Graf Eulenburg es für seine Pflicht hielt, den Kronprinzen dahin zu informieren, daß der Bruch mit Österreich näher sein könne, als irgend jemand glaube. Der Kronprinz, der sich in einem Badeort an der Nordsee befand, drang in seinen Vater, er möchte zu einer Verständigung sowohl mit dem Kaiser von Österreich wie mit dem Herzog von Augustenburg kommen. In Abwesenheit des Kronprinzen hielt der König in Regensburg in Bayern einen Kronrat ab, zu dem auch der Botschafter in Paris Graf Goltz hinzugezogen wurde. Goltz berichtet, Bismarck habe in Gegenwart von Roon gesagt, der Krieg mit Österreich sei jetzt nur noch eine Frage der Zeit und der gegenwärtige Augenblick sei der günstigste. Das Ergebnis des Kronrats war eine kurz und aggressiv gehaltene Note an Österreich, in der erklärt wurde, Preußen würde jede weitere Verhandlung ablehnen, solange seine Forderungen nicht von der Hofburg angenommen seien.

Ehe diese Note in Wien angelangt war, hatte Graf Mensdorff durch den preußischen Botschafter in Wien bei Bismarck anfragen lassen, ob sein König bereit sei, einen Vertrauensmann des Kaisers zu empfangen, der einen letzten Versuch der Verständigung machen wolle. Bismarck hatte sich einverstanden erklärt. Die Regensburger Note machte Mensdorff zweifelhaft, ob die Zeit für eine vertrauliche Aussprache nicht vielleicht schon vorüber sei. Aber Bismarck ließ ihm sagen, er sei gleichwohl bereit, seinen Beauftragten zu empfangen. Obwohl er vor einem Bruch nicht zurückschreckte, wollte er doch nicht derjenige sein, der die Tür ins Schloß warf, solange nicht jede andere Möglichkeit ausprobiert war. Das ist bezeichnend für seine Methode. Er hielt sich jede Tür offen, solange es irgend möglich war.

11. Die Konvention von Gastein

Bismarck und König Wilhelm hielten sich damals zur Kur in Gastein auf. Dorthin begab sich der Vertrauensmann der Hofburg, der österreichische Gesandte in München Graf Blome. Es wäre schwer gewesen, jemanden ausfindig zu machen, der für diese Aufgabe schlechter geeignet gewesen wäre. Blome war ein extremer Konservativer, der über Schmerlings Sturz glücklich war, und ein römisch-katholischer Konvertit, der glaubte, die Regierungen hätten keine höhere Pflicht, als ihre ganzen Kräfte in den Dienst der Ideen zu stellen, die der Papst in seiner Encyclica von 1864 verkündet hatte. Der deutschen Nationalbewegung stand er verständnislos und dem Prinzen von Augustenburg feindlich gegenüber. Bismarck schätzte er dagegen hoch als einen konservativen Staatsmann, ja als den ersten Vorkämpfer der gemeinsamen konservativen Sache gegen die drohende Revolution. Auf die Schlagworte, die Bismarck ihm mit seiner ganzen Virtuosität vorsetzte, fiel er mit einer Leichtigkeit hinein, die alles übertraf, was er je bei einem Verhandlungsgegner erlebt hatte. Dank seiner geistigen Überlegenheit und unvergleichlichen Geschicklichkeit war Bismarck in persönlichen Verhandlungen ohnehin jedem Partner gewachsen. Aber so leicht wie Blome hat es ihm selten jemand gemacht.

Das Ergebnis dieser Verhandlungen war die Konvention von Gastein (14. August 1865). Sie machte dem österreichisch-preußischen Kondominium in den Herzogtümern ein Ende, indem es sie unter die beiden Mächte aufteilte. Österreich erhielt die Verwaltung des südlichen Herzogtums Holstein, Preußen die des nördlichen, Schleswig. Das kleine Herzogtum Lauenburg wurde dem König von Preußen gegen eine bare Zahlung an den Kaiser von Österreich überlassen. Die Befestigung von Kiel wurde Preußen anvertraut, obwohl es in Holstein liegt. Durch diese Aufteilung erhielt Österreich einen Besitz, der auf beiden Seiten von einem Territorium begrenzt wurde, das Preußen entweder gehörte oder unter seiner Verwaltung stand.

Die Konvention wurde auf allen Seiten mit Entrüstung verurteilt. Das deutsche Volk sah in ihr die frivole Verletzung desjenigen Grundsatzes, auf den sich nicht nur Deutschland, sondern auch Österreich und Preußen seit dem Beginn der Schleswig-Holstein-Frage gestützt hatten, daß die beiden Herzogtümer »up ewig ungedeelt« bleiben sollten. Der englische Außenminister Lord Russell kritisierte die Konvention aufs schärfste in einer Note, in der es hieß: »Diese Konvention tritt alle Rechte, alte sowie neue, mit Füßen. Die einzige Kraft, die sie anerkennt, ist die Autorität der Gewalt.« Ebenso scharf schrieb der französische Minister Drouyn de l'Huys: »Wir bedauern feststellen zu müssen, daß die Konvention keine andere Grundlage hat als die Gewalt, und keine andere Rechtfertigung als den Nutzen der Teilungsmächte. Das ist ein Verfahren, das in dem heutigen Europa ungewöhnlich geworden war und für das Vorbilder nur in den dunkelsten Epochen der Geschichte gefunden werden können.« Königin Victoria war außer sich, und Lord Clarendon nannte die Annexion der Herzogtümer, die jetzt unvermeidlich geworden sei, die schändlichste Aktion seit der Teilung Polens. Aber er fügte hinzu, König Bismarck I. sei unter 40 Millionen Deutschen der einzige Mann, der ein festes Ziel vor Augen habe und zugleich den Willen, es zu erreichen. Selbst die preußischen Diplomaten waren empört. Der preußische Botschafter in Paris, Graf Goltz, schrieb an den preußischen Botschafter in London, Graf Bernstorff: »Die Gasteiner Konvention weist uns fortgesetzt auf den Weg der List, der Gewalt und des Rechtsbruchs hin.«

Diese Vorwürfe trafen beide Vertragspartner in gleichem Maße, aber vom politischen Standpunkt war zweifellos Preußen der Gewinner und Österreich der Verlierer. Den meisten Beurteilern war es vollkommen unverständlich, was Österreich überhaupt bewogen haben könnte, einen so ungünstigen Vertrag abzuschließen. Der bayerische Ministerpräsident von der Pfordten rief aus: »Wenn ich jemals etwas zu verhandeln habe, werde ich glücklich sein, wenn Bismarck meine Vollmacht annimmt.« Preußen, das seine Politik auf Gewalt aufbaute, konnte es sich leisten, Grundsätze und Verträge zu brechen. Österreich, dessen Existenz geradezu von Verträgen abhing und dessen Politik letzten Endes auf dem konservativen Prinzip der Aufrechterhaltung des Rechts aufgebaut war, konnte es nicht. Preußen trieb mit dem Deutschen Bund ganz offen ein grausames Spiel, aber Österreich war nicht nur die Präsidialmacht des Bundes, seine Stellung in Deutschland hing von dem Vertrauen der deutschen Regierungen ab, und diese waren durch die Konvention schwer gekränkt. Wenn Österreich für alle diese Nachteile wenigstens den Vorteil eingetauscht hätte, daß die Schleswig-Holstein-Frage nun endgültig erledigt und Holstein sein definitiver Besitz geworden war! Aber davon konnte keine Rede sein. Zu ängstlich, um im Brechen der Verträge bis ans Ende zu gehen, hatte der Wiener Hof den unverzeihlichen Fehler gemacht, seinerseits vorzuschlagen, daß die Teilung der Herzogtümer nicht endgültig, sondern nur provisorisch sein solle. Dadurch gab es Bismarck die Handhabe, die Frage bei jeder ihm passenden Gelegenheit wieder aufs neue aufzurollen und der österreichischen Verwaltung in Holstein Schwierigkeiten und Unruhe zu bereiten. Aber was kann man Gescheiteres von einem Monarchen wie dem Kaiser Franz Joseph erwarten, der es fertigbrachte, Bismarck um *seine* Ansicht zu fragen, ob *er* glaube, daß der Vertrag vorteilhaft für Österreich sei. Quem deus perdere vult prius dementat.

B. BIS ZUM PRAGER FRIEDEN

1. Biarritz 1865

Bismarck ging sofort an die Verwirklichung seiner Pläne.

Während der Verhandlungen in Gastein hatte er sich die größte Mühe gegeben, Italien zu einem Bündnis zu bewegen und auf Napoleon einzuwirken, daß er dies Projekt begünstigte. In beiden Richtungen hatte er einen Mißerfolg. Sowohl Napoleon wie der italienische

Ministerpräsident La Marmora spielten nämlich dasselbe Spiel wie Bismarck. Jeder wollte warten, bis der andere einen Schritt getan hatte, der ihn dauernd festlegte. Besonders die Italiener wollten sich nicht eher vorwagen, ehe sie nicht absolut sicher waren, daß Preußen sich nicht etwa noch auf ihre Kosten mit Österreich verständigen konnte. La Marmora war daher höchst empört, als Bismarck die Konvention von Gastein abschloß, nachdem er ihm unmittelbar vorher hatte versichern lassen, eine Verständigung mit Österreich sei vollständig ausgeschlossen.

Bismarck versuchte jetzt, den Italienern sich auf indirektem Weg, d. h. über Napoleon, zu nähern. Allerdings fühlte er sich durch die scharfe Note, in der Drouyn de l'Huys die Gasteiner Konvention verurteilt hatte, schwer verletzt. Aber er erfuhr bald, daß der Kaiser durchaus nicht wünschte, dieser Note, obwohl er sie selbst angeregt hatte, praktische Folge zu geben, ja, daß er jetzt fürchtete, sie würde Preußen und Österreich zu einer gemeinsamen anti-französischen Politik zusammenbringen. Napoleon war daher ganz bereit, sich mit Bismarck auszusprechen, als dieser im Oktober 1865, einige Wochen nach dem Abschluß der Konvention, in Biarritz erschien, wo auch der Kaiser zu seiner Erholung weilte. Bismarck war jetzt Graf; dazu hatte ihn sein dankbarer König nach seinem großen Erfolge in Gastein ernannt.

Seine Unterredungen mit dem Kaiser (4. und 11. Oktober) hatte Bismarck sorgfältig durch einige deutliche Winke vorbereitet, die er dem Vertreter Benedettis, dem französischen Geschäftsträger in Berlin, gegeben hatte. Es war Lefèbvre de Béhain, der in späteren Jahren Botschafter der Dritten Republik beim Vatikan wurde. Diesem jungen Diplomaten sagte Bismarck nicht nur, daß die Konvention keine geheimen Klauseln gegen Frankreich enthielte – was der Wahrheit entsprach –, sondern er betonte auch nachdrücklich, daß es sich um eine provisorische Abmachung handle, deren Text so zweideutig sei, daß es ihm leichtfallen würde, Österreich in neue Streitigkeiten zu verwikkeln. Aber das war nur die Einleitung. Er setzte nämlich Lefèbvre weiter auseinander, daß er keine Einwendungen erheben würde, wenn Frankreich sein Gebiet und seinen Einfluß auf diejenigen Bezirke ausdehnen wolle, die ihm durch die Verwandtschaft der Rasse und der Sprache nahe ständen. Damit war offenbar *Belgien* gemeint, dessen Erwerb Napoleon nach der allgemeinen Ansicht lebhaft wünschte. Aber selbst hiermit begnügte Bismarck sich nicht. Er gab Lefèbvre sogar zu verstehen, daß auch ein Erwerb *deutschen Gebiets* durch den Kaiser möglich sein würde, wenn Preußen erst einmal Österreich und die süddeutschen Staaten besiegt haben würde. Lefèbvre war durch diese überraschenden Eröffnungen so frappiert, daß er Bismarck fragte, ob er dies nach Paris berichten dürfe. Bismarck bejahte das rundweg und ohne Zögern. Denn es war ja Napoleon, an den diese Winke adressiert waren.

Unmittelbar vor Bismarcks Abreise nach Biarritz kam Lefèbvre noch einmal auf die Frage zurück, und diesmal wurde Bismarck noch deutlicher. Er zeigte ihm auf der Landkarte von Schleswig-Holstein die Grenze, mit der Preußen sich zufrieden geben würde: sie überließ Nord-Schleswig, in dem die Dänen überwogen, dem Königreich Dänemark. Sie entsprach also den Wünschen Napoleons und seinem Nationalitätenprinzip. Aber, fügte Bismarck hinzu, die Ausführung dieses Programms sei nur mit der Unterstützung des französischen Kaisers möglich, der dann seinerseits berechtigt sein würde, seine Herrschaft überall dort auszudehnen, *wo man französisch spricht.* Also wieder: Belgien. Das war der Köder, den der preußische Ministerpräsident dem französischen Kaiser hinhielt.

Aber Napoleon biß nicht an. Was er und Bismarck bei ihren Unterhaltungen in Biarritz gesagt haben, ist nicht genau bekannt geworden. Aber es ist ziemlich sicher, daß Napoleon seinerseits nicht das Gespräch auf Belgien brachte, so daß Bismarck daher außerstande war, selbst davon zu reden. Diese Zurückhaltung des Kaisers erklärt sich wahrscheinlich daraus, daß er einer Entscheidung aus dem Wege zu gehen wünschte. Seine Fähigkeit und Neigung dazu war nie sehr groß. Aber diese Schwäche hatte noch erheblich zugenommen seit der schweren Krankheit, an der er im Frühling dieses Jahres gelitten hatte: es ist das Steinleiden, an dem er schließlich gestorben ist.

So war die Entrevue von Biarritz für Bismarck ziemlich enttäuschend verlaufen. Aber es war nicht seine Art, sich dadurch von seinem Ziel abschrecken zu lassen. Auf der Heimreise hatte er in Paris eine Aussprache mit dem sehr einflußreichen italienischen Botschafter Nigra, dem er geradezu sagte, der Krieg gegen Österreich sei nicht zu vermeiden, und er möge dafür sorgen, daß Preußen und Italien ihn als Bundesgenossen führten. Kaum war er wieder in Berlin angelangt, als er auch schon begann, die Österreicher mit neuen Noten, Vorwürfen und Forderungen zu quälen. Außerdem gab er dem General Manteuffel, der jetzt in Schleswig als General-Gouverneur kommandierte, den Auftrag, den österreichischen Gouverneur von Holstein, General von Gablenz, fortgesetzt zu behelligen. Was er vorhatte, geht aus einer Notiz in den Akten hervor, in der es heißt: »Einstweilen faire le mort und tun, als wären wir sehr zufrieden mit dem Provisorium. Dabei fortzusetzende Beschwerden in Wien über die österreichische Verwaltung in Holstein und Offenhaltung solcher griefs gegen Österreich, die unter Umständen *schärferer Entwicklung fähig wären.«* So gingen seine Gedanken und Pläne bereits jetzt, wenige Monate nach dem Abschluß der Gasteiner Konvention, auf den Krieg gegen seinen Bundesgenossen aus. Ende Januar 1866 hatte er es durch diese Politik der unaufhörlichen Reizungen so weit gebracht, daß der österreichischen Regierung die Geduld riß und sie ihm eine scharfe Note sandte. Bismarck nahm sie zum Anlaß, um Benedetti zu erklären, jetzt werde er den Wienern überhaupt nicht mehr antworten; für ihn sei es mit der Intimität zwischen Berlin und Wien zu Ende. Es war nur noch die Frage, wann die Gelegenheit sich bieten würde, die er zum offenen Bruch ausnutzen konnte.

2. Weitere Verschärfung des Verfassungs-Konfliktes und der Kronrat vom 28. Februar 1866

Zu derselben Zeit, in der sich so die auswärtige Lage zuspitzte, unternahm Bismarck auch einen neuen Angriff auf die preußische Verfassung. Die Freiheit der parlamentarischen Rede war eines der konstitutionellen Grundrechte, welche die preußische Verfassung ausdrücklich gewährleistete. Sie verbot in klaren Worten jede strafrechtliche Verfolgung eines Abgeordneten wegen seiner in der Kammer ausgesprochenen Meinungen (Artikel 84). Trotzdem ließen Bismarck und sein Justizminister, der berüchtigte Graf Lippe, gegen Twesten die Anklage erheben, er habe durch eine Rede im Abgeordnetenhaus die preußischen Justizbehörden beleidigt. Twesten war sicherlich weder ein Radikaler noch ein Demagoge; er war ein guter preußischer Patriot von gemäßigten, aber festen Grundsätzen. Er war selbst preußischer Richter, und seine Kritik der Rechtspflege war deshalb um so wirksamer: für Bismarck und Lippe ein Grund mehr, ihn zu beseitigen.

Die Gerichtshöfe, vor welche die Anklage gegen Twesten kam, lehnten die Eröffnung des Verfahrens als verfassungswidrig ab. Aber der oberste Gerichtshof des Landes, das Obertribunal, das Lippe durch Heranziehung von Hilfsrichtern seinem Willen gefügig gemacht hatte, bejahte im Januar 1866 die Zulässigkeit der Anklage in einer Entscheidung, welche die Verfassung durch sophistische Auslegung beseite schob. Diese Entscheidung ist eins der schwärzesten Blätter in der Geschichte der preußischen Justiz. Twesten sagte kein Wort zuviel, wenn er im Abgeordnetenhaus dem Grafen Lippe die Worte entgegenschleuderte: »Mögen Sie Ihre Richter mit allen Orden des preußischen Staates behängen, Ihre Sterne decken die Wunde nicht, die diese Männer ihrer Ehre vor Mit- und Nachwelt geschlagen haben; leider aber nicht nur ihrer Ehre, sondern auch der Ehre ihres Vaterlandes.« Eduard Simson, den Bismarck später zum ersten Präsidenten des Deutschen Reichsgerichts machte, charakterisierte die Haltung des Ministeriums in den schneidenden Worten: »Die Herren können nicht regieren mit einer freien Presse; sie können nicht regieren ohne Einfluß auf die Zusammensetzung der Gerichte, und sollte dadurch das Ansehen der Justiz in diesem Lande untergraben werden. Sie können nicht regieren mit einer freien Kommunalverwaltung, sie können auch schließlich nicht regieren mit einem Haus, in dem die Rede frei walte! Daß man, um die Sache noch ein Weilchen in Gang zu halten, für ein Quäntchen Gegenwart unersetzliche Zentner von Zukunft vergeudet, das will in meinen armen Sinn nicht hinein.«

Die Debatte des Abgeordnetenhauses war eine moralische Hinrichtung der Regierung, und die öffentliche Meinung war mit ihm vollständig in Einklang. Benedetti schrieb nach Paris, das Land sei so aufgeregt wie noch nie, und Karolyi sagte, Bismarcks Regierung sei in der Innenpolitik am Ende ihres Lateins. Beide vermuteten, Bismarck würde den Versuch machen, sich aus dieser innenpolitischen Sackgasse durch seine auswärtige Politik hinauszuwinden.

So war die Lage am 28. Februar 1866, als wieder ein Kronrat unter dem Vorsitz des Königs zusammentrat, um über Preußens künftige Politik zu entscheiden. Daß es sich um eine Beratung von besonderer Bedeutung handelte, ließ schon die Liste der Teilnehmer erkennen. Außer den Ministern war nicht nur der Kronprinz anwesend, sondern auch der Botschafter in Paris Graf Goltz und die hervorragendsten Generäle: der Generalstabschef von Moltke, der General-Gouverneur von Schleswig, Edwin von Manteuffel, und der erste militärische Ratgeber des Königs, von Alvensleben. Es ging um die Frage, ob Preußen den Weg des Friedens oder des Krieges beschreiten solle.

Bismarck bezeichnete den Krieg als unvermeidlich und beantragte, daß der König ihn ermächtigen möge, einen Sondergesandten nach Florenz zu schicken, um ein *Bündnis mit Italien* abzuschließen und den Versuch zu machen, von Napoleon gewisse Zusagen zu erhalten, besonders für den Fall, »daß der Kampfpreis ein größerer werden sollte als der Besitz der Herzogtümer«. Sich ausführlicher über dies höhere Ziel zu verbreiten hielt Bismarck offenbar nicht für zweckmäßig, aber es kann kein Zweifel sein, daß er an die neue größere Stellung dachte, die Preußen künftig in Deutschland einnehmen sollte. So ungefähr muß es auch der König verstanden haben, denn er betonte seinerseits, daß die preußische Politik niemals dahin gerichtet sein dürfe, *deutsche Fürsten zu entthronen.* Der einzige, der gegen Bismarcks Politik offen Widerspruch erhob, war der Kronprinz, der es sich nicht nehmen ließ, seine Warnung vor einem »Bruderkrieg« zu wiederholen. Aber er war abermals völlig isoliert. Moltke trat nachdrücklich für das Bündnis mit Italien ein, das für den militärischen Erfolg unentbehrlich sei. Der König erteilte Bismarck die beantragte Vollmacht. Von diesem Augenblick an war der Krieg tatsächlich unvermeidlich und unentrinnbar.

Aus der Debatte muß noch ein Punkt erwähnt werden. Graf Eulenburg, der Minister des Innern, begründete sein Votum für den Krieg mit dem Argument, daß er einen Ausweg aus den Verfassungsschwierigkeiten bieten würde. Aber Bismarck wies dies ausdrücklich zurück: eine solche Erwägung könnte niemals einen Krieg rechtfertigen. Das stimmt mit einem Satz überein, den er kurz vorher im Abgeordnetenhaus ausgesprochen hatte: »Mir sind die auswärtigen Dinge an sich Zweck und stehen mir höher als die übrigen.«

3. Das Bündnis mit Italien vom 8. April 1866

Die Ermächtigung des Königs, über ein Bündnis mit Italien zu verhandeln, war für Bismarck von entscheidender Bedeutung. Seit langem hatte er unausgesetzt daran gearbeitet, die italienische Regierung auf seine Seite zu ziehen. Aber der Abschluß der Gasteiner Konvention in demselben Augenblick, in dem Usedom, der preußische Botschafter in Florenz, versichert hatte, eine Verständigung mit Österreich sei ausgeschlossen, hatte den italienischen Ministerpräsidenten La Marmora derart vor den Kopf gestoßen, daß er es ablehnte, mit dem doppelzüngigen preußischen Ministerpräsidenten weiter zu verhandeln. Er zog es vor, den Versuch einer Verständigung mit Italiens altem Feind Österreich zu machen. Ein italienischer Adliger, Malaguzzi, der von früher her ausgezeichnete Verbindungen in Wien hatte, wurde dorthin geschickt, um dem Kaiser Franz Joseph vorzuschlagen, er solle Venetien gegen die Zahlung von mehreren Millionen Gulden an das Königreich Italien abtreten. Aber der Kaiser sah diese Frage nicht vom Standpunkt der Realpolitik, sondern von dem des Prestiges an. Er war der Repräsentant der ältesten Dynastie Europas und hielt es als solcher unter seiner Würde, ein Land zu verschachern, das er von seinen Vorfahren übernommen hatte. Auch warnten ihn seine klerikalen Ratgeber dringlich vor jedem Abkommen mit dem Feinde des Papstes. So fiel die Sache ins Wasser, und La Marmora blieb nichts anderes übrig, als sich wieder Preußen zuzuwenden.

Bismarck hatte Usedom immer und immer wieder angetrieben, er solle La Marmora zu einem Bündnis mit Preußen bringen. Dies war für ihn so wichtig, daß er Usedom, obwohl er ihn nicht leiden konnte, von seinen geheimen Gedanken mehr verriet, als er es sonst zu tun pflegte. In einem Erlaß vom Januar 1866 enthüllte er ihm seine Absicht, »sich auf die tiefere nationale Basis zurückzuziehen und die in derselben vorhandenen Kräfte mit uns zu verbinden«. So wiederholte er hier denselben Gedanken, mit dem er 1859 seinen liberalen Freund Unruh überrascht hatte. (S. 38). Mochte er die konservativen Schlagworte noch so virtuos handhaben und den preußischen Liberalismus noch so heftig angreifen, so hatte er doch nicht vergessen, was er in Frankfurt gelernt hatte.

Als Bismarck im Kronrat die offizielle Ermächtigung zu Verhandlungen mit Italien beantragte, wußte er schon, daß er auf La Marmoras Verhandlungsbereitschaft rechnen konnte. Usedom hatte ihm am 24. Februar telegrafiert, daß König Victor Emanuel und sein Minister preußische Vorschläge für ein Bündnis zum Kriege gegen Österreich erwarteten. Bismarck beabsichtigte, als Sondergesandten den Generalstabschef von Moltke nach Florenz zu schicken. Er setzte für ihn am 12. März eine Instruktion auf, die schlechthin meisterhaft ist. Als sein Ziel bezeichnet er hier den Abschluß eines Bündnisses mit Italien, das dieses verpflichten solle, Preußen im Falle eines Krieges Gefolgschaft zu leisten, das aber Preußen nicht verpflichten sollte, Österreich den Krieg zu erklären. Das Bündnis sollte also den Charakter einer einseitigen Verpflichtung Italiens haben. Auch jetzt noch wollte Bismarck sich beide Wege, den des Krieges und den der friedlichen Verständigung, bis zum letzten Augenblick offenhalten. Das sollte den Italienern natürlich nicht gesagt werden. Aber Bismarck gab Moltke ausdrücklich den Auftrag: »das höhere Ziel unseres Ehrgeizes von Haus aus mitzuteilen«. Es heißt in der Instruktion weiter: »Wir erstreben wenigstens in Norddeutschland diejenige Stellung, welche durch die Reichsverfassung von 1849 der deutschen Zentralgewalt zugedacht war.« Diese Verfassung war das Werk des revolutionären Parlaments in der Paulskirche, und Bismarck hatte sie in seiner Rede in der preußischen Kammer als »konstituierte Anarchie« gebrandmarkt (S. 25). Jetzt aber schrieb er: »Wir sehen diese Reichsverfassung in militärischer und politischer Beziehung als den Ausdruck eines natürlichen Bedürfnisses der Nation an, während ihre übrigen Bestandteile von den Parteitendenzen eingegeben oder infiziert sind.« Welch langen Weg hatte er seit seinen contre-revolutionären Tagen zurückgelegt!

Aus Moltkes Reise nach Florenz wurde schließlich nichts, weil ein italienischer Sondergesandter, General Govone, im März nach Berlin kam. Govone hat über seine Verhandlungen mit Bismarck Berichte nach Florenz geschickt, die außerordentlich lesenswert sind, weil sie einen Einblick in Bismarcks Methode geben. Die Verhandlungen verliefen durchaus nicht glatt. Beide Parteien waren gegeneinander voll Mißtrauen. Die Italiener hatten Bismarck im Verdacht, seine ganze Absicht sei, von ihnen etwas Schriftliches in die Hände zu bekommen, das er in Wien vorzeigen könnte, um die Österreicher zum Nachgeben zu bringen. Nach der ersten Unterredung schrieb Govone an La Marmora, er wolle versuchen, Bismarck zu überlisten »et la vipère aura mordu le charlatan«. Sein Mißtrauen konnte sich nur noch steigern, als König Wilhelm unter allerlei Vorwänden ablehnte, ihn zu empfangen. Der wahre Grund war, daß der König, wie so oft, zu keinem Entschluß kommen konnte. Trotz all dieser Hindernisse kamen die Verhandlungen zum Ziel, und ein Bündnisvertrag wurde abgeschlossen. Aber das verdankte Bismarck nur der Hilfe des Kaisers Napoleon.

In seinen Gesprächen mit Govone hatte Bismarck immer wieder betont, alles hinge von Napoleon ab; er könne seine Pläne nur dann ins Werk setzen, wenn der Kaiser einverstanden sei. Victor Emanuel sandte den Grafen Arese, einen Italiener, der mit Napoleon von alters her persönlich befreundet war, zu diesem mit der Anfrage, ob er ihm zu dem Bündnis mit Preußen rate. Der Kaiser empfing Arese hinter dem Rücken seiner Minister und gab ihm die Antwort, daß er Victor Emanuel empfehle, das Bündnis mit Preußen abzuschließen; aber er setzte ausdrücklich hinzu, er gebe diesen Rat nur als Privatmann, ohne irgendeine Verantwortung zu übernehmen. Kann man sich eine klägliche Art von Politik denken! Auf der einen Seite eine Entscheidung von unübersehbarer Tragweite zu geben, und auf der anderen Seite jede Verantwortung dafür abzulehnen; als Privatmann etwas zu tun, wovon man als Kaiser nichts wissen will! Hier springt es in die Augen, wieviel von seinen ungeheueren Erfolgen Bismarck der Tatsache verdankte, daß seine Gegenspieler so schwache Politiker waren. Franz Joseph war eine Mittelmäßigkeit ohne politischen Instinkt, und Napoleon, der ihn an Intelligenz bei weitem überragte, war ein Plänemacher und Träumer, dem die Entschlußkraft für den entscheidenden Schritt fehlte und der die Folgen seiner Taten und Unterlassungen nur wie in einem Nebel sah.

Die Italiener befolgten den Rat des französischen Kaisers und schlossen den Bündnisvertrag mit Preußen am 8. April 1866 ab. In dem entscheidenden Punkte gab er Bismarck das, was er wollte: keine Verpflichtung für Preußen, einen Krieg anzufangen, aber für Italien die Verpflichtung, in einem von Preußen erklärten Kriege Heeresfolge zu leisten. Andererseits hatten die Italiener aber durchgesetzt, daß der Vertrag ohne weiteres hinfällig wurde, falls Preußen nicht innerhalb von *drei Monaten* Krieg erklärte. Bismarck mußte also sofort handeln, und er wußte, wie er es anzufangen hatte.

Dieser Bündnisvertrag zerstörte in Wahrheit den Deutschen Bund. Die Bundesverfassung verbot den Regierungen der verbündeten Staaten ausdrücklich, sich mit einer auswärtigen Macht gegen ein anderes Mitglied des Bundes zu alliieren. In der Tat war eine solche Allianz unvereinbar mit der Existenz des Bundes, dessen oberster Zweck der gemeinsame Schutz seiner Mitglieder war. Niemals hatte in den fünfzig Jahren, in denen der Bund bestand, eines seiner Mitglieder eine solche Allianz abgeschlossen. Man kann sich deshalb gewiß nicht wundern, daß König Wilhelm zögerte, diesen Vertrag zu unterzeichnen, und daß er zeit seines Lebens nie erlaubte, daß der Schleier des Geheimnisses gelüftet wurde. Aber Wilhelm I. hat noch mehr auf dem Gewissen. Einige Monate später, als der Krieg bereits vor der Tür stand, gab er Franz Joseph sein *Ehrenwort,* daß ein Bündnis Preußens mit Italien nicht bestehe. Hatte Beust nicht recht, wenn er sagte, ein ehrenhafter preußischer König flöße durch seinen Charakter ein Vertrauen ein, das seine Taten nicht rechtfertigen?

Bismarck wußte selbstverständlich genau, was er getan hatte. Er rühmte sich zu Benedetti: »Ich habe einen König von Preußen dazu gebracht, die intimen Beziehungen seines Hauses zum Hause Habsburg zu brechen, eine Allianz mit dem revolutionären Italien abzuschließen, Vereinbarungen mit dem kaiserlichen Frankreich eventuell zu akzeptieren und in Frankfurt die Umgestaltung des Bundesvertrages mit Einschluß eines volkstümlichen Parlaments vorzuschlagen. Das ist ein Erfolg, auf den ich stolz bin!« Er hatte wahrlich allen Grund dazu. Seine Politik hatte auf der ganzen Linie triumphiert.

Nicht einen Tag ließ Bismarck nach dem Abschluß des italienischen Vertrages verstreichen, ehe er den politischen Feldzug begann, der nur mit einem Krieg enden konnte. Am Tage nach der Unterzeichnung, am 9. April, brachte der preußische Gesandte am Bundestag den seit langem vorbereiteten Antrag ein, er möge beschließen, »eine aus direkten Wahlen und allgemeinem Stimmrecht der ganzen Nation hervorgehende Versammlung für einen noch näher zu bestimmenden Tag einzuberufen, um die Vorlagen der deutschen Regierungen über eine Reform der Bundesverfassung entgegenzunehmen und zu beraten«. Es war der revolutionärste Antrag, der dem Bundestag je vorgelegt worden ist.

Das größte Aufsehen erregte natürlich die Forderung des allgemeinen Wahlrechts. Danach sollte also jeder Deutsche bei der Wahl zum deutschen Parlament das gleiche Stimmrecht haben. Ein so demokratisches Wahlrecht bestand nirgendwo in Deutschland. Es war das Wahlrecht der Revolution von 1848 und jener Reichsverfassung von 1849, die Bismarck gerade aus diesem Grunde »Anarchie« genannt hatte. Wie erklärt sich dieser vollkommene Umschwung?

In den jüngst vorangegangenen Jahren war das allgemeine Wahlrecht von einem einzigen Mann mit der größten Energie und hinreißender Beredsamkeit propagiert worden, von Ferdinand Lassalle, dem Begründer der deutschen Sozialdemokratie. Er war ein revolutionärer Demokrat und hoffte mit der Hilfe dieses Wahlrechts die Fortschrittspartei, die er als Verkörperung der Bourgeoisie ansah, aus dem Sattel zu heben. Die Fortschrittspartei war auch Bismarcks Gegner. Die gemeinsame Feindschaft gegen denselben Gegner führte die beiden Männer zusammen. Bismarck hatte mehrere geheime nächtliche Unterhaltungen mit diesem genialen revolutionären Juden, der auf ihn durch den Reichtum seiner Ideen und Kenntnisse, seine glänzende Unterhaltungsgabe und seinen persönlichen Charme eine große Anziehung ausübte. Mehrere Jahre später, bei der Debatte über das Sozialistengesetz, hatte er sich 1878 im Reichstag über seine Beziehungen zu dem nun längst verstorbenen Lassalle auszusprechen. Dabei würdigte er seine Persönlichkeit in den wärmsten Worten und sagte, er hätte es immer bedauert, wenn ihre stundenlangen Unterhaltungen abgebrochen werden mußten. Lassalle setzte dem Ministerpräsidenten mit blendenden Argumenten auseinander, daß die politische Position der Fortschrittspartei vollkommen auf dem Dreiklassenwahlrecht beruhe und zusammenbrechen würde, sowie er das allgemeine Wahlrecht einführen würde. Er empfahl sogar seine Einführung durch eine königliche Verordnung, d. h. durch einen Staatsstreich. Bismarck zog diesen Vorschlag ernsthaft in Erwägung, fand aber schließlich, daß er doch etwas gar zu riskant und sein Erfolg ziemlich zweifelhaft sei. Aber Lassalles Argumente machten einen großen Eindruck auf ihn. Natürlich erwartete jeder von beiden ganz andere Konsequenzen vom Zusammenbruch der Liberalen. Lassalle dachte an das industrielle Proletariat und hoffte, es würde den Sozialismus zum Siege führen. Bismarck hingegen dachte an die ländlichen Bezirke. Er wußte aus Erfahrung, wie groß dort der Einfluß der Junker und Gutsbesitzer auf die Landarbeiter und kleinen Leute war, und er hoffte deshalb auf konservativ-royalistische Ergebnisse. König Wilhelm schreckte vor einer so revolutionären Neuerung zurück. Aber Bismarck beruhigte ihn mit der Prophezeiung, das allgemeine Stimmrecht würde den König auf einen Felsen heben, den die Wasser niemals erreichen und auf dem alle, die nicht untergehen wollten, ihr Heil suchen würden. An den Botschafter Goltz schrieb er: »Im Moment der Entscheidung stehen die Massen zum Königtum, ohne Unterschied, ob letzteres sich gerade einer liberalen oder einer konservativen Strömung hingibt.« Er redete sich ein, die Opposition gegen seine Willkürmaßregeln sei nichts als eine oberflächliche Aufregung der bürgerlichen Oberschicht. Er begriff in der Tat weder die Gefühle des Bürgertums noch die der Arbeiterschaft. Als Muster schwebte ihm Napoleon III. vor, dessen Regiment sich auf die Massen gegen die Opposition eines Teils der höheren Bourgeoisie stützte, und der sich des allgemeinen Stimmrechts im Kampf gegen die Republik mit Erfolg bedient hatte. Bismarck traute sich nichts Geringeres zu.

Niemand zweifelt heute mehr, daß Bismarck mit seiner Voraussicht im Irrtum und daß seine Berechnung vollkommen verfehlt war. Allerdings gelang es ihm mit seiner Energie und Verschlagenheit, den deutschen Liberalismus mit Hilfe des allgemeinen Wahlrechts allmählich zu schwächen und zu erniedrigen. Aber es war gewiß nicht die Monarchie, die sich dessen zu freuen hatte. Als im Jahre 1918 die Revolution kam, waren es die von Bismarck am heftigsten befehdeten Parteien, Zentrum und Sozialdemokratie, die sich mit Hilfe des allgemeinen Wahlrechts die stärkste Stellung geschaffen hatten und den größten Nutzen von der Umwälzung zogen. Als ein Fels, auf dem die Monarchie unerschütterlich thronte, erwies sich das allgemeine Wahlrecht keineswegs.

Nun wollte Bismarck freilich den Gefahren des allgemeinen Wahlrechts auf andere Weise vorbeugen. Er wollte das Parlament, das er jetzt auf sein Banner schrieb, so vollständig der politischen Macht entkleiden, daß es von einem Parlament kaum mehr als den Namen gehabt hätte. Man darf nicht übersehen, daß der Antrag, den er an den Bundestag richtete, nicht ein Wort über die normalen Aufgaben und Kompetenzen des geforderten allgemeinen deutschen Parlaments enthielt. Auch in diesem Fall wünschte er, sich die Hände vollkommen freizuhalten. Aber es war ihm bestimmt, zu erleben, daß selbst ein Mann von dem ungeheuren Ansehen und der unvergleichlichen Autorität, wie er sie nach dem Siege besaß, außerstande war, der Nation mit der einen Hand wegzunehmen, was er ihr mit der anderen gegeben hatte. Die Idee, die er in die Welt gesetzt, war mächtiger als selbst seine machtvolle Persönlichkeit. Mit der Idee kann man nicht listen, hätte Lassalle gesagt. So schwach der deutsche Reichstag auch war, er ist doch immer ein politisches Parlament gewesen, mit dem auch der König und sein Kanzler zu rechnen hatten.

In den »Gedanken und Erinnerungen« sagt Bismarck, er habe das allgemeine Wahlrecht 1866 vorgeschlagen, weil es »die damals stärkste der freiheitlichen Künste« gewesen sei. Er hoffte, Preußen werde dadurch, daß es sich dieses Kunstmittels bediente, der deutschen Nation zeigen, daß ihm ihre wahren Interessen und Wünsche am Herzen lagen, wenn es das Schwert für das allgemeine Wahlrecht und das nationale Parlament gegen dessen Gegner zog. Auch diese Hoffnung trog. Österreich und die Mittelstaaten taten Bismarck nicht den Gefallen, den preußischen Antrag kurzerhand abzulehnen. Sie überwiesen ihn einer Kommission des Bundestages und forderten Preußen auf, ein vollständiges Reformprojekt vorzulegen. Ebenso verfehlte Bismarcks Antrag den Zweck, die öffentliche Meinung Deutschlands in heftige Bewegung zu bringen. Das Mißtrauen gegen ihn war so groß, daß die meisten seinen Antrag für ein lediglich taktisches Manöver ansahen. Selbst Treitschke verwarf ihn als »Abenteurerpolitik«. Andererseits brachte der Antrag eine Spaltung in die preußische konservative Partei. Ihre Mehrheit war jetzt nichts weiter mehr als Gefolgsleute der Regierung. Ihren Führer Wagener hatte Bismarck auf einen einflußreichen Posten im Ministerium berufen; er machte sich jetzt zum Anwalt des allgemeinen Wahlrechts als eines Mittels, Parlamentarismus und Liberalismus zu zerstören, und wollte ihm eine Form geben, die den Interessen seiner Partei diente. Auf der anderen Seite stand aber der alte Präsident Ludwig von Gerlach, der Bruder von Bismarcks verstorbenem Gönner, General Leopold von Gerlach. Er war einer der Begründer der preußischen Konservativen Partei und selbst ein Konservativer nicht nur dem Namen nach. Er bekämpfte das allgemeine Wahlrecht grundsätzlich und scharf. Im Ausland überwog die Kritik den Beifall. Aber ohne Eindruck blieb Bismarcks Wendung doch nicht. »Die Politik dieses Mannes ist abscheulich«, schrieb der ›Spectator‹, »aber seine Ziele sind groß, seine Pläne wohlüberlegt, und seine Fähigkeiten wunderbar.«

5. Letzte Vermittlungsversuche

Niemand zweifelte jetzt mehr, daß der Krieg vor der Tür stand. In ganz Deutschland war die Aufregung ungeheuer. In Preußen war das Volk in seiner überwiegenden Mehrheit gegen den Krieg. Die Magistrate vieler Städte sandten dem König Adressen, in denen sie ihn beschworen, dem Land den Frieden zu erhalten. Im selben Sinne bemühten sich die Diplomaten und Staatsmänner des Auslandes. Bismarck tat, was er konnte, um die Österreicher zum Angriff zu reizen. Er kannte die schwachen Seiten der österreichischen Rüstung, besonders die Langsamkeit ihrer Mobilmachung, die um drei bis vier Wochen hinter der preußischen zurückblieb. In der Tat stand Österreich jetzt vor dem Dilemma, vor das sich jeder Staat, der militärisch unzulänglich vorbereitet ist, im kritischen Moment gestellt sieht: entweder schleunigst zu rüsten und sich dadurch dem Vorwurf auszusetzen, der Angreifer zu sein – oder geduldig stillzuhalten und dadurch in die Gefahr zu kommen, gleich im Anfang geschlagen zu werden. Es ist unter diesen Umständen keine geringe Leistung der österreichischen Diplomatie, daß es ihr gelang, die preußische Regierung zu der Erklärung zu bringen, sie sei bereit, zu demobilisieren, vorausgesetzt, daß Österreich das gleiche tue. Dadurch kam Bismarck in eine schwierige und ihm sehr unangenehme Lage. Aber er verstand es, sich aus ihr zu befreien mit der Hilfe La Marmoras, der am 28. April erklärte, Italien sei gezwungen, zu mobilisieren, um sich zu verteidigen. Darauf erklärten die Österreicher natürlich, unter diesen Umständen seien sie außerstande, ihre Truppen an ihrer Südgrenze zu demobilisieren, und Bismarck erwiderte prompt, nun sei auch eine preußische Demobilisierung unmöglich.

Aber eine neue Gefahr entstand jetzt durch einen Schachzug Napoleons. Am 5. Mai teilte der Kaiser dem italienischen Botschafter Nigra mit, Österreich sei bereit, Venetien an Frankreich abzutreten, das es seinerseits an Italien weitergeben würde, falls Italien den Österreichern freie Hand gebe, für diesen Verlust sich durch Gebietserwerb in Deutschland schadlos zu halten. Napoleon, der den italienisch-preußischen Vertrag natürlich kannte, fragte jetzt Nigra, ob Italien in der Lage sei, sich von diesem Vertrage frei zu machen. Es war La Marmora, der Preußen und Bismarck aus dieser Verlegenheit rettete, indem er unverzüglich erwiderte, für Italien sei es Sache der Ehre und der Loyalität, Preußen nicht im Stich zu lassen.

In diesen Tagen höchster Spannung wurde noch ein Versuch gemacht, den Frieden zu retten. Der österreichische Gouverneur von Holstein, General Ludwig von Gablenz, hatte einen Bruder Anton, der preußischer Staatsbürger und Mitglied des preußischen Abgeordnetenhauses war. Beide Brüder wünschten, daß den Staaten, denen sie angehörten, ein Krieg erspart und Deutschland der Frieden erhalten bleiben möge. Anton von Gablenz unternahm mit Zustimmung seines Bruders den Versuch, zwischen Wien und Berlin zu vermitteln. Er verhandelte hier wie dort. Während er in Wien nur Verwirrung und Unentschlossenheit fand, machte Bismarcks feste Entschlossenheit und souveräne Beherrschung der Lage auf ihn den tiefsten Eindruck. Das Seltsame ist, daß Bismarck die Mission Gablenz' begünstigte. Später pflegte er zu behaupten, er habe es aus deutschem Patriotismus getan. Davon kann aber in Wahrheit keine Rede sein. Sein wirkliches Motiv war auch hier, König Wilhelm nach Möglichkeit

Unterredung zwischen Bismarck und Napoleon III. am Morgen nach der Schlacht bei Sedan 1870.
Gemälde von Camphausen.

Die Kaiserproklamation von Versailles am 18. Januar 1871. Gemälde von Anton v. Werner.

von Gewissensbedenken zu befreien. Daß bei der Sache nichts herauskommen würde, darüber hatte er von vornherein kaum einen Zweifel; wenn sie aber scheiterte, war er in der Lage, dem König vorzustellen, hier zeige sich wieder, wie unmöglich es sei, mit Österreich zu einer Verständigung zu kommen. Das würde dem König den Entschluß erleichtern, Bismarck auf dem Wege des Krieges zu folgen. Bismarck gab Gablenz den Entwurf eines Reformprojektes der deutschen Verfassung, auf das er bereit sei, sich mit Österreich zu einigen. Dieser Entwurf enthielt nichts über ein deutsches Parlament oder das allgemeine Wahlrecht, wohl aber sehr genaue Bestimmungen über die künftige militärische Verfassung des Deutschen Bundes. Danach sollte der König von Preußen Oberstkommandierender der Truppen von ganz Norddeutschland werden. Das war der einzige Punkt, an dem König Wilhelm wirklich interessiert war, und Bismarck wußte, warum er das in diesem Entwurf in den Vordergrund schob. Die Mission Gablenz' scheiterte an der Ablehnung in Wien.

Die ganze Episode ist bezeichnend für Bismarcks »doppelpolige« Politik. Niemand verstand es so gut wie er, zwei gänzlich verschiedene Wege der Politik zur gleichen Zeit auszuprobieren, sich jeden von beiden offen und seine eigene Entscheidung so lange zurückzuhalten, bis er mit absoluter Sicherheit wußte, auf welchem Wege er schneller und besser zum Ziele kam.

6. Attentat auf Bismarck. Frage der Indemnität und eines Europäischen Kongresses

Während so der Krieg unaufhaltsam näherrückte, wurde ein Attentat auf Bismarck unternommen. Als er am 7. Mai 1866 vom Palais des Königs nach seinem Amtsgebäude ging, schoß Unter den Linden ein junger Mann wiederholt mit einer Pistole auf ihn. Der Attentäter war ein Student namens Ferdinand Cohen-Blind, der Stiefsohn von Karl Blind, eines Revolutionärs von 1848, der in London im Exil lebte und mit dem großen italienischen Verschwörer Mazzini befreundet war. Das Attentat schlug fehl, Cohen wurde verhaftet und nahm sich selbst im Gefängnis in der ersten Nacht das Leben. Es ist daher kaum etwas über seine Pläne bekannt geworden. Aber man kann nicht zweifeln, daß sein Gedanke war, die deutsche Freiheit dadurch zu retten, daß er ihren gefährlichsten Feind tötete. Die Sympathie der Bevölkerung stand auf der Seite des Attentäters, nicht auf der Seite dessen, der dem Tode knapp entgangen war. Das gibt einen Begriff davon, wie verhaßt Bismarck, trotz seines deutschen Reformprojektes, war. Dafür mag eine kleine Geschichte sprechen. Kurz nach dem Attentat stürzte in den Laden des Buchhändlers Stilke, Unter den Linden, ein Professor der Universität Berlin und rief entrüstet: »Was habt ihr in Deutschland für schlechte Revolver!« Dieser Professor war der berühmte Physiologe Emil Dubois-Reymond, derselbe, der vier Jahre später in der Aula der Universität in festlicher Rede verkündete: »Wir Berliner Professoren sind die geistige Leibgarde des Hauses Hohenzollern.« Tempora mutantur et nos mutamur in illis.

Aber es sind nicht nur die kleinen Menschen, die sich unter dem Einfluß von Zeit und Umständen wandeln. Auch die großen Männer, die Geschichte machen, wandeln sich unter dem Einfluß ihrer eigenen Pläne und ihrer Folgen. Der Bismarck, der daran ging, Preußen an die Spitze eines neuen deutschen Staates mit gemeinsamem deutschem Parlament zu stellen, konnte auf die Dauer nicht der Unterdrücker seines eigenen Parlaments und der Führer der Konservativen bleiben. Die nationale Einigung Deutschlands war nun einmal eine liberale Idee, und der Staatsmann, der diese Idee zum Instrument seiner eigenen Politik machen wollte, war gezwungen, liberale Wege zu gehen, ob es ihm gefiel oder nicht. Trotz all seiner spöttischen und überheblichen Bemerkungen über die Liberalen war Bismarck doch ein viel zu klar sehender Staatsmann, um nicht zu erkennen, daß die Liberalen für sein Werk unentbehrlich waren. Mit den Konservativen allein konnte er nicht weit kommen. Kein deutsches Parlament würde ihm eine konservative Mehrheit bieten, gleichviel wie das Wahlrecht aussah. Konservative vom Typus der preußischen Junker und der Kreuzzeitung gab es in den anderen deutschen Staaten überhaupt nicht. Es ist kein Zufall, daß gerade in diesen Tagen Bismarck mit seinem Gönner in seinen contre-revolutionären Tagen, dem alten Ludwig von Gerlach, brach. Gerlach war zu charaktervoll und zu grundsatztreu, um Bismarck auf einem politischen Wege zu folgen, der mit konservativen Prinzipien nichts mehr zu tun hatte.

Die wichtigste Konsequenz dieser neuen Lage war die Notwendigkeit, den preußischen Verfassungskonflikt zu beenden. Auf irgendeine Weise mußte eine Verständigung erreicht werden. Das verfassungswidrige Regieren ohne Budget mußte aufhören. Abgesehen von allgemeinen, aus der Lage sich ergebenden politischen Gründen, konnte Bismarck auch nicht übersehen, daß der Thronfolger ein entschiedener Gegner des Konflikts war, und niemand konnte wissen, wann der Fall der Thronfolge eintreten würde. Zudem zwang ein bestimmter einzelner Vorgang Bismarck, die Beendigung des Konfliktes jetzt ins Auge zu fassen. Der Finanzminister von Bodelschwingh, ein Konservativer der Richtung Gerlach, weigerte sich, Bismarck auf dem Wege zu folgen, der zum Kriege gegen Österreich führen mußte. Bismarck war genötigt, sich nach einem neuen Finanzminister umzusehen, der willens und fähig war, die äußerst schwierige finanzielle Lage zu meistern und ihm das Geld zu beschaffen, ohne das er keinen Krieg führen konnte. Er wandte sich an den früheren Finanzminister von der Heydt, der 1862 zurückgetreten war, weil er den Eid, den er auf die Verfassung geleistet, nicht brechen wollte. Von der Heydt war auch bereit, in die Bresche zu springen. Aber er stellte die Bedingung, daß Bismarck ihm versprach, für seine verfassungswidrigen Ausgaben die Indemnität des Parlaments nachzusuchen. Der Ausdruck Indemnität stammt aus der Terminologie des englischen Parlamentarismus; wenn eine englische Regierung eine Ausgabe gemacht hat, die nicht im voraus durch ein Votum des Parlaments gedeckt ist, sucht sie dafür die Indemnität des Parlaments nach. Bismarck gab von der Heydt das Versprechen, er werde, wenn er aus dem Kriege siegreich zurückkehre, für alle Ausgaben der Konfliktszeit die Indemnität der Volksvertretung nachsuchen. Darauf übernahm von der Heydt das Amt des Finanzministers und beschaffte das nötige Geld.

Ähnlich wie auf der Seite der Regierung sah es auf der Seite der Opposition aus. Ein beträchtlicher Teil der preußischen Liberalen stellte sich auf den Standpunkt, jetzt, wo die Existenz des Staates auf dem Spiel stehe, müßten die innerpolitischen Differenzen in den Hintergrund treten. Einer der radikalsten unter den fortschrittlichen Abgeordneten, der alte Franz Ziegler, ein Freund Lassalles, rief in Breslau in einer Versammlung aus: »Das Herz der preußischen Demokratie ist dort, wo Preußens Fahnen wehen.« Auch andere Liberale, die weniger sanguinisch waren, wünschten doch einen einigen Zusammenschluß des preußischen Volkes gegenüber dem äußeren Feinde. Bismarck hatte wiederholt Besprechungen mit liberalen Parlamentariern, u. a. mit Twesten, den er bat, ihm den Entwurf eines Indemnitätsgesetzes auszuarbeiten. Er erhob keinen Widerspruch gegen den in der Tat höchst maßvollen Entwurf, den Twesten ihm vorlegte. Anders König Wilhelm! Er lehnte ihn mit der höchst bezeichnenden Bemerkung ab: »Da steht ja dasselbe darin wie in der Verfassung; da kann man mir ja meine Regimenter wieder fortnehmen.« Er wußte schon nicht mehr, daß er der König des Verfassungsstaates war. Man versteht es, wenn Bismarck zu Unruh sagte, kein Mensch mache sich eine Vorstellung von den Schwierigkeiten, mit denen er zu kämpfen habe.

Twesten sagte Bismarck bei jener Aussprache klar und deutlich, daß alles Entgegenkommen der Liberalen eine unüberschreitbare Grenze habe: »Wir würden lieber mit gekreuzten Armen einem Kabinetts-Krieg zusehen, als durch Aufgeben unseres Rechtsstandpunktes zur Vermehrung der allgemeinen Demoralisation beitragen.« Leider ist es durchaus nicht sicher, daß Bismarck für diese moralischen Gesichtspunkte irgendwelches Verständnis hatte. Treitschke, der leidenschaftliche Vorkämpfer der preußischen Vorherrschaft in Deutschland, hatte in denselben Tagen ebenfalls eine Unterredung mit Bismarck. Er empfing einen großen Eindruck von seiner staatsmännischen Kraft und seiner unwiderstehlichen Liebenswürdigkeit, aber er sagt doch: »Von den sittlichen Mächten in der Welt ahnt Bismarck rein gar nichts.«

Das Rätsel der internationalen Lage war die Haltung des Kaisers Napoelon. Niemand vermochte zu sagen, welche Politik er im Fall eines Krieges treiben würde. Das erklärt sich sehr einfach: Er selbst wußte es nicht! Allerdings hatte er Bismarck durch seinen Rat an Arese zu seiner italienischen Allianz verholfen, aber es dauerte nicht lange, da wurde er zweifelhaft, ob ein preußischer Sieg wirklich in seinem Interesse liege. Nicht einmal darüber konnte er mit sich ins klare kommen, ob er einen Krieg oder die Erhaltung des Friedens wünschen solle. Schließlich griff er wieder zu seinem Gedanken eines Europäischen Kongresses. Auf seine Veranlassung ließen die drei neutralen Großmächte, Frankreich, Großbritannien und Rußland, am 24. Mai die Einladung zu einem Europäischen Kongreß ergehen, welcher die drei schwebenden Fragen Schleswig-Holsteins, Italiens und des Deutschen Bundes regeln sollte. Bismarck war außer sich über diese Einladung, die seine ganze Politik gefährdete, aber er erkannte die Gefahr, daß er vor der ganzen Welt als Friedensbrecher an den Pranger gestellt werden würde, wenn er diese Einladung ablehnte, und er war infolgedessen der erste, der sie annahm Denn er war ein wirklicher Staatsmann. Die Minister Franz Josephs waren es nicht. Sie hätten den Kongreß zum mindesten um deswillen begrüßen sollen, weil er Österreich Zeit gegeben hätte, seine militärischen Vorbereitungen zu fördern. Aber sie verknüpften die Annahmeerklärung mit unerfüllbaren Bedingungen. So wurde Bismarck wieder einmal durch die Fehler seiner Gegner aus einer schwierigen Lage befreit. Als die telegrafische Nachricht, daß der Kongreß aufgegeben worden war, bei ihm einlief, war gerade Benedetti zugegen. Bismarck sprang auf und rief: »Jetzt haben wir den Krieg. Es lebe der König!«

Die Tage, die dieser Entscheidung vorangingen, stellten die höchsten Ansprüche an Bismarcks Nerven. Um sich die Gunst Napoleons nicht zu verscherzen, war er zu den weitestgehenden Konzessionen bereit. In jenen Tagen war Govone, mit dem er den italienischen Vertrag abgeschlossen, wieder in Berlin. Er fragte Bismarck, ob es nicht irgendeine Grenze gäbe, mit der Frankreich zufrieden sein würde. Bismarcks Antwort lautete: »Jawohl, das wäre die Mosel. Ich bin für meine Person viel weniger Deutscher als Preuße und würde ohne Schwierigkeit der Abtretung des ganzen Gebietes zwischen Rhein und Mosel an Frankreich zustimmen: Pfalz, Oldenburg, ein Teil der preußischen Rheinprovinz. Aber der König steht unter dem Einfluß der Königin, die keine geborene Preußin ist. Er würde die größten Skrupel haben und sich dazu nur in einem Augenblick entschließen, in dem es sich für ihn darum handelt, alles zu gewinnen oder alles zu verlieren.« Zwei Tage später sagte Bismarck zu Benedetti, er würde unter gewissen Umständen seinen Einfluß auf den König zugunsten der Abtretung des oberen Moseltals an Frankreich ausüben, das zusammen mit Luxemburg Frankreich eine vorteilhafte Grenze geben würde. Er setzte hinzu, der König rate Frankreich, die Gebiete zu annektieren, *wo französisch gesprochen* würde. Es war weder das erste noch das letzte Mal, daß er Napoleon diesen Köder vor Augen hielt.

7. Der Ausbruch des Krieges

Angesichts der offenbaren Unmöglichkeit einer Verständigung mit Preußen über die Frage der Elbherzogtümer mußte Österreich den Versuch machen, die deutschen Mittelstaaten auf seine Seite zu ziehen. Es brachte die Frage daher vor den Bundestag. Das beantwortete Bismarck mit dem Befehl an die in Schleswig stehenden preußischen Truppen, in Holstein einzurücken. Er hoffte auf einen Zusammenstoß der preußischen und österreichischen Soldaten, der den Funken ins Pulverfaß werfen würde. Aber Manteuffel, der mit Gablenz gute kameradschaftliche Beziehungen unterhalten hatte, ermöglichte es diesem aus einem Gefühl der Ritterlichkeit, seine Truppen ohne Schwertstreich aus Holstein herauszuziehen. Das war für Bismarck eine schwere Enttäuschung. Unter ihrem Eindruck schrieb er an Manteuffel einen Brief, der zu seinen charakteristischsten und bedeutsamsten Äußerungen gerechnet werden muß. Er wußte, daß Manteuffel ein begeisterter Verehrer von Schillers Wallenstein war und Zitate aus diesem bei jeder Gelegenheit im Munde führte. So zitierte er auch seinerseits Wallenstein: »Sie sagen, die Besitznahme würde als Gewalttat die Gemüter verwirren, ich antworte Ihnen mit Deveroux ›Freund jetzt ists Zeit zu lärmen‹.« Der Brief schließt mit den Worten: »Verzeihen Sie den hastigen Stil des Briefes, aber Ihr Telegramm hat mir heut früh die Nerven gelähmt und jetzt reagieren sie. In großer Eile, aber in alter Freundschaft der Ihrige Bismarck.« Aber der Unterschrift folgt noch ein anderes Zitat aus Wallenstein. Während seine Feder über das Papier fliegt, kommen ihm einige Zeilen in den Sinn, die sein Empfinden noch besser ausdrücken. Er läßt sich das Buch holen, und es liegt vor ihm, als der Brief schon abgeschlossen ist. Er schlägt nach und findet die Verse, die er seinem Briefe hinzufügt:

»Ich tats mit Widerstreben
Da es in meine Wahl noch war gegeben.
Notwendigkeit ist da, der Zweifel flieht,
Jetzt fecht' ich für mein Haupt und für mein Leben.«

Sogar die Regie-Bemerkung Schillers schreibt er ab, weil sie so vorzüglich paßt: »Er geht ab, die anderen folgen.« Auch der kritischste Leser muß überwältigt sein von der Geisteskraft dieses Mannes, der einen solchen Brief in einer Stunde schreiben kann, wo für ihn alles auf dem Spiel steht.

Auf den preußischen Einmarsch in Holstein erwiderte Österreich mit dem Antrag an den Bundestag, alle Truppen der Bundesmitglieder zu mobilisieren mit Ausnahme der preußischen. Mit der Annahme dieses Antrags hätte der Bundestag unzweideutig gegen Preußen Stellung genommen. Einer solchen klaren Stellungnahme wünschten die Mittelstaaten sich so lange wie irgend möglich zu entziehen. Deshalb beantragte Bayern ein Amendement, nach dem nicht nur die preußischen, sondern auch die österreichischen Truppen von der Mobilisierung ausgenommen sein sollten. Damit sollte der Bundestag beiden streitenden Staaten gegenüber Unparteilichkeit an den Tag legen. Bismarck seinerseits brachte den Entwurf einer neuen Bundesverfassung ein, der vor allem die Forderung enthielt, daß *Österreich aus dem Deutschen Bunde auszuscheiden* habe. So kehrte Bismarck auch hier zu der Reichsverfassung zurück, die die Paulskirche 1849 beschlossen hatte.

Dieser Entwurf konnte frühestens in der Sitzung des Bundestags zur Verhandlung kommen, in der über den österreichischen Antrag auf Mobilisierung abgestimmt wurde. Das bedeutete, daß er überhaupt nicht beraten werden konnte, da Bismarck entschlossen war, den Bundestag in dem Augenblick in die Luft zu sprengen, in dem die Abstimmung über den österreichischen Antrag vollzogen sein würde. Er beauftragte den preußischen Bevollmächtigten von Savigny, sofort nach der Abstimmung die Erklärung zu verlesen, die Einbringung dieses Antrages und seine Annahme durch einen Teil der Bundesmitglieder sei ein Bundesbruch; Preußen erklärte deshalb den Bundesvertrag für gebrochen, unverbindlich und erloschen. Bismarck befahl Savigny, diese Erklärung auch in dem Fall abzugeben, daß der österreichische Antrag *abgelehnt* werden sollte. Das zeigt aufs deutlichste, daß die staatsrechtlichen Argumente, die Bismarck für den angeblichen Bundesbruch ins Feld führte, nichts als Vorwände waren, und daß Bismarck sich dessen vollkommen bewußt war. Wie konnte auch der Mann, der selbst den Bund durch seinen Vertrag mit Italien bereits vor zwei Monaten gebrochen hatte, anderen den Vorwurf des Bundesbruchs machen?

Die Abstimmung erfolgte am 14. Juni 1866. Die Mehrheit stimmte nicht für den österreichischen, sondern für den bayerischen Antrag. Im nächsten Augenblick erhob sich der preußische Bevollmächtigte und verlas die ihm von Bismarck vorgeschriebene Erklärung, obwohl sie zu dem Ergebnis der Abstimmung gar nicht paßte.

Aber was kam es darauf jetzt an? Die preußische Erklärung war eine *Kriegserklärung*. Jeder Bundesstaat, der – nicht etwa gegen Preußen, sondern – für den bayerischen Antrag gestimmt hatte, mußte jetzt mit dem Angriff der preußischen Bataillone rechnen.

Bismarck hatte sein Ziel erreicht. Der Krieg war ausgebrochen, ehe die drei Monate verstrichen waren, die der italienische Vertrag ihm Frist gegeben hatte. An zwei Fronten mußte Österreich Krieg führen. Nun hatte das Schwert zu entscheiden.

An dieser Stelle muß einiges über die viel erörterte Frage gesagt werden, ob Bismarck von Anfang an, d. h. zum mindesten seit der Besiegung Dänemarks 1864, die Absicht hatte, gegen Österreich Krieg zu führen. Gewissensbedenken gegen diesen Krieg, den er selbst später einen »Bruderkrieg« genannt, hatte er ganz sicherlich nicht. Aber es ist doch eine andere Frage, ob er bewußt auf einen Krieg abgezielt hat. Man wird annehmen dürfen, daß er von einem Kriege Abstand genommen haben würde, wenn er mit den Mitteln der normalen Diplomatie all das hätte erreichen können, was er verlangte. Es wäre nicht im Einklang mit seiner Methode gewesen, hätte er sich für den Krieg auch nur einen Tag früher entschieden, ehe er die Sicherheit hatte, daß ihm kein anderer Weg zu seinem Ziele offenstand. Es war doch immerhin nicht von vornherein undenkbar, daß Österreich, um einen Krieg zu vermeiden, all die Zugeständnisse gemacht hätte, die ihn befriedigt hätten. Nach dem Krieg sind in der Tat Stimmen laut geworden, die sagten, daß Österreich der Katastrophe durch weitgehende Zugeständnisse an Preußen hätte entgehen können, und man wird sich nicht wundern, daß der frühere Minister Rechberg zeitlebens jedem, der es hören wollte, erzählt hat, alles wäre gutgegangen, wenn seine Nachfolger seine Politik fortgesetzt hätten. Wäre Österreich wirklich in der Lage gewesen, sein Bündnis mit Preußen dadurch zu retten, daß es auf die Elbherzogtümer gegen Entschädigung an anderer Stelle verzichtet hätte? Die unlösbare Schwierigkeit einer solchen Politik liegt in der Unmöglichkeit, ein geeignetes Kompensationsobjekt zu finden, das Österreich für den Machtzuwachs seines preußischen Rivalen entschädigt hätte. Einen territorialen Ausgleich durch Abtretung preußischen Gebiets lehnte König Wilhelm unbedingt ab. Ebenso unmöglich war für Österreich eine Entschädigung in der Richtung, daß seine Stelle innerhalb Deutschlands gekräftigt wurde. Denn Bismarcks Politik ging ja gerade auf die Schwächung der deutschen Stellung Österreichs aus. Wenn selbst ein österreichischer Staatsmann in der Erwägung, daß der Deutsche Bund ohnehin überlebt sei, sich damit abgefunden hätte, so mußte er doch eine Gegenleistung auf dem Gebiet der europäischen Politik verlangen, die Österreich für den Verlust seines deutschen Einflusses entschädigt hätte. Eine solche Gegenleistung wäre allerdings theoretisch denkbar gewesen. Sie hätte in einer preußischen Unterstützung der italienischen Ambitionen Österreichs bestehen können. Aber gerade diese lehnte Bismark mit aller Entschiedenheit ab. Man kommt also zu dem Ergebnis, daß die preußische Allianz Österreich auf keiner Seite Früchte von ausreichendem Wert bringen konnte. Es hätte das Nachsehen gehabt, während Preußen die Früchte der Allianz mit vollen Händen einsteckte. Eine solche Allianz ist aber auf die Dauer nicht haltbar.

So wird man zu dem Schluß gedrängt, daß Bismarck, gleichviel ob er von vornherein auf einen Krieg mit Österreich ausging oder nicht, in jedem Fall eine Politik trieb, die *nur in einem Krieg enden konnte.* Es war der Fehler der österreichischen Staatslenker, daß sie diese unausweichliche Logik der Tatsachen nicht rechtzeitig erkannten und nicht alles Mögliche taten, um ihren Staat für diesen Krieg politisch und militärisch vorzubereiten. Aber es wäre ungerecht, ihnen einen Vorwurf daraus zu machen, daß sie einen Krieg nicht vermieden haben, der in Wahrheit unvermeidlich war.

8. Preußens Sieg

Am Tage nach der Abstimmung in Frankfurt, am 15. Juni, überreichten die preußischen Gesandten in Hannover, Dresden und Kassel den dortigen Regierungen ein Ultimatum, das um Mitternacht desselben Tages ablief. Bismarck hatte das Ultimatum seinen Gesandten schon einige Tage zuvor mit dem Auftrage geschickt, es auf telegrafische Anweisung sofort zu überreichen. Die Telegramme wurden abgesandt, sowie die Nachricht von der Frankfurter Abstimmung in Berlin eingelaufen war. Das Ultimatum verlangte die bedingungslose Annahme des preußischen Reformplans und die Demobilisierung der Truppen. Das Königreich Sachsen war vorbereitet und zog seine Truppen unverzüglich über die österreichische Grenze zurück, damit sie zu der kaiserlichen Armee stoßen konnten. Der König von Hannover, der blinde Georg V., ein Mann mit dem typischen welfischen Dickschädel, hatte in der Vergangenheit Fehler über Fehler gemacht. Er hatte bis zuletzt die törichte Hoffnung gehegt, außerhalb des Konflikts bleiben zu können, und hatte nichts getan, um sich gegen einen Angriff zur Wehr setzen zu können. Bismarck hatte schon einige Monate vorher versucht, die Führer der liberalen Opposition, von Bennigsen und Miquel, für sich zu gewinnen. Aber Bennigsen, der als Präsident des Deutschen Nationalvereins der Vorkämpfer der Einigung Deutschlands unter preußischer Führung war, lehnte kategorisch jedes Gespräch über Hannover ab, da er sich nicht dem Verdacht aussetzen wollte, sein Land oder seinen König verraten zu haben. König Georg war entschlossen, die Verpflichtungen zu erfüllen, die ihm als Mitglied des Deutschen Bundes oblagen. Als das Ultimatum ihm präsentiert wurde, konnte er die ungeheure Gefahr, in der er schwebte, nicht verkennen, aber er lehnte es ohne Zögern ab. »Als Christ, als Monarch und als Welfe kann ich nicht anders handeln«, sagte er. Er marschierte mit seinen Soldaten nach dem Süden seines Königreichs ab in der Hoffnung, eine Vereinigung mit den Truppen der süddeutschen Staaten bewirken zu können. Bei Langensalza kam es zu einem Gefecht mit den Preußen, in dem die Hannoveraner Sieger blieben. Aber es war ein fruchtloser Erfolg. Wenige Tage später, am 29. Juni, mußten sie, auf allen Seiten umzingelt, die Waffen strecken. König Georg flüchtete nach England.

Am Abend des 15. Juni befand Bismarck sich im Garten des Auswärtigen Amtes in der Wilhelmstraße in der Gesellschaft des englischen Botschafters Lord Loftus. Als die Uhr Mitternacht schlug, sagte Bismarck: »In dieser Stunde sind unsere Truppen in Hannover, Sachsen und Kurhessen einmarschiert. Der Kampf wird ernst werden. Wenn wir geschlagen werden, kehre ich nicht zurück. Man kann nur einmal sterben, und dem Besiegten geziemt es, zu sterben.« Niemand, der Bismarck kennt, wird bezweifeln, daß er in der Tat eine Niederlage nicht überlebt hätte – im Unterschied von so vielen anderen.

Aber es wurde keine Niederlage, sondern ein Sieg von unerwarteter Größe und Schnelligkeit. Nur drei Wochen später, am 3. Juli, wurden die Österreicher in der Schlacht bei Königgrätz entscheidend von den Preußen geschlagen. Es war ein harter und schwerer Kampf; alles hing davon ab, ob die Armee des Kronprinzen rechtzeitig auf dem Schlachtfeld eintraf. Er kam zur Zeit, und der Sieg war gewonnen. Als die österreichischen Soldaten sich zur Flucht wandten, sagte ein preußischer General zu Bismarck: »Exzellenz, jetzt sind Sie ein großer Mann; wenn der Kronprinz zu spät gekommen wäre, wären Sie jetzt der größte Bösewicht.« Diese Worte trafen den Nagel auf den Kopf, und Bismarck wäre der letzte gewesen, das in Abrede zu stellen. Aber der Erfolg entscheidet, und am Abend der Schlacht von Königgrätz war Bismarck der Held Preußens und der große Staatsmann, der den Krieg herbeigeführt und gewonnen hatte. Jedermann anerkannte sein Genie und beugte sich vor ihm. Wenn der Erfolg auch auf dem Schlachtfeld errungen war, seine Politik war es, die zu diesem Erfolge geführt, seine Leistung allein, welche die unendlichen Hindernisse überwunden hatte.

9. Napoleons Einmischungsversuch und die Ungarische Legion

Die Kunde von Königgrätz machte in ganz Europa einen gewaltigen Eindruck. Jedermann fühlte, daß, nicht nur für Deutschland, ein neues Zeitalter begonnen hatte. Das europäische Gleichgewicht, das sich seit 1815 herausgebildet, war mit einem Schlage zerstört. Alle europäischen Großmächte empfanden das; keine mehr als Frankreich. Plötzlich sah Napoleon sich in einer äußerst schwierigen Lage. Unfähig, rechtzeitig zu einem Entschluß zu kommen, hatte er erst zu der einen und dann zu der anderen Partei geneigt. Erst hatte er Preußen zu dem Vertrag mit Italien verholfen und dann hatte er, unmittelbar vor Kriegsausbruch, am 12. Juni mit Österreich einen Geheimvertrag abgeschlossen. Er hatte darauf gerechnet, daß der Krieg sich lange hinziehen und ihm Gelegenheit geben würde, in dem ihm geeignet erscheinenden Zeitpunkt einzugreifen. Da aber die Entscheidung binnen weniger Wochen gefallen war, stand er jetzt überrascht und völlig unvorbereitet da. Am Tage nach Königgrätz vollzog der österreichische Botschafter in Paris, Fürst Richard Metternich, die Abtretung Venetiens an Frankreich, wogegen Napoleon versprach, Österreich zu einem Frieden mit seinen beiden Feinden, Preußen und Italien, zu verhelfen. Am nächsten Tage verkündete der Kaiser, daß er die Rolle des Friedensmachers übernommen habe. Für einige Tage war das französische Volk voller Jubel, weil es glaubte, sein Kaiser sei jetzt der Schiedsrichter Europas und der Hüter seines Friedens. Aber sehr schnell kam die Enttäuschung. Napoleons auswärtiger Minister, Drouyn de l'Huys, gab ihm den Rat, zum mindesten einen

Teil seiner Truppen sofort zu mobilisieren und am Rhein ein Beobachtungskorps aufzustellen. Aber der Kaiser folgte diesem Rate nicht. Er hörte auf andere, die ihm von kräftigem Auftreten abrieten. Napoleon konnte zu keiner Entscheidung kommen. Das lag besonders an seiner schweren Krankheit. Gerade in jenen Tagen hatte er die schlimmsten Schmerzen auszustehen. »Er kann weder gehen noch schlafen und kaum etwas essen«, klagte die Kaiserin Eugénie. Sie gab ihm sogar den Rat, abzudanken. Beust, der nach der Niederlage nach Paris geeilt war, um den Kaiser um Hilfe anzuflehen, war ganz erschüttert über den geistigen und physischen Verfall des Mannes, der noch vor wenigen Jahren als der mächtigste und klügste Monarch Europas gegolten hatte. Wie ein Kind lallte er fortwährend: »Je ne suis pas prêt à la guerre.« Auch das ist eine Seite des persönlichen Regiments.

Unter diesen Umständen war Napoleons Vermittlungsversuch von vornherein aussichtslos. Er hatte es jetzt mit einem Manne des festen und schnellen Entschlusses zu tun, dessen Kraft durch seinen großen Erfolg aufs höchste gesteigert war, und der außerdem alle großen und kleinen Mittel der Diplomatie mit vollendeter Meisterschaft beherrschte. Bismarck wußte nicht nur jeden Eingriff Napoleons, der seinen Erfolg hätte gefährden können, zu vereiteln. Er rechnete ihm auch seinen Einmischungsversuch als einen feindlichen Akt an, für den er dereinst schwer zu büßen haben würde. Er habe damals, sagte er später, »einen Hannibalseid der Rache« geschworen, als Benedetti im preußischen Hauptquartier mit der Forderung des Kaisers anlangte, Preußen solle mit Österreich über einen Friedensvertrag verhandeln. Dabei kann Bismarck nach seinen eigenen vorausgegangenen Erklärungen schwerlich dadurch überrascht gewesen sein, daß Napoleon sich nicht auf die stumme Rolle des passiven Zuschauers beschränkte. Er hatte die verlockenden Angebote, die er dem französischen Kaiser wieder und wieder gemacht, gewiß noch nicht vergessen. Ja, er wiederholte jetzt sein Spiel. Zu Lefèbvre, der Benedetti ins preußische Hauptquartier begleitet hatte, sagte Bismarck: »Erinnern Sie sich der berühmten Verträge, die Österreich und Preußen 1852 mit Dänemark geschlossen hatten, und die noch 12 Jahre später dazu geführt haben, ihm Holstein und Schleswig zu entreißen? Nun, Ihr müßt dem König von Belgien sagen, daß die unvermeidliche politische und territoriale Vergrößerung Preußens Euch beunruhigt, und daß es nur einen Weg gibt, um das Gleichgewicht wieder herzustellen und den Gefahren vorzubeugen: er muß Belgiens Schicksal mit dem Eurigen verbinden, so daß Belgien das nördliche Bollwerk Frankreichs wird.« Das bedeutet natürlich, daß Frankreich Belgien später dasselbe Schicksal bereiten sollte, das Preußen den Elbherzogtümern bereitet hatte: die Annexion.

Andererseits sorgte Bismarck in jeder Weise für eine Hinzögerung der Verhandlung, um den preußischen Truppen inzwischen die Zeit zu geben, auf Wien zu marschieren. Mit vollendeter Rücksichtslosigkeit bediente er sich jedes Mittels, um die österreichische Regierung auf die Knie zu zwingen. So ließ er in Prag eine preußische Proklamation anschlagen, die an die »Einwohner des glorreichen Königreichs Böhmen« gerichtet war und den Böhmen und Mähren, d. h. den Tschechen, die Erfüllung ihrer nationalen Wünsche versprach. Das war ein Schlag nicht nur gegen die österreichische Regierung, sondern noch mehr gegen die deutsche Bevölkerung Österreichs.

Ein anderes Mittel zu diesem Zweck war die Bildung der »Ungarischen Legion«. Bismarck hat später in einer Reichstagsdebatte behauptet, er habe erst nach dem Eingreifen Napoleons »in einem Akt der Notwehr die Bildung dieser Legion nicht gemacht, sondern ermächtigt«. Das ist vollkommen unwahr. Schon vor dem Ausbruch des Krieges hatte Bismarck begonnen, eine Revolution in Ungarn vorzubereiten. Er hatte mit dem General Klapka, einem Revolutionär von 1849, verhandelt und ihn zum Kommandeur dieser Legion gemacht, die aus Deserteuren der österreichischen Armee gebildet werden sollte. Für eine Militärmonarchie wie Preußen, die zudem das monarchische Prinzip zu vertreten behauptete, war das allerdings eine sonderbare Leistung. Mit diesem Manöver hängt auch eine Depesche des preußischen Botschafters in Florenz von Usedom vom 16. Juni zusammen, die unter dem Namen »Stoß-ins-Herz-Depesche« berühmt geworden ist. In dieser Depesche riet Usedom dem General La Marmora, der zum Höchstkommandierenden der italienischen Armee bestimmt war, er solle seine Zeit nicht mit der Belagerung der österreichischen Festungen in Norditalien verschwenden, sondern gerade auf Wien losmarschieren, um die Preußen mitten im Herzen der Monarchie zu treffen. Dann sollten die beiden verbündeten Regierungen in Ungarn eine Revolution entfesseln und ein Partisanenkorps bilden, das durch Schlesien nach Ungarn einbrechen solle. Wenn nach diesem Plan verfahren würde, so würde der Schlag nicht gegen Österreichs Extremitäten, sondern gegen sein Herz geführt werden.

La Marmora erregte eine europäische Sensation, als er diese Depesche im Jahre 1868 an das Licht der Öffentlichkeit brachte. Bismarck scheute sich nicht, zu erklären, er habe mit dieser Depesche, die Usedom aus eigenem Antrieb geschrieben, nichts zu tun. Auch das war eine Unwahrheit. Der wesentliche Inhalt von Usedoms Depesche stammt aus einem Erlaß, den Bismarck ihm einige Tage zuvor geschickt hatte.

Die Ungarische Legion erfüllte durchaus nicht die Erwartungen, die Bismarck auf sie gesetzt. Die Bevölkerung Ungarns hatte ganz und gar nicht den Wunsch, durch die Preußen von der Herrschaft der Habsburger befreit zu werden. Sie erhob sich nicht nur nicht auf den Aufruf der Legion, sie half sogar tatkräftig, sie wieder herauszutreiben, als sie einen Vorstoß versuchte. Dies geschah erst, nachdem am 26. Juli bereits ein Waffenstillstand zwischen den Kriegführenden abgeschlossen worden war. Die Legion überschritt die durch diesen Waffenstillstand gezogene Demarkationslinie. Die preußischen Offiziere, denen die Überwachung der Legion oblag, taten nichts Ernstliches, um diesen Bruch des Waffenstillstands zu verhindern. Aber der Einfall wurde ein vollkommener Mißerfolg. Die Legion mußte schleunigst den Rückzug antreten. Dabei fiel der Adjutant Klapkas, Graf Seherr-Tosz, in die Hände der österreichischen Soldaten. Er wurde vor ein Kriegsgericht gestellt und zum Tode verurteilt. Gegen die Rechtmäßigkeit dieses Urteils ist nichts einzuwenden. Aber für Bismarck, der Seherr persönlich Instruktionen gegeben hatte, war der Zwischenfall sehr unangenehm. Es ist durchaus begreiflich, daß er sich die größte Mühe gab, ihn zu retten. Aber das Mittel, zu dem er griff, ist mehr als erstaunlich. Er drohte nämlich, zehn Bürger des böhmischen Städtchens Trautenau, die in preußischen Gefängnissen lagen, zu *erschießen*, falls der Spruch des Kriegsgerichts gegen Seherr vollstreckt würde.

In Trautenau hatte in den ersten Tagen des Krieges ein Gefecht stattgefunden. Ein preußisches Armeekorps, das dort das Gebirge überschritten hatte, war von dem österreichischen General Gablenz wieder zurückgeworfen worden. Die preußischen Soldaten hatten behauptet, es sei aus den Häusern auf sie geschossen worden, und hatten den Bürgermeister sowie neun andere Bürger als Gefangene mit sich geschleppt. Die Beschuldigung war unbegründet. Derartige Fehler kommen in der Aufregung eines Straßenkampfes und der Panik eines Rückzugs öfters vor. Was dann folgte, war jedoch vollkommen unentschuldbar. Die gefangenen Bürger, meist Männer in vorgerücktem Alter, wurden mißhandelt und in einem preußischen Gefängnis sieben Wochen lang, noch dazu gefesselt, gefangengehalten, ohne auch nur ein einziges Mal von einem Richter vernommen zu werden. Man teilte ihnen nicht einmal mit, wessen sie beschuldigt wurden. Offenbar hatte es sich als unmöglich erwiesen, überhaupt eine Anklage zu erheben. Das waren die Opfer, die Bismarck erschießen zu lassen drohte, falls der ungarische Rebell nicht seiner Strafe entging.

Zum Glück für Bismarcks Andenken wurde im Friedensvertrag eine gegenseitige Amnestie vereinbart, so daß Seherr-Tosz entlassen wurde und die Bürger von Trautenau endlich wieder in ihre Heimat zurückkehren konnten.

10. Nikolsburg

Trotz aller Rücksichtslosigkeit, mit der Bismarck den Krieg gegen Österreich betrieb, war er doch in dem wichtigsten Punkt aus freien Stücken gewillt, dasselbe zu tun, was Napoleon wünschte: nicht an die Integrität Österreichs zu rühren. Er war entschieden gegen jede

Annexion eines Stücks österreichischen Gebiets durch Preußen. Er war überzeugt, daß eine Erwerbung österreichischen Gebiets für Preußen nicht eine Quelle der Stärkung, sondern der Schwächung sein würde. Viel bedeutsamer war sein weitschauendes Argument, daß es auf die Dauer gegen das Interesse Preußens sei, sich die Habsburger Monarchie zum unversöhnlichen Feinde zu machen. Am Tage nach Königgrätz sagte er zu General Stosch, dem militärischen Berater des Kronprinzen: »Wir werden Österreichs Kraft in Zukunft für uns selbst brauchen.« Das war der Gedanke eines großen Staatsmannes, der sich den klaren Blick in die Zukunft nicht durch den Erfolg des Tages vernebeln läßt.

Von solchem Weitblick hatte König Wilhelm natürlich keine Spur. Er war von dem primitiven Gedanken beherrscht, daß es das gute Recht des Siegers sei, dem Besiegten etwas wegzunehmen. Bismarck schrieb in diesen Tagen an seine Frau: »Wenn wir nicht übertrieben in unseren Ansprüchen sind, und nicht glauben, die Welt erobert zu haben, so werden wir einen Frieden erlangen, der der Mühe wert ist. Aber wir (d. h. natürlich der König) sind *ebenso schnell berauscht wie verzagt*, und ich habe die undankbare Aufgabe, Wasser in den brausenden Wein zu gießen.« Das ist die Sprache eines überlegenen Staatsmanns. Aber diese Politik durchzuführen, war unendlich schwer. Der König widersetzte sich ihr mit seiner ganzen Hartnäckigkeit. Es war in Schloß Nikolsburg, wo die entscheidende Auseinandersetzung zwischen Wilhelm und Bismarck stattfand. Sie nahm leidenschaftliche Formen an. König und Minister stießen aufs schärfste zusammen. »Gestern hat Bismarck in meiner Gegenwart geweint«, schreibt der Kronprinz in sein Tagebuch, »über die harten Dinge, die Seine Majestät ihm gesagt hat, so daß ich Bismarck beruhigen mußte. Aber letzterer scheute sich förmlich, zu Seiner Majestät wieder hineinzugehen. Ich muß mithin den König sowohl wie Bismarck aussöhnen und ihnen wechselseitig Mut zusprechen.« Der Kronprinz war es, der schließlich Bismarck half, seine Politik gegen den erbitterten Widerstand des Königs durchzusetzen. Bismarck hatte mit ihm am Tage nach dem Siege von Königgrätz seinen Frieden gemacht. Friedrich Wilhelm war jetzt überzeugt, daß Bismarck in der Friedensfrage recht hatte und daß er der unentbehrliche Staatsmann für die Zukunft war. So trat er jetzt auf seine Seite. Nach langen und harten Kämpfen gab König Wilhelm endlich nach. Aber es wurde ihm sehr schwer, wie aus seiner Bemerkung in den Akten hervorgeht: »Wenn vom Besiegten nicht das zu erlangen ist, was Armee und Land zu erwarten berechtigt sind, . . . so muß der Sieger an den Toren Wiens in den sauren Apfel beißen und der Nachwelt das Gericht dieserhalb überlassen.«

Die Nachwelt hat ihr Urteil gesprochen, unzweideutig und nachdrücklich. Bismarcks Bewunderer und Bismarcks Kritiker sind darin einig, daß die Mäßigung, die er in dem Präliminarfrieden von Nikolsburg an den Tag legte, eine der sichersten und wertvollsten Grundlagen seines dauernden Ruhms als eines großen und weitsehenden Staatsmannes sind. Als er, nur wenig mehr als ein Jahrzehnt später, 1879 das Bündnis des Deutschen Reiches mit der Habsburg-Monarchie zustandebrachte, sah man in dem Frieden von Nikolsburg die Vorbereitung dieser bedeutsamen Wendung.

11. Die Annexionen und die Mißhandlung von Frankfurt

Die Mäßigung, die Bismarck Österreich gegenüber zeigte und durchsetzte, war aber keineswegs für alle Bestimmungen des Friedens bezeichnend. Nicht weniger als vier Staaten, die bis dahin Mitglieder des Deutschen Bundes gewesen waren, wurden vollständig beseitigt und von Preußen annektiert: das Königreich Hannover, das Kurfürstentum Hessen-Kassel, das Herzogtum Nassau und die Freie Stadt Frankfurt am Main. Daß Preußen seinen Sieg dazu ausnutzte, um die Barriere zu beseitigen, die seine westlichen von seinen östlichen Provinzen trennte, ist wohl verständlich. Aber das wäre auch ohne völlige Aufsaugung ganzer Länder und ohne die Absetzung von drei alten Dynastien zu erreichen gewesen. Hier handelte es sich um mehr als bloß um politische Zweckmäßigkeit, es handelte sich um ein Prinzip. Das Gottesgnadentum war der tragende Grundgedanke des monarchischen Prinzips, als dessen Vertreter sich der König von Preußen betrachtete. Noch im Kronrat vom 28. Februar hatte Wilhelm es weit von sich gewiesen, daß die preußische Politik darauf ausgehen dürfe, deutsche Fürsten zu entthronen, etwa wie Victor Emanuel das in Italien zum Entsetzen aller guten preußischen Konservativen getan hatte (S. 105). Aber nach dem Sieg las man's anders. Jetzt brannte der König auf weitgehende Annexionen, weit mehr als sein Minister. Bismarck schrieb wenige Tage nach Königgrätz in einem Erlaß an Goltz: »Meinesteils finde ich den Unterschied zwischen einer uns günstigen Bundesreform und dem unmittelbaren Erwerb dieser Länder praktisch nicht groß genug, um dafür das Schicksal der Monarchie von neuem aufs Spiel zu setzen.« Das war staatsmännisch gedacht. Aber der Frieden, den er zustande brachte, entsprach tatsächlich diesem Grundsatz keineswegs. Wenn er auf vollständige Annexion aller dieser Länder – und natürlich auch Schleswig-Holsteins – bestand, so mag wesentlich dabei das Motiv mitgespielt haben, auf diese Weise den König geneigter zu machen, auf die Annexion österreichischen Gebiets zu verzichten. Bismarck drängte Goltz, Napoleon zu überreden, daß er seine Zustimmung zur Angliederung von drei bis vier Millionen Einwohnern Norddeutschlands an Preußen gebe. Am 22. Juli konnte Goltz ihm telegrafieren, daß Napoleon diese Zustimmung gegeben habe. Dies Entgegenkommen des französischen Kaisers übertraf Bismarcks Erwartungen, und es ist in der Tat schwer zu verstehen, warum

Napoleon so weit ging. Bismarck und die öffentliche Meinung in Preußen wünschte auch das Königreich Sachsen in die Annexionen einzuschließen; aber in diesem Falle leistete Österreich energischen Widerstand, offenbar weil Sachsen der einzige seiner Bundesgenossen gewesen war, der seine Pflichten ihm gegenüber in vollem Umfang erfüllt hatte. So blieb Sachsen bestehen, wenn es sich natürlich auch verpflichten mußte, dem neuen Bund beizutreten, den Preußen bildete.

Daß die Freie Stadt Frankfurt ihre staatliche Sonderexistenz aufgeben und eine preußische Provinzstadt werden mußte, ist keineswegs überraschend. Aber mehr als überraschend ist die Behandlung, die sie sich von den Preußen gefallen lassen mußte. Frankfurts Vertreter am Bundestag hatte am 14. Juni mit der Mehrheit für den bayerischen Antrag gestimmt. Das war für Bismarck Grund genug, die Stadt als einen Feind zu behandeln, obwohl sie nie an irgendeiner militärischen Aktion teilgenommen hatte. Frankfurt wurde, ohne Widerstand zu leisten, von den preußischen Truppen besetzt, von ihnen aber wie eine eroberte Stadt behandelt. Die Junker, die das preußische Heer kommandierten, machten sich ein besonderes Vergnügen daraus, sie nach Kräften durch Requisitionen und Kontributionen zu drangsalieren, und Bismarck beteiligte sich an diesem Treiben ohne alle Skrupel. Erst preßte man der Stadt eine Kontribution von 6 Millionen Gulden ab, und nachdem diese bezahlt waren, verlangte der Kommandeur der preußischen Armee, Edwin von Manteuffel, die Zahlung von weiteren 25 Millionen Gulden innerhalb von vierundzwanzig Stunden. Er schämte sich nicht, zu drohen, daß er, wenn die Zahlung nicht rechtzeitig erfolge, die Stadt plündern lassen würde. Der Bewunderer Schillers hatte sogar die Stirn, zu sagen, man werde ihn vielleicht mit Alba vergleichen, aber das mache ihm nichts aus. Der Bürgermeister von Frankfurt nahm sich in der Verzweiflung das Leben, indem er sich in seinem Hause erhängte.

Bismarck selbst war es gewesen, der den Befehl gegeben hatte, 25 Millionen Gulden einzutreiben. Ja, an demselben Tage, an dem er in Nikolsburg seinen scharfen Zusammenstoß mit dem König hatte, um ihn zur Mäßigung gegen Österreich zu bestimmen, wies er Manteuffel telegrafisch an, die Kontribution für jeden Tag der Verzögerung um eine Million zu erhöhen, allen Eisenbahn- und Telegrafen-Verkehr zu sistieren, und wenn das nichts helfe, »den gesamten Torverkehr für Ein- und Ausgang von Menschen und Sachen zu schließen«, mit anderen Worten, die Frankfurter mit *Aushungerung* zu bedrohen.

Eine solche Häufung von Brutalitäten machte in der ganzen Welt den schlimmsten Eindruck. Der Leiter des Auswärtigen Amtes in Berlin mußte sich vom russischen Botschafter sagen lassen, das preußische Verfahren sei »un brigandage«. Bennigsen, der überzeugte Vorfechter der preußischen Spitze, nannte es »eine unerhört miserable Geschichte, unvernünftig in der Anlage und über die Maßen gemein in der Ausführung«. Am tiefsten war die Königin Augusta empört.

Sie drang in den König, gelinde mit einer Stadt zu verfahren, deren »Landesvater« er binnen kurzem sein mußte. Einige Jahre später, als ihr Frankfurt eine größere Summe zur Bekämpfung der Not in Ostpreußen schickte, sagte die Königin, sie habe sich geschämt in Erinnerung an die schlechte Behandlung der Stadt durch die Preußen.

Die Schleswig-Holsteinische Frage, die so lange die europäischen Kanzleien beschäftigt hatte, war mit der Niederlage Österreichs und dem Friedensschluß nun erledigt. Der Sieger, Preußen, verleibte sich die Elbherzogtümer ein. Nur ein kleiner Rest blieb, wenigstens noch theoretisch, über. Napoleon III. nahm es mit dem von ihm verkündeten Nationalitätsprinzip so ernst, daß er bei den Frieden schließenden Parteien eine Klausel zu Gunsten der Bewohner der nördlichen Distrikte Schleswigs durchdrückte. Diese Distrikte wurden mit dem ganzen Herzogtum jetzt an Preußen abgetreten, obwohl feststand, daß ihre Bewohner sich als Dänen fühlten und zu Dänemark zurückzukehren wünschten. Zu ihren Gunsten aber sah der Artikel 5 des endgültig zu Prag abgeschlossenen Friedens vor, daß sie an Dänemark abgetreten werden sollten, falls ihre Bewohner »durch freie Abstimmung den Wunsch zu erkennen geben, mit Dänemark vereinigt zu werden«. Es war also ein Referendum vorgesehen; es fand, wie wir sehen werden, aber nie statt, solange das deutsche Kaiserreich bestand.

12. Die Mainlinie und der diplomatische Kampf mit Napoleon

Die Friedensbedingungen gaben Preußen die uneingeschränkte Vorherrschaft in Norddeutschland. Österreich schied aus Deutschland aus und räumte Preußen das Recht ein, dessen nördlichen Teil so zu organisieren, wie es ihm gefiel. Süddeutschland wurde von dieser neuen Organisation ausdrücklich ausgenommen. Das war die Bedingung, unter der Napoleon der preußischen Annexion von drei bis vier Millionen Seelen zugestimmt hatte. Die Mainlinie, die den Norden Deutschlands von seinem Süden trennte, war die Hoffnung, an die Napoleon sich klammerte, um wenigstens etwas von dem europäischen Gleichgewicht zu retten. Dementsprechend begrenzte der endgültige Friedensvertrag zwischen Österreich und Preußen, der am *23. August 1866 in Prag* unterzeichnet wurde, den Bereich der neuen deutschen Organisation unter preußischer Führung auf die Gebiete nördlich des Mains. Die deutschen Staaten südlich des Mains blieben außerhalb dieser Organisation und erhielten das Recht, unter sich einen Verband abzuschließen, der eine »unabhängige internationale Existenz« haben sollte. Aber bereits *vor* der Unterzeichnung dieses Vertrages hatte Bismarck Bayern, Württemberg und Baden dazu gebracht, mit Preußen geheime Schutz- und Trutzbündnisse abzuschließen, die tatsächlich eine »unabhängige internationale Existenz« von vornherein unmöglich machten. Denn in diesen Bündnisverträgen verpflichteten sich die Könige von Bayern und Württemberg und der Großherzog von Baden, ihre gesamten Truppen dem König von Preußen im Kriegsfall zur Verfügung und unter seinen Befehl zu stellen. Bismarck hatte den besiegten Staaten mit der Annexion eines Teils ihres Gebietes gedroht, und um dieser Gefahr zu entgehen, hatten sie sich zum Abschluß der Schutz- und Trutzbündnisse verstanden. Beust nennt in seinen Erinnerungen dies Verfahren das Äußerste, was an Machiavellismus geleistet werden kann. »Der Fall ist in der Geschichte nicht selten, daß Verträge nicht gehalten werden, aber daß ein Vertrag anticipando verletzt wird, das ist eine Neuerung, die dem Genie des Fürsten Bismarck vorbehalten blieb.«

So berechtigt diese Kritik vom völkerrechtlichen Standpunkt ist, so darf doch nicht vergessen werden, daß die Schutz- und Trutzbündnisse eine Waffe waren, deren sich Bismarck in seinem Kampf gegen Napoleon bediente. Denn er sicherte sich dadurch die Heeresfolge der süddeutschen Staaten im Falle eines Krieges gegen Frankreich, mit dessen Möglichkeit Bismarck rechnete, als Napoleon den Versuch machte, bei der großen Länderaufteilung auch für sich selbst etwas herauszuschlagen.

Der französische Kaiser hatte sich die Theorie zurechtgelegt, daß er zwar nichts verlangen dürfe, solange er als Vermittler tätig war, daß er aber, sobald die Vermittlung ihr Ende erreicht hatte, das gute Recht habe, mit seinen eigenen Forderungen hervorzutreten. Demgemäß beauftragte er am 23. Juli seinen Botschafter Benedetti, Bismarck zu fragen, ob er zum Abschluß eines geheimen Vertrages bereit sei, welcher Frankreich seine Grenzen von 1814 und außerdem Luxemburg zusichere. Benedetti befand sich noch im preußischen Hauptquartier. Dort hatte er am 26. Juli seine erste Unterredung mit dem preußischen Ministerpräsidenten. Die Anfrage war Bismarck natürlich höchst unwillkommen, aber er behandelte sie mit gewohnter Virtuosität. Für seine Person gab er Benedetti durchaus entgegenkommende Erklärungen, aber er warnte ihn eindringlich, daß diese Forderungen auf seinen König den allerungünstigsten Eindruck machen würden. Vor der darin enthaltenen Drohung wich Benedetti zurück. Seinem Minister schrieb er: »Bismarck ist der einzige Mann in ganz Preußen, der den Nutzen eines intimen und dauernden französischen Bündnisses für die preußische Regierung auch um den Preis eines territorialen Opfers einsieht.« Dieser Brief fiel während des Krieges von 1870 in Bismarcks Hände. Als er diesen Satz Benedettis las, war er über den Erfolg seiner eigenen Vorspiegelungen derart überrascht, daß er an den Rand schrieb: *»Er hat es also ehrlich geglaubt.«*

Durch diesen Bericht Benedettis ermutigt, beauftragte ihn Drouyn de l'Huys, Bismarck den Entwurf eines Geheimvertrags vorzulegen, der ein Bündnis beider Mächte enthielt, in dem er aber übertriebene deutsche Gebietsabtretung an Frankreich als Preis des Bündnisses forderte. Diesen Vorschlag abzulehnen fiel Bismarck nicht schwer. Das geschah in den ersten Tagen des August, als er sowohl wie Benedetti nach Berlin zurückgekehrt waren. Aber Bismarck begnügte sich nicht mit dieser Ablehnung. Er sorgte dafür, daß der wesentliche Inhalt des französischen Vorschlags und seine Ablehnung in einer oppositionellen französischen Zeitung veröffentlicht wurden. Die Sensation, die dieser Artikel hervorrief, schadete dem Ansehen der französischen Regierung sehr, und Drouyn mußte zurücktreten.

Nun nahm der Staatsminister Rouher, der mächtigste Mann Frankreichs nach dem Kaiser, die Verhandlungen persönlich in die Hand. Er war ein scharfer Gegner der Politik, die Drouyn befolgt hatte, und der aufrichtige Freund eines Bündnisses mit Preußen. Er wies Benedetti an, die Verhandlungen in der denkbar freundlichsten Form zu führen und unbedingt alles zu vermeiden, was nach einer Drohung aussah. Seine Absichten waren nicht auf den Erwerb deutschen Gebiets, sondern auf den von Belgien und Luxemburg gerichtet; das waren die Länder, *in denen französisch gesprochen* wurde, wie Bismarck es wiederholt formuliert hatte. Darüber hatte Benedetti Mitte August eine ganz vertrauliche persönliche Aussprache mit Bismarck. Das Ergebnis der Aussprache faßte er in einem Vertragsentwurf zusammen, den er zweimal mit eigener Hand niederschrieb, da ihm die strengste Geheimhaltung auferlegt worden war. Das eine Exemplar sandte er an Rouher, das andere übergab er persönlich Bismarck, der ihm versprach, es dem König vorzulegen. Benedetti erwartete nach diesen Unterhaltungen den Abschluß des Vertrages mit Sicherheit. Als er kurz darauf nach Karlsbad zur Kur ging, rechnete er jeden Tag mit dem Eingang eines Telegramms von Bismarck, durch das er zur Unterzeichnung des Vertrages nach Berlin zurückberufen werden würde. Aber niemals erhielt er dies Telegramm. Ebensowenig erhielt er je seinen Entwurf zurück. Dafür sah er ihn am 25. Juli 1870, eine Woche nach der französischen Kriegserklärung, in der Londoner »Times«.

Diese Veröffentlichung hatte natürlich Bismarck bewerkstelligt. Er wollte damit in England den Eindruck erwecken, daß Napoleons wahres Ziel der Erwerb Belgiens sei. Das gelang ihm auch in weitem Umfang, besonders weil die »Times« es so darstellte, als ob Napoleon dies Angebot erst vor kurzem gemacht oder doch wenigstens erneuert hätte. Bismarck unterstützte diese Auslegung noch durch eine öffentliche Erklärung. Benedetti, der natürlich in einer sehr heiklen Lage war, versuchte vergeblich, diesen Eindruck durch eine ziemlich ungeschickte Erklärung richtigzustellen. Auch er mischte, wie Bismarck es getan hatte, wahre mit falschen Behauptungen. Aber in dieser Kunst war Bismarck ihm bei weitem überlegen. Trotzdem bleibt es richtig, daß der Entwurf, wie Benedetti betonte, in einen Zusammenhang gehörte, der mit den kriegerischen Verwicklungen nichts zu tun hatte. Ebenso recht hatte er mit seinem Hinweis darauf, daß Bismarck den Appetit der Franzosen auf Belgien geflissentlich gereizt hatte. Gladstone durchschaute Bismarcks Spiel, als er bemerkte, Benedetti würde sicherlich nie gewagt haben, Bismarck einen solchen Vorschlag zu machen, wenn dieser ihm nicht vorher zu verstehen gegeben hätte, daß er bereit sei, sich auf der Basis seines Entwurfs mit Frankreich zu verständigen.

III

DER NORDDEUTSCHE BUND UND DER FRANZÖSISCHE KRIEG

1. Das Indemnitäts-Gesetz

Nicht nur mit dem äußeren Feind hatte Bismarck Frieden zu schließen, sondern auch mit dem preußischen Parlament und dem preußischen Volke. Die Stimmung des Volkes hatte allerdings eine erhebliche Wandlung erfahren. Das trat bei den Wahlen zum Abgeordnetenhaus am 3. Juli 1866 zutage. Bismarck hatte das Abgeordnetenhaus vor dem Ausbruch des Krieges aufgelöst. Die Neuwahl fand an demselben Tage statt, an dem bei Königgrätz gekämpft wurde. Von dem großen preußischen Sieg konnten die Wähler natürlich noch nichts wissen, als sie ihre Stimme abgaben, aber sie waren auch ohnedies von der Atmosphäre des Kriegs beeinflußt, und ein großer Teil der Wählerschaft wandte sich von der Opposition ab und stimmte für die Regierungspartei, die Konservativen. Diese zogen daher mit einer dreifach verstärkten Abgeordnetenzahl in die Kammer ein.Die liberale Mehrheit war zwar nicht völlig zerstört, aber doch erheblich geschwächt. Trotzdem wurde einer der Führer der Fortschrittspartei, Max von Forckenbeck, zum Präsidenten des Hauses gewählt. Er stand dem Kronprinzen, der ihn oft um Rat fragte, nahe und gewann allmählich auch das Vertrauen Bismarcks und des Königs.

Die Hauptfrage, vor der das neue Haus stand, war die, ob es der Regierung Indemnität für die in der Konfliktszeit begangenen Verletzungen der Verfassung gewähren sollte. Bismarck hatte den König nur mit der größten Mühe dazu gebracht, der Einbringung eines Ersuchens um Indemnität zuzustimmen. Er war auch auf die Opposition einiger seiner reaktionären Kollegen, wie des Justizministers Graf Lippe, gestoßen. Aber Bismarck hatte nicht nachgegeben. Er war zu weitsichtig, um nicht zu erkennen, daß der Liberalismus trotz seiner jüngsten Niederlage eine lebendige Kraft bleiben würde, mit der auch in Zukunft zu rechnen sei, und daß es seine weiteren Pläne schwer behindern würde, wenn er nicht die Hand zur Versöhnung bieten würde. Im übrigen war es nie seine Sache, über Worte zu stolpern. »In verbis simus faciles«, schreibt er am Ende des Abschnitts der »Gedanken und Erinnerungen«, in dem er seine Haltung in der Frage der Indemnität erörtert. Auch sagt er an einer anderen Stelle des Abschnittes sehr treffend: »Ich zweifelte nicht an der Möglichkeit, der königlichen Macht die nötige Stärke zu geben, um unsere innere

Uhr richtigzustellen.« In der Tat sprach die Indemnitätsvorlage nicht mehr aus, als daß ein von beiden Häusern des Parlaments bewilligtes Budget die unerläßliche Voraussetzung der Staatsausgaben war, und daß deshalb die Ausgaben der letzten Jahre ihre verfassungsmäßige Unterlage durch eine nachträgliche Bewilligung erhalten mußten. Aber welche Sicherheit gab dies Gesetz dagegen, daß die gleiche verfassungswidrige Prozedur nicht in Zukunft wiederholt werden würde? Wenn man den König hörte: nicht die geringste! Er war so naiv und kühn, dem Präsidenten des Abgeordnetenhauses Forckenbeck nach der Annahme des Gesetzes zu sagen, er würde, sollten die gleichen Umstände wieder eintreten, wiederum so handeln. Bismarck und Forckenbeck mußten übereinkommen, diese Worte als nicht amtlich zu behandeln, um den Ausbruch einer neuen Krise zu verhindern.

Die Abstimmung über die Indemnitätsvorlage bezeichnet eine entscheidende Stunde in der Geschichte des preußischen und des deutschen Liberalismus. Die Vorlage abzulehnen, war trotz aller Bedenken und Einwendungen, obschon sie überaus groß waren, unmöglich. Der Kampf für die Verfassung war ein Kampf um Prinzipien gewesen. Das Prinzip des Rechtsstaates hatte auf dem Spiel gestanden. Beim Beginn des Kampfes hatte Gneist Bismarck ermahnt, er solle den Glauben des deutschen Volkes an eine feste moralische und gesetzliche Ordnung als den letzten und entscheidenden Faktor in der Geschichte der Staaten respektieren (S. 57). Dieser Glaube hatte sich jetzt als hinfällig erwiesen. Die Verteidiger des Rechts waren unterlegen, nicht weil sie unrecht gehabt hätten, sondern weil die Regierung, welche die Verfassung gebrochen, eine geniale auswärtige Politik getrieben und dadurch einen Erfolg erzielt hatte, den die oppositionellen Abgeordneten und ihre Wähler von ganzem Herzen begrüßten. Die Einigung Deutschlands unter preußischer Führung war immer ihr Ideal gewesen. Sie konnten nicht anders als voller Dank dafür sein, daß dies Ziel unter Bismarcks Führung erreicht worden war. Der Sieg war von dem Heer erfochten worden, dessen Reorganisation sie in wichtigen Punkten bekämpft hatten. Es war mehr als wahrscheinlich, daß künftige Generationen zu dem Schlusse kommen würden, diese Opposition sei von Grund aus verfehlt gewesen. Wie leicht würden sie vergessen, daß ein großes Prinzip auf dem Spiel gestanden hatte. Es ist immer schwerer, die Wähler für ein Prinzip in Bewegung zu setzen, als für bestimmte Interessen. Mußte man nicht befürchten, daß in Zukunft niemand mehr nach den Prinzipien fragen würde?

Auf diese Frage antwortete ein Teil der Liberalen in dem einen und der andere in dem entgegengesetzten Sinne. Die Folge war, daß die Fortschrittspartei nicht nur bei der Abstimmung über die Indemnitätsvorlage sich spaltete, sondern kurz danach überhaupt auseinanderbrach. Diejenigen Abgeordneten, welche für die Indemnität gestimmt hatten und überhaupt eine Verständigung mit Bismarck für notwendig hielten, traten aus der Fortschrittspartei aus und bildeten eine neue, die *Nationalliberale Partei.* Zu ihnen gehörten mehrere der führenden Männer wie Forckenbeck, Twesten, Unruh und Eduard Lasker, der von nun an mehr und mehr in den Vordergrund trat. Die Bedeutung der neuen Partei wuchs durch den ansehnlichen Zustrom, den sie aus den Reihen der Liberalen der neuannektierten Provinzen und der kleineren zum Norddeutschen Bund gehörenden Staaten erhielten. Besonders wichtig war, daß die Führer der hannoverschen Liberalen, Bennigsen und Miquel, sich der neuen Partei anschlossen. Sie waren Männer von hervorragender politischer Begabung, aber sie besaßen nicht die gleiche Widerstandskraft und Charakterstärke wie viele der altpreußischen Liberalen. Die preußischen Begründer der Nationalliberalen Partei meinten es durchaus ernst, wenn sie in ihrem Programm erklärten, sie würden die Unterstützung der Regierung in Fragen der auswärtigen Politik verbinden mit den Pflichten einer wachsamen und loyalen *Opposition in Fragen der inneren Politik.* Sie hatten mit der preußischen Regierung genügend Erfahrungen gemacht, um vorherzusehen, wie notwendig eine solche Opposition auch in Zukunft oft sein würde. Aber die Hannoveraner, die nicht durch dieselbe bittere Schule der Erfahrung hindurchgegangen waren, neigten leicht zu einem Kompromiß, häufig genug, ehe es unzweifelhaft war, daß man ohne einen solchen Kompromiß nicht zum Ziele kommen könnte. Bezeichnend ist, daß Miquel damals in einer Rede erklärte: »Die Zeit der Ideale ist vorbei, und die Aufgabe des Politikers ist nicht, das zu verlangen, was wünschenswert ist, sondern, was erreichbar ist.« Kein gefährlicheres Stichwort hätte für eine Partei formuliert werden können, die vor der großen und überaus schwierigen Aufgabe stand, mit Bismarck zusammenzuarbeiten und doch nicht ihre Selbständigkeit zu verlieren. Denn hier in der Nationalliberalen Partei suchte Bismarck in dem nächsten Jahrzehnt die parlamentarische Stütze für seine Politik. Eine Partei, die mit einem Mann von eisernem Willen zusammenarbeiten will, muß selbst einen festen Willen haben, wenn sie nicht zu seinem bloßen Werkzeug herabsinken soll.

Wie sehr die Stimmung im Abgeordnetenhaus umgeschlagen hatte, zeigte sich, als die Regierung eine Vorlage einbrachte, um die Mittel für Dotationen zu erhalten, die sie den siegreichen Generalen gewähren wollte. Das Abgeordnetenhaus bestand darauf, daß an die Spitze der Liste Bismarcks Name gesetzt wurde. Er erhielt nicht weniger als 400000 Thaler; damit kaufte er sich eine große Besitzung in Pommern, Varzin. Dorthin zog er sich in den nächsten Jahren zurück, wenn seine Gesundheit zu wünschen übrig ließ, oder wenn – der König oder das Parlament sich einfallen ließen, ihm irgendwelche Schwierigkeiten zu machen.

Wenn sich die Stellung der Liberalen zu Bismarck und damit ihre Stellung im Staate geändert hatte, so bedeutete das doch keineswegs, daß die Regierung jetzt überall in liberale Bahnen einlenkte. Das wurde schon dadurch verhindert, daß die alten Minister aus der Konfliktszeit ruhig im Amt blieben, obwohl sie gar nicht mehr in die neue Zeit hineinpaßten und meist auch persönlich unbedeutend waren. Aber der König hatte in der Zeit des Konflikts Vertrauen zu ihnen gefaßt, und das allein konnte sie halten, auch wenn Volk und Parlament noch so unzufrieden waren. Das schlimmste war, daß der Justizminister Graf Lippe, der soviel Sünden begangen hatte, im Amt verblieb und sogar die Verfolgung von Twesten weiterführen konnte. Im November 1867 wurde dieser, der jetzt doch eine der wichtigsten parlamentarischen Stützen der Regierung war, wegen seiner in der Konfliktszeit getanen parlamentarischen Äußerungen zu einer Gefängnisstrafe von nicht weniger als zwei Jahren verurteilt und darauf von Lippe sofort seines Amtes enthoben. Jetzt flammte nun allerdings die Entrüstung im Volke auf. Lasker brachte im Abgeordnetenhaus einen Antrag ein, der die parlamentarische Redefreiheit gegen solche Übergriffe schützen sollte, und Forckenbeck sagte Bismarck, daß er zum Zeichen des Protestes sein Amt als Präsident des Abgeordnetenhauses niederlegen werde, wenn Lippe nicht binnen kürzester Frist entlassen würde. Bismarck sah jetzt, daß es ernst wurde, und da er auch persönlich Grund genug hatte, mit Lippe unzufrieden zu sein, setzte er binnen einer Woche seine Entlassung durch. Das Urteil gegen Twesten wurde nicht vollstreckt. Aber eine Wiederanstellung lehnte Twesten ab, indem er Bismarck ins Gesicht sagte, er würde sie *von seinem Ministerium nicht annehmen.* Ganz abgesehen von Twestens persönlichem Schicksal, war der Vorgang ein schlimmes Zeichen für die in dem neuen Staat wirkenden Kräfte. Twesten hatte vollkommen recht, wenn er einem Freunde bei Mitteilung des Urteils schrieb: »Das Junkertum und der militärische Absolutismus werden auch noch unsere Generation überleben, und wer für politisches Recht und Ehre eintritt, wird sich in fruchtlosen Anstrengungen aufreiben.« Prophetische Worte, die nach einem kurzen Zwischenspiel wahr werden sollten. Twesten hat dies freilich nicht mehr erlebt. Als er im Herbst 1870 starb, beklagte der Kronprinz seinen Tod als einen »unersetzlichen Verlust«.

2. Die Annexionen vor dem Landtag. Bismarcks Erkrankung

Alle Parteien des Abgeordnetenhauses traten für die Regierungsvorlagen ein, welche die Annexionen von Hannover, Hessen-Kassel, Nassau, Frankfurt am Main und Schleswig-Holstein aussprachen. Über die Frage der Herzogtümer sagte Twesten: »Ich war überzeugt, daß der Erbprinz von Augustenburg der berechtigte Herrscher von Schleswig-Holstein sei, und das bin ich heute noch. Er ist beseitigt, und von seiner Wiederherstellung kann keine Rede sein. Aber man soll nun nicht verdrehen und verlästern, was man einst für Recht gehalten hat.« Preußen könne keinen positiven Rechtstitel für sich anführen, aber es sei jetzt *der deutsche Staat schlechthin*, und deshalb stütze sich die Einverleibung auf das ewige Recht der Zukunft des deutschen Volkes. So dachte die Bevölkerung der Herzogtümer selbst allerdings nur zum Teil. Die Mehrheit stand noch lange auf dem Standpunkt, daß ihr ein Unrecht zugefügt worden sei.

Weit stärker war die Opposition in Hannover. Hier hielt eine große Partei, die Welfen-Partei, dauernd an ihrem entthronten König fest. In Preußen aber beschränkte sich die Opposition gegen die Annexionen auf den alten Ludwig von Gerlach und einige seiner konservativen Gesinnungsgenossen, welche in der Entthronung eines Königs eine schwere Verletzung des monarchischen Prinzips sahen. Der gleichen Ansicht war auch der Zar Alexander II. von Rußland. König Wilhelm war sehr unglücklich, als er von seinem russischen Neffen einen Brief erhielt, in dem er schrieb: »Ich bleibe dabei, daß das *monarchische Prinzip eine schwere Erschütterung* erlitten hat, als ganze Dynastien mit einem Federstrich von der Karte getilgt wurden. Diese Erschütterung wird nicht dadurch verringert, daß sie das Werk der königlichen Gewalt und nicht der Revolution ist.« Von seinem grundsätzlichen Standpunkt aus war der Zar zweifellos im Recht. König Wilhelm sympathisierte im Innern seines Herzens mit diesem Standpunkt, wenn er ihm auch die seltsame Wendung gab, daß er dauernd ein Vorurteil gegen diejenigen Hannoveraner behielt, die wie Bennigsen die Sache ihres alten Königs verlassen hatten, um gute Preußen zu werden.

Für diese Verletzung des monarchischen Prinzips trägt in erster Linie Bismarck die Verantwortung. Trotzdem gelang es ihm, die Macht und Autorität seines eigenen Monarchen in einem Maße zu steigern, die wenige Jahre zuvor jedermann vollkommen unmöglich erschienen wäre. Es ist eine seiner erstaunlichsten Leistungen.

Im September 1866 mußte Bismarck für mehrere Monate zu seiner Erholung Urlaub nehmen. Seine Gesundheit war vollständig zusammengebrochen. Die unablässige Arbeit, Aufregung und Spannung der letzten Jahre hatten schließlich auch seine eiserne Konstitution überwältigt. Seine Nerven waren total verbraucht. Wochenlang konnte er von Politik kein Wort mehr sprechen oder hören. »Politik erregt ihm gleich Wehmuts- und Ärgergefühle«, schreibt Johanna aus Putbus, wohin er sich zurückgezogen hatte, um auszuruhen. »Wenn er aber still sitzt, in blauen Himmel und grüne Wiesen sieht, und Bilderbücher blättert, geht's leidlich.« Allmählich erholte er sich bei vollständiger Ruhe. Im Dezember konnte er nach Berlin zurückkehren, um sich an seine neue Arbeit zu machen, den Entwurf einer Verfassung des Norddeutschen Bundes.

Das Parlament, das die Verfassung für den Norddeutschen Bund zu beschließen hatte, war ein Reichstag, der auf Grund des allgemeinen Stimmrechts von der gesamten Bevölkerung des Bundesgebietes gewählt worden war. Das Gesetz, welches diese Wahl regelte, war vom preußischen Abgeordnetenhaus im Oktober 1866 beschlossen worden. Viele Liberale waren nichts weniger als begeistert für das allgemeine Wahlrecht. Sie befürchteten, es würde nach dem Muster Napoleons III. dazu benutzt werden, die Wahlen zu manipulieren und der Regierung eine Mehrheit zu sichern. Aber trotz aller Bedenken konnten sie selbstverständlich nicht ein demokratisches Wahlrecht ablehnen, das ihnen die konservative Regierung des Königs vorgeschlagen hatte.

Auch das Parlament, welches die Verfassung für den neu zu gründenden Staat vorschrieb, der »Norddeutsche Reichstag«, mußte nach dieser Vorgeschichte selbstverständlich aus dem allgemeinen Wahlrecht hervorgehen. Man wäre versucht, daraus zu schließen, daß diese Verfassung einen demokratischen Charakter haben müsse. Aber das lag ganz und gar nicht in Bismarcks Plan. Wenn er nicht umhin konnte, ein demokratisches Wahlrecht einzuführen, so war er doch gleichzeitig entschlossen, dem Parlament, das aus diesem Wahlrecht hervorging, jede politische Macht vorzuenthalten. Sein Programm formulierte er dem sächsischen Minister von Friesen dahin: *»Den Parlamentarismus durch das Parlament zu töten.«* Das kommt deutlich in dem Entwurf zum Ausdruck, den er den verbündeten Regierungen vorlegte. Danach sollte der Reichstag nicht einmal das Recht haben, ein Budget festzusetzen. Der preußische Verfassungskonflikt hatte Bismarck gelehrt, daß das Budget in den Händen eines energischen Parlaments eine gefährliche Waffe sein konnte. Nun mußten die Ausgaben des Norddeutschen Bundes zum weitaus überwiegenden Teil bestehen in den Aufwendungen für das Heer und die, noch recht unbedeutende, Flotte. Bismarck wünschte das Militär-Budget für alle Dauer zu fixieren (Eiserner Etat). Sein Entwurf setzte die »Friedens-Präsenzstärke« der Armee, d. h. die Zahl der Soldaten, die alljährlich mit der Waffe dienen mußten, dauernd auf 1 % der jeweiligen Bevölkerung fest. In der gleichen Weise sollten die Ausgaben dauernd für den Kopf des Soldaten festgelegt werden. Wäre dieser Entwurf Gesetz geworden, so wäre der Reichstag durch die Verfassung gezwungen gewesen, jährlich den Heeresetat unverändert zu akzeptieren, ohne den geringsten Einfluß auf ihn ausüben zu können. Die Regierung wäre dadurch vom Reichstag völlig unabhängig geworden. Er hätte kein Mittel gehabt, seine eigenen Wünsche durchzusetzen. Aber das war Bismarck noch nicht genug. Er ging noch weiter in der Richtung auf einen Scheinkonstitutionalismus, der sich vom Absolutismus nur äußerlich unterschieden hätte. Er wollte überhaupt *kein verantwortli-*

ches Ministerium einrichten. Der Reichstag hätte dann überhaupt niemanden gehabt, an den er sich hätte halten können.

Das Werkzeug, das Bismarck sich für diese Zwecke ausgedacht hatte, war der *Bundesrat*. Er war nach dem Muster des Bundestages des eben von ihm zerstörten Deutschen Bundes gebildet. Wie dieser war er zusammengesetzt aus den Delegierten der verbündeten Regierungen, Beamten, die nach den Instruktionen ihrer Ministerien und nicht nach ihrer eigenen Überzeugung zu stimmen hatten. Sogar die Verteilung der Stimmen auf die einzelnen Staaten in diesem neuen Bundesrat entsprach der des alten Bundestages, nur daß Preußen die Stimmen derjenigen Staaten zugelegt wurden, die es inzwischen annektiert hatte. Der Bundesrat sollte die Regierung des neuen Staates, »die verbündeten Regierungen« repräsentieren. Er war eine anonyme Körperschaft, die hinter verschlossenen Türen beriet und Beschlüsse faßte, für die niemand persönlich verantwortlich war und verantwortlich gemacht werden konnte. Allerdings sollte ein »Bundeskanzler« das Präsidium in diesem Bundesrat führen. Aber dieser Bundeskanzler war weder ein Minister, noch war er verantwortlich. Er hatte nicht vor dem Reichstag zu erscheinen, um etwa die Beschlüsse des Bundesrats zu erläutern und zu vertreten. Er wäre also nicht viel mehr als ein Kanzleivorstand gewesen. Allerdings sollte der Reichstag das Recht der Gesetzgebung auf vielen wichtigen Gebieten erhalten. Aber zu einem Gesetz gehörte die Zustimmung des Bundesrats. Dieser hatte also gegenüber den gesetzgeberischen Beschlüssen des Reichstags ein absolutes Veto.

Der Sinn dieses Entwurfes ist klar: er sollte den König von Preußen in allen wichtigen politischen Fragen allmächtig machen, ohne das jedoch nach außen allzu deutlich hervortreten zu lassen. Der Bundesrat war die Kulisse, hinter der sich der König von Preußen verbergen konnte. Der Bundesrat aber wäre immer genötigt gewesen, das zu tun, was der König wünschte oder in seinem Namen sein allmächtiger Minister, Bismarck. Wäre dieser Entwurf Gesetz geworden, so wäre es mit dem politischen Leben in Deutschland zu Ende gewesen. Der Reichstag wäre zu einem Debattierklub ohne jede politische Macht herabgesunken, in dem es kein Mensch von unabhängiger Gesinnung auf die Dauer hätte aushalten können. Der alte Fortschrittsmann Waldeck verglich die Stellung, die der Entwurf dem König von Preußen schaffen wollte, mit der des alten römischen Imperators.

Der konstituierende Reichstag, der über Bismarcks Verfassungsentwurf zu beraten hatte, war parteipolitisch so zusammengesetzt, daß die Nationalliberalen den Ausschlag gaben. Er enthielt eine erhebliche Anzahl konservativer Abgeordneter; aber nur deren Minderheit stand noch auf dem alten Junkerstandpunkt. Der größere Teil sah die Notwendigkeit ein, sich den modernen Vorstellungen besser anzupassen. Sie bildeten eine besondere Partei, die sich »freikonservativ« oder »Reichspartei« nannten. Sie stimmten häufig mit den

Nationalliberalen, wenn sie nicht befürchteten, daß sie sich dadurch den Zorn Bismarcks zuziehen würden; denn sie betrachteten sich als die eigentliche »Bismarck-Partei«.

Wenn die Nationalliberalen Bismarcks Entwurf unverändert angenommen hätten, so würden sie geradezu die Grundlagen des Liberalismus preisgegeben haben. Das politische Ideal des deutschen Liberalismus ist immer das parlamentarische Regierungssystem gewesen. An die volle Verwirklichung dieses Ideals war allerdings bei der Lage der Dinge auch jetzt nicht zu denken. Aber als liberale Partei mußten die Nationalliberalen wenigstens dafür sorgen, daß der neue deutsche Staat ein Parlament erhielt, dem die Verfassung genügend Rechte und Machtvollkommenheiten einräumte, um ihm einen gewissen politischen Einfluß zu sichern. Nur wenn das erreicht wurde, konnten sie hoffen, dem deutschen Volke zu zeigen, daß der neue deutsche Staat mehr war als eine Erweiterung der Herrschaft des preußischen Militarismus. Alle Hoffnung, den deutschen Staat über die Mainlinie auszudehnen und die süddeutschen Brüder in ihn aufzunehmen, hätte aufgegeben werden müssen, wenn der Norddeutsche Bund ihnen nichts weiter zu bieten gehabt hätte als den preußischen Militarismus, der in ganz Süddeutschland verhaßt war. Die Nationalliberalen sahen die Mainlinie nur als eine provisorische Grenze an. Das brachte Miquel in seiner großen Rede zur Verfassung mit den Worten zum Ausdruck: »Die Mainlinie ist eine Haltestelle für uns, wo wir Wasser und Kohlen einnehmen, Atem schöpfen, um nächstens weiter zu gehen.«

Was Miquel hier in einem eindrucksvollen Bild aussprach, war natürlich auch Bismarcks Gedanke, und er konnte sich der überzeugenden Kraft dieses Arguments nicht entziehen. Auch hatten ihm die Verhandlungen mit den anderen Bundesregierungen gezeigt, daß er den Reichstag sehr gut gebrauchen konnte, um auf widerstrebende Fürsten und Regierungen einen Druck auszuüben. Er wünschte daher ebenso wie die Nationalliberalen eine Verständigung. Er machte ihnen eine Reihe von Konzessionen, wenn auch keineswegs so viele, daß sie voll befriedigt sein konnten. Ein großer Erfolg der Nationalliberalen war, daß es ihnen gelang, *einen verantwortlichen Minister* in die Verfassung einzufügen. Bennigsen beantragte einen Zusatz, der die Gültigkeit aller Akte des Bundespräsidiums abhängig machte von der *Gegenzeichnung des Bundeskanzlers*, der dadurch die Verantwortlichkeit übernahm. Dieser Antrag wurde angenommen und schließlich auch von Bismarck nicht beanstandet. Er verwandelte den Bundeskanzler aus einem bloßen Kanzleivorstand in einen politisch verantwortlichen Minister, an den sich der Reichstag halten konnte. Es war ein Schritt von höchster politischer und historischer Bedeutung. Dieser Zusatz der Verfassung änderte Bismarcks Stellung von Grund aus, denn selbstverständlich mußte er nunmehr das Amt des Bundeskanzlers übernehmen, was vorher durchaus nicht seine

Absicht gewesen war. So wurde er als Bundeskanzler der einzige politisch verantwortliche Minister des Norddeutschen Bundes, wie er später als Reichskanzler der einzige politisch verantwortliche Minister des Deutschen Reiches wurde. Es war eine Position, mit der sich die keines anderen Staatsmannes seiner Zeit vergleichen konnte.

Außer in diesem entscheidenden Punkte wurde der Entwurf noch in mehreren anderen durch den Reichstag verbessert. Er setzte z. B. die jährliche Einberufung des Reichstags durch. Ein Punkt, in dem Bismarck völlig unnachgiebig blieb, war die Einführung von Diäten für die Abgeordneten. Diese lehnte er unbedingt ab. Sein Motiv ist bezeichnend. Er fürchtete, es würden sich »Berufsparlamentarier« herausbilden, Männer, die aus der Politik ihren Lebensberuf machen und dadurch eine Sachkunde erlangen würden, die ihnen im Parlament einen überwiegenden Einfluß sichern könnte. Hier sah er eine Gefahr für die Stellung der Regierung, und dieser wollte er dadurch vorbeugen, daß er den Reichstagsabgeordneten jede Entschädigung verweigerte.

Die größte Schwierigkeit machte die Frage des Heeresetats. Sie wurde nach langen und heftigen Kämpfen schließlich durch einen Kompromiß gelöst, um dessen Zustandekommen sich der Kronprinz verdient machte. Der Reichstag einigte sich mit Bismarck auf der Grundlage eines Antrages Forckenbeck, der den »eisernen Etat« auf eine Übergangszeit bis zum Ende des Jahres 1871 beschränkte. Nach dem 1. Januar 1872 sollte die Friedenspräsenzstärke durch Gesetz festgestellt werden. Das bedeutete, daß der Reichstag jedesmal seine Zustimmung zu geben hatte. Dadurch schien der Grundsatz des jährlichen Heeresetats für die Zukunft gesichert zu sein. Aber Bismarck legte diesen Kompromiß anders aus. Immer wieder zwang er den Reichstag, die Friedenspräsenzstärke für eine längere Reihe von Jahren, erst für vier, später für sieben Jahre (Septennat), gesetzlich festzulegen. Diese Politik führte wiederholt zu Krisen, zuletzt, im Jahre 1887, sogar zur Auflösung des Reichstags. Aber in jedem Falle war das Ergebnis, daß Bismarck seinen Willen durchsetzte.

Im ganzen kann man sagen, daß der Verfassungsentwurf durch den Reichstag erheblich verbessert wurde. Das Ergebnis war gewiß nicht das parlamentarische System, aber doch immerhin ein System, das wesentlich fortschrittlicher war als der verschleierte Absolutismus, auf den Bismarck ursprünglich ausgegangen war. Er hatte in der Diskussion die berühmten Worte gesprochen: »Setzen wir Deutschland in den Sattel, reiten wird es schon können.« Wäre sein ursprünglicher Plan angenommen worden, so hätte Deutschland nicht »reiten« können. Erst durch die Annahme der liberalen Änderungen wurde die Verfassung praktisch brauchbar gemacht und Deutschland in den Stand gesetzt, zu »reiten«. Das änderte freilich nichts daran, daß Bismarck, solange er Kanzler blieb, die Zügel in der Hand behielt.

Einige Jahre später schrieb Bismarck in einem Brief an Roon: »Die Form, in welcher der König die Herrschaft in Deutschland ausübt, hat mir niemals eine besondere Wichtigkeit gehabt; an die Tatsache, daß er sie ausübt, habe ich alle Kraft des Strebens gesetzt, die Gott mir gegeben.« Hier kommt das Ziel, das ihm bei seinem Verfassungsentwurf vor Augen stand, mit voller Klarheit zum Ausdruck. Er hat es nicht im ganzen Umfang erreicht, aber doch in so hohem Maße, daß er zufrieden sein konnte.

Eine der Reden, mit denen Bismarck in die Debatte des Reichstags eingriff, beschäftigte sich mit dem allgemeinen Wahlrecht. Sie ist besonders durch seine rückhaltlose Verurteilung des Dreiklassenwahlrechts berühmt geworden. Er nannte es das widersinnigste und elendeste Wahlrecht, das je in einem Staat ausgedacht worden sei. Was aber tat er, um dies elendeste aller Wahlrechte in Preußen zu beseitigen oder doch wenigstens zu reformieren? Nicht das geringste! Niemals machte er auch nur den Versuch, das Wahlrecht des preußischen Abgeordnetenhauses zu reformieren, geschweige denn, es durch das allgemeine Wahlrecht zu ersetzen. Er sah, daß die Wahlen ihm dauernd eine Kammer lieferten, die für seine Zwecke paßte – trotz des Dreiklassenwahlrechts. Nur hierauf kam es ihm an. Ob er sich mit seiner Beurteilung des Wahlrechts in Widerspruch setzte, kümmerte ihn nicht im mindesten. Sollten die Wahlen zum Reichstag auf der einen Seite und zum Abgeordnetenhaus auf der anderen Seite verschiedene Ergebnisse zeitigen, so war ihm das durchaus nicht unangenehm. Denn dann hatte er die Möglichkeit, das eine Parlament gegen das andere auszuspielen, und er war ganz der Mann dazu, das zur Befestigung seiner eigenen politischen Stellung auszunutzen.

Wenn die Nationalliberalen die Verfassung annahmen, obwohl sie ihre Wünsche nur zum Teil erfüllte, so trösteten sie sich mit der Hoffnung, sie würden in den kommenden Jahren die Möglichkeit haben, die Verfassung weiter zu entwickeln und zu reformieren. Hier aber stießen sie auf Bismarcks energischen Widerstand. Besonders am Herzen lag ihnen die Einführung von verantwortlichen Bundesministern neben dem Kanzler. Auf die Dauer war es selbstverständlich für einen einzelnen Mann, selbst wenn er Bismarck hieß, unmöglich, alle Zweige der deutschen Politik und Verwaltung persönlich zu dirigieren: äußere und innere, Finanz- und Wirtschaftspolitik, Heereswesen usw. Als besonders notwendig betrachteten die Liberalen einen verantwortlichen Bundesfinanzminister. Bismarck wollte sich aber auf nichts einlassen. Besonders heftig wehrte er sich gegen die Einführung eines Ministerkollegiums, wie es in Preußen bestand, wo der Ministerpräsident nur als primus inter pares seinen Ministerkollegen präsidierte. Er setzte dem Reichstag in höchst ungeschminkten Worten auseinander, wie große Mühe es ihm koste, dieses Kollegium in Bewegung zu setzen. Als Lasker erwiderte, daß dies keineswegs das Ziel der Nationalliberalen sei, daß sie dem Kanzler vielmehr eine Stellung von der Art des englischen Premierministers einräumen wollten, der die Politik seines Kabinetts leitet und einen widerstrebenden Minister zum Rücktritt zwingen kann, lenkte Bismarck etwas ein. Aber seinen Widerstand ließ er gleichwohl nicht fallen. Er war unter keinen Umständen gewillt, sich auch nur einen Teil seiner Macht aus der Hand nehmen zu lassen.

Selbst wenn einer seiner Mitarbeiter tatsächlich die Leitung eines Teils der Regierungsgeschäfte praktisch selbständig führte, so hielt Bismarck trotzdem darauf, daß er allein formell verantwortlich blieb. Die wirtschaftliche Gesetzgebung und Verwaltung wurde von Rudolf Delbrück jahrelang so gut wie selbständig geführt. Sie waren damals besonders wichtig, weil der neue Staat eine einheitliche Gesetzgebung schaffen mußte, die an die Stelle des bisherigen zersplitterten Rechts der Einzelstaaten trat. Deutschland mußte einheitliche Gesetze erhalten zur Regelung des Gewerbewesens, des Maß- und Gewichtssystems, der Währung und Münze usw. Für alle diese Fragen war Delbrück ausgezeichnet geeignet. Er stellte den nötigen Ausgleich zwischen Bismarck und dem Reichstag her. Bismarck mischte sich selten in diese Dinge. Er wußte, daß er sich auf Delbrück verlassen konnte. Aber Delbrück wurde niemals Minister. Er mußte sich mit dem Posten eines Präsidenten des Bundeskanzleramts begnügen und als solcher ein dem Kanzler untergeordneter Beamter bleiben.

4. Der Welfenfonds

Die Bevölkerung der im Norddeutschen Bund vereinigten Staaten war in ihrer großen Mehrheit mit der Entwicklung, welche die Dinge seit 1866 genommen hatten, wohl zufrieden. Es gab den Anfang einer sozialdemokratischen Opposition, aber sie war zahlenmäßig viel zu schwach, um parlamentarisch ins Gewicht zu fallen. In den von Preußen annektierten Provinzen bestand eine entschiedene und nachhaltige Opposition eigentlich nur in Hannover. Die Welfenpartei fand sich mit der Herrschaft der Hohenzollern weder damals noch später ab. Ihre ablehnende Haltung konnte nur verstärkt werden durch die Art, in der Bismarck mit ihrem entthronten König verfuhr.

Georg V. hatte ein sehr erhebliches Vermögen besessen, das der Gegenstand langdauernder Verhandlungen mit der preußischen Regierung wurde. In diesen Verhandlungen wurde der entthronte König durch Ludwig Windthorst vertreten, der früher Minister des Königreichs Hannover gewesen war und jetzt sowohl dem Reichstag wie dem preußischen Landtag als Abgeordneter angehörte. Er war Katholik und rechnete sich zur bundesstaatlich-konstitutionellen Fraktion, die gegenüber dem Unitarismus der Liberalen mehr den föderalistischen Gesichtspunkt vertrat. Die Verhandlungen führten zum Abschluß eines Übereinkommens, mit dem der König wohl zufrieden sein konnte. Ein erheblicher Teil des umstrittenen Vermögens wurde von der preußischen Regierung als sein Privateigentum anerkannt. Das Kapital sollte ihm zwar nicht ausbezahlt werden, wohl aber die sehr erheblichen Zinsen. Dieser Vertrag stieß im preußischen Abgeordnetenhaus auf starke Opposition, wurde aber schließlich doch angenommen, nachdem Bismarck sich sehr energisch für ihn eingesetzt hatte. Das Gesetz, welches diesen Vertrag enthielt, wurde am 3. März 1868 vorschriftsmäßig publiziert. Aber am gleichen Tage wurde auch eine königliche Verordnung veröffentlicht, welche das gesamte Einkommen des Königs Georg *mit Beschlag belegte* und es »zur Überwachung und Abwehr der gegen Preußen gerichteten Unternehmungen des Königs Georg und seiner Agenten« der preußischen Regierung zur Verfügung stellte. Zur Rechtfertigung dieser überraschenden Maßregel wurde angeführt, daß der entthronte König sich weigere, die Annexion seines Königreichs durch Preußen anzuerkennen, und daß er eine »Welfenlegion« gegründet habe, die er im Fall eines Krieges gegen Preußen ins Feld stellen wolle. Dies war zwar tatsächlich richtig, aber es war der preußischen Regierung bereits bekannt gewesen, als sie ihren Vertrag mit dem Welfenkönig abschloß. Juristisch war das Verfahren der Regierung völlig unhaltbar, wie Windthorst im Landtag überzeugend nachwies. Der fortschrittliche Abgeordnete Professor Rudolf Virchow warnte das Haus sehr eindringlich, der Regierung nicht die unkontrollierte Verfügung über eine so beträchtliche Summe zu überlassen. Er sagte voraus, daß sie zu einer Korruption großen Stils führen würde. Diese Prophezeiung wurde von der Mehrheit des Hauses nicht beachtet, aber sie bewahrheitete sich in der Folge durchaus. Bismarck benutzte den Welfenfonds dazu, die Presse für seine Zwecke zu bestechen, und er verwandte ihn für Ausgaben, die mit den angeblich umstürzlerischen Bestrebungen des Königs Georg nichts zu tun hatten. Beispiele dafür werden noch zu erwähnen sein. In der Debatte des Abgeordnetenhauses hatte Bismarck von »bösartigen Reptilien« gesprochen, die er mit Hilfe dieser Geldmittel »bis in ihre Höhlen verfolgen« wolle. Der Welfenfonds bekam daher den volkstümlichen Namen »Reptilienfonds«, wobei man unter Umkehrung von Bismarcks Worten als Reptilien die Empfänger dieser Gelder und ihre Presse als »Reptilienpresse« bezeichnete.

Ein Beispiel der Art, in der Bismarck von den beschlagnahmten Geldern des hannoverschen Königs Gebrauch machte, ist für ihn so bezeichnend, daß es hier angeführt werden muß, obwohl es erst einer viel späteren Zeit angehört. Nach seinem Sturz im März 1890 verfolgte Bismarck mit besonderem Haß den Staatssekretär des Reichsamts des Innern, Heinrich von Boetticher, den er im Verdacht hatte, sich gegen ihn mit Wilhelm II. verschworen zu haben. Um ihn zu ruinieren, ließ er die folgende Geschichte in die Öffentlichkeit bringen: Boetticher sei vor mehreren Jahren durch Unterschlagungen seines Schwiegervaters in eine verzweifelte Lage geraten; da habe er, Bismarck, ihn durch eine Zuwendung aus dem Welfenfonds gerettet. Die Geschichte war wahr, nur daß Bismarck seinem damaligen Staatssekretär die Herkunft des Geldes aus dem Welfenfonds verheimlicht und ihm vorgespiegelt hatte, es handle sich um eine Zuwendung aus der Privatschatulle des Kaisers. Das Bezeichnendste aber an diesem Vorgang ist, daß Bismarck offenbar auf dem Standpunkt stand, daß derjenige, der etwas aus dem Welfenfonds erhielt, dafür nicht etwa dem Staat oder gar dem König, sondern ihm persönlich zu Dank und Gegendiensten verpflichtet sei. Bismarcks häßlicher Rachestreich hatte übrigens die wohltätige Folge, daß die öffentliche Meinung über den Welfenfonds in Erregung geriet, so daß sein Nachfolger Caprivi die Möglichkeit hatte, die Beschlagnahme der welfischen Einkünfte aufzuheben und so dem ganzen Skandal ein Ende zu machen.

5. Süddeutschland und Österreich

Die vier süddeutschen Staaten Bayern, Württemberg, Baden und Hessen waren außerhalb des Norddeutschen Bundes geblieben. Nur ein Teil des Großherzogtums Hessen-Darmstadt, der nördlich des Mains lag, war in den Bund eingeschlossen worden. Der Großherzog von Hessen und sein Minister von Dalwigk waren erbitterte Gegner aller nationalen Bestrebungen; aber sie fanden in ihrem eigenen Lande wenig Anklang. Der größte Teil der Bevölkerung stand im nationalliberalen Lager. In Baden dachten sowohl der Großherzog wie die Mehrheit der Bevölkerung national. Ihr Eifer für die deutsche Sache war so groß, daß viele den Eintritt Badens in den Bund auch dann wünschten, wenn die übrigen süddeutschen Staaten ihn nicht mitmachen wollten. Aber ein Antrag, den Eduard Lasker in diesem Sinne im Februar 1870 im Reichstag einbrachte, stieß auf Bismarcks leidenschaftlichen Widerstand. Er wolle, sagte er, »nicht den Milchtopf absahnen und das übrige sauer werden lassen«.

Diese Bemerkung zielte auf Bayern und Württemberg, wo die Lage allerdings weit weniger befriedigend war. In Württemberg war nicht nur der König und sein Hof gegen die Einigung, auch die starke demokratische Partei des Landes kämpfte heftig gegen »Verpreußung« und »Militarisierung«. Die schwäbischen Demokraten sahen in dem Norddeutschen Bund eine erweiterte preußische Militärmonarchie, und der Militarismus war ihnen durchaus verhaßt. Ganz ohne Grund war ihr Mißtrauen nicht, wie eine kleine Unterhaltung Bismarcks mit dem General von Schweinitz, dem damaligen Gesandten in Wien, aus dem Frühjahr 1870 zeigt. Schweinitz, der ein Konservativer alten Stils war, bemerkte: »Unsere Macht findet dort ihre Begrenzung, wo unser Junkermaterial zur Besetzung der Offizierstellen aufhört.« Darauf gab Bismarck die bezeichnende Antwort: »Das darf ich nicht sagen, aber ich habe danach gehandelt.« Dies Junkerregime, das Bismarck anstrebte, empfanden die süddeutschen Demokraten als eine Fremdherrschaft.

In Bayern saß auf dem Thron der junge König Ludwig II., ein phantastischer Träumer, der für Musik und Kunst schwärmte, aber für die trockenen Regierungsgeschäfte weder Interesse noch Verständnis hatte. Sein einziger politischer Gesichtspunkt war der Glanz seines Hauses Wittelsbach, das kein anderes deutsches Fürstenhaus, auch das Haus der Hohenzollern nicht, überstrahlen durfte. Ludwig hat im Wahnsinn geendet und ist wahrscheinlich nie ganz normal gewesen. Nach der Niederlage von 1866 hatte er das für sie verantwortliche Ministerium entlassen. Als Ministerpräsidenten hatte er darauf einen hohen Aristokraten von liberaler und nationaler Gesinnung, den Fürsten Chlodwig von Hohenlohe-Schillingsfürst berufen, denselben, der am Ende des Jahrhunderts deutscher Reichskanzler werden sollte. Aber Hohenlohe hatte keinen festen Halt, weder in der Bevölkerung noch bei dem wetterwendischen und launischen König.

Der größte Teil der Bayern ist katholisch. Der Klerus hat besonders auf dem Land sehr starken Einfluß. Die deutschen Katholiken waren von der Wendung der deutschen Geschichte im Jahre 1866 zum großen Teil keineswegs begeistert. Vielen war es gar nicht recht, daß die katholische Dynastie der Habsburger jetzt von der protestantischen Dynastie der Hohenzollern verdrängt wurde. Aber bei manchen frommen Katholiken spielten doch noch tiefere Motive mit. August Reichensperger, ein katholisches Mitglied des preußischen Abgeordnetenhauses, ein Mann von frommer Gesinnung und hoher Bildung, schrieb am Ende des Jahres 1866 rückschauend in sein Tagebuch: »Es kostet sehr viel Mühe, sich in solche Ratschlüsse Gottes zu fügen und nicht zu der Ansicht zu gelangen, daß das Recht nur für kleine bürgerliche Verhältnisse existenzberechtigt sei, daß im großen und ganzen aber Gewalt, List und Trug zur Herrschaft berufen seien, und der Zweck sowohl als die Mittel nicht religiösen oder moralischen Prinzipien unterliegen.« Derselbe Gedanke kehrt in der Äußerung wieder, mit der ein anderer katholischer Parlamentarier, der leidenschaftliche Hermann von Mallinckrodt, im Norddeutschen Reichstag die Verfassung begrüßte: »Ich halte an dem alten Satz ›justitia fundamentum regnorum‹ fest. An der Wiege des Norddeutschen Bundes aber habe ich die justitia nicht zu finden vermocht.«

Diese Stimmung in katholischen Kreisen verband sich in Bayern mit dem Partikularismus zu einer bitteren Opposition gegen jeden Versuch einer Annäherung an den Norddeutschen Bund oder, wie sie es nannten, gegen die »Verpreußung«. Die Opposition organisierte sich in einer Partei, die sich den bezeichnenden Namen »Bayerische Patriotenpartei« gab. Sie wuchs im Laufe der nächsten Jahre sogar zu noch größerer Stärke an. Hohenlohe konnte sich ihr gegenüber nicht behaupten und wurde im Frühjahr 1870 gestürzt.

Daß die partikularistische Opposition nicht zu unterschätzen war, zeigte sich bei den Wahlen zum »Zollparlament« im Frühjahr 1868. Der Zollverein hatte den Krieg von 1866 überlebt. Bismarck unterzog ihn darauf einer Reform, welche seine süddeutschen Mitglieder annehmen mußten. Die wichtigste Neuerung war die Einführung eines »Zollparlaments«, das über die mit dem Zollwesen zusammenhängenden Gesetze zu beschließen hatte. Es bestand in einer Erweiterung des Norddeutschen Reichstags durch Abgeordnete der süddeutschen Bevölkerung, welche ebenfalls auf Grund des allgemeinen Wahlrechts zu wählen waren. Die Mehrzahl der in Bayern und Württemberg gewählten Abgeordneten waren Gegner der Einigung, und die Verhandlungen des Zollparlaments wurden meist eine Enttäuschung für die Nationalliberalen, die Partei der Einigung.

Der Friedensvertrag von Prag hatte die Bildung eines Bundes der süddeutschen Staaten vorgesehen. Aber der Gedanke hatte niemals die geringste Aussicht auf Verwirklichung wegen der Eifersucht der anderen Staaten gegen Bayern, das in einem solchen Bunde die Führung beansprucht haben würde. Im übrigen hätte ein süddeutscher Bund kaum noch ein Tätigkeitsfeld gehabt, nachdem die wichtigsten süddeutschen Staaten mit Preußen die Schutz- und Trutzbündnisse abgeschlossen hatten, die im Ernstfalle dem König von Preußen die Verfügung über ihre Truppen einräumten.

In Österreich, das auf Grund des Prager Vertrags Süddeutschland als die legitime Sphäre seines Einflusses betrachtete, vollzog sich eine sehr interessante Entwicklung, indem Kaiser Franz Joseph zu seinem Minister des Äußeren den früheren sächsischen Minister von Beust ernannte, den Bismarck mit der Drohung, mit Sachsen keinen Frieden zu schließen, solange er dort Minister sei, gezwungen hatte, aus dem sächsischen Ministerium auszuscheiden. Sehr widerwillig hatte sich König Johann diesem Druck gefügt. Aber wenige Wochen darauf sah der gestürzte Minister sich vor einen weit größeren Wirkungskreis gestellt, als der Kaiser von Österreich ihm die Leitung seiner auswärtigen Politik anbot. In ganz Deutschland deutete man diese Ernennung selbstverständlich als die Ankündigung eines österreichischen Revancheprogramms. Wenn der Kaiser von Österreich die Leitung der auswärtigen Politik einem Manne übertrug, der seit Jahren der Gegenspieler Bismarcks in der deutschen Politik gewesen war, so lag der Schluß sehr nahe, daß er die Entscheidung von 1866 nicht als endgültig ansah und willens war, sie umzustoßen, sobald die internationale Lage Aussicht dafür bot. Die preußischen Zeitungen überhäuften den Sachsen, der plötzlich in eine so wichtige Position gerückt war, mit Hohn und Spott. Auch Bismarck nahm sicherlich schweren Anstoß an dieser Ernennung, sagte aber zu dem österreichischen Botschafter: »Ich bitte Sie Ihrem Chef zu berichten, daß ich gegen ihn nicht die geringste Ranküne hege, im Gegenteil, ich freue mich, ihn als Minister in Österreich zu wissen. In Deutschland, in Sachsen, hätte er mich allerdings sehr geniert; dort ist für uns beide kein Platz, und wenn ich das ausspreche, so gebe ich mich der Hoffnung hin, daß mich Baron Beust nicht beschuldigen werde, ihm etwas Unverbindliches sagen zu wollen.« Welch eine Grazie liegt in diesem Gruß des Siegers an den Besiegten! Das hinderte Bismarck aber natürlich nicht, seine Pressehunde gegen Beust loszulassen, wenn er ihn im Verdacht hatte, seine Wege zu kreuzen, und Beust konnte kaum etwas tun, ohne Bismarcks Verdacht zu erwecken.

Aber es war der Kaiser Napoleon, mit dem Bismarck zuerst in Konflikt kam.

6. Luxemburg

Das Großherzogtum Luxemburg, das an Preußen, Belgien und Frankreich angrenzt, war ein Mitglied des Deutschen Bundes gewesen. Die Hauptstadt des Ländchens, Luxemburg, war deutsche Bundesfestung und hatte eine Bundesgarnison, die aus preußischen Truppen bestand. Der Großherzog von Luxemburg war gleichzeitig König von Holland.

Luxemburgs Verbindung mit Deutschland war nur äußerlich. Die Bevölkerung betrachtete sich nicht als deutsch. In seinem Entwurf der Bundesreform, die Bismarck am 10. Juni 1866 dem Bundestag vorgelegt, hatte er Luxemburg ausdrücklich von dem neuen Bund ausgeschlossen, so daß durch die Auflösung des Bundes die preußische Garnison in Luxemburg ihre Daseinsberechtigung verlor. Sie war aber gleichwohl im Besitz der Festung geblieben.

Napoleon hatte den dringenden Wunsch, Luxemburg zu erwerben, schon um dem französischen Volk zeigen zu können, daß er aus der großen Krise nicht mit völlig leeren Händen hervorgegangen sei. Er war gern bereit, dafür bar und anständig zu zahlen, und der König von Holland, der bares Geld sehr gut gebrauchen konnte, war ebenso bereit, sein Großherzogtum gegen gute Bezahlung loszuschlagen. Aber die große Frage war, wie Bismarck sich dazu stellen würde. In allen seinen Unterhaltungen mit Benedetti war von Luxemburg die Rede gewesen, und Bismarck hatte sich ständig in einer den Wünschen Napoleons günstigen Weise geäußert. Benedetti war fest überzeugt, Bismarck würde seinem Kaiser nicht die geringsten Schwierigkeiten in den Weg legen. Napoleon selbst betrachtete die Hilfe Preußens als ein Zeichen von dessen Freundschaft; denn die Hoffnung auf diese hatte er immer noch nicht aufgegeben. Auch Bismarck scheint damals von dieser Auffassung gar nicht so weit entfernt gewesen zu sein. Nach der Rückkehr von seinem langen Krankheitsurlaub hatte er im Dezember 1866 an den Botschafter in Paris, Graf Goltz, der selbst ein warmer Freund einer französisch-preußischen Annäherung war, geschrieben: »Ich habe diese Allianz von Anfang meiner Geschäftsführung an als den natürlichen Ausdruck der dauernden

Übereinstimmung der Interessen beider Länder angesehen und behandelt.«

Trotz dieser günstigen Vorzeichen schlug das Unternehmen nicht nur fehl, sondern brachte die beiden Länder an den Rand eines Krieges. Zwar begünstigte Bismarck die Abtretung Luxemburgs an Napoleon, aber er lehnte es ab, schriftlich irgend etwas von sich zu geben, wodurch er sich festgelegt hätte. Er riet dem Kaiser, er solle ihn vor ein »fait accompli« stellen. Aber der König von Holland, so gern er auf den Handel eingegangen wäre, fürchtete vor allen Dingen, irgend etwas zu tun, woran Bismarck Anstoß nehmen könnte. Die Monarchen der kleinen Staaten hatten jetzt ein sehr deutliches Gefühl für die Gefahren, mit denen der Unwille Bismarcks sie bedrohen konnte. Der holländische König hielt sich um so mehr zur größten Vorsicht verpflichtet, als er bemerkte, daß das deutsche Nationalgefühl in Aufregung geriet. Zwei Tatsachen schienen besonders bedrohlich zu sein.

Im März 1867 ließ Bismarck seine geheimen Schutz- und Trutzbündnisse mit den süddeutschen Staaten veröffentlichen. Allgemein wurde das als eine Warnung an die Adresse Frankreichs aufgefaßt, daß es mit dem ganzen deutschen Volk zu tun haben würde, falls die Luxemburg-Frage zu einem Kriege führen sollte.

Die andere Tatsache war eine Interpellation, die der Vorsitzende der Nationalliberalen Partei, Rudolf von Bennigsen, am 1. April 1867 im Reichstag einbrachte. Den Text dieser Interpellation hatte Bismarck insgeheim mit ihm vereinbart. Sie kündigte die einmütige Abwehr eines jeden Versuchs an, »ein altes deutsches Land von dem Vaterland loszureißen«, und forderte die Regierung auf, das preußische Besatzungsrecht »auf jede Gefahr hin« dauernd sicherzustellen. Zwar hielt sich Bismarck in seiner Antwort auf diese Interpellation vorsichtig zurück, aber der ganze Vorgang war gleichwohl im höchsten Maße dazu angetan, den König von Holland zur größten Vorsicht zu mahnen. Er lehnte deshalb ab, irgendeinen Schritt zu tun, bevor er Bismarcks ausdrückliche Zustimmung in der Tasche hatte. Bismarck verweigerte nicht nur diese Zustimmung, sondern erhob gegen Napoleon den Vorwurf, die Angelegenheit falsch behandelt und dadurch zum Scheitern gebracht zu haben.

Napoleon fühlte sich schwer gekränkt. Seine Niederlage war für ihn um so empfindlicher, als er jetzt eine seiner Lieblingsideen begraben mußte. In einer Unterhaltung mit Goltz verglich er Preußen und Frankreich mit zwei guten Freunden, die sich in einem Kaffeehaus gezankt hätten und sich deshalb schlagen müßten, obwohl sie sich eigentlich zärtlich liebten. Das nationale Gefühl geriet auf beiden Seiten des Rheins in Erregung. Eine Zeitlang sah es tatsächlich so aus, als ob der Krieg vor der Tür stände, so absurd auch der Nachwelt der Gedanke erscheinen muß, daß zwei große Völker sich in einen Krieg stürzen könnten um eines so winzigen Ländchens wie Luxemburg willen, oder gar um das Recht Preußens, dort eine Garnison zu unterhalten. Selbst Bismarck neigte einige Tage lang dem Gedanken zu, es zum Kriege kommen zu lassen. Er wollte die Sache als eine Frage der deutschen Nationalehre behandeln und vertrat in einem Erlaß an die Vertreter Preußens bei den anderen deutschen Höfen die erstaunliche und gefährliche Doktrin: »Fühlt ein Volk seine Ehre verletzt, so *ist* dieselbe verletzt und muß demgemäß gehandelt werden.« Aber trotz dieser aufgeregten Sprache ging Bismarck höchst vorsichtig vor. Er vermied es sorgfältig, irgendeinen Schritt zu tun, der nicht wieder zurückgenommen werden konnte. Schließlich wurde der Krieg durch einen Kompromiß vermieden, der auf einer internationalen Konferenz in London zustande kam: Napoleon gab seinen Plan, Luxemburg zu erwerben, auf, und Preußen verzichtete auf sein Garnisonsrecht in Luxemburg, dessen Befestigung geschleift wurde. Das Großherzogtum wurde unter Kollektivgarantie der Signatarmächte neutralisiert. Diese Garantie war allerdings praktisch wertlos, denn der englische Premierminister vertrat im Parlament die Auslegung, sie verpflichte keine einzelne Macht zu militärischem Eingreifen, falls nicht alle anderen Garanten das gleiche täten. Wegen dieser Auslegung kritisierte Bismarck ihn sehr scharf. Aber man hat guten Grund, anzunehmen, daß er im voraus wußte, Großbritannien würde die Kollektivgarantie nur in diesem beschränkten Sinne annehmen, und daß er sich damit abfand, um die Angelegenheit zum Schluß zu bringen. Aber die Geschichte geht zuweilen andere Wege, als die handelnden Staatsmänner voraussetzen. Der Fall, für den die Garantie gedacht war, ein französischer Angriff auf Luxemburg, trat nie ein, wohl aber besetzte Deutschland im Jahre 1914 Luxemburg, ohne jede Rücksicht auf die Garantie, die es 1867 übernommen hatte.

So wurde die Luxemburg-Frage damals durch beiderseitige Zugeständnisse aus der Welt geschafft. Bismarck hat sich in späteren Jahren wiederholt auf diese Haltung zum Beweise für seine Ablehnung des Präventivkrieges berufen, dessen siegreicher Ausgang, so behauptete er, damals ebenso sicher gewesen wäre wie 1870. Aber der entscheidende Grund seines Einlenkens scheint gewesen zu sein, daß die süddeutschen Staaten militärisch nicht bereit und politisch einem Kriege abgeneigt waren. Außerdem mußte Bismarck sehen, daß sein Versuch, eine internationale Koalition gegen Napoleon zustande zu bringen, fehlschlug.

So belanglos die Luxemburg-Affäre rein sachlich ist, so ist sie doch unter zwei Gesichtspunkten von höchster Bedeutung. Sie eröffnete ein neues Kapitel sowohl in Bismarcks Politik wie in den Beziehungen von Preußen und Frankreich. Wenn wir annehmen, daß Bismarck ursprünglich beabsichtigte, Napoleons Wünschen entgegenzukommen – und diesen Schluß kann man mit ziemlicher Sicherheit aus dem vorliegenden Material ziehen –, so erklärt sich seine spätere Schwenkung aus seiner Einsicht, daß eine solche Politik ihn in Konflikt mit dem deutschen Nationalgefühl gebracht hätte, und aus seinem Entschluß, einen solchen Konflikt zu vermeiden. Bis dahin hatte er eine Kabinettspolitik getrieben, welche auf die öffentliche Meinung keine Rücksicht nahm und sich nur nach den machtpolitischen Interessen Preußens richtete, jetzt aber erkannte er, daß die öffentliche Meinung nicht nur Berücksichtigung verlangte, sondern auch, daß das deutsche Nationalgefühl die wichtigste Waffe war, die er für seine Politik einsetzen konnte. Auf diesen Ton sind seine öffentlichen Äußerungen von jetzt ab gestimmt. Er sprach und handelte als der Vorkämpfer der deutschen nationalen Idee. Der Streit um Luxemburg bezeichnet den Wendepunkt in der Entwicklung Bismarcks vom *preußischen* zum *deutschen Staatsmann.*

Er war aber auch der Wendepunkt in den Beziehungen der beiden Staaten östlich und westlich des Rheins. Napoleon hatte in der Luxemburg-Affäre dieselbe Erfahrung gemacht, die Österreich 1866 gemacht hatte. Er war auf einen Krieg nicht vorbereitet gewesen und hatte deshalb vor demselben Dilemma, wie damals Österreich, gestanden: entweder durch eilige militärische Vorbereitungen sich dem Vorwurf, den Krieg heraufzubeschwören, auszusetzen, oder abzuwarten, bis er angegriffen und geschlagen werde. Aus dieser Erfahrung zog er den Schluß, daß er sein Heer so schnell wie möglich reorganisieren müsse, um es im Notfall schleunigst mobilisieren zu können. Tatsächlich wurde die Reorganisation des französischen Heeres in den nächsten Jahren unter der Leitung des Kriegsministers, Marschall Niel, gegen eine starke Opposition durchgeführt. Niel starb kurz vor dem Ausbruch des Krieges von 1870. Mit dieser französischen Heeresreform begann der Rüstungswettlauf zwischen den europäischen Völkern, die Periode, in der auch der Friede nur ein »bewaffneter Friede« war. Jetzt auch begann sich Europas ein nervöses Gefühl der Angst zu bemächtigen. Das Vertrauen auf die Aufrechterhaltung des Friedens schwand mehr und mehr dahin. Jeder europäische Staatsmann blickte mit größerem oder geringerem Mißtrauen auf den anderen. Kleine Zwischenfälle schienen die bedrohlichsten Dimensionen anzunehmen.

Ein Beispiel dieses nervösen Mißtrauens bietet die Angelegenheit der belgischen Eisenbahnen, die den Frieden Europas im Frühjahr 1869 bedrohte. Belgien war zu jener Zeit ein Land freiester wirtschaftlicher Entfaltung, in dem die Doktrin des Laissez-faire herrschte. Die Eisenbahnen waren in der Hand von Privatgesellschaften, denen der Staat so wenig wie möglich hineinredete. Eine der wichtigsten Eisenbahnen, welche Brüssel mit der französischen Grenze verband, befand sich in großen finanziellen Schwierigkeiten, und die Gesellschaft, der sie gehörte, bot einer großen französischen Eisenbahngesellschaft, der Chemin de Fer de l'Est, an, ihr den Betrieb dieser Strecke zu überlassen. Die französische Gesellschaft nahm dies Angebot mit Freuden an. Aber jetzt griff die belgische Regierung ein. Sie glaubte, es nicht zulassen zu können, daß eine französische Gesellschaft den Betrieb einer Linie, von der die Landeshauptstadt abhing, in die Hand bekam. Sie peitschte deshalb mit aller Beschleunigung ein Gesetz durch das Parlament, welches ihr das Recht gab, solche Vereinbarungen zu verbieten, und zwar nicht nur für die Zukunft, sondern auch mit rückwirkender Kraft gegen bereits abgeschlossene Verträge. Als nun die belgische Regierung daranging, ihre neue Vollmacht auf den Vertrag der Chemin de Fer de l'Est anzuwenden und ihn zu beanstanden, wandte diese Gesellschaft sich beschwerdeführend an die französische Regierung und bat um ihren Schutz. Die französische Regierung betrachtete den Eingriff der belgischen Regierung als einen unfreundlichen Akt und erhob in Brüssel Protest.

Die Wirkung dieser Vorgänge war eine allgemeine europäische Aufregung. Man sah in dem französischen Vorgehen den ersten Schritt zur Annexion Belgiens durch Frankreich. Am größten war die Aufregung in England. Königin Victoria glaubte sich auf Grund ihrer engen verwandtschaftlichen Beziehungen zu dem belgischen Königshaus verpflichtet, gegen die finsteren Pläne des französischen Kaisers zu protestieren. Der Minister des Auswärtigen, Lord Clarendon, der von Gladstone nach seinem großen Wahlsieg über Disraeli 1868 berufen worden war, sah die Sache weniger unter dynastischen Gesichtspunkten an. Er vertrat den traditionellen englischen Standpunkt, daß die Niederlande in der Sphäre der besonderen englischen Interessen liegen, in der keine kontinentale Großmacht Fuß fassen dürfe. Deshalb war er voller Mißtrauen gegen den französischen Kaiser. Dieser und seine Regierung hingegen glaubten, daß die belgische Regierung nur die Puppe Bismarcks sei, der in Wahrheit die Fäden zöge.

Der Verdacht scheint auf der einen Seite ebensowenig begründet gewesen zu sein wie auf der anderen. Allerdings hat Napoleon im Februar 1869 einen Brief an Marschall Niel geschrieben, in dem er die Frage erörtert, ob die belgische Angelegenheit den rechten Anlaß für einen Krieg biete. Aber das beweist durchaus nicht, daß er zu irgendeiner Zeit tatsächlich zum Krieg entschlossen war. Von der Überlegung und Erörterung zum Entschluß war bei Napoleon III. immer ein sehr weiter Weg. Andererseits steht fest, daß er mit der Einleitung der Eisenbahnangelegenheit, dem Vertrag der beiden Bahngesellschaften, nichts zu tun gehabt hatte und daß er sich später große Mühe gab, den Streit gütlich beizulegen. Ebenso ist es so gut wie sicher, daß Bismarck der Aktion der belgischen Regierung vollständig fernstand. Clarendon gab mit gutem Grund dem französischen Botschafter sein Ehrenwort dafür, daß Bismarck nicht hinter dem Widerstand der Belgier stecke. Der preußische Botschafter in London, Graf Bernstorff, hoffte, die Angelegenheit würde sich zu einem Konflikt zwischen Frankreich und England auswachsen; er richtete deshalb an Clarendon und Gladstone die Frage, welche Schritte sie nun gegen Frankreich zu ergreifen gedächten. Damit war Bismarck durchaus nicht einverstanden. Er befahl Bernstorff, sich solcher Fragen zu enthalten. Offenbar befürchtete er, daß die Engländer mit der Gegenfrage antworten könnten, welche Hilfe sie im Falle eines Konfliktes mit Frankreich vom Norddeutschen Bund zu erwarten haben würden. Vor diese Frage wünschte Bismarck nicht gestellt zu werden. Denn er sah die ganze belgische Frage vollkommen anders an als die englischen Staatsmänner. An der belgischen Unabhängigkeit hatte er gar kein Interesse. Auch nach der Luxemburg-Affäre betrachtete er Belgien immer noch als einen Stein auf dem Schachbrett, den er vielleicht einmal für seine Zwecke verwenden könnte.

Das geht deutlich aus einer Unterhaltung hervor, die er im März 1868 mit dem Prinzen Napoleon, dem Vetter des französischen Kaisers, gehabt hatte. Der sehr gescheite, wenn auch etwas anrüchige Prinz war ein eifriger Verfechter der Nationalitätsidee und deshalb der nationalen Einheit sowohl von Italien wie von Deutschland. Mit wahrem Abscheu wies er den Gedanken eines Krieges zwischen Frankreich und Deutschland ab, weil er in ihm eine tödliche Gefahr für die europäische Zivilisation sah. Er kam nach Berlin nicht als Sendling des Kaisers Napoleon, sondern aus eigenem Antrieb, um die deutschen Probleme an Ort und Stelle zu studieren und sich mit dem mächtigen deutschen Staatsmann auszusprechen. Bismarck nahm ihm gegenüber kein Blatt vor den Mund, sondern sprach sich völlig ungeniert aus. Er empfahl Frankreich, Belgien zu annektieren, um darin eine Entschädigung für die Ausdehnung des Norddeutschen Bundes auf Süddeutschland zu finden. Das würde England nicht zulassen, wandte der Prinz ein. »Was ist mir England?« replizierte Bismarck. »Die Bedeutung eines Volkes bestimmt sich nach der Zahl der Soldaten, die es ins Feld stellen kann . . . Was kann England uns tun, wenn wir einig sind? *Die Schwachen sind dazu da, von den Starken gefressen zu werden!«*

Im gleichen Sinne sprach Bismarck während des belgischen Eisenbahnstreits mit dem britischen Botschafter in Berlin, Lord Loftus. Er könne sich mit der Annexion Belgiens durch Frankreich sehr wohl abfinden; er werde schon wissen, wo er Kompensationen finden könne. Dabei erwähnte er Bayern, Böhmen und Holland. Loftus war so überrascht, daß er von einer »politique de brigandage« sprach. Darauf sagte Bismarck, Großbritannien solle sich mit ihm gegen Frankreich zusammentun. »Wenn Ihr nur erklären würdet, daß jede Macht, welche den Frieden Europas bricht, von Euch als der Feind aller betrachtet wird, dann wollen wir uns gern dieser Erklärung anschließen.« Als Lord Clarendon Loftus' Bericht über diese Unterredung an Gladstone schickte, bemerkte er dazu: »Bismarcks Wege sind unerforschlich, wir können uns nie auf ihn verlassen.« Er hörte aus allen Worten Bismarcks nur heraus, daß er es darauf anlegte, Großbritannien mit Frankreich zu verfeinden. Aber gerade dies unter allen Umständen zu vermeiden, war Clarendons politisches Ziel.

Der Streit zwischen Frankreich und Belgien wurde schließlich friedlich beigelegt. Darauf schrieb Bismarck an Bernstorff, Napoleon hätte die Sache falsch angefaßt. Der richtige Weg wäre gewesen, »in Belgien einzurücken, das Land zu okkupieren, und dann ruhig abzuwarten, ob andere Mächte sich Belgiens annehmen und wegen dieser Verletzung der Verträge Frankreich angreifen würden«.

Nach diesem Rezept haben Bismarcks kleinere Nachfolger im August 1914 gehandelt, und jedermann weiß, was die Folgen waren.

7. Versuch eines Dreibundes Frankreich-Österreich-Italien

Da Napoleon nach der Luxemburg-Affäre jede Hoffnung auf ein Bündnis mit Preußen aufgeben mußte, fühlte er sich genötigt, sich nach anderen Bundesgenossen umzusehen. Auch Bismarck sah jetzt in Frankreich den »verdächtigen Nachbarn«, dem man »den Revolver in der Tasche und den Finger am Abzug« genau auf die Hände sehen müsse. Von jetzt an sprach er von dem *unvermeidlichen Krieg* gegen Frankreich.

Wenn Napoleon Umschau hielt, wo er für den herannahenden Kampf gegen Preußen Bundesgenossen finden könnte, fiel sein Auge naturgemäß zunächst auf den Besiegten von 1866, Österreich. Frankreich und Österreich hatten ein gemeinsames Interesse: Preußen nicht zu gestatten, daß es seine Herrschaft über den Main auf die süddeutschen Staaten ausdehne. Mit anderen Worten: die Aufrechterhaltung des Prager Friedens mußte beiden gleichermaßen am Herzen liegen. Bei dem leitenden Staatsmann Österreichs, Beust, konnte Napoleon voraussetzen, daß er für eine Allianz mit Frankreich zu haben sein würde, die sich dies zum Ziel setzte. Verhandlungen zwischen Napoleon und Beust begannen im Juli 1868 und dauerten bis zum Oktober 1869. Seit Dezember 1868 nahm noch ein dritter Partner an den Verhandlungen teil, König Victor Emanuel von Italien. Die Geschichte dieser Verhandlungen ist hochinteressant, doch muß es hier genügen, das Ergebnis festzustellen, zu dem das Studium der veröffentlichten Dokumente führt.

Die wichtigste Frage, die hierbei auftaucht, ist die, ob das Ziel der Verhandlungen ein *offensives* Bündnis war, d. h. ob das geplante Bündnis die Aufgabe haben sollte, Preußen und den Norddeutschen Bund gemeinsam anzugreifen, um das durch den Krieg von 1866 erschütterte Gleichgewicht der Kräfte wiederherzustellen und für die österreichische Niederlage Revanche zu nehmen. Diese Frage ist deshalb so bedeutsam, weil Bismarcks Politik im Jahre 1870 verschieden beurteilt werden muß, je nachdem man sie beantwortet. War er gezwungen, gegen Frankreich Krieg zu führen, um der Bildung einer Offensivallianz zuvorzukommen, die Napoleon zustande zu bringen im Begriffe war?

Nach meiner Ansicht hatte das geplante Bündnis zwischen Frankreich, Österreich und Italien keinen offensiven Charakter. Beust lehnte in jedem Stadium der Verhandlungen mit voller Entschiedenheit jede Verpflichtung ab, die Österreich in einen von Frankreich beabsichtigten Angriffskrieg hätte verwickeln können. Er wollte keinesfalls Teilnehmer an einem Bündnis sein, das Frankreich dazu aufmuntern könnte, Deutschland anzugreifen. Er schrieb selbst: »Will Frankreich einen Krieg mit Preußen beschleunigen oder verzögern (précipiter ou retarder)? *Unsere Monarchie bedarf der Erhaltung des Friedens;* jede Velleität des Ehrgeizes oder der Rankune liegt uns fern.« Er nahm es so ernst mit dieser Bedingung, daß er mehr als einmal bereit war, die Verhandlungen lieber abzubrechen, als in diesem Punkt irgendeine Konzession zu machen.

Tatsächlich war das Ergebnis der langen und verwickelten Verhandlungen kein formeller Vertrag, sondern nicht mehr als der Austausch persönlicher Briefe zwischen den Kaisern Napoleon und Franz Joseph. Der Brief des österreichischen Kaisers ist nicht erhalten. In Napoleons Brief lautet der entscheidende Satz: »Sollte Ew. Majestät Reich wider Erwarten angegriffen werden, so werde ich nicht einen Augenblick zögern, ihm mit Frankreichs ganzer Macht zu Hilfe zu kommen. Ich versichere überdies, daß ich keine Verhandlungen mit einer fremden Macht führen werde, ohne mich mit Ihnen vorher verständigt zu haben.« Daß der Brief von Franz Joseph nicht weiter ging, kann mit Sicherheit angenommen werden. Wenn man Beust glauben darf, ging er nicht einmal ebensoweit, indem er kein Versprechen der Hilfeleistung für den Fall eines Angriffs auf Frankreich enthielt. Keinesfalls hat er Frankreich Hilfe in einem Krieg versprochen, in dem es der Angreifer sein würde. Tatsächlich hatte Napoleon, als der Krieg von 1870 ausbrach, nichts in Händen, woraus er eine Verpflichtung Franz Josephs zur Hilfeleistung hätte ableiten können, und er hat eine solche Hilfe auch nicht erhalten.

Der König von Italien hat einen derartigen Brief weder geschrieben noch empfangen. Zwischen Frankreich und Italien stand die ungelöste und unlösbare Römische Frage. Napoleon hatte seine Truppen 1866 in Übereinstimmung mit dem Vertrag vom September 1864 aus Rom zurückgezogen, sah sich aber genötigt, sie wieder zurückzuschicken und dem Papst zu Hilfe zu eilen, als im Herbst 1867 Garibaldi mit seinen Freischaren den Kirchenstaat angriff. Sie brachten Garibaldi am 3. November 1867 bei Mentana eine vernichtende Niederlage bei. Seit diesem Zeitpunkt lagen Napoleons Soldaten wiederum in Rom. Die Minister des italienischen Königs lehnten den Abschluß irgendeines Vertrages mit Napoleon ab, der nicht die Räumung Roms vorsah. Die Frage war noch ungelöst, als der Krieg zwischen Frankreich und Deutschland ausbrach. Selbst jetzt, im Augenblick der höchsten Gefahr, brachte es Napoleon nicht fertig, Italiens militärische Hilfe dadurch zu erkaufen, daß er den Papst im Stich ließ. Natürlich hat das weder ihm noch dem Papst im geringsten geholfen. Einige

Wochen später mußte Napoleon seine Truppen doch aus Rom zurückziehen, weil er sie dringend auf dem Kriegsschauplatz brauchte, und die weltliche Herrschaft des Papstes wurde durch den Einzug der italienischen Truppen in Rom beendet, nur wenige Wochen nach der französischen Niederlage bei Sedan.

Das ganze Ergebnis der langwierigen Verhandlungen war also äußerst mager und keineswegs dazu angetan, Preußen und den Norddeutschen Bund zu bedrohen. Allerdings blieb immer noch die Frage der Mainlinie übrig. Wollte Bismarck die Einigung Deutschlands durch Überschreitung der Mainlinie vollenden, so hatte er mit dem Widerstand von Frankreich und Österreich zu rechnen. Hierbei sind jedoch zwei Tatsachen zu beachten.

Die Überschreitung der Mainlinie konnte entweder in der Weise erfolgen, daß die süddeutschen Staaten sich mit dem Norddeutschen Bunde über ihren freiwilligen Beitritt verständigten, oder in der Weise, daß sie gegen ihren Willen zum Eintritt gezwungen wurden. Aber dieser zweite Fall war praktisch ausgeschlossen. Es konnte sich also nur darum handeln, ob die süddeutschen Staaten freiwillig beitreten würden. Das war aber im Frühjahr 1870 noch weniger wahrscheinlich als unmittelbar nach dem Kriege von 1866. Zum mindesten in Bayern und Württemberg hatte sich die Stimmung von Preußen abgewandt. Das war in Bayern durch den Sturz des Kabinetts Hohenlohe klar in Erscheinung getreten. Schon aus diesem Grunde war im Frühjahr 1870 die Überschreitung der Mainlinie keine akute Frage.

Die zweite Frage, die in diesem Zusammenhang von Bedeutung ist, war die Verringerung der Gefahr eines bewaffneten Widerstands Frankreichs gegen eine deutsche Einigung infolge der innerpolitischen Entwicklung des napoleonischen Systems. Es war vom verschleierten Absolutismus zu liberalen Formen übergegangen. Der Mann, der für diese aufsehenerregende Wandlung die Verantwortung trug, war der Abgeordnete Emile Ollivier, den Napoleon am 2. Januar 1870 zu seinem führenden Minister berief. Olliviers leitende Idee war die Aussöhnung des napoleonischen Kaisertums mit dem Liberalismus und die Ersetzung des persönlichen Regiments des Kaisers durch liberale und parlamentarische Institutionen. *»L'Empire Libéral«* war das Ziel Olliviers; unter diesem Titel hat er später die Periode in 16 umfangreichen Bänden dargestellt. Diese liberalen und parlamentarischen Institutionen waren am 8. Mai 1870 von der überwältigenden Mehrheit der Franzosen in einem Plebiszit gebilligt worden.

Ollivier war nicht nur ein aufrichtiger Friedensfreund. Er hatte seit 1866 beständig den Standpunkt vertreten, daß keine fremde Macht berechtigt sei, dem deutschen Volke Hindernisse in den Weg zu legen, wenn es entschlossen sein sollte, sich staatlich zu einigen. Er war ein ausgesprochener Gegner der französischen Intervention in die inneren Angelegenheiten Deutschlands. Nach dem Antritt seines Ministeriums hatte er keinen Zweifel darüber gelassen, daß er diesen

Standpunkt festhielt. Er gab dem Pariser Korrespondenten der »Kölnischen Zeitung« ein Interview, in dem er unzweideutig erklärte, er werde sich jeder französischen Einmischung im Fall einer deutschen Einigung widersetzen, vorausgesetzt, daß diese als Ergebnis einer großen volkstümlichen Bewegung und nicht als Ergebnis künstlicher Machenschaften zustande käme. Diese Erklärung darf bei den Ereignissen, die sich kurz darauf abspielten, nicht außer acht gelassen werden.

Nur kurz kann hier der Versuch von Lord Clarendon im Frühjahr 1870 berührt werden, eine europäische Abrüstung herbeizuführen. Er handelte hierbei auf Anregung der französischen Regierung, die aber im Hintergrund zu bleiben wünschte. Der englische Minister richtete mehrere Privatbriefe an Bismarck, indem er ihm diese Idee nahezubringen suchte. Nichts lag Bismarck ferner als eine Abrüstung, die er eine *»unklare humane Idee«* nannte. Ganz andere Gedanken reiften damals in seinem Geiste, wie die Welt nur wenige Monate später erfahren sollte.

8. Die spanische Thronkandidatur und die Entstehung des Deutsch-Französischen Krieges

Wer das 22. Kapitel von Bismarcks »Gedanken und Erinnerungen« liest, muß den Eindruck erhalten, daß Deutschland, Preußen, König Wilhelm und Bismarck selbst im Frühjahr 1870 von den friedlichsten Gesinnungen und Stimmungen erfüllt waren und daß sie ganz gegen ihr Erwarten und ihren Willen durch französische Frechheit und Leichtfertigkeit in einen Krieg verwickelt wurden. Eine reine Familienangelegenheit des Hauses Hohenzollern, mit der Preußen und der Norddeutsche Bund nicht das geringste zu tun hatten, wäre von Napoleon und seinem Auswärtigen Minister, dem Herzog von Gramont, zu einer politischen Angelegenheit aufgebauscht worden; sie hätten Deutschland gezwungen, zur Verteidigung seiner nationalen Ehre das Schwert zu ergreifen.

Die Wahrheit sieht ganz, ganz anders aus. Sie ist ungefähr das Gegenteil von Bismarcks Erzählung. Das wußte außer Bismarck selbst niemand besser als der Mann, dem der gestürzte Reichskanzler seine Lebenserinnerungen diktierte. Dieser Mann war Lothar Bucher, während zweier Jahrzehnte Bismarcks vertrautester Mitarbeiter im Auswärtigen Amt, der sich schon einige Jahre vor seinem Meister in den Ruhestand zurückgezogen hatte und jetzt ihm nach seinem Sturz in die Einsamkeit von Varzin und Friedrichsruh gefolgt war, um ihm bei der Abfassung seiner Erinnerungen mit seiner Stenographenkunst und seinen ungewöhnlich ausgebreiteten und zuverlässigen Kenntnissen zu helfen. Buchers Charakter war ebenso eigenartig wie sein Lebenslauf. Er hatte 1848 als radikaler und revolutionärer Abgeordneter in der preußischen Nationalversammlung begonnen und nach der Niederlage der Revolution als »Steuerverweigerer« ins Exil gehen müssen. In London hatte er als Korrespondent der »Nationalzeitung«, eines liberalen Berliner Blattes, gelebt. Aber er hatte während seines englischen Aufenthaltes den Glauben an die liberalen Ideen und die parlamentarischen Institutionen verloren. In den sechziger Jahren war er nach Berlin zurückgekehrt, wo er mit Lassalle Freundschaft geschlossen hatte. Der liberalen Partei hatte er den Rücken gekehrt, und er ging in Bismarcks Lager über, als dieser ihm einen Posten im Auswärtigen Amt anbot. Er war ein einsamer und mißtrauischer Sonderling mit einem Zug zum Mystizismus. Mit seiner ganzen Seele gab er sich dem großen Staatsmann hin, der sein einziges Ideal wurde. Er ist auch einer der ganz wenigen Menschen gewesen, für die Bismarck so etwas wie Freundschaft empfand. Der Kanzler ließ ihn zuweilen tiefer in sein Herz blicken als irgendeinen anderen Menschen, und man kann annehmen, daß Bucher mit mehr Geheimnissen der Bismarckschen Politik vertraut war als irgend jemand sonst. Er war zweifellos derjenige, der am besten über die Geschichte der Hohenzollernkandidatur Bescheid wußte, denn er hatte in ihr selbst eine ebenso wichtige wie diskrete Rolle gespielt. Ihm konnte es daher auch nicht entgehen, wie unbedenklich Bismarck in seiner Darstellung mit der Wahrheit umsprang, und er hat seinem Freund Moritz Busch gegenüber auch keinen Hehl daraus gemacht. Er scheute sich nicht, Busch rundheraus zu sagen, die Kandidatur des Hohenzollernprinzen für den spanischen Königsthron sei eine »Falle« gewesen, die Bismarck »Badinguet« (Spitzname für Napoleon III.) gestellt habe, von der aber weder der König noch der Kronprinz das geringste gewußt hätten.

Die Veröffentlichung zahlreicher Urkunden aus den Archiven macht es jetzt möglich, die Geschichte dieser Thronkandidatur in ihren wesentlichen Zügen zu rekonstruieren. Manche Einzelheiten werden wohl allerdings nie genau aufgeklärt werden. Dafür hat Bismarck sein Spiel zu fein und zu vorsichtig gespielt.

In Spanien hatte im Jahre 1868 eine Revolution die liederliche Königin Isabella von ihrem Thron und aus dem Lande getrieben. Die spanische Nationalversammlung, die Cortes, hatten unter der Führung des Ministerpräsidenten, General Prim, dem Lande eine demokratische, aber monarchische Verfassung gegeben. Zur Monarchie fehlte ihnen jedoch der König, der auf dem leer gewordenen Throne Platz nehmen sollte. Prim hielt überall Ausschau nach einem katholischen Prinzen, der geeignet und bereit war, die recht dornenreiche spanische Königskrone auf sein Haupt zu setzen. Zwar gab es einige Prinzen, die nach der Krone lüstern waren, aber sie fanden keine Gnade vor Prims Augen. Andere, denen er die Krone anbot, lehnten sie dankend ab. Einige Spanier, an deren Spitze ein gewisser Salazar stand, traten für den Erbprinzen Leopold von Hohenzollern ein. Leopold war der älteste Sohn des Fürsten Karl Anton von Hohenzollern, den wir als den preußischen Ministerpräsidenten der »Neuen Ära« kennengelernt haben (S. 38). Er war ein Mitglied der preußischen Königsfamilie geworden, als er sein kleines Fürstentum Hohenzollern-Sigmaringen an die preußische Krone abgetreten hatte. Dadurch war der König von Preußen das Familienoberhaupt auch der fürstlich Hohenzollernschen Familie geworden und hatte alle die Rechte und Pflichten übernommen, die dem Haupt einer regierenden Familie in einer Monarchie gebühren. Die Hohenzollernschen »Hausgesetze« waren auch für den fürstlichen Zweig und dessen Mitglieder maßgebend. Hier kommt es darauf an, daß kein Mitglied der königlichen Familie einen Thron besteigen durfte ohne die ausdrückliche Genehmigung des Familienoberhauptes, des Königs von Preußen. Übrigens war Fürst Karl Anton ein preußischer General, wie seine Söhne preußische Offiziere waren. Einer dieser Söhne hatte bereits einen Thron, den von Rumänien, bestiegen. Während die preußische Königsfamilie protestantisch war, gehörte die fürstliche Linie der katholischen Kirche an. Durch Heirat war sie mit vielen europäischen Fürstenhäusern verwandt, betrachtete sich aber gleichwohl als deutsch, ja als preußisch, und machte auch kein Hehl daraus.

Was nun die Kandidatur des Erbprinzen für den spanischen Thron anlangte, so wurde sie zunächst weder in Spanien noch an den auswärtigen Höfen sonderlich ernst genommen. Sie hatte nur sehr wenige Anhänger unter den Spaniern. Ihr Wortführer Salazar hatte den Namen des Prinzen zuerst von einem preußischen Diplomaten, dem Freiherrn von Werthern, der inzwischen preußischer Gesandter in München geworden war, gehört. Die Hohenzollernprinzen selbst hatten zunächst gar keine Neigung, sich auf die Sache einzulassen.

Nun aber tauchte in aller Heimlichkeit Theodor von Bernhardi im Mai 1869 in Spanien auf. Er war ein Gelehrter von Ruf und Verdienst, Historiker und Nationalökonom, der in der Berliner Gesellschaft, in den Kreisen der Regierung sowie am Königshofe über ausgezeichnete Beziehungen verfügte. Seine Tagebücher sind eine sehr interessante Quelle für die preußische Geschichte der sechziger Jahre. Bismarck und Moltke hatten ihn wiederholt für vertrauliche Aufgaben verwandt. Vor und während des Krieges von 1866 war er Militärattaché bei der preußischen Gesandtschaft in Florenz gewesen. Wenn er jetzt in Spanien erschien, so geschah auch das im vertraulichen Auftrage Bismarcks. Der letzte Band seiner Tagebücher befaßt sich auch mit seiner spanischen Reise, enthält aber kein Wort politischer Natur. Sein Sohn, der die Tagebücher herausgegeben hat, muß guten Grund gehabt haben, alle politischen Mitteilungen zu unterdrücken. Dieser Sohn ist der General Friedrich von Bernhardi, der Verfasser jener kurz vor dem Ersten Weltkrieg erschienenen Schrift »Deutschland und der nächste Krieg«, welche die Doktrin des moralfreien Militarismus in ihrer ganzen Reinheit verkörpert.

Was hat Theodor von Bernhardi nun in Spanien getan? Bis zu einem gewissen Grade ist diese Frage von Lord Acton in seinem Essay über die Entstehung des Deutsch-Französischen Krieges. (Histor. Essays, 1899, S. 213) beantwortet worden. Acton, der eine deutsche Mutter hatte, stand der deutschen Aristokratie durch Familienbeziehungen nahe und hatte ausgezeichnete Verbindungen mit deutschen Gelehrten, die ihn hoch schätzten. Er berichtete in seinem Essay, Bismarck habe Bernhardi 50000 Pfund aus dem Welfenfonds zur Verfügung gestellt. Die Bestimmung dieser ansehnlichen Summe kann wohl kaum zweifelhaft sein: sie sollte dazu dienen, Anhänger für die Hohenzollernkandidatur zu werben. Wer damit bestochen worden ist, weiß man nicht und wird man vermutlich nie erfahren. Besonders die interessante Frage, ob General Prim selbst etwas abbekommen hat, wird wohl immer unbeantwortet bleiben müssen; man kann nur soviel sagen, daß Prim in einem großen Stil lebte und immer in Schulden war.

Im September 1869 kam Salazar nach Deutschland. Werthern führte ihn bei den Hohenzollernprinzen ein. Er bot Leopold die spanische Krone an. Aber Leopold lehnte sie in voller Übereinstimmung mit seinem Vater ab. Salazar wiederholte seine Bemühung im Februar 1870, diesmal mit Briefen Prims an den Prinzen, den König von Preußen und Bismarck ausgerüstet. Auch der Fürst Karl Anton schrieb an Bismarck. Dieser empfing Salazar am 26. Februar. Am nächsten Tage machte Bismarck dem König, der durchaus gegen die Kandidatur war, einen persönlichen Bericht, der sich mit aller Entschiedenheit für sie einsetzte. Er stellte ihm vor, daß im Falle eines Krieges mit Frankreich eine deutschfreundliche spanische Regierung zwei Armeekorps wert sein würde, und er betonte die Erhöhung des Prestiges, welche die Monarchie in Preußen erfahren würde, wenn die Dynastie zu einer europäischen Stellung gelangen würde, die eine Analogie nur in dem Muster des Hauses Habsburg finden würde. Den gleichen Gedanken drückte Fürst Karl Anton in seinem Brief an Bismarck aus: »Die Geschichte hat eine solche Dynastie nicht gesehen *seit Karl* V.« Diese Worte sind besonders bemerkenswert in Verbindung mit der vielumstrittenen Erklärung, die der Herzog von Gramont am 6. Juli 1870 im französischen Parlament abgab (S. 161).

Trotz Bismarcks warmer Befürwortung wollte der König nach wie vor nichts von der Kandidatur wissen und hielt seinen Widerspruch aufrecht. Kurz darauf kam Fürst Anton mit dem Erbprinzen Leopold im März 1870 nach Berlin, wo sie als Gäste des Königs in dessen Palais wohnten. Hier fand auf Bismarcks Anregung zu ihren Ehren am 15. März ein Diner statt, zu dem die wichtigsten Persönlichkeiten Preußens eingeladen wurden. Bismarck sagt in seinen Erinnerungen, es hätte kein Minister-Conseil im Schloß stattgefunden. Formell ist das richtig. Eine formgerechte Kronratssitzung fand nicht statt. Aus guten Gründen wählte man eine mehr private Form der Aussprache, und Bismarck selbst war es, der dies vorgeschlagen hatte. Aber die

Form ist selbstverständlich für die historische Betrachtung bedeutungslos. Worauf es ankommt ist, daß die Frage, ob dem Prinzen Leopold die Annahme der Kandidatur empfohlen werden solle, vom Könige unter Zuziehung der wichtigsten Personen seines Staates beraten wurde. Man braucht sich nur die Liste der Teilnehmer anzusehen. Außer dem Kronprinzen, den hohenzollernschen Gästen und dem Hausminister von Schleinitz waren zugegen: Bismarck, der Präsident des Kanzleramtes Delbrück, der Unterstaatssekretär im Auswärtigen Amt von Thile, der Kriegsminister General von Roon und der Generalstabschef General von Moltke. Unter Bismarcks fester Leitung traten alle, Staatsmänner wie Generäle, für die Annahme der Kandidatur ein. Aber ebenso bedeutsam wie das, was gesagt wurde, ist das, was ungesagt blieb. Kein Minister oder General sprach ein Wort über die Frage, ob die Besteigung des spanischen Königsthrons durch einen Hohenzollern nicht zu einem Krieg mit Frankreich führen könnte. Daß die Herren diese Frage in ihrem Innern erwogen, kann keinem Zweifel unterliegen. Bei dem Diner, welches der Aussprache entweder vorausging oder nachfolgte, fragte Rudolf Delbrück seinen Nachbarn Moltke: »Wenn's aber Napoleon übel nimmt, sind wir doch bereit?« Moltke bejahte die Frage »mit behaglicher Zuversicht«. Aber vor dem König sprach niemand darüber. Denn jeder wußte, daß Wilhelm die Thronkandidatur mit größter Bestimmtheit verbieten würde, wenn er auf den Gedanken kommen würde, daß sie mit einer Kriegsgefahr verbunden sein könnte.

Aber auch diese geschickte Taktik führte nicht zum Ziel. Der König beharrte bei seinem Nein, und Leopold lehnte die Kandidatur wiederum ab. Mit dieser königlichen Entscheidung hätte die Sache eigentlich zu Ende sein müssen. Bismarck ließ sich aber dadurch nicht stören, sondern arbeitete beharrlich weiter für die Durchführung des Planes, den sein königlicher Herr eben abgelehnt hatte. Einige Wochen nach der Besprechung vom 15. März schickte er Lothar Bucher nach Spanien. Dieser kam mit einem höchst optimistischen Bericht zurück. Aber der König fand, der Bericht sei zu sehr »couleur de rose« und beharrte auf seiner ablehnenden Haltung. Jetzt schlug Bismarck einen Umweg ein und drückte auf Karl Anton, er möge seinen Einfluß auf seinen Sohn Leopold für die Annahme der Kandidatur ausüben. Als Leopold immer noch keine Neigung zeigte, sandte Bismarck Lothar Bucher mit einem Brief an Prim abermals nach Spanien. Der König nahm daran Anstoß, daß Bismarck hinter seinem Rücken mit Prim verhandle, aber Bismarck wußte ihn dadurch zu beruhigen, daß er die Sendung Buchers als einen bloßen Höflichkeitsakt darstellte. Tatsächlich verständigte er sich durch Bucher mit Prim über die Taktik, die von beiden Seiten eingehalten werden sollte, wobei es ihm in erster Linie darauf ankam, die Sache nach außen so darzustellen, als ob Bismarck und das preußische Auswärtige Amt mit ihr nicht das geringste zu tun hätten. Bucher kehrte, heimlich von Salazar begleitet, nach Deutschland zurück. Jetzt gab Leopold schließlich nach und nahm die Kandidatur an. Am 21. Juni gab König Wilhelm »mit sehr, sehr schwerem Herzen« seine nach dem Hausgesetz unentbehrliche Zustimmung.

Bis jetzt war alles streng geheimgehalten worden. Der Plan war, die spanischen Cortes, die den König zu wählen hatten, ganz plötzlich mit der Kandidatur bekannt zu machen und die Wahlen so schnell vorzunehmen, daß Europa vor die vollendete Tatsache gestellt wurde. Aber dieser Plan schlug infolge von Mißverständnissen fehl. Als Salazar mit der Annahmeerklärung des Prinzen in Madrid anlangte, waren die Cortes vertagt, das Geheimnis wurde ruchbar, und Prim war am 3. Juli genötigt, den französischen Botschafter in Madrid von der Hohenzollernkandidatur in Kenntnis zu setzen.

Napoleon war tief verletzt durch dies Vorgehen der Hohenzollern. Er hatte ihnen immer Wohlwollen entgegengebracht und hatte jetzt das Gefühl, daß sie ihm einen schäbigen Trick gespielt hätten. Er konnte nicht umhin, die Angelegenheit sehr ernst zu nehmen. Da Spanien Frankreichs südlicher Nachbar ist, mußte ihm ein Hohenzoller auf dem spanischen Thron als der Beginn einer Einkreisung erscheinen, die ihn unter Umständen mit einem Krieg auf zwei Fronten bedrohte. Er konnte nicht zweifeln, daß das französische Volk die Sache in diesem Lichte sehen würde, und daß seine Autorität, die ohnehin durch die mißglückte mexikanische Expedition und seine diplomatischen Niederlagen seit Königgrätz geschwächt war, einen endgültigen und unerträglichen Stoß erleiden würde, wenn er nichts tat, um diese Konstellation zu verhindern. Das konnte das Ende seines Throns und seiner Dynastie bedeuten. Tatsächlich entstand in Paris, als die spanischen Vorgänge bekannt wurden, eine ungeheure Aufregung. Gramont befahl dem Geschäftsträger in Berlin, Le Sourd, das Auswärtige Amt zu befragen, ob das Berliner Kabinett etwas mit dieser »Intrige« zu tun habe. Denn in diesem hochkritischen Augenblick waren alle Personen, auf die es ankam, von Berlin abwesend. Der König war in Ems zur Kur, Benedetti tat das gleiche in Wildbad, und Bismarck hatte sich in die pommerschen Wälder nach Varzin zurückgezogen. Le Sourd mußte sich in der Wilhelmstraße mit dem Unterstaatssekretär von Thile begnügen. Dieser, der am 15. März an dem Diner im Schloß teilgenommen hatte, gab ihm die Antwort: er wisse von der Angelegenheit nichts; für ihn, d. h. für das Auswärtige Amt, existiere sie nicht. Diese Antwort machte auf Gramont einen um so schlechteren Eindruck, als er aus Madrid die Information erhalten hatte, daß Bismarck mit Prim unmittelbar korrespondiert hatte.

Was sollte die französische Regierung jetzt tun? Sie glaubte, Preußen durch eine *feste Sprache* warnen zu müssen. Infolgedessen verlas Gramont vor dem Corps Législatif eine Erklärung, welche die höchste Sensation erregte und Europa plötzlich zeigte, daß es an der Schwelle eines Krieges stand. Wir werden es nicht zulassen, hieß es hier, daß

»eine fremde Macht einen ihrer Prinzen auf den Thron Karls V. setzt und dadurch das europäische Gleichgewicht zum Nachteil Frankreichs stört«. Diese Charakterisierung der Hohenzollernkandidatur stimmt ziemlich genau mit den Hoffnungen überein, denen, wie wir gesehen haben, sowohl Bismarck wie der Fürst von Hohenzollern Ausdruck gegeben haben. Gramont endete mit der Erklärung, die Regierung werde im Notfall wissen, ihre Pflicht ohne Zögern und ohne Schwanken zu tun. Außerdem gab die französische Regierung jetzt Benedetti den Auftrag, sich unverzüglich nach Ems zu begeben, wo König Wilhelm weilte, und die Angelegenheit mit ihm direkt zu erörtern.

Man kann nicht zweifeln, daß bis zu diesem Augenblick Bismarck die treibende Kraft hinter der Kandidatur war, und daß seine Behauptung, sie habe mit der preußischen Politik nichts zu tun gehabt, nur eine Kulisse war, die der Sturm der Tatsachen umblasen mußte. Ein Zweifel kann nur darüber bestehen, ob er die Sache mit der *Absicht* eingefädelt hatte, es zum Kriege zu treiben. Aber es hieße, Bismarcks Voraussicht, die der aller anderen Staatsmänner überlegen war, unterschätzen, wollte man annehmen, er hätte übersehen, erstens, daß die Franzosen die Kandidatur um so mehr als eine Provokation ansehen würden, als sie durch die diplomatischen Niederlagen, die er ihnen in den letzten Jahren beigebracht hatte, gereizt waren, zweitens, daß Napoleon seine Dynastie für gefährdet halten mußte, wenn er sich diese Kandidatur widerspruchslos gefallen ließ, drittens, daß die Thronkandidatur eines Prinzen, der einer regierenden Dynastie angehörte, gegen einen Grundsatz des Völkerrechts verstieß, der sich im 19. Jahrhundert herausgebildet hatte. Überdies hatte Napoleon ihm 1869 ausdrücklich erklären lassen, daß er einen Hohenzollern auf dem Thron von Spanien nicht dulden könne. Bismarck mußte also zum mindesten wissen, daß er die *Gefahr* eines Krieges heraufbeschwor. Aber die, welche ihn damals aus der Nähe sahen, gingen weiter und behaupteten, daß er den Krieg *beabsichtigt* habe. Bucher bezeichnet, wie erwähnt, die Kandidatur als eine Falle, die Bismarck dem französischen Kaiser gestellt habe, und Fürst Karl Anton von Hohenzollern sagte kurz nach dem Kriege zu Herrn von Radowitz, dem Mitarbeiter Bismarcks und späteren deutschen Botschafter, Bismarck habe die Thronkandidatur nur in der *Absicht* und *Voraussicht* aufgebracht, um daraus den Kriegsfall gegen Frankreich zu gewinnen, und er habe die Hohenzollern für einen politischen Zweck mißbraucht, der nimmermehr der ihrige hätte sein können.

So große Mühe Bismarck sich gab, diesen Abschnitt seiner Tätigkeit im dunkeln zu lassen, so freudig hat er sich stets dazu bekannt, daß er *nach der Rede Gramonts* zum Krieg entschlossen gewesen sei und zu ihm getrieben habe. Deswegen widersetzte er sich aufs äußerste jedem Nachgeben, im Gegensatz zum König, der einen Krieg zu vermeiden wünschte und auf die Zurückziehung der Kandidatur hinarbeitete. Daß Benedetti den König aufsuchte, um mit ihm persönlich zu verhandeln – wozu er als Botschafter nach den internationalen Gepflogenheiten berechtigt war –, war die Folge der rein negativen Haltung, welche das preußische Auswärtige Amt, natürlich auf Bismarcks Befehl, eingenommen hatte. Aber Bismarck wurde dadurch in Unruhe versetzt, weil er befürchtete, der König werde jetzt seine eigene Politik an die Stelle derjenigen seines Kanzlers setzen. Der Gegensatz in der Politik der beiden Männer kommt deutlich in den zwischen Ems und Varzin gewechselten Telegrammen zum Ausdruck, sowohl in dem, was sie sagen, wie in dem, was sie verschweigen. Denn der König hütete sich, seinem Minister alles mitzuteilen, was er zur Aufrechterhaltung des Friedens tat. Er verschwieg ihm, daß er Briefe und Boten an den Fürsten von Hohenzollern sandte,um dessen Sohn zum Rücktritt von der Kandidatur zu veranlassen, sowie daß er Benedetti bat, in Ems zu bleiben, bis die erwartete Antwort des Hohenzollern eingetroffen sei. Diese ängstliche Zurückhaltung des Königs kann man verstehen, wenn man die aufgeregten Randbemerkungen liest, mit denen Bismarck die Telegramme aus Ems versieht. Ein Telegramm vom 11. Juli enthielt eine Äußerung des Königs: »Nach Madrid muß der Erbprinz direkt sich aussprechen.« Bismarcks Bleistift schrieb an den Rand: »Aussprechen? Warum? Worüber? und Was?« Das Telegramm fuhr fort: »Benedetti hat sich entschlossen, noch 24 Stunden länger zu bleiben.« Dazu bemerkte Bismarck ironisch »Sehr freundlich.« Als er aber gar ein Telegramm vom 12. Juli erhielt, in dem es hieß, der Erbprinz trete freiwillig zurück, entlud sich Bismarcks Ärger in einer doppelten Unterstreichung des Wortes »freiwillig« und einem großen Ausrufungszeichen.

Als Bismarck von Varzin aus sah, daß sich in Ems trotz all seiner Telegramme eine gütliche Regelung vorbereitete, entschloß er sich, selbst dorthin zu gehen. Als er aber am 12. Juli, in Berlin angekommen, erfuhr, daß Leopold von der Kandidatur zurückgetreten war, gab er die Weiterreise auf. Auf die Motive, die ihn dazu bestimmten, jetzt nicht nach Ems zu gehen, werfen die Worte ein Licht, die er eine Woche später zu dem französischen Geschäftsträger sagte, als dieser ihm die Kriegserklärung überreichte. Nachdem er sich über den Druck beklagt, den Benedetti auf den »armen, kranken König« ausgeübt habe, setzte er hinzu: »Glauben Sie, ich wäre, wenn ich offiziell gefragt worden wäre, nicht aus den Tiefen der pommerschen Wälder herbeigeeilt? . . . Ich gebe zu, daß ich, *wenn ich nach Ems gegangen wäre,* vielleicht den *Krieg hätte vermeiden* können.«

Die Zurückziehung der Kandidatur am 12. Juli war für Frankreich ein großer diplomatischer Erfolg und deshalb für Bismarck eine schwere diplomatische Niederlage. Er war fest entschlossen, sie sich nicht gefallen zu lassen, und er plante seinerseits energische Schritte, die mit Notwendigkeit zu einem Krieg führen mußten, wenn Frankreich nicht nachgab. Aber er wurde aller Bemühungen in dieser Richtung überhoben durch die schweren Fehler Napoleons und Gramonts, die, jeder politischen Vernunft zuwider, mit ihrem Erfolg nicht zufrieden waren. Hätte die französische Regierung hier haltgemacht, so hätte die ganze Welt sie als die Siegerin gefeiert, und die Hohenzollernkandidatur wäre tot und begraben gewesen. Aber jetzt machte Napoleon zwei verhängnisvolle und unverzeihliche Fehler. Er ließ sich von dem Geschrei der verantwortungslosen Pariser Presse und der Nationalisten auf der Rechten mitreißen; diese schrien, der Verzicht des Prinzen, oder vielmehr seines Vaters, genüge nicht, weil er nur als eine Privatangelegenheit der Hohenzollern hingestellt würde, mit der Preußen nichts zu tun hätte. Sein zweiter Fehler war der Rückfall in die Methoden des persönlichen Regiments, indem er Gramont hinter dem Rücken der anderen Minister einen Befehl gab. Dieser Befehl wurde Benedetti übersandt ohne Kenntnis Olliviers, der ihn vielleicht aufgehalten haben würde. Er ging dahin, Benedetti solle von dem König von Preußen die Erklärung verlangen, daß er den Rücktritt des Erbprinzen billige und verspreche, dem Prinzen zu verbieten, jemals wieder in Zukunft seine Kandidatur zu erneuern.

Durch diese schweren Fehler lieferte Napoleon sich in Bismarcks Hände. König Wilhelm konnte nicht anders, als die neue Forderung ablehnen. Der Geheimrat Abeken, der bei ihm das Auswärtige Amt vertrat, berichtete Bismarck telegraphisch diese Tatsache. Dies Telegramm veröffentlichte Bismarck in einer Form, welche darauf berechnet war, das Nationalgefühl sowohl in Deutschland wie in Frankreich aufzuregen*). Bismarck selbst erzählt die Geschichte seiner Redaktion des Emser Telegramms in seiner eigenen unvergleichlichen Weise in den »Gedanken und Erinnerungen«. Es ist ein literarisches Meisterwerk, das kein Leser je vergessen kann. Bismarcks Kritiker haben diese Redaktion eine Fälschung genannt, und Bismarcks eigene Erzählung hat ihnen guten Grund dazu gegeben. Ob diese Bezeichnung zutrifft, ist eine untergeordnete Frage. Das Wesentliche ist, daß Bismarck dem Telegramm einen Sinn gab, den es nicht hatte und

*) Abekens Telegramm lautete: »Ems, den 13. Juli 1870. S. M. der König schreibt mir: ›Graf Benedetti fing mich auf der Promenade ab, um auf zuletzt sehr zudringliche Art von mir zu verlangen, ich sollte ihn autorisieren, sofort zu telegrafieren, daß ich für alle Zukunft mich verpflichte, niemals wieder meine Zustimmung zu geben, wenn die Hohenzollern auf ihre Kandidatur zurückkämen. Ich wies ihn zuletzt etwas ernst zurück, da man à tout jamais dergleichen Engagements nicht nehmen dürfe noch könne. Natürlich sagte ich ihm, daß ich noch nichts erhalten hätte und, da er über Paris und Madrid früher benachrichtigt sei als ich, er wohl einsähe, daß mein Gouvernement wiederum außer Spiel sei.‹ S. M. hat seitdem ein Schreiben des Fürsten bekommen. Da S. M. dem Grafen Benedetti gesagt, daß er Nachricht vom Fürsten erwarte, hat Allerhöchst derselbe mit Rücksicht auf die obige Zumutung, auf des Grafen Eulenburg und meinen Vorschlag, beschlossen, den Grafen Benedetti nicht mehr zu empfangen, sondern ihm nur durch einen Adjutanten sagen lassen: daß S. M. jetzt vom Fürsten die Bestätigung der Nachricht erhalten,

der den Wünschen des Königs vollkommen zuwider lief, während er andererseits dadurch, daß er es auch in der veröffentlichten Fassung von Ems datierte, in dem Leser die Vorstellung erweckte, daß es in dieser Form den Absichten des Königs entsprach.

Was er im einzelnen tat, ist folgendes: Erstens zog er zwei Sätze, die im Original durch eine wichtige Feststellung getrennt waren, zusammen, und zweitens unterdrückte er die Mitteilung des Königs an Benedetti, daß er die Bestätigung des Rücktritts vom Fürsten Karl Anton erhalten habe. Auf diese Weise gab er den Worten des Emser Textes, daß der König dem Grafen Benedetti habe »durch einen Adjutanten sagen lassen: daß S. M. dem Botschafter nichts weiter zu sagen habe« die Bedeutung einer beabsichtigten, schroffen Zurückweisung, was weder mit den Tatsachen übereinstimmte noch mit der Bismarck sehr wohl bekannten Ansicht des Königs. Bismarck ließ das Telegramm in seiner offensiven Fassung am selben Abend durch Extraausgaben der Zeitungen verbreiten, welche die Bevölkerung zu patriotischer Entrüstung aufpeitschten. Außerdem ließ er alle deutschen und ausländischen Höfe offiziell davon unterrichten, was ihn nicht abhielt, es am 18. Juli in einer amtlichen Erklärung abzuleugnen. In München, London und St. Petersburg verschärfte er diese Information noch durch die wahrheitswidrige Behauptung, Benedetti habe den König »gegen seinen Willen provozierend auf der Promenade angesprochen«. Tatsächlich war es selbstverständlich der König gewesen, der Benedetti angesprochen hatte.

Bismarcks Manöver hatte genau die Wirkung, die er beabsichtigt und erwartet hatte. Als König Wilhelm am nächsten Morgen das Telegramm in der Zeitung las, rief er entsetzt aus: »Das ist der Krieg!« Er erkannte sofort, daß das Recht der Kriegserklärung, welches die Verfassung des Norddeutschen Bundes ihm vorbehielt, von seinem Kanzler usurpiert worden war. Denn, was ihm zu tun übrigblieb, waren nur noch Formalitäten. Die Wirkung von Bismarcks Redaktion

die Benedetti aus Paris schon gehabt, und dem Botschafter nichts weiter zu sagen habe. S. M. stellt Ew. Exz. anheim, ob nicht die neue Forderung Benedettis und ihre Zurückweisung sogleich, sowohl unseren Gesandten, als in der Presse mitgeteilt werden soll.«

Bismarcks Fassung lautet:

»Ems, 13. Juli 1870. Nachdem die Nachrichten von der Entsagung des Erbprinzen von Hohenzollern der Kaiserlich französichen Regierung von der Königlich spanischen amtlich mitgeteilt worden sind, hat der französische Botschafter in Ems an Se. Majestät noch die Forderung gestellt, ihn zu autorisieren, daß er nach Paris telegraphiere, daß S. M. der König sich für alle Zukunft verpflichte, niemals wieder seine Zustimmung zu geben, wenn die Hohenzollern auf ihre Kandidatur wieder zurückkommen sollten. S. M. der König hat es darauf abgelehnt, den französischen Botschafter zu empfangen und demselben durch den Adjutanten vom Dienst sagen lassen, daß Se. Majestät dem Botschafter nichts weiter mitzuteilen habe.«

des Telegramms ist auch in der Erklärung zu sehen, die Ollivier am 15. Juli vor dem Corps Législatif abgab: »Il peut arriver qu'un roi refuse de recevoir un Ambassadeur; ce qui est blessant, c'est le *refus intentionel* divulgé dans des suppléments les journaux, dans les télégrammes adressées à toutes les cours de l'Europe«. Tatsächlich seien alle Formen der Höflichkeit Benedetti gegenüber gewahrt worden. »L'offense résulte d'une publication intentionelle.«

Bismarck hat sich stets gerühmt, diese »intention« gehabt zu haben. Er hat diejenigen, welche ihn deswegen tadelten, beschuldigt, sie hätten das Ergebnis des Krieges, die Einigung Deutschlands, nicht gewünscht. War aber ein Krieg gegen Frankreich wirklich der einzige Weg, die Einigung Deutschlands herbeizuführen? Über diese Frage kann man verschiedener Meinung sein. War es wirklich für das deutsche Volk unmöglich, sich aus eigenem, freien Entschluß zu einem einheitlichen Staate zusammenzuschließen? Wogegen die Bevölkerung von Bayern und Württemberg sich auflehnte, das war ein Staat, in dem die preußische Krone ein überwältigendes Übergewicht besaß und der preußische Militarismus die vorherrschende Macht war. Wäre es nicht möglich gewesen, sie für den Anschluß durch Zugeständnisse zu gewinnen, welche diese beiden Faktoren geschwächt hätten? Eines ist jedenfalls sicher: Bismarck war entschlossen, diese Zugeständnisse unter keinen Umständen zu machen. Sein Ziel war die Herrschaft des preußischen Königs über Deutschland, wie er es einst an Roon klar und offen geschrieben hatte (S. 141), und wir werden sehen, daß er dies Ziel in vollem Umfange erreichte.

Überblicken wir die ganze Geschichte der Hohenzollernkandidatur, so können wir nicht zweifeln, daß sie Bismarcks Werk war, und wir fühlen uns berechtigt, hinzuzusetzen, daß Bucher recht hatte, wenn er sie eine Falle nannte, die Bismarck Napoleon gestellt hatte. Bismarck hat das ganze Manöver mit der Absicht unternommen, Napoleon vor das Dilemma zu stellen, entweder eine schwere politische Niederlage zu erleiden, die ihn früher oder später seinen Thron kosten mußte, oder es auf einen Krieg ankommen zu lassen. Können wir bezweifeln, daß er vorhergesehen hat, Napoleon würde sich notgedrungen für die zweite Alternative entscheiden? Deshalb trägt er in erster Linie die Verantwortung für diesen Krieg. Das heißt natürlich keineswegs, daß er sie allein trägt. Die frivolen und verantwortungslosen französischen Journalisten und Politiker, die leichtfertig »à Berlin« schrien, die Kaiserin Eugénie, die sich mit Leopolds Verzicht nicht begnügen wollte, Napoleon selbst und Gramont, die eine glänzende diplomatische Situation töricht und leichtsinnig verpfuschten, weil sie nicht verstanden, im richtigen Augenblick haltzumachen – sie alle haben ihren Anteil an der Verantwortung, und niemand kann sie von Schuld freisprechen. Aber sie sind weniger die Schiebenden als die Geschobenen. Bismarck allein war es, der die Initiative in der Hand behielt und die anderen als seine Werkzeuge gebrauchte, weil er mit unfehlbarer Sicherheit voraussah, wie sie sich verhalten würden. Sie taten in Wahrheit das, was sie nach seiner Berechnung zu tun hatten. Turmhoch steht er in seiner Überlegenheit über ihnen allen. Er ist es daher auch, der in erster Linie die Verantwortung zu tragen hat.

In einem der melancholischen Augenblicke, die selbst dem Eisernen Kanzler nicht erspart blieben, machte Bismarck sich selbst den Vorwurf: »Ohne mich wären drei große Kriege nicht geführt worden und 80000 Menschen wären nicht umgekommen.« Achtzigtausend! Wie klein ist diese Zahl, verglichen mit den Millionen, die den mittelbaren Wirkungen dieses Krieges zum Opfer gefallen sind, Millionen, die noch nicht den ersten Atemzug getan hatten, als der letzte Schuß dieses Krieges längst verhallt war. Auch die größten Staatsmänner können die fürchterlichen Folgen ihrer verhängnisvollen Taten nicht in ihrem ganzen Umfang vorhersehen und das unendliche Elend, das sie der Welt bringen, wenn sie die Furien des Krieges entfesseln.

9. Die Gründung des Deutschen Kaiserreichs

Die Geschichte des Krieges und des Anteils, den Bismarck daran genommen, kann hier nicht erzählt werden. Wir müssen uns auf die Erörterung des bei weitem wichtigsten Ergebnisses des deutschen Sieges beschränken, auf die Einigung des deutschen Volkes in einem »Reich« mit dem König von Preußen als deutschem Kaiser an seiner Spitze.

Der Gedanke, daß der Krieg zur Einigung Deutschlands führen müsse, war in vielen Herzen vom ersten Tage ab lebendig. So dachte die überwiegende Menge der Deutschen nördlich des Mains und viele in Baden und Hessen. Der Widerstand kam, wie zu erwarten, vornehmlich aus Württemberg und Bayern. Die Bayerische Patriotenpartei hatte den Versuch gemacht, das Königreich Bayern aus dem Kriege herauszuhalten und seine Neutralität durchzusetzen. Aber dieser Versuch scheiterte im Parlament durch den Abfall eines Teiles der Partei, der aus deutschem Patriotismus für den sofortigen Eintritt in den Krieg sprach und stimmte. Darum war die Opposition freilich nicht tot. Viel mußte von der Haltung des Königs Ludwig II. abhängen. Er hatte zwar in den kritischen Tagen den Befehl zur Mobilisierung der bayerischen Truppen gegeben, aber es ist mehr als zweifelhaft, ob das bei ihm irgend etwas mit nationalem Gefühl zu tun hatte. Deutschlands nationale Angelegenheiten interessierten ihn nicht. Sein Königsideal war Louis XIV., den er mit seinen phantastischen Prunkschlössern zu imitieren suchte. Seine ungezügelte Bauleidenschaft hatte ihn in schwere Schulden gestürzt. Das sollte in der Folge von Bedeutung werden. In Württemberg waren König und Königin entschieden antipreußisch, und in der Hofgesellschaft gab es manchen, der auf einen französischen Sieg hoffte. Die Herren sprachen das dem französischen Gesandten offen aus, als er Stuttgart verlassen mußte.

Die erste politische Gruppe, die es sich angelegen sein ließ, das Volksempfinden in Süddeutschland zugunsten des Einigungsgedankens zu beeinflussen, waren die Nationalliberalen. Die Nationalliberale Partei war die Partei der deutschen Einigung. Ihr Führer in dieser Frage war Eduard Lasker. Er erfaßte die Aufgabe, die Einigung Deutschlands zu fördern, mit einem Enthusiasmus, der auch seine bedenklicheren und zurückhaltenderen Freunde mit sich riß. Lasker ist während eines Jahrzehntes wohl der volkstümlichste deutsche Parlamentarier gewesen; später, als seine Überzeugung ihn zwang, Bismarck entgegenzutreten, wurde er das erste Opfer der antisemitischen Bewegung. Im Herbst 1870 war es seine Initiative, die eine Gruppe nationalliberaler Parlamentarier bestimmte, eine Rundreise durch Süddeutschland zu machen, um das nationale Gefühl zu stärken. Sie verhandelte auch mit den Regierungen, teilweise nicht ohne Erfolg. Bismarck war über diese volkstümliche Agitation keineswegs entzückt, nicht nur weil er eine persönliche Abneigung gegen Lasker hatte, sondern weil er es überhaupt nicht gern sah, wenn Parlamentarier sich in eine Angelegenheit mischten, die er selbst in seiner Hand zu behalten und in seiner eigenen Weise zu behandeln wünschte.

Noch unsympathischer war Bismarck die Tätigkeit des Kronprinzen. Friedrich Wilhelm war ganz erfüllt von dem Gedanken, daß dieser Krieg dem deutschen Volke ein einheitliches Reich und dem Hohenzollernhause die Kaiserkrone bringen müsse. Wenn seine Kritiker behaupten, daß er für sich persönlich den Glanz und Pomp des kaiserlichen Purpurs ersehnte, so mag daran etwas Richtiges sein. Aber es ist nur natürlich, daß er sich selbst als den Repräsentanten der deutschen Zukunft ansah, um so mehr, als er gut genug wußte, wie kühl sein alter und altmodischer Vater allem gegenüberstand, das außerhalb der preußischen Tradition lag. Bismarck war außer sich über die Einmischung des Kronprinzen, und dieser hatte den Kanzler im Verdacht, daß ihm an der Frage von Kaiser und Reich nicht viel gelegen sei. Beide beurteilten einander falsch.

Die Frage der deutschen Einigung trat in den Vordergrund, als im Oktober 1870 Vertreter der vier süddeutschen Staaten im deutschen Hauptquartier in Versailles erschienen, um mit dem Bundeskanzler über Deutschlands künftige Organisation zu verhandeln. Der bayerische Ministerpräsident Graf Bray, der Nachfolger des Fürsten Hohenlohe, neigte mehr zu Österreich als zu Preußen und wünschte, wenn irgend möglich, den Eintritt Bayerns in den Norddeutschen Bund zu vermeiden. Dagegen befürwortete er ein dauerndes Bündnis des Königreichs Bayern mit dem Norddeutschen Bunde. Dieser Gedanke hatte niemals die geringste Aussicht auf Verwirklichung. Denn die anderen süddeutschen Staaten hatten nicht das mindeste Interesse an einer solchen bevorzugten Sonderstellung Bayerns. Da die süddeutschen Delegationen somit untereinander uneinig waren, konnte

Bismarck mit jeder von ihnen einzeln verhandeln. Es verstand sich von selbst, daß er am Verhandlungstisch immer der Überlegene war. Bray ließ sich dazu bestimmen, seine Einwendungen und Forderungen in einer Denkschrift niederzulegen. Dies Schriftstück unterbreitete Bismarck dem Minister von Mittnacht, dem Führer der württembergischen Delegation, bot ihm einige Zugeständnisse an und fragte ihn, ob er einen Vertrag dieses Inhalts auch ohne Bayern unterzeichnen würde. Als Mittnacht bejahte, hatte Bismarck sein Spiel gewonnen. Denn Bayern konnte es nicht darauf ankommen lassen, allein außerhalb eines geeinigten Deutschlands zu bleiben. Bray sah sich daher gezwungen, neue Vorschläge zu machen; er tat dies, ohne zuvor bei seinem König anzufragen. Denn er wußte, daß Ludwig Bedingungen zu stellen wünschte, die vollkommen unerreichbar waren. Die eine dieser Bedingungen war eine Vergrößerung Bayerns auf Kosten des Großherzogtums Baden, und die andere war ein Wunsch so persönlicher und sonderbarer Art, daß Bray sich weigerte, ihn auch nur zu erwähnen. Von diesem persönlichen Wunsch Ludwigs II. wird noch zu sprechen sein.

Am 11. November 1870 war Bismarck so weit, daß die drei kleineren Staaten Württemberg, Baden und Hessen zur Unterzeichnung bereit waren. Da trat plötzlich unerwartet ein Zwischenfall ein. Die württembergischen Delegierten erhielten von ihrem König den strikten Befehl, *nicht ohne Bayern* zu unterzeichnen. Sie verließen sofort Versailles.

In diesen Tagen schrieb Bismarck an seinen Sohn: »Wenn nicht ein deutsches Unwetter dazwischen fährt, so wird mit diesen Diplomaten und Bürokraten der alten Schule nichts zustande kommen.« In Wahrheit meinte er weniger die Diplomaten und Bürokraten, die hinlänglich bereit waren, auf alles einzugehen, als die Fürsten, die sie von ihren Höfen aus daran hinderten. Der Kronprinz hatte keinen Grund zu einer solchen Umschreibung, und so spricht er sich in seinem Tagebuch unverblümt aus: »Ich schäme mich ordentlich der deutschen Fürsten, die noch immer nichts haben lernen können und wollen, und deren kleinlicher Charakter sie lieber alles aufs Spiel setzen läßt, als daß sie in dem gegenwärtigen Augenblick ihre Schuldigkeit dem großen gemeinsamen Vaterland gegenüber täten.« Die Gefühle des Kanzlers und des Kronprinzen wichen tatsächlich gar nicht so weit voneinander ab. Und doch kam es gerade in diesen Tagen zwischen beiden zu einem scharfen Zusammenstoß.

Einige Tage, nachdem die württembergische Delegation abgereist war, suchte der Kronprinz Bismarck auf und fragte ihn, ob er die Frage der Kaiserkrone zur Lösung bringen wolle. Bismarck bejahte diese Frage, aber zuckte die Achseln und hob die Schwierigkeiten hervor. Friedrich Wilhelm empfahl, auf die widerstrebenden Fürsten einen Druck auszuüben. Das lehnte Bismarck ab und setzte ärgerlich hinzu, der Kronprinz dürfe dergleichen Ansichten nicht äußern. Die Auseinandersetzung spitzte sich derart zu, daß Bismarck schließlich sagte, er sei zwar gern bereit, seinen Platz einer dem Prinzen genehmeren Persönlichkeit zu räumen, bis dahin müsse er aber nach seinen eigenen Grundsätzen handeln. Er war so aufgebracht, daß er den Kronprinzen im Privatgespräch den *dümmsten und eitelsten Menschen* nannte, der noch einmal am Kaiserwahnsinn sterben werde.

Die Meinungsverschiedenheit über die Taktik, die man den widerstrebenden Fürsten gegenüber befolgen solle, kann nicht der Grund dieser Wut gewesen ein. Bismarck sagt zwar, es sei gegen seine Grundsätze gewesen, gegen einen Verbündeten Zwang anzuwenden. So feinfühlig ist er, wie wir wissen, nicht immer gewesen. Auch in diesem Falle war er durchaus bereit, jeden erdenklichen Druck auf die Fürsten auszuüben, oder wenigstens ihn anzudrohen. Der wirkliche Grund des Zwiespalts der beiden Männer war die Überzeugung, die jeder von dem anderen hatte, daß er das neue Kaiserreich in einem ganz verschiedenen Geist aufzubauen wünsche. Der Liberalismus des Kronprinzen war dem Kanzler im tiefsten Herzen zuwider. Er hatte ihn im Verdacht, daß er die volkstümlichen Kräfte, besonders den Reichstag, dazu benutzen wollte, um auf die Fürsten zu drücken, und das wollte Bismarck unter allen Umständen vermeiden. Wenn der Reichstag in dieser alles beherrschenden Frage die Initiative ergriff, wenn das deutsche Kaiserreich das Ergebnis einer parlamentarischen Aktion wurde, dann mußte Ansehen und Einfluß des Reichstags gewaltig steigen. Das war es, was Bismarck verhindern wollte. Der Reichstag sollte sich darauf beschränken, die Ergebnisse der Verhandlung zu registrieren, die er, der Kanzler, geführt und abgeschlossen hatte. Der Reichstag war auf den 24. November einberufen, und Bismarck setzte alles daran, seine Verhandlungen zu Ende zu führen, ehe der Reichstag zusammentrat.

Auch dies gelang ihm. Drei Tage nachdem die Württemberger von Versailles abgereist waren, wurden die Verträge mit Baden und Hessen unterzeichnet, und am 23. November, einen Tag vor dem Zusammentritt des Reichstags, unterzeichnete auch Bayern. Um dies zu erreichen, hatte Bismarck den Bayern einige Zugeständnisse gemacht, von denen er voraussah, daß sie im Reichstag heftiges Unbehagen hervorrufen würden. Unter anderem war den Bayern zugestanden worden, daß die Gültigkeit einer Ehe, die ein Bayer in einem anderen deutschen Staat abschließen würde, von der Genehmigung des Königs von Bayern abhängen sollte! Das größte Aufsehen erregte die Einrichtung eines Bundesratsausschusses für Auswärtige Angelegenheiten, in dem Bayern der ständige Vorsitz zugesichert war. Tatsächlich hat dieser Ausschuß es niemals zu einer praktischen Bedeutung gebracht. Auf die auswärtige Politik des Deutschen Reiches hat er keinen Einfluß gehabt. Weder in der Zeit Bismarcks, wo es von vornherein undenkbar war, noch in der seiner Nachfolger, wo es vielleicht von Nutzen hätte sein können.

Bismarck befürchtete, daß der Reichstag dem bayerischen Vertrage wegen dieser Zugeständnisse Schwierigkeiten machen würde. Er schickte deshalb alle Parlamentarier, die sich im Hauptquartier befanden, schleunigst nach Berlin, damit sie besonders die Nationalliberalen zugunsten der Annahme des Vertrages beeinflussen sollten. In der Tat war diese Partei über manche der bayerischen Sonderrechte ziemlich aufgebracht, aber sie war trotzdem überzeugt, daß der Vertrag im Interesse der großen Sache ohne langes Zögern angenommen werden müßte. Lasker drückte das Gefühl der meisten Liberalen in dem Scherzwort aus: »Häßlich ist das Mädel, aber geheiratet muß es werden.«

An dem Abend, welcher der Unterzeichnung des Vertrages durch die bayerische Delegation folgte, lud Bismarck seine Tafelrunde ein, die Begründung der deutschen Einheit mit einem Glas Champagner zu feiern. »Die deutsche Einheit ist gemacht, und der Deutsche Kaiser auch«, rief er aus. Er war bereits entschlossen, den König von Bayern dazu zu benutzen, den König von Preußen zum deutschen Kaiser zu machen.

Zwei Tage nach dem Abschluß des bayerischen Vertrages langte ein Vertrauensmann des Königs Ludwig II. im Hauptquartier in Versailles an. Es war sein Oberstallmeister, Graf Holnstein. Schon zwei Tage später konnte er nach Hause zurückkehren. In seiner Tasche hatte er den Entwurf eines Briefes, in welchem Ludwig II. König Wilhelm I. auffordern sollte, deutscher Kaiser zu werden. Diese Antwort hatte Bismarck persönlich niedergeschrieben. Nach wenigen Tagen langte Holnstein abermals in Versailles an, ausgerüstet mit dem Brief seines Königs, der Bismarcks Entwurf wörtlich abgeschrieben und mit seinem königlichen Namen unterzeichnet hatte.

Was waren die Gründe, die den bayerischen König bewogen, Bismarcks Wünsche so sklavisch zu erfüllen? Wußte doch jeder, der den König kannte, wie zuwider ihm der Gedanke war, daß ein Hohenzoller deutscher Kaiser werden und dadurch im Rang über ihn erhöht werden sollte! Ende November hatte ihm der Großherzog von Baden einen bewegten Brief geschrieben, in dem er ihn aufforderte, sich »unsterblichen Ruhm« dadurch zu erwerben, daß er die Initiative zu der Erhebung König Wilhelms zum deutschen Kaiser ergriffe. Diesen Brief hatte Ludwig nicht einmal einer Antwort gewürdigt. Zu seinen Vertrauten hatte er gesagt, lieber würde er abdanken. Warum handelte er jetzt nach dem Rate, ja nach dem Diktate Bismarcks?

Einen Teil der Antwort hat zuerst Lord Acton in dem bereits erwähnten Essay (S. 159) gegeben. Er erzählt, nach Bismarcks Sturz habe sein Nachfolger Caprivi bei der Nachprüfung des Welfenfonds gefunden, daß einige Millionen daraus nach München gezahlt worden seien. Weitere Nachforschungen ergaben, daß jährlich 300000 Mark an König Ludwig und eine weitere beträchtliche Summe an Holnstein gezahlt worden waren. Der Schluß ist unabweislich, daß Bismarck den König Ludwig II. und den Grafen Holnstein durch Zuwendungen aus dem Welfenfonds bestochen hat, um Ludwig, der infolge seiner Bauleidenschaft bis über die Ohren in Schulden stak, dazu zu bringen, dem preußischen König die Kaiserkrone anzubieten. Das Geld, das Bismarck hierzu verwendete, gehörte dem König von Hannover, Georg V., der im Jahre 1866 im Bündnis mit Ludwig Preußen bekriegt hatte. Die Verfügung darüber stand zwar der preußischen Regierung zu, aber nur zu dem Zweck der »Überwachung und Abwehr der gegen Preußen gerichteten Unternehmungen des König Georg und seiner Agenten«. König Ludwig scheint daran ebensowenig Anstoß genommen zu haben wie Bismarck.

Der Brief des Bayernkönigs war das Mittel, durch das Bismarck das deutsche Volk glauben machen wollte, daß der deutsche Kaiser eine Schöpfung der deutschen Fürsten und nicht des deutschen Volkes gewesen sei. Das gerade Gegenteil ist die Wahrheit. Das deutsche Volk war es gewesen, das nach einem deutschen Kaiser verlangt hatte, einem »Kaiser in Freiheit und Recht«, wie es in dem alten Studentenlied heißt. Die deutschen Fürsten standen mit wenigen Ausnahmen, wie der Großherzog von Baden und der Herzog Ernst von Coburg-Gotha, dem Kaisergedanken äußerst kühl und gleichgültig gegenüber, wenn sie ihn nicht geradezu bekämpften. Aber auch in diesem Punkt war der Erfolg auf Bismarcks Seite. Der Deutsche Reichstag mußte sich mit der Rolle des Chors begnügen. Charakteristisch für die Stellung, die ihm zugewiesen wurde, ist die Art und Weise, wie ihm der Brief Ludwigs II. mitgeteilt wurde. Ein freikonservativer Abgeordneter, Friedenthal, war von der Regierung veranlaßt worden, an Bismarcks Stellvertreter Delbrück die Anfrage zu richten, wie weit die Kaiserfrage gediehen sei. Delbrück erhob sich, um Ludwigs Brief zu verlesen. Zuerst konnte er ihn nicht finden, und dann verlas er ihn im trockensten Geschäftston. Für große und feierliche Augenblicke war Rudolf Delbrück, trotz all seiner ausgezeichneten Qualitäten, sicherlich nicht der richtige Mann. »Es sah aus, als ob Delbrück die arme alte Kaiserkrone in Zeitungspapier gewickelt aus der Hosentasche zöge«, schrieb jemand an den Kronprinzen. Der Reichstag beeilte sich, in der Verfassung die nötigen Änderungen vorzunehmen und die Worte »Reich« und »Kaiser« dort einzusetzen, wo früher »Bund« und »Bundespräsident« gestanden hatte. Die Verfassung des Norddeutschen Bundes wurde so zur Reichsverfassung. Dann beschloß der Reichstag, eine Deputation von Abgeordneten an König Wilhelm zu senden, die ihm die Bitte unterbreiten sollte, die Kaiserkrone anzunehmen. Der Entwurf der Adresse stammte von Eduard Lasker, den der Reichstag damit als einen seiner Führer auf dem Wege zu Kaiser und Reich anerkannte. Als man dies König Wilhelm erzählte, erwiderte er ironisch: »Ei, da verdanke ich ja dem Herrn Lasker eine Kaiserkrone!«

Diese kleine Anekdote illustriert die Stimmung des alten Königs.

Im Innersten seines Herzens war und blieb er ein Preuße, dem an der deutschen Kaiserkrone nichts lag. In keinem Falle wollte er für sie dem Reichstag als der Vertretung des deutschen Volkes verpflichtet sein. Eine Krone, die der Reichstag ihm anbot, hatte einen demokratischen Beigeschmack und erinnerte ihn an die revolutionäre Kaiserkrone, welche die Paulskirche seinem Bruder Friedrich Wilhelm IV. angeboten hatte. Wenn er schon Kaiser werden mußte, so wollte er die Krone nur von seinesgleichen, den deutschen Fürsten, in Empfang nehmen, auch wenn der wichtigste dieser Fürsten ein pathologischer Fall wie Ludwig II. war. Tatsächlich hatte der Reichstag sich nicht einmal herausgenommen, ihm die Krone anzubieten, sondern sich auf die Bitte beschränkt, er möge geruhen, sie anzunehmen. Aber Wilhelm war so aufgebracht, daß er sich zunächst weigerte, die Deputation des Reichstags überhaupt zu empfangen. Bismarck mußte eingreifen, um einen öffentlichen Skandal zu verhindern. Aber Wilhelm ließ sich zum Empfang der Deputation erst herbei, als alle Fürsten, groß und klein, der Bitte des bayerischen Königs beigetreten waren.

So kam es, daß die Deputation des Deutschen Reichstags am 19. Dezember 1870 in Versailles vor König Wilhelm stand. Ihr Sprecher war der Reichstagspräsident Eduard Simson, derselbe Mann, der vor 21 Jahren als Präsident der Deutschen Nationalversammlung in der Paulskirche zu Frankfurt a. Main dem König Friedrich Wilhelm IV. die Kaiserkrone angeboten hatte. Die symbolische Bedeutung dieses Zusammentreffens sprang in die Augen. In feierlichen und zu Herzen gehenden Worten sprach Eduard Simson das Vertrauen der deutschen Nation aus, daß ihr in dem neuen Kaiserreich »die Gewißheit von Einheit und Macht, von Recht und Gesetz, von Freiheit und Frieden« zuteil werden werde. Der Kronprinz schrieb in sein Tagebuch: »Simsons Ansprache war ein vollendetes Meisterwerk und war so schön vorgetragen, daß die echt deutsch-patriotische Rede mir, der ich sonst nicht leicht weine, die hellen Tränen entlockte.« Niemand nahm damals Anstoß daran, daß es ein Mann jüdischer Abstammung war, der die Gefühle der deutschen Nation in diesem historischen Augenblick formvollendet und ergreifend zum Ausdruck brachte. Selbst die preußischen Generäle, die bei diesem feierlichen Akt nicht fehlen wollten, waren ergriffen, und König Wilhelm stockte mehrmals bei der Verlesung der Antwort, die Bismarck ihm aufgesetzt hatte. In dieser Antwort pries der König »mit tiefer Bewegung« den Kaiserbrief des bayerischen Königs. Aber wer die erlauchte Versammlung musterte, sah, daß einer der im Hauptquartier weilenden Prinzen durch Abwesenheit glänzte: der bayerische Prinz Luitpold, der Vertreter des Königs Ludwigs II.

Die eindrucksvolle Feierlichkeit war aber noch nicht die Proklamation des deutschen Kaiserreichs. Diese wollte König Wilhelm erst zulassen, wenn alle Verträge mit den süddeutschen Staaten von ihren Kammern genehmigt sein würden. Aber die bayerischen »Patrioten«

machten ihm einen Strich durch die Rechnung. Sie wußten die Verhandlungen über den bayerischen Vertrag so lange hinzuziehen, daß Wilhelm sich schließlich gezwungen sah, die Proklamation vorzunehmen, bevor dieser ratifiziert war. Der 18. Januar, der Tag, an dem Kurfürst Friedrich III. von Brandenburg im Jahre 1701 die preußische Königskrone aufsetzte, gilt als der Geburtstag der preußischen Monarchie, und so wurde denn am 18. Januar 1871 König Wilhelm I. von Preußen als erster deutscher Kaiser proklamiert.

Die Proklamation wurde von Bismarck im Spiegelsaal des Schlosses zu Versailles verlesen. Es war der stolzeste Tag seines Lebens. Er konnte sich bewußt sein, daß er jeden Schritt gelenkt, der zu diesem Ziel geführt hatte.

War es ein stolzer Tag auch für König Wilhelm? Mußte ihn diese Krönung nicht glücklich machen, die ihn und sein Haus zu einer der höchsten Würden der Welt erhob, die ihn zum Symbol der Erfüllung der höchsten und schönsten Wünsche des deutschen Volkes, des nationalen Traums eines halben Jahrhunderts machte? Wenn er zurückblickte auf jenen Tag im September 1862, da er entschlossen gewesen war, abzudanken, und Bismarck ihm seine starke Hand gereicht hatte, dann mußte er, sollte man meinen, überwältigt sein von dem Gefühl der Dankbarkeit für seinen Kanzler, der ihm einen Triumph bereitet hatte, wie er in der Weltgeschichte seinesgleichen sucht. Es wäre nur natürlich gewesen, wenn er ihn in diesem Augenblick an sein Herz gezogen hätte, um ihn seiner dauernden Dankbarkeit und Erkenntlichkeit zu versichern. Aber als der soeben proklamierte deutsche Kaiser von seinem erhöhten Platz herabstieg, da wandte er sich seinen Generälen zu, um ihre Gratulationen in Empfang zu nehmen. Bismarck empfing von ihm keinen Händedruck, ja nicht einmal einen Blick. Denn er war ärgerlich auf seinen Kanzler und schrieb am Tag der Proklamation an die Königin, er sei »in moroser Emotion« und hätte »beinahe abgedankt und die ganze Sache seinem Sohn überlassen«. »Den unglücklichsten Tag seines Lebens« nannte er diesen Tag, der ihn auf die höchste Höhe emporhob.

Warum war Wilhelm so verzweifelt? Es ist fast lächerlich: weil er nur »deutscher Kaiser« wurde und nicht »Kaiser von Deutschland«, wie er gewünscht hatte. Der Unterschied dieser beiden Titel hat heute für niemanden mehr auch nur das geringste Interesse, und wir wollen uns nicht weiter dabei aufhalten. Bismarck sagte zu seiner Tafelrunde: »Nescio quid mihi magis farcimentum esset« (Ich wüßte nicht, was mir mehr Wurst wäre). Und an seine Frau schrieb er: »Diese Kaisergeburt war eine schwere, und Könige haben in solchen Zeiten ihre wunderlichen Gelüste wie Frauen, bevor sie der Welt hergeben, was sie doch nicht behalten können. Ich hatte als Accoucheur mehrmals das dringende Bedürfnis, eine Bombe zu sein und zu platzen, daß der ganze Bau in Trümmer gegangen wäre.«

Der eigentliche Grund des Widerstandes des Königs war sein beschränktes Preußentum. Preußen bedeutete für ihn alles, Deutschland nichts. Die machtvolle Stellung, die er als König von Preußen hatte, war ihm wohl vertraut, aber er befürchtete, daß er als deutscher Kaiser eine viel schwächere Position haben würde. Er sah nicht voraus, daß Bismarck es fertigbringen würde, den deutschen Kaiser noch mächtiger zu machen als den König von Preußen. Dies Ergebnis lag völlig außerhalb der Gedanken, Wünsche und Berechnungen derer, die einst für Kaiser und Reich eingetreten waren. Die Verfechter dieses Gedankens, die Liberalen, hatten sich das deutsche Reich als einen modernen Staat mit liberalen Institutionen vorgestellt. Mehr oder weniger glaubten sie alle an die Prophezeiung, die Ludwig Uhland in der Paulskirche ausgesprochen, daß das Haupt, das über Deutschland leuchten werde, mit einem Tropfen demokratischen Öls gesalbt sein werde. Es ist Bismarcks wunderbare, aber verhängnisvolle Leistung, daß von dem deutschen Kaiser, den er ins Leben gerufen, auch der kleinste Tropfen demokratischen Öls ferngehalten wurde.

Bezeichnend dafür war schon der Charakter der Kaiserproklamation. Es war eine höfisch-militärische Feier, und dieser höfisch-militärische Charakter wurde dem Deutschen Reiche aufgeprägt vom ersten Tage an. Fürsten, Generäle, Adlige, selbst Junker, wurden seine repräsentativen Klassen. Die preußischen Junker, die erst wenige Jahre vor der Gründung des Reiches gegen Kronenraub und den Schmutz der deutschen Republik gewettert hatten, wurden die herrschende Klasse und maßten sich die Rolle der nationalen Vorkämpfer an. Diese Entwicklung prägt sich am klarsten aus in der Tagebuchnotiz, die der dritte deutsche Reichskanzler am Ende des Jahrhunderts niederschrieb. Fürst Chlodwig von Hohenlohe, der sich bis ans Lebensende als den Vertreter des süddeutschen Liberalismus ansah, schrieb am 15. Dezember 1898 im königlichen Jagdschloß Springe: »Wenn ich so unter den preußischen Excellenzen sitze, so wird mir der Gegensatz zwischen Norddeutschland und Süddeutschland recht klar. Der süddeutsche Liberalismus kommt gegen die Junker nicht auf . . . Alle diese Herren pfeifen auf das Reich und würden es lieber heute als morgen aufgeben.«

Diese Entwicklung wurzelt in Bismarcks Politik in den Jahren 1870 und 1871, als er jeden aktiven Einfluß des Deutschen Reichstags auf die Schöpfung des Kaiserreichs unterband. Die politische Theorie, von der er sich dabei leiten ließ, hat er in dem berühmten 13. Kapitel seiner »Gedanken und Erinnerungen« unter dem Titel »Dynastien und Stämme« dargelegt. Hier wiederholt er seine alte Auffassung, daß »der Schlüssel zur deutschen Politik bei den Fürsten und Dynastien lag und nicht bei der Publizistik in Parlament und Presse, oder bei der Barrikade«. Seine Beweisführung beruht auf den folgenden Sentenzen: »Deutscher Patriotismus bedarf in der Regel, um tätig und wirksam zu werden, der Vermittlung dynastischer Anhänglichkeit . . . Die deutsche Vaterlandsliebe bedarf eines Fürsten, auf den sich ihre Anhänglichkeit konzentriert. Wenn man den Zustand fingierte, daß *sämtliche deutsche Dynastien plötzlich beseitigt* wären, so wäre nicht wahrscheinlich, daß das deutsche Nationalgefühl alle Deutschen in den Friktionen europäischer Politik zusammenhalten würde.« Die Annahme, die zu Bismarcks Zeit so unwahrscheinlich klang, ist seitdem Tatsache geworden. Alle deutschen Dynastien wurden im Jahre 1918 hinweggefegt, und der Zusammenhang des Deutschen Reiches wurde gleichwohl aufrechterhalten. Der deutsche Nationalismus war sogar stark genug, um sich einem Agitator zur Verfügung zu stellen, der nicht einmal ein Bürger des Deutschen Reiches war und den niemand tiefer verachtet haben würde als Bismarck. So schwer ist es selbst für den größten Staatsmann, die Entwicklung auch nur eines halben Jahrhunderts vorherzusehen. Der Militarismus freilich, den Bismarck dem neuen Deutschen Reich mit seinem Sieg im Verfassungskonflikt eingepflanzt, hat auch den Sturz der deutschen Dynastien überdauert und sogar die friedlicheren Tendenzen der Weimarer Republik überwunden. Es ist eine der Lebensfragen der deutschen Zukunft, ob er auch trotz der letzten Katastrophe wiederkehren oder ob es gelingen wird, Deutschland verteidigungsfähig zu machen, ohne es dem Militarismus auszuliefern.

Einer der Gründe für die Stärke des deutschen Militarismus hängt eng mit dem Frieden zusammen, der den Krieg gegen Frankreich abschloß. Er riß von ihm zwei Provinzen, Elsaß und Lothringen, los und verleibte sie dem Deutschen Reich ein. Hierbei ließ Bismarck sich nicht von historischer Romantik bestimmen wie die deutschen Geschichtsprofessoren, die sich darauf beriefen, daß diese Provinzen einmal zum Heiligen Römischen Reich Deutscher Nation gehört hätten und deshalb zu dem wiedererstandenen Vaterland zurückkehren müßten. Das belächelte er als eine »Professorenidee«. Er wußte auch, daß die Bevölkerung der beiden Provinzen, selbst wo sie deutsch sprach, französisch empfand und kein bequemer Zuwachs zum deutschen Reich sein würde. Wenn er trotzdem auf der Annexion bestand, so geschah es aus vorwiegend militärischen Gründen, weil er glaubte, die beiden Provinzen würden zur Verteidigung besonders Südwestdeutschlands gegen einen neuen französischen Angriff unentbehrlich sein. Trotzdem hatte er Bedenken gegen die Annexion von Metz, dessen Bevölkerung in Fühlen und Sprache völlig französisch war. Aber auch in diesem Punkt gab er schließlich den Wünschen des Königs und den Vorstellungen der Generäle nach, obwohl er sie für verfehlt hielt.

Gladstone, damals Premierminister von Großbritannien, war entsetzt, als er hörte, daß zwei Provinzen gegen den ausgesprochenen Willen ihrer Bevölkerung gewaltsam von einem Staate auf den anderen übertragen werden sollten. Er beklagte das als einen Rückfall »in die alte, grausame Gepflogenheit, die Bevölkerung eines zivilisierten europäischen Landes wie leblose Ware zu behandeln«. Hier stehe »ein allgemeines Prinzip auf dem Spiel«, schrieb er der Königin Victoria, dessen Verletzung »viel Blutvergießen und Unruhe über Europa gebracht hat«. Er wollte die neutralen Länder zu einer gemeinsamen Protestkundgebung vereinigen, unterlag aber in seinem Kabinett. »Ich sehe voraus«, schrieb er prophetisch an Lord Granville, den Minister des Auswärtigen, »daß diese gewaltsame Losreißung und Übertragung den Zustand Europas noch verschlimmern und *eine neue Kette europäischer Verwicklungen beginnen* wird.«

Wie treffend diese Prophezeiung Gladstones war, sieht heute jedermann. Die Annexion von Elsaß und Lothringen hat einen dauernden und aufrichtigen Frieden zwischen Deutschland und Frankreich unmöglich gemacht. Bismarcks Schlaf wurde oft gestört durch den »cauchemar des coalitions«. Der ganze europäische Kontinent wurde ein Waffenlager, und Deutschlands erste Pflicht schien es zu sein, seine Rüstung ein über das andere Mal zu verstärken. Niemand schien so wichtig zu sein wie der Soldat und der Offizier, und dem Militarismus fiel die Vorherrschaft zu.

Aber diese Kritik darf uns nicht blind machen gegen die unvergleichliche Größe von Bismarcks Leistung, die Erfüllung des deutschen Einheitstraumes in einem großen und ruhmvollen Reich. Wir werden die Gefühle der Generation, welche für dieses Ziel gekämpft und gelitten hat, begreifen, wenn wir die Worte lesen, die Heinrich von Sybel bei der Kunde von der Proklamation des Deutschen Reiches an seinen Freund, den Historiker Hermann Baumgarten, schrieb: »Die Tränen fließen mir über die Backen. Wodurch hat man die Gnade Gottes verdient, so große und mächtige Dinge erleben zu dürfen? Was zwanzig Jahre der Inhalt alles Wünschens und Strebens gewesen, das ist nun in so unendlich herrlicher Weise erfüllt.« Und so dachten unzweifelhaft Millionen der besten Deutschen.

Solche Empfindungen in einem ganzen Volke hervorzurufen, ist nur wenigen Sterblichen beschieden, und diejenigen, denen es beschieden, werden zu den Großen der Weltgeschichte gezählt. Zu diesen großen Männern wird Bismarck immer gehören, auch wenn sein Werk von geringerer Dauer war, als irgendein Zeitgenosse ahnen konnte. Alle Kritik an seiner Persönlichkeit und an seinen Methoden kann und soll nichts abziehen von diesem Ruhm und von seiner einmaligen Größe.

IV

BISMARCK ALS DEUTSCHER REICHSKANZLER

Fast zwanzig Jahre lang hat Bismarck nach der Gründung des Deutschen Reiches als Kanzler an seiner Spitze gestanden, bis er im März 1890 von Wilhelm II. gestürzt wurde. In diesen zwei Jahrzehnten war er der Mittelpunkt nicht nur der deutschen, sondern auch der europäischen Politik. Die überwältigende Mehrheit des deutschen Volkes sah in ihm den Schöpfer und Heros der deutschen nationalen Einigung. Die Staatsmänner des Auslandes betrachteten ihn nicht nur als den unerreichten Meister ihrer Kunst, sondern auch als den wichtigsten Faktor für ihre eigenen politischen Berechnungen und Unternehmungen. Nirgends war ein Mann, der seine Überlegenheit bestritten hätte, in London so wenig wie in Petersburg, von Paris und Wien ganz zu schweigen. In allen Hauptstädten Europas richteten die leitenden Staatsmänner, ein Disraeli oder Gladstone ebenso wie ein Gortschakow, ein Andrassy nicht weniger als ein Thiers, ihre Blicke nach Berlin und der Wilhelmstraße, sogar nach Varzin und Friedrichsruh, wenn Bismarck sich für lange Monate auf einen seiner Landsitze zurückgezogen hatte. Besonders in den siebziger Jahren war Bismarcks internationale Stellung so gewaltig, daß man sie mit der Napoleons I. bei der Fürstenzusammenkunft in Erfurt 1808 vergleichen muß, wo der Zar und die deutschen Fürsten sich um den französischen Imperator versammelten. Aber dieser Vergleich lenkt die Aufmerksamkeit sofort auf den grundlegenden Unterschied der Politik der beiden großen Männer. Napoleon eilte auch nach den Tagen in Erfurt von Krieg zu Krieg. Bismarck hingegen zog nach dem Siege über Frankreich nie wieder das Schwert. Es dauerte auch nur wenige Jahre nach Erfurt, bis Napoleon gestürzt, aus seinem Reiche vertrieben und in die Gefangenschaft geführt worden war. Bismarck aber fuhr zwei Jahrzehnte fort, zu regieren, und sein Sturz war nicht die Folge einer außenpolitischen Katastrophe, sondern der jugendlichen Herrschsucht seines eigenen Kaisers.

Die Jahre nach 1871 heben sich scharf ab von dem ersten Jahrzehnt der Herrschaft Bismarcks. In den Jahren von 1862 bis 1870 führte er drei Kriege, in den beiden folgenden Jahrzehnten nicht einen einzigen. Das bedeutet natürlich nicht, daß Bismarck seine Ansicht über die Zulässigkeit des Krieges als Mittel der Politik geändert hätte. Nach wie vor 1870 sah er die militärische Stärke eines Staates als dasjenige Moment an, von dem seine Bedeutung abhing. Aber er wünschte nicht, das, was er für Preußen und Deutschland in drei großen Kriegen errungen hatte, in einem neuen Krieg aufs Spiel zu setzen. Es genügte ihm, daß er in jener ersten Periode die Landkarte Europas gründlich umgestaltet hatte. Mit der Erwerbung Elsaß' und Lothringens hatte Deutschland nach Bismarcks Meinung alles Gebiet erhalten, das für es gut war. Es war jetzt »saturiert«. Es hatte nicht mehr nötig, nach weiteren Erwerbungen auszuschauen, sondern nur festzuhalten, was es besaß, und dafür war das beste Mittel die Erhaltung des Friedens.

Diese Politik Bismarcks muß zu seinen höchsten Ruhmestiteln gerechnet werden. Denn sie zeigt, daß er sich freihielt von dem Rausch, welcher so oft den ergreift, der von Sieg zu Sieg geeilt ist. Als wahrer Staatsmann schätzte er die Kräfte sowohl des Deutschen Reiches wie der anderen großen europäischen Mächte nüchtern ab und ließ sich nie von grandiosen Träumen einer »Weltpolitik« benebeln. Wir dürfen annehmen, daß er sich besonders gegen solche Phantasien verwahrte, wenn er seinen Landsleuten das »schwer verstandene Wort« zurief: »Die Politik ist die Kunst des Möglichen!« Zu dem Schritt freilich, der diese Lehre hätte ergänzen müssen, die Deutschen dazu zu erziehen, für ihr Geschick selbst die Verantwortlichkeit zu übernehmen, konnte er sich nicht entschließen.

Bismarcks Friedenspolitik hatte Folgen für seine grundsätzliche Einstellung. Solange er daran gearbeitet hatte, die Landkarte Europas umzugestalten, war er ohne jede innere Hemmung bereit gewesen, auch Revolutionären, wie Klapka und Mazzini, die Hand zu reichen. Nachdem er aber sein Ziel erreicht, stand er mit seinen Interessen auf der konservativen Seite, und konservative Mächte waren seine natürlichen Bundesgenossen. Es ist daher nicht auffallend, daß der erste Abschnitt der Bismarckschen Außenpolitik nach dem französischen Kriege charakterisiert ist durch das Bündnis des deutschen Kaisers mit den Kaisern von Rußland und Österreich.

1. Das Drei-Kaiser-Bündnis

Zar Alexander II. hatte seinem Onkel, König Wilhelm von Preußen, während des Krieges gegen Frankreich wertvolle Hilfe geleistet. Als der Krieg ausbrach, gab er in Wien zu verstehen, daß er bereit sei, seinem Onkel mit einer Armee von 300000 Mann beizustehen, falls Österreich sich einfallen lassen sollte, gegen Preußen zu mobilisieren. Wilhelm I. hatte diese Unterstützung öffentlich durch ein Telegramm anerkannt, das er dem Zaren nach seinem Siege im Februar 1871 sandte: »Niemals wird Preußen vergessen, daß es Dir zu verdanken ist, wenn der Krieg nicht außerordentliche Dimensionen angenommen und die anderen Länder ergriffen hat.« Der preußische Gesandte in Wien, General von Schweinitz, war sehr unglücklich über dies Telegramm, weil es der Welt kundtat, daß Österreichs Neutralität nicht dem nationalen Gefühl seiner deutschen Bewohner, sondern dem russischen Druck zu verdanken war.

Selbstverständlich hatte der Zar seine Unterstützung nicht umsonst gewährt. Er nützte den Krieg und Frankreichs verzweifelte Lage dazu aus, die Klausel des Friedensvertrages von Paris von 1856 zu zerreißen, die Rußland verbot, im Schwarzen Meer (Pontus) Kriegsschiffe zu halten. Diese Zusage hatten ihm Frankreich und England nach seiner Niederlage im Krimkrieg aufgezwungen. Da der Pariser Friedensvertrag von allen europäischen Großmächten unterzeichnet worden, war sie ein Bestandteil des europäischen Völkerrechts geworden. Auch Preußen gehörte zu den Unterzeichnern des Vertrages und war deshalb verpflichtet, ihn aufrechtzuerhalten. Einige Wochen vor Ausbruch des Deutsch-Französischen Krieges hatten die beiden Monarchen, Wilhelm und Alexander, sich in Begleitung ihrer Minister, Bismarck und Gortschakow, in Ems zu vertraulicher Aussprache getroffen. Es ist nicht bekannt, ob die beiden Staatsmänner diese Gelegenheit dazu benutzten, um sich über die Pontus-Klausel zu verständigen. Wohl aber steht fest, daß Bismarck die russische Regierung seit 1866 wiederholt zu Schritten in dieser Richtung ermuntert hat. Nach dem Siege von Königgrätz hatte er den General Edwin von Manteuffel nach Petersburg gesandt, um den Zaren über die »Revolution von oben« zu beruhigen. In seiner Instruktion hatte Bismarck Manteuffel vorgeschrieben, dem Zaren eine günstige Antwort zu geben, falls er den Wunsch nach Beseitigung der Pontus-Klausel äußern sollte. Im gleichen Sinne instruierte er während des französischen Krieges den Botschafter in Petersburg, den Fürsten Reuß. Er gab ihm im September 1870, nur wenige Wochen nach Sedan, den Auftrag, dem Zaren zu erklären, falls er sich von dem Pontus-Vertrag befreien wollte, so würde Preußen ihm keine Schwierigkeiten machen. Als Gegenleistung verlangte er eine Erklärung des Zaren, daß er gegen die Annexion französischen Gebiets durch Deutschland keine Einwendungen erheben werde.

Die russische Regierung zögerte nicht, die günstige Gelegenheit auszunutzen. Durch eine Note vom 31. Oktober 1870 erklärte Gortschakow, daß Rußland sich in Zukunft nicht mehr durch die Pontus-Klausel gebunden fühle. Bismarck behauptete, von dieser Note überrascht worden zu sein. Aber das kann nur insoweit zutreffen, als er nicht damit gerechnet hatte, daß Rußland eine solche einseitige Erklärung ohne vorhergehende Verständigung mit ihm selbst herausgehen lassen würde. Sein Rat an die russische Regierung würde gewesen sein, von jeder Erklärung abzusehen, unbekümmert um den Pariser Vertrag auf dem Pontus eine Flotte zu bauen und abzuwarten, ob eine der anderen Großmächte sich dazu aufraffen würde, dagegen irgendwelche Schritte zu unternehmen.

Tatsächlich gab es nur eine Macht, die einen solchen Schritt überhaupt in Erwägung ziehen konnte, nämlich Großbritannien. In London regierte das Ministerium Gladstone, das der Pontus-Klausel ohnehin sehr kritisch gegenüberstand. Sie war das persönliche Werk

Palmerstons gewesen und war schon damals von John Bright, der jetzt dem Kabinett angehörte, mit guten Gründen bekämpft worden. Gladstone wäre durchaus bereit gewesen, über die Abschaffung der Klausel in Verhandlungen mit der russischen Regierung einzutreten, bei denen er es nicht an Entgegenkommen hätte fehlen lassen. Womit er sich aber nicht abfinden konnte, das war die *einseitige* Aufhebung eines internationalen Vertrages durch einen der Signatarstaaten, denn das rührte an den wesentlichen Grundsatz des Völkerrechts, die Heiligkeit internationaler Verträge. Er schickte deshalb Odo Russell, damals Unterstaatssekretär im Foreign Office, zu Bismarck, der in England allgemein als derjenige angesehen wurde, der die russische Regierung zu ihrem Vorgehen aufgestachelt hatte. Russell überschritt seine Instruktionen, indem er Bismarck rundheraus erklärte, England würde es auf einen Krieg ankommen lassen, gleichviel ob es dabei einen Bundesgenossen haben würde oder nicht, falls Rußland auf seinem einseitigen Akte bestehen sollte. Das war ein Bluff; aber er hatte Erfolg. Es ist vielleicht das einzige Mal in Bismarcks diplomatischer Laufbahn, daß er vor einem Bluff zurückgewichen ist. Er stimmte der Einberufung einer internationalen Konferenz zu, auf der die Frage verhandelt werden sollte. Die Konferenz trat im Frühjahr 1871 in London zusammen. Sie hob die Pontus-Klausel auf und erfüllte damit sachlich die Forderung der Russen. Aber sie faßte auf Englands Antrag den feierlichen Beschluß, daß keine Macht das Recht habe, einen internationalen Vertrag aufzuheben oder abzuändern, es sei denn, daß sie sich vorher mit den anderen Signatarmächten freundschaftlich verständigt. Auch Rußland mußte diesen Beschluß unterzeichnen.

So hatte Rußland in einem Einzelfall Nutzen aus der Hilfe Deutschlands gezogen, so wie dies von seiner wohlwollenden Neutralität profitiert hatte. Aber Bismarcks Absichten gingen weiter. Den ersten Schritt tat er bereits wenige Tage nach Sedan, als er dem Fürsten Reuß telegrafierte: »Gegenüber den nicht nur republikanischen, sondern . . . stark sozialistischen Elementen, die jetzt in Frankreich zur Herrschaft gekommen, ist festes *Zusammenschließen der monarchisch-konservativen Elemente* Europas um so wünschenswerter.« Ein paar Tage später beauftragte er Reuß, die Aufmerksamkeit des Zaren auf die Solidarität der revolutionären und republikanischen Interessen in ganz Europa hinzuweisen. Gegenüber dieser Gefahr empfiehlt er als die sicherste Bürgschaft für die Sache der Ordnung und Zivilisation das festere Zusammenhalten der Elemente, »welche wie Rußland, Deutschland und Österreich dem monarchischen Prinzip noch einen festeren Halt gewähren«.

Der wesentliche Zug all dieser Äußerungen ist die Verbindung der auswärtigen Politik mit ideologischen Prinzipien. Das steht zu Bismarcks früherer Haltung in vollem Widerspruch. Das monarchische Prinzip, das Bismarck plötzlich heraufbeschwört, war das ideologische

Fundament der Heiligen Allianz, und die Staaten, welche Bismarck hier zusammenfassen will, waren einst Mitglieder dieser Allianz gewesen.

Man würde aber Bismarck verkennen, wenn man annehmen wollte, daß diese ideologische Erwägung bei ihm im Vordergrund gestanden hätte. Mindestens im gleichen Maße bestimmten ihn Erwägungen viel realistischerer Natur. Der leitende Grundgedanke seiner auswärtigen Politik während des Krieges und in den Jahren nach seiner Beendigung war die *Isolierung Frankreichs*. Während des Krieges hatte er in einem Erlaß an Graf Bernstorff in London das Bündnis mit Rußland als notwendig bezeichnet, »solange in England die Erkenntnis nicht durchgedrungen ist, daß sein einziger wertvoller und sicherer Alliierter auf dem Kontinent in Deutschland zu finden ist«. Das klingt beinah, als ob ihm ein Bündnis mit England noch lieber gewesen wäre als das mit Rußland. Aber diese Verbindung war nicht möglich. Deutschlands Annexion von Elsaß und Lothringen war in England durchaus unpopulär, und die englischen Staatsmänner wünschten keineswegs, Frankreich dauernd niederzuhalten. Allerdings war die Regierung Napoleons III. in England sehr unbeliebt gewesen. Aber deshalb war die englische Stimmung doch nicht feindlich gegen Frankreich, und viele Engländer machten es der deutschen Politik zum Vorwurf, daß sie den Krieg gegen Frankreich fortführte, nachdem Napoleon beseitigt und die Republik in Frankreich errichtet worden war.

Das Drei-Kaiser-Bündnis, auf welches Bismarck lossteuerte, eine neue Auflage der Heiligen Allianz zu nennen, wäre eine große Übertreibung. Weder Bismarck noch einer der führenden Staatsmänner Österreichs oder Rußlands dachten an eine Wiederaufnahme der Interventionspolitik im Sinne Metternichs. Auch waren zwei dieser Kaiser nicht mehr absolute Herrscher. Aber die drei Reiche hatten doch einen gemeinsamen Zug, durch den sie sich von den parlamentarisch regierten Staaten Europas unterschieden. Ihre auswärtige Politik war im wesentlichen Kabinettspolitik, auf die das Parlament keinen Einfluß hatte. Eine Wahl konnte ihre Regierung nicht verändern. Das englische Volk machte bei der Wahl von 1880 der auswärtigen Politik Disraelis ein Ende, und das französische Parlament gab 1885 durch den Sturz Jules Ferrys der auswärtigen Politik eine neue Wendung. Keiner dieser Vorgänge war in einem der drei Kaiserreiche möglich. Hier wurde die auswärtige Politik als die Angelegenheit des Monarchen und seines Ministers angesehen. Die öffentliche Meinung hatte einen gewissen Einfluß, und selbst im Zarenreiche zeigte es sich, daß auch ein absoluter Herrscher auf die Dauer keine auswärtige Politik treiben kann, die in den für die Meinungsbildung entscheidenden Schichten seines Volkes unbeliebt ist. Aber in der Regel konnte der auswärtige Minister ohne Rücksicht auf populäre Strömungen seinen Weg gehen, wenn er nur mit dem Monarchen einig war. Das war in Deutschland in besonderem Maße der Fall. Bismarcks Ansehen als Meister der auswärtigen Politik war so überwältigend, daß fast das ganze Volk seiner Führung ohne weiteres folgte. Bismarck tat auch alles, um das Parlament an einer Einmischung in die auswärtige Politik zu hindern. Er weigerte sich beharrlich, Urkunden der auswärtigen Politik in einem Blaubuch dem Reichstag zu unterbreiten, um ihn nur nicht auf den Gedanken kommen zu lassen, sie zu diskutieren. Außenpolitische Debatten waren in Bismarcks Zeit sehr selten im Reichstag. In der Regel fanden sie nur statt, wenn Bismarck selbst den Wunsch hatte, eine Rede über die auswärtige Lage zu halten und über die Köpfe der Reichstagsabgeordneten hinweg zur ganzen Welt zu sprechen. Als die Balkan-Frage und der russisch-türkische Streit im Februar 1878 auf ihrem Höhepunkt waren, wünschten die Führer der Regierungsparteien, Bismarck über die Lage zu interpellieren. Darüber war dieser vollkommen außer sich. Im Kreise seiner Vertrauten schimpfte er heftig über diese Abgeordneten, obwohl sie seine getreuen Anhänger und in der Regel seine besten Helfer waren. Die Herren schienen ihn für einen populären Wanderredner zu halten, bemerkte er bissig, der in Vorträgen vor Damen über alles mögliche spreche; die auswärtige Politik könne durch 300 Schafsköpfe nur noch mehr verwirrt werden. Die dreihundert Schafsköpfe waren natürlich die ehrenwerten Mitglieder des Reichstages.

Als das Deutsche Reich gegründet wurde, stand Bismarcks alter Gegner Graf Beust noch an der Spitze der österreichisch-ungarischen Monarchie. Er sah jetzt natürlich ein, daß die Entscheidung von 1866 endgültig geworden und die Mainlinie verschwunden war. Die auswärtige Politik des Habsburger Reiches mußte jetzt neu orientiert werden. Beust war auch durchaus bereit, mit dem Deutschen Reich in freundschaftliche Beziehungen zu treten, und selbst ein Zusammengehen mit Rußland lehnte er nicht mehr ab. Die beiden jahrelangen Gegner, Fürst Bismarck und Graf Beust, trafen sich im Herbst 1871 in Gastein und hatten eine durchaus freundliche Aussprache. Aber schon waren die Tage von Beusts ministerieller Herrlichkeit gezählt. Kurz darauf wurde er von Kaiser Franz Joseph seines Postens als Auswärtiger Minister enthoben und als Botschafter nach London geschickt. Beusts Sturz war die Folge innerpolitischer Vorgänge in Österreich. Aber diese hingen zusammen mit den großen Ereignissen der europäischen Politik. Im Februar 1871 entließ Franz Joseph die österreichische Regierung, das sogenannte »Bürger-Ministerium«, das aus deutsch-liberalen Abgeordneten zusammengesetzt war. Dabei war sein entscheidendes Motiv, daß nach der Gründung des Deutschen Reiches, welche der deutschen Politik Österreichs ein definitives Ende machte, die Deutschen Österreichs in seinen Augen nicht mehr wichtig genug waren, um ihnen den Vorrang vor den anderen Völkern der Monarchie einzuräumen. Er berief jetzt ein Ministerium, an dessen Spitze ein konservativer Klerikaler, Graf Hohenwart, stand, und dessen geistiges Haupt der aus Tübingen nach Wien berufene Professor Albert Schäffle war. Dieses versuchte nach den Grundsätzen des Föderalismus zu regieren, d. h. praktisch gesprochen die nichtdeutschen Völkerschaften, besonders die Tschechen, zu begünstigen. Diesem österreichischen Ministerium gehörte Beust nicht an. In der Verfassung des damaligen Österreich-Ungarn sind drei Ministerien zu unterscheiden, ein Österreichisches und ein Ungarisches, jedes für die besonderen Angelegenheiten seines Landes, und außerdem eine Gruppe von Ministern für die gemeinschaftlichen Angelegenheiten beider Länder, wie der Minister für die auswärtigen Angelegenheiten und der Kriegsminister. Beust war der Minister für die gemeinsamen auswärtigen Angelegenheiten. Er war ein Gegner des föderalistischen Experiments des Grafen Hohenwart. Ebenso dachte der Präsident des Ungarischen Ministeriums, Graf Andrassy. Als die Deutschen Österreichs unruhig wurden, protestierte Beust beim Kaiser, unterstützt von Andrassy, gegen Hohenwarts Politik. Die Folge war die Entlassung des Ministeriums Hohenwart im Oktober 1871. Aber ein paar Tage später folgte, gewissermaßen zum Ausgleich, die Entlassung Beusts. An seine Stelle rückte Andrassy.

Dieser leitete die auswärtige Politik Österreich-Ungarns von 1871–1879. Er arbeitete in der Regel Hand in Hand mit Bismarck und beendete seine Tätigkeit als Minister mit dem Abschluß der Allianz zwischen Deutschland und Österreich-Ungarn im Jahre 1879. Andrassy sah auch die auswärtige Politik der Doppelmonarchie vorwiegend unter ungarischen Gesichtspunkten. Das stärkste Motiv der ungarischen Politik war die Sorge vor einem russischen Angriff. Andrassy befürchtete, daß Rußland sich durch ein Bündnis mit Deutschland stark genug fühlen würde, gegen Österreich-Ungarn vorzugehen. Da es ihm unmöglich schien, Bismarck von den Russen zu trennen, betrachtete er es als die sicherste Politik, im Bunde der Dritte zu sein. Ebenso befürchtete Gortschakow auf der anderen Seite eine deutsch-österreichische Kombination, die sich eines Tages gegen Rußland wenden könnte. Als Franz Joseph im September 1872 Kaiser Wilhelm einen Besuch in Berlin abstattete, um seine völlige Aussöhnung mit dem Sieger von Königgrätz vor aller Welt zu demonstrieren, wußte der Zar es so einzurichten, daß er zur gleichen Zeit dort war. So kamen denn die drei Kaiser, begleitet von ihren leitenden Ministern, in der Hauptstadt des neuen Deutschen Reiches zusammen. Aber diese Zusammenkunft führte nicht zum Abschluß eines Bündnisses. Sie war nicht mehr als eine Demonstration. Allerdings kam dann im nächsten Jahre, 1873, ein Abkommen zustande. Aber dies hatte einen sehr allgemeinen und flüssigen Charakter. Sein interessantester Punkt war ein Bekenntnis zu bestimmten Prinzipien, die nach der Auffassung der drei Monarchen allein imstande seien, den Frieden Europas gegen alle Umwälzungen zu erhalten. Diese Prinzipienerklärung gibt dem Drei-Kaiser-Bündnis sein besonderes Gesicht.

Von wo drohten die »Umwälzungen«, gegen welche die drei Kaiser sich zusammenschlossen? Es machte sich eine gewisse sozialistische Agitation bemerkbar, und man nahm an, daß sie von der »Internationale« geleitet wurde, an deren Spitze Karl Marx stand. Tatsächlich war diese viel zu schwach und durch innere Streitigkeiten zerklüftet, als daß sie den Frieden Europas und die Ruhe der Kaiser ernstlich hätte bedrohen können. Auch nahm Bismarck es mit der feierlichen Prinzipienerklärung nur dann ernst, wenn sie ihm in seine Politik paßte. Als in Spanien wieder einmal eine Revolution ausbrach, kümmerte er sich so wenig um das monarchische Prinzip und die Drei-Kaiser-Erklärung, daß er die Spanische Republik 1874 anerkannte, ohne sich auch nur die Mühe zu nehmen, sich mit seinen Alliierten, die aus Grundsatz durchaus dagegen waren, vorher zu verständigen. Für ihn war die Pointe der Prinzipienerklärung, daß sie sich für die Isolierung Frankreichs ausnutzen ließ. Denn er hoffte, die Kaiser von Österreich und Rußland würden sich durch dies »Prinzip« von einem Bündnis mit Frankreich abschrecken lassen, solange dieses eine Republik war. Das führte zu dem anscheinend paradoxen Ergebnis, daß Bismarck sich die größte Mühe gab, in Frankreich die Republik gegen alle monarchistischen Restaurationsversuche zu stützen. In den ersten Jahren nach dem Kriege führte die Republik dort nur eine höchst unsichere Existenz. Eine starke Strömung wünschte die Wiedererrichtung der Monarchie unter einem König aus dem alten Königshause. Davon befürchtete Bismarck eine Störung seiner politischen Zirkel. Er wünschte Thiers, der zum ersten Präsidenten der Republik gewählt worden war, an der Spitze des Staates zu halten, und war sehr aufgebracht, als dieser im Mai 1873 gestürzt und durch den Marschall MacMahon ersetzt wurde. Es war der schwerste der Vorwürfe, den Bismarck gegen den Botschafter in Paris, Harry Arnim, erhob, daß er Thiers in dieser Krisis nicht unterstützt, sondern mit den Monarchisten geliebäugelt hätte.

Selbstverständlich entsprach diese Haltung Bismarcks weder einer Vorliebe für die republikanische Staatsform noch der Anerkennung des Grundsatzes der Nicht-Intervention in die inneren Angelegenheiten eines anderen Staates. Sie entsprang vielmehr allein dem Glauben, daß Frankreich, solange es keinen Monarchen hatte, bündnisunfähig sein würde, weil kein monarchischer Staat sich auf ein Bündnis mit einer Republik einlassen würde. Besonders galt das in seinen Augen im Verhältnis von Rußland zu Frankreich. Die Kluft zwischen dem autokratischen Regiment dort und dem republikanischen Regiment hier war nach seiner Meinung ein nicht zu überbrückendes Hindernis jeder Annäherung oder gar eines Bündnisses zwischen beiden Staaten. Der »cauchemar des coalitions«, von dem er in späteren Jahren zu sprechen pflegte, bezog sich gerade hierauf. Unleugbar war in Bismarcks Berechnung ein richtiges Element. Der Zar hatte tatsächlich eine starke Abneigung gegen die republikanische Advokatenherrschaft in Paris, und diese Abneigung hat lange einer politischen Kombination im Wege gestanden. Aber eines Tages sollte die Welt es doch erleben, daß der Selbstherrscher aller Reußen barhäuptig die Marseillaise grüßte, die von einer französischen Marinekapelle in Kronstadt gespielt wurde. Das war allerdings erst im Jahre 1892, nach Bismarcks Sturz. Aber schon lange vorher konnten unvoreingenommene Beobachter nicht verkennen, daß kein noch so scharfer konstitutioneller Gegensatz auf die Dauer eine außenpolitische Verbindung verhindern könnte, die sich den beteiligten Mächten vom Standpunkt der Machtpolitik empfahl. Die französische Republik wurde nicht von den Monarchen boykottiert. Und Bismarck selbst durchbrach den Boykott, als er nach dem Berliner Kongreß eine Politik der Aussöhnung mit Frankreich zu betreiben versuchte. Wie konnte irgendein europäischer Staatsmann sich durch grundsätzliche Skrupel von einer Zusammenarbeit mit der französischen Republik abhalten lassen, nachdem Bismarck selbst ihr Zeichen seiner Gunst gegeben hatte?

2. Die »Liberale Ära« in Deutschland

Nach den großartigen Erfolgen von 1870 und 1871 war Bismarcks Ansehen beim deutschen Volk naturgemäß auf den Höhepunkt gestiegen. Die große Mehrheit betrachtete ihn als den wahren Herrscher Deutschlands und war höchst einverstanden, als sein Kaiser ihn zum Zeichen seiner Dankbarkeit zum Fürsten ernannte und ihm das große Gut Friedrichsruh schenkte. Die Reichstagswahlen von 1871 gaben den liberalen Parteien eine Mehrheit. Die stärkste liberale Fraktion war die nationalliberale, die etwa 120 Mitglieder zählte. Die ihnen in vielen Dingen nahestehende Freikonservative Reichspartei, die sich in besonderem Maße als »Partei Bismarck« ansah, hatte gegen 40, die Fortschrittspartei gegen 50 Abgeordnete.

Die Bedeutung der Nationalliberalen Partei lag nicht nur in der Anzahl ihrer parlamentarischen Sitze, sondern auch in der Qualität ihrer Abgeordneten. Sie umfaßte die meisten führenden Parlamentarier, Männer von großen Kenntnissen und politischem Verständnis, die sich im Volk, besonders in seinen gebildeten Schichten, hohen Ansehens erfreuten. Führer der Partei wurde Rudolf von Bennigsen, den das preußische Abgeordnetenhaus zu seinem Präsidenten wählte. Ein anderer nationalliberaler Führer, Max von Forckenbeck, wurde Präsident des Reichstags. Beide standen damals zu Bismarck in guten pesönlichen Beziehungen. Forckenbeck war auch beim Kaiser wohl gelitten und besaß in besonderem Maße das Vertrauen des Kronprinzen. Miquel, vielleicht das größte politische Talent der Partei, war ein ausgezeichneter und wirksamer Redner. Er war im Reichstag hoch angesehen, aber Bismarck brachte ihm ein nie ganz überwundenes Mißtrauen entgegen, obwohl er sich oft seiner Hilfe bediente, um einen Kompromiß zustande zu bringen. Der Führer des linken Flügels, Eduard Lasker, war besonders einflußreich in den Fraktionen des Reichstags und Landtags, weil er mit seiner unermüdlichen Arbeitskraft schneller und gründlicher als irgendein anderer in alle Fragen der Gesetzgebung eindrang. Da jedermann wußte, daß persönlicher Ehrgeiz ihm fernlag und er immer an das Wohl des Reichs und der Partei dachte, waren die meisten Fraktionsgenossen geneigt, seiner Führung zu folgen, auch wenn sie nicht zum engeren Kreis seiner besonderen Anhänger gehörten. Bamberger charakterisierte später seine Stellung dahin, daß er in jenen Jahren gleichzeitig der Generalstabschef und der Feldwebel der Fraktion gewesen sei. Aber dieser Einfluß Laskers war dem Kanzler ein Dorn im Auge, weil er für eine größere Selbständigkeit der Partei sorgte, als ihm lieb war. Er klagte später, es sei ihm nie möglich gewesen, ein Gesetz durchzubringen ohne ein »Amendement Lasker«, welches seinen Vorlagen einen stärkeren liberalen Geschmack gab, als ihm paßte. Die journalistische Gefolgschaft des Kanzlers sprach wegwerfend von Laskers »Doktrinarismus« und versuchte mit diesem Schlagwort seine Volkstümlichkeit und seinen parlamentarischen Einfluß zu untergraben.

Aber diese Gegensätze traten erst in einer späteren Zeit voll in Erscheinung. In den ersten Jahren nach dem Kriege nahm Bismarck die parlamentarische Unterstützung der Nationalliberalen bereitwillig an und räumte ihnen auf dem Gebiete der Gesetzgebung einen beträchtlichen Einfluß ein. Ein neugegründeter Staat, wie das Deutsche Reich, braucht viele neue Gesetze, um seine Einrichtungen auf- und auszubauen. Anstelle des Wirrwarrs verschiedener und vielfach voneinander abweichender Gesetze, welche in den Einzelstaaten bisher bestanden hatten, mußte ein gemeinsames Recht geschaffen werden, das die ganze Nation umfaßte. Besonders auf dem Gebiete der Wirtschaft und des Handels waren solche Gesetze notwendig. So hatte z. B. vor der Einigung jeder deutsche Staat seine besondere Währung gehabt. Nun mußte eine deutsche Währung für das ganze Reich geschaffen, die alten Münzen eingezogen und neue in den Verkehr gebracht werden. Als tragender Pfeiler der neuen Währung mußte eine Zentral-Bank mit dem Recht der Ausgabe von Banknoten errichtet werden. Die neuen Gesetze über Münze und Währung wurden im Beginn der siebziger Jahre im Zusammenwirken von Regierung und Reichstag zustande gebracht. Hier trat der maßgebliche Einfluß der Nationalliberalen deutlich zu Tage; der ihnen angehörige Berichterstatter der Reichstags-Kommission, Ludwig Bamberger, gab den Gesetzen ihre endgültige Form.

Bismarck überließ die wirtschaftliche Gesetzgebung in den ersten Jahren fast gänzlich Rudolf Delbrück, dem Präsidenten des Reichskanzler-Amtes. Sein eigenes Interesse für wirtschaftliche Fragen war damals gering, und er erkannte Delbrücks überlegene Sachkunde an. Dieser war in der Tat ein Fachmann ersten Ranges von unermüdlicher

Arbeitskraft und nie versagender Sachlichkeit, ganz dazu geschaffen, mit einem Reichstag zusammenzuwirken, der selbst reich an Sachkennern war. Diese Zusammenarbeit brachte wertvolle Früchte. »Die Mehrheit aller noch heute sich bewährenden Reichsinstitutionen«, schrieb Max Weber 1917, »ist dieser Zeit und dieser Zusammenarbeit zu danken.«

Neben den wirtschaftlichen Gesetzen ist die größte Leistung dieser Jahre die Vereinheitlichung des deutschen Rechts. Die Reichsverfassung hatte die Zuständigkeit des Reiches nicht auf das Bürgerliche Recht und den Zivilprozeß erstreckt, und die Mittelstaaten hatten auch wenig Neigung, sich da hineinreden zu lassen. Aber die nationale Bewegung überwand diese Hindernisse. Ihr unermüdlicher Führer auf diesem Gebiet war Lasker, der die Frage im Reichstag so lange und so oft zur Erörterung brachte, bis der Widerstand gebrochen war. Das ist ein Verdienst, das auch Laskers unfreundlichste Kritiker ihm nicht streitig machen können. Bismarck stand diesen juristischen Fragen sehr kühl gegenüber. Als er einmal zufällig die Verhandlung einer Kommission über Fragen des Strafprozesses mit anhörte, ging er kopfschüttelnd weg und sagte, er könne es nicht begreifen, wie intelligente Menschen über solche Fragen lange diskutieren könnten; es sei doch ganz gleichgültig, ob man sie so oder so regele. Aber diese Gleichgültigkeit verschwand sofort, wenn es sich bei einer solchen Frage nach seiner Auffassung um eine Einschränkung der Macht des Staates gegenüber der individuellen Freiheit handelte, wie z. B. beim Rechte der Presse. Dann setzte er einem solchen Versuch unerbittlichen Widerstand entgegen.

Jeder gesetzgeberische Fortschritt war auch in dieser Zeit davon abhängig, daß eine Verständigung zwischen dem Reichstag und der Regierung, d. h. formell den im Bundesrat zusammengefaßten »Verbündeten Regierungen« zustande kam. Der Gegensatz zwischen dem, was man »deutschen Konstitutionalismus« nannte, und dem parlamentarischen System tritt besonders darin klar zutage, daß die deutsche Reichsregierung nicht aus der Mehrheit des Reichstags hervorging, sondern ihm als selbständiger Faktor gegenübertrat. Jede Entwicklung in der Richtung des parlamentarischen Systems machte die Reichsverfassung durch die Vorschrift unmöglich, daß niemand gleichzeitig Mitglied des Reichstags und des Bundesrats sein dürfe. Nicht nur der Reichskanzler, sondern auch die ihm unterstellten Staatssekretäre, die an der Spitze der einzelnen Verwaltungszweige des Reichs standen, waren Mitglieder des Bundesrats. Das gleiche galt von den meisten preußischen Ministern, die mit Reichsangelegenheiten zu tun hatten, z. B. dem preußischen Finanzminister. Ein Abgeordneter, der in ein solches Amt berufen wurde, mußte also sein parlamentarisches Mandat niederlegen. In der Tat wurde auch keiner der Führer der Nationalliberalen Partei in Bismarcks Zeit Minister. Bennigsen kam allerdings, wie wir sehen werden, in einem bestimmten Zeitpunkt für ein solches Amt in Frage; aber seine Verhandlungen mit Bismarck scheiterten, weil es ihm, um einen Ausdruck Bismarcks zu gebrauchen, an der nötigen »Subordination« fehlte. Nach Bismarcks Sturz wurde ein anderer dieser Führer, Miquel, preußischer Finanzminister. Als solcher war er unstreitig seinen Vorgängern wie Nachfolgern überlegen. Sein Beispiel zeigt, wieviel politische und administrative Fähigkeiten zugunsten des Staates hätten fruchtbar gemacht werden können, wenn Bismarcks System diesen Männern nicht den Weg in verantwortliche Stellungen grundsätzlich versperrt hätte.

Diese Jahre werden die »Liberale Ära« genannt, aber der Name gibt einen übertriebenen Eindruck von dem Einfluß, den der Liberalismus damals tatsächlich hatte. Er beschränkte sich auf das Gebiet der Gesetzgebung, während z. B. in der preußischen Verwaltung die alte Vorherrschaft der Konservativen und Junker unverändert fortbestand. Es war nach wie vor die Regel, daß nur ein junger Mann von konservativer Gesinnung, der einem feudalen Corps angehört hatte, in ihr Aufnahme finden und zu einem höheren Posten emporsteigen konnte. Viele von ihnen waren Abkömmlinge der Junkerfamilien. Es ist bezeichnend, daß der spätere Minister von Puttkamer, der reaktionärste Vertreter des preußischen Konservatismus, in dieser »Liberalen Ära« seine Karriere machte.

Man kann die Stellung der Nationalliberalen Partei in dieser Zeit nicht mit der einer herrschenden Partei in einem parlamentarischen Staate vergleichen. Theoretisch war sie der Regierung gegenüber in höherem Maße unabhängig. Sie konnte z. B. gegen eine Vorlage der Regierung stimmen, ohne befürchten zu müssen, dadurch diese zu stürzen und die politische Konstellation von Grund aus zu ändern. Aber auf der anderen Seite konnte die Regierung sich unbekümmert über die Wünsche der Partei hinwegsetzen, die in der Regel ihre parlamentarische Stütze war. In der Zeit Bismarcks war natürlich er allein die Regierung, gleichviel wie die staatsrechtliche Konstruktion aussah. In seiner Natur lag es, von seinen Anhängern unbedingte Gefolgschaft zu verlangen. Die Unabhängigkeit der Gesinnung eines Abgeordneten, der sich zu seinen Anhängern zählte, aber ihm trotzdem in bestimmten Fragen aus Gründen seiner Überzeugung Opposition machte, war ihm einfach nicht verständlich. In kritischen Fällen war er imstande, eine solche Unabhängigkeit als eine ihm gegenüber verübte Treulosigkeit zu behandeln; er behauptete, die Wähler hätten den Abgeordneten zu dem Zweck gewählt, damit er *ihm* Gefolgschaft leisten solle, mit anderen Worten, er appellierte über den Kopf des Abgeordneten an seine Wähler, und jeder Parlamentarier wußte, wie gefährlich Bismarcks Gegnerschaft bei einer Wahl war.

Die Nationalliberale Partei hatte den aufrichtigen Wunsch, mit Bismarck zusammenzuarbeiten, den sie ihren Wählern als den größten lebenden Staatsmann und den unsterblichen Helden der deutschen

Einigung pries. Aber die Führer der Partei konnten sich nicht verhehlen, daß dieser große Staatsmann in allen Prinzipienfragen durch eine breite Kluft von ihnen geschieden war. Sie waren mehr oder weniger erfüllt vom Geiste des Liberalismus und wünschten eine freiheitliche Entwicklung der Nation und ihrer Einrichtungen. Bismarck wurde von einer klugen und sehr kritischen Beobachterin »mittelalterlich« genannt. Das war die Kronprinzessin Victoria, die im Jahre 1875 ihrer Mutter schrieb: »Bismarcks Gedanken über die Presse sind sehr mittelalterlich . . . In der Tat ist er überhaupt mittelalterlich. Die wahren Lehren von Freiheit und Regierung sind ihm völlig fremd, obwohl er hin und wieder zu einer demokratischen Maßregel greift, wenn er annimmt, sie werde seinen Zwecken dienen.«

Aber selbst wenn die nationalliberalen Führer dies ebenso klar gesehen hätten, so wären sie doch gezwungen gewesen, mit ihm, so gut es ging, zusammenzuarbeiten. Seine Stellung war vollkommen unangreifbar. Nichts konnte ohne ihn durchgesetzt werden, und erst recht nichts gegen ihn. Sein Ansehen bei ihren eigenen Wählern war so außerordentlich, daß sie einem Zusammenstoß mit ihm aus dem Wege gehen mußten, solange es irgend möglich war. Ihre Position erforderte eine seltene Verbindung von politischer Anpassungsfähigkeit und unabhängiger Gesinnung. Über solche Eigenschaften verfügen verschiedene Menschen auch derselben politischen Grundanschauung in sehr verschiedener Proportion. Es ist deshalb keineswegs verwunderlich, daß es zeitweilig außerordentlich schwierig war, die Partei zusammenzuhalten. Während der eine Flügel vor allem an die Aufrechterhaltung der Grundsätze dachte, wünschte der andere so schnell wie möglich mit dem Kanzler zu einem Kompromiß zu kommen. Die Hannoveraner, Bennigsen und Miquel, waren in der Regel dazu viel schneller bereit als die alten preußischen Liberalen wie Forckenbeck und Lasker.

Ein Beispiel für diese Schwierigkeiten ist die Krise, die im Jahre 1874 über die Heeresvorlage ausbrach. Es war eine Erbschaft des preußischen Verfassungskonfliktes, daß sich an Militärfragen so oft der politische Streit entzündete. Das Ziel des Kaisers war, die Armee zu seiner persönlichen Angelegenheit zu machen, in die sich das Parlament nicht hineinmischen sollte. Natürlich mußte der Reichstag das Geld für die Armee bewilligen. Aber der Kaiser und seine Ratgeber wünschten, dies Recht des Parlaments nach Möglichkeit seines sachlichen Inhalts dadurch zu berauben, daß es gezwungen werden sollte, die Friedenspräsenzstärke nicht alljährlich zu bewilligen, sondern für alle Zukunft festzusetzen durch Einführung eines bestimmten Zahlenverhältnisses zur Bevölkerung. Bei der Beratung der Verfassung des Norddeutschen Bundes war die Frage durch einen Kompromiß nach dem Antrag Forckenbeck vertagt worden (S. 140). Dies war im Jahre 1871 unter dem Einfluß des Krieges bis 1874 verlängert worden. Von diesem Zeitpunkt an sollte die alljährliche Festsetzung der Friedenspräsenzstärke durch den Reichstag Platz greifen. Aber nun machten der Kaiser und seine militärischen Ratgeber den Versuch, zum »eisernen Etat«, wie er in Bismarcks erstem Verfassungsentwurf vorgesehen war, zurückzukehren. Dem Reichstag wurde eine Vorlage unterbreitet, welche die Zahl der Soldaten *dauernd* auf mehr als 400000 festsetzen sollte. Hätte der Reichstag dieser Vorlage zugestimmt, so würde er sich jeden Einflusses in militärische Angelegenheiten begeben haben. Daher machte sich eine lebhafte Opposition geltend, an der auch ein großer Teil der Nationalliberalen teilnahm. Die Reichstagskommission, welche die Vorlage vorzuberaten hatte, war so zusammengesetzt, daß die Entscheidung bei dem linken Flügel der Nationalliberalen lag, der von Lasker geführt wurde. Der Ausschuß lehnte die Festsetzung einer dauernden Ziffer ab; jedoch der rechte Flügel der Nationalliberalen ließ gleich erkennen, daß er zu einem Kompromiß bereit sei.

Jetzt erst griff Bismarck ein. Solange die Vorlage im Ausschuß war, hatte er die Dinge laufen lassen, ohne sich zu regen. Zu dem britischen Botschafter, Lord Odo Russell, sagte er vertraulich, die Vorlage sei nicht sein Werk, sondern das des Kaisers und seines Militärkabinetts. Man kann mit Sicherheit annehmen, daß er selbst zu dieser Zeit keineswegs wünschte, daß die Friedenspräsenzstärke für alle Dauer festgelegt werden solle. Denn wenn ihm auch die Zurückdrängung des parlamentarischen Einflusses durchaus genehm war, so wollte er doch auf der anderen Seite ebensowenig, daß das Militärkabinett und die Generäle in Zukunft völlig unabhängig würden. Das Militärkabinett war weder dem Kanzler noch dem Kriegsminister unterstellt. Es wurde als eine persönliche Angelegenheit des Kaisers und Königs angesehen. Wenn die Generäle sich um den Reichstag überhaupt nicht mehr zu kümmern haben würden, so würden sie auf der anderen Seite auch nach dem Kanzler nichts mehr zu fragen haben. Man darf daher annehmen, daß Bismarck gar nicht betrübt darüber war, wenn die Generäle jetzt sehen mußten, daß sie ohne Hilfe des Kanzlers nicht weiterkamen. Jetzt, nachdem ihr Versagen offen zu Tage lag, war er ganz bereit, ihnen aus der Sackgasse herauszuhelfen und zu zeigen, daß er – obwohl er damals krank und bettlägerig war – allein immer noch mehr zustande brachte, als sie alle zusammen. Er ließ sich zwei freikonservative Abgeordnete an sein Krankenbett kommen und hielt ihnen eine Rede, die natürlich sofort in allen Zeitungen stand. In dieser Rede überhäufte er den Reichstag mit den bittersten Vorwürfen und drohte, er werde entweder zurücktreten oder den Reichstag auflösen. Er habe einen europäischen Ruf zu verlieren. Aber seine schärfsten Vorwürfe richtete er gegen den linken Flügel der Nationalliberalen Partei. Diese Herren seien auf seinen Namen gewählt worden; um ihn zu unterstützen, hätten ihre Wähler sie in den Reichstag gesandt. Mit aller Kunst spitzte er die Krise zu auf den Gegensatz: Bismarck gegen Lasker.

Diese Worte genügten, um dem größten Teil der Nationalliberalen den ärgsten Schreck einzujagen. Einen Wahlkampf gegen Bismarck durchzuführen, war das letzte, was sie wünschten. Die Stimmung der Wählerschaft hatte sich seit dem preußischen Verfassungskonflikt beträchtlich geändert. Damals konnte sich die Opposition auf ihre Wähler verlassen, die sie trotz allen Regierungsdrucks immer wieder wählten. Jetzt war es mehr als zweifelhaft, ob sie zu ihren Abgeordneten stehen würden, wenn Bismarck ihnen Fehde ansagte. Selbst unter den Abgeordneten der Fortschrittspartei, deren Führer Eugen Richter der schärfste und sachkundigste Gegner des Militarismus war, zogen mehrere einen Kompromiß dem offenen Kampfe vor. Bei den Nationalliberalen aber brach geradezu ein heißes Verlangen nach einer Verständigung mit dem Kanzler aus. Zu ihrem Wortführer machte sich Miquel, der dann auch einen Kompromiß mit Bismarck zustande brachte. Er lief darauf hinaus, daß die Friedenspräsenzstärke nicht dauernd, sondern *für sieben Jahre* festgesetzt werden sollte (Septennat). Das bedeutete, daß der Reichstag bis zum Jahre 1881 in Heeresfragen nichts zu sagen haben würde. Der Reichstag, der im normalen Verlauf der Dinge 1877 neu zu wählen war, würde jeder selbständigen Entscheidung in Militärfragen beraubt werden. Auf der anderen Seite konnte der alte Kaiser mit diesem Kompromiß sehr zufrieden sein. Er stand jetzt in seinem 77. Lebensjahre und konnte kaum damit rechnen, daß ihm noch mehr als sieben Jahre beschieden sein würden.

Die Mehrheit des Reichstags nahm den Kompromiß an. Sogar Lasker stimmte dafür, nachdem er sich überzeugt hatte, daß er isoliert werden würde, wenn er in der Opposition verharrte. Damit hatte der Liberalismus eine schwere Niederlage erlitten, weil er eine konstitutionelle Forderung preisgegeben hatte, die bisher als grundlegend angesehen worden war. Schlimmer war noch, daß die privilegierte Stellung, welche der Kompromiß der Armee einräumte, zur Stärkung der militärischen Stimmung, besonders in den Kreisen des höheren Bürgertums, beitrug, dessen Söhne von dem Ehrgeiz erfaßt waren, Offiziere oder doch wenigstens Reserveoffiziere zu werden. Man wollte den Titel »Leutnant der Reserve« auf seiner Visitenkarte zeigen und an Königs Geburtstag in der Uniform prangen. Die Stellung des Offiziers galt als ehrenvoller denn die des Beamten, sogar des Richters, weil das Heer immer mehr als die persönliche Sache des Kaisers angesehen wurde. Diese Vorherrschaft des Militarismus mußte den Bürgersinn und damit die liberale Stimmung gerade der Kreise schwächen, die in früheren Zeiten die Vorkämpfer des Liberalismus gewesen waren. Diese Niederlage ist um so bezeichnender, als der Liberalismus damals Bismarcks unentbehrlicher Bundesgenosse war in dem Kampf, der im Vordergrund des politischen Lebens stand, dem Kulturkampf.

3. Der Kulturkampf

Der Name Kulturkampf wurde der großen Auseinandersetzung zwischen Bismarck und dem deutschen Liberalismus auf der einen Seite und der römisch-katholischen Kirche und der Zentrumspartei auf der anderen Seite gegeben, der während der ersten Hälfte der siebziger Jahre die Geister in Deutschland beherrschte und auch von einem großen Teil Europas als eine der wichtigsten Bewegungen des Zeitalters betrachtet wurde. Die Fragen, über die man sich damals erhitzte, sind heute so stark in den Hintergrund gedrängt, daß es uns schwerfällt, uns in jene Stimmung zurückzuversetzen. Aber man darf nicht vergessen, daß in jenen Jahren viele der aufgeklärtesten und gebildetsten Menschen glaubten, die geistige Zukunft der Menschheit stehe auf dem Spiel. Der Name Kulturkampf wurde von keinem Geringeren geprägt als von Rudolf Virchow, der eine der größten Zierden der deutschen Wissenschaft und sicherlich frei von engen Vorurteilen war.

Wenn wir diese Erregung begreifen wollen, müssen wir auf zwei Akte der katholischen Kirche zurückgehen, den Syllabus Errorum von 1864 und die Verkündigung der Unfehlbarkeit des Papstes auf dem Vatikanischen Kongreß von 1870. Der Syllabus oder »Katalog der hauptsächlichsten Irrlehren unserer Zeit« war vom Papst Pius IX. publiziert worden (S. 97). Er enthielt eine Aufzählung aller jener modernen Lehren, welche der Papst mißbilligte, zurückwies und verdammte. Sie umfaßt fast alles, was der Liberalismus als die Grundlage der modernen Zivilisation und des Staatswesens betrachtete. Der Syllabus wurde daher angesehen als eine Herausforderung des Liberalismus, ja der ganzen modernen Kultur.

Noch größer war die Erregung, als das Vatikanische Konzil im Juni 1870 das Dogma von der Unfehlbarkeit des Papstes annahm. In Deutschland, das sich als die Geburtsstätte der Reformation betrachtete, war sie besonders lebhaft, zumal die Mehrheit der deutschen Bischöfe das neue Dogma auf dem Konzil bekämpft hatte, sich ihm aber, getreu den Grundlehren der katholischen Kirche, unterwarf, nachdem das Konzil es angenommen hatte. Nur eine Minderheit der katholischen Geistlichen und Theologen lehnte es ab, sich zu unterwerfen; zu ihr gehörte der als Theologe und Kirchenhistoriker hochangesehene Professor Ignaz von Döllinger, der wegen seines Widerstandes vom Papst exkommuniziert wurde. Ein Teil der Opposition organisierte sich in der alt-katholischen Kirche. Auf diese setzten damals viele große Hoffnungen. Tatsächlich gewann sie jedoch nie eine erhebliche Bedeutung.

Es kann hier nicht die Aufgabe sein, bei den theologischen Streitfragen zu verweilen, sondern nur den Eindruck zu verzeichnen, welchen diese Vorgänge auf die Zeitgenossen machten. Man befürchtete, daß die vatikanischen Dekrete die Beziehungen zwischen Staat und Kirche von Grund aus umzugestalten drohten und daß die Treue der Katholiken zu ihrem Staate durch die Einmischung des Papstes gefährdet sei. Gab doch selbst ein so liberaler und toleranter Mann wie Gladstone dieser Befürchtung in einer weit verbreiteten Flugschrift Ausdruck. Bismarck war im Anfang durch das Unfehlbarkeits-Dogma nicht sehr beunruhigt worden. Während des Konzils beobachtete er eine ziemlich reservierte Haltung gegen den Rat des preußischen Gesandten am Heiligen Stuhl, Graf Harry Arnim, der eine mehr aktive Politik befürwortete. Mit Recht wies Bismarck darauf hin, daß Preußen, welches vom Papst als eine protestantische Macht angesehen wurde, nicht die Führung in Angelegenheiten der katholischen Kirche übernehmen dürfe. Aber er war bereit, sich anzuschließen, wenn katholische Mächte, wie Österreich oder Frankreich, vorangehen wollten. Als das Konzil das Infallibitäts-Dogma annahm, brach der Krieg gegen Frankreich aus, und Bismarck sah es nun als seine wichtigste Aufgabe an, zu verhindern, daß seine ohnehin schwierige Lage durch neue internationale Verwicklungen weiter erschwert würde. Aber nach dem Ende der weltlichen Herrschaft des Papstes und der Annexion Roms durch das Königreich Italien kam einer der führenden deutschen Bischöfe in das Hauptquartier nach Versailles. Es war der Erzbischof von Posen, Graf Ledochowski, der seinen Sitz in den polnischen Provinzen Preußens Bismarcks besonderer Unterstützung verdankte und den Bismarck als eine Stütze seiner Germanisationspolitik schätzte, obwohl er Jesuit war. Ledochowski brachte nach Versailles zwei Aufträge des Papstes. Er sollte Bismarck bestimmen, gegen die Vernichtung des Kirchenstaates Protest einzulegen, und er sollte ihn fragen, ob er dem Papst auf preußischem Boden ein Asyl gewähren würde, falls dieser sich entschließen sollte, Rom zu verlassen. Das erste Ersuchen mußte Bismarck ohne weiteres abweisen, weil es nicht im Interesse des Deutschen Reichs sein konnte, mit dem Königreich Italien in Konflikt zu geraten. Aber der Gedanke einer Residenz des Papstes in Deutschland war ihm durchaus nicht unsympathisch, weil er sich davon eine Erhöhung des deutschen Ansehens versprach. Noch mehr fiel für ihn ins Gewicht die Erwägung, daß der Papst, wenn er beim König von Preußen sein Asyl suchte, für die preußische Regierung eine wertvolle Stütze in innerpolitischen Fragen werden müßte.

Hier kommen wir zu einem Punkt, der für das Verständnis von Bismarcks Haltung sehr bedeutsam ist. Seit dem Anfang seiner Regierung hatte er den Papst wieder und wieder aufgefordert, seinen Einfluß auf die katholischen Abgeordneten im preußischen Landtag zugunsten der Regierung auszuüben. Wenn der Papst dafür sorgte, daß die katholischen Abgeordneten für die Regierung stimmten, war Bismarck bereit, ihm auf internationalem Gebiete behilflich zu sein. Während Ledochowski in Versailles war, sagte Bismarck zu dem Großherzog von Baden: »Wenn wir dem Papst ein Asyl bieten, muß er uns dienlich sein.« »Die Opposition der ultramontanen Partei würde aufhören«, setzte er im vertrauten Kreise hinzu.

Dies wurde um so wichtiger, als gerade jetzt eine starke katholische Partei gegründet wurde. Im preußischen Abgeordnetenhaus hatte immer eine katholische Fraktion bestanden. Aber sie war schwach und hatte kein erhebliches Gewicht in die Waagschale zu werfen. Die neue Partei, die den Namen Zentrumspartei annahm, wurde viel stärker und bedeutender. Ungefähr 70 Zentrumsabgeordnete wurden bei der Wahl von 1871 in den ersten deutschen Reichstag gewählt. Das Zentrum war von Anfang an die zweitstärkste Fraktion. Vielleicht noch wichtiger als ihre zahlenmäßige Stärke war, daß sie einen Parlamentarier ersten Ranges als Führer gewann, Ludwig Windthorst.

Windthorst war ein Hannoveraner, wie die nationalliberalen Führer Bennigsen und Miquel. Aber er war dem König Georg V., dessen Minister er einst gewesen, auch nach seinem Sturze treu geblieben. Als sein Vertreter hatte er über sein Vermögen mit der preußischen Regierung verhandelt (S. 142). Bismarck nannte ihn einen Welfen und Partikularisten und haßte ihn von ganzem Herzen. Er machte über ihn einmal die für ihn höchst bezeichnende Bemerkung: »Der Mensch muß etwas zum Lieben und etwas zum Hassen haben. Zum Lieben habe ich meine Frau, und zum Hassen Windthorst.« Man darf bezweifeln, daß Windthorst diese heftigen Gefühle erwidert hat. Er war zu kühl und zu klug, um einen Gegner zu hassen, dessen Größe ihm nicht verborgen war. Aber das minderte in keiner Weise die Kraft seiner Opposition. Er war kein großer und hinreißender Redner. Aber er wußte stets, was er zu sagen und wie er es zu sagen hatte. Wenn Bismarck in Leidenschaft geriet, behielt Windthorst seinen kühlen Kopf, und er war nie um eine wohlüberlegte und treffende Antwort verlegen. Er war ein ausgezeichneter parlamentarischer Taktiker, vielleicht der geschickteste, den der Deutsche Reichstag überhaupt gehabt hat. Persönlich war er ein Mann von höflichen Formen und humaner Gesinnung. Obwohl die große Masse der protestantischen und liberalen Bevölkerung in Windthorst als dem hervorragendsten Vertreter des katholischen Klerikalismus so etwas wie die Verkörperung des bösen Prinzips sah, war er im Reichstag selbst auch bei seinen schärfsten Gegnern nicht unbeliebt und auf allen Seiten höchlich respektiert.

Zunächst versuchte Bismarck, den Papst, der schließlich doch in Rom geblieben war, zu einer Erklärung gegen die Zentrumspartei zu veranlassen, und der Kardinal-Staatssekretär Antonelli machte in der Tat eine Äußerung, die so ausgelegt werden konnte und die Bismarck sofort triumphierend in die Öffentlichkeit brachte. Aber die Führer der Zentrumspartei hatten es natürlich noch leichter, den Weg nach Rom zu finden, und sie veranlaßten Antonelli zu einer neuen Erklärung, die jede Hoffnung, den Papst in Gegensatz zur Zentrumspartei zu bringen, zerstören mußte. Nun ergriff Bismarck die Offensive. Auf seine Veranlassung brachte die konservative Kreuzzeitung am 19. Juni

1871 einen Artikel, der einer Kriegserklärung gegen das Zentrum gleichkam. Einige Wochen später löste Bismarck die katholische Abteilung des preußischen Kultusministeriums auf. Als das Zentrum im Januar 1872 im preußischen Abgeordnetenhaus nach den Gründen dieser auffälligen Maßregel fragte, antwortete Bismarck mit einem heftigen Angriff auf die Partei, deren Begründung er eine »Mobilmachung gegen den Staat« nannte. Besonders nahm er sich Windthorst aufs Korn und warf ihm vor, die Neubildung des Deutschen Reichs sei ihm nicht willkommen gewesen. Mit vollem Recht konnte ihm Windthorst antworten: »Der Herr Ministerpräsident ist nicht der Staat, und noch hat kein Minister es gewagt, *seine* Gegner auch Gegner des Staates zu nennen.« Es war Bismarcks Methode, seine politischen Widersacher als »Reichsfeinde« zu brandmarken, und von dieser Methode hat er je länger, desto rücksichtsloser und unbedenklicher Gebrauch gemacht. Es war eine neue Art der Acht, die der mächtigste Mann des Reiches aussprach und Hunderte von Zeitungen wiederholten. Diese Methode hat das öffentliche Leben Deutschlands verbittert und vergiftet.

Von diesem Augenblick an herrschte zwischen Bismarck und der Zentrumspartei als der Vertreterin der katholischen Kirche in Deutschland offener Kriegszustand. In diesem Kriege stand die große Mehrzahl der nichtkatholischen Deutschen auf der Seite des Kanzlers. Viele Liberale glaubten, er werde für die Aufrechterhaltung der modernen Kultur gegen einen neuen Angriff des Obskurantismus geführt. Man sprach daher von einem »Kulturkampf«. Virchow, der dem preußischen Abgeordnetenhaus als Fortschrittsmann angehörte und ganz gewiß kein blinder Verehrer Bismarckscher Machtpolitik war, hoffte mit seinen Gesinnungsgenossen, dieser Kampf werde zur Befreiung der Schule vom klerikalen Einfluß, und zwar sowohl des protestantischen wie des katholischen Klerus, führen. Andere, mehr konservative Politiker hielten ihn für nötig zur Verteidigung der Rechte des Staates. Ein besonderer Gegenstand des Hasses und der Furcht der Protestanten waren die Jesuiten, die als gewandte und gefährliche Intriganten angesehen wurden. Gegen sie machte der Reichstag 1872 ein Gesetz, welches der Regierung nicht nur das Recht gab, alle Niederlassungen der Gesellschaft Jesu aufzulösen, sondern auch jeden einzelnen Jesuiten aus Deutschland zu verbannen. Das war ein Ausnahmegesetz schlimmster Art, die Negation des liberalen Grundsatzes der Gleichberechtigung aller Staatsbürger und der Freiheit der Religion und des Gewissens. Trotzdem stimmten für dies Gesetz nicht nur die Konservativen, sondern auch die große Mehrheit der Liberalen. Die Ehre des Liberalismus wurde von Eduard Lasker gerettet, der trotz des Eifers seiner Partei erklärte, sein Gewissen verbiete ihm, für eine solche unliberale Maßregel zu stimmen.

Die wichtigsten Kämpfe wurden im preußischen Landtag ausgefochten. Denn die Verwaltung von Schule und Kirche war Sache der

Einzelstaaten, nicht des Reichs. Bismarck hielt die bestehenden preußischen Gesetze für unzureichend, um die Autorität des Staates gegenüber der »Ecclesia militans« zu verteidigen. Er verlangte neue Gesetze und zu ihrer Ausarbeitung und Durchführung einen neuen Kultusminister. Für diesen Posten gewann er Adalbert Falk, einen hohen Beamten des Justizministeriums. Als Bismarck ihm diesen Posten anbot, fragte Falk: »Was verlangt man von mir?« »Die Rechte des Staates gegenüber der Kirche wiederherzustellen, und zwar mit möglichst wenig Geräusch.« Gegen diesen zweiten Teil seines Programms hat niemand stärker verstoßen als Bismarck selbst. Die Reden, mit denen er die neuen preußischen Gesetze bei ihrer parlamentarischen Erörterung begleitete, machten das größte Geräusch, das überhaupt denkbar war. Sie zählen zu den kräftigsten und heftigsten Reden, die er überhaupt je gehalten. Er griff das Zentrum mit seiner ganzen Leidenschaft und Rücksichtslosigkeit an. Mit Vorliebe konzentrierte er seine Angriffe auf Windthorst und versuchte einen Keil zwischen ihn und seine Partei zu treiben. Das war natürlich ein vergebliches Beginnen. Einer der anderen Parteiführer, von Mallinckrodt, antwortete darauf mit einer Bezeichnung, die geflügelt geworden ist: Windthorst sei eine Perle, der erst seine Partei die richtige Fassung gegeben habe. Windthorst selbst antwortete, als Bismarck ihm sein Welfentum zum Vorwurf machte: »Meine Anhänglichkeit an die hannöversche Königsfamilie dauert voll und ganz fort. Sie wird fortdauern bis zu meinem Grabe und nichts in der Welt, auch der gewaltige Minister Deutschlands, wird mich darin irre machen. Aber ich bin eingedenk des Satzes der Heiligen Schrift ›Du sollst Untertan sein der Obrigkeit, die Gewalt über Dich hat . . .‹ Ich will mit dem Ministerpräsidenten heute nicht darüber streiten, inwiefern der Gang seiner großen Staatsaktionen das monarchische Prinzip gestärkt hat. Aber das möchte ich ihm doch sagen: Im Glück dem monarchischen Prinzip nahezustehen, ist nicht schwer, *schwerer ist es im Unglück.*« Ein andermal nannte Bismarck die Zentrumspartei eine »Breschbatterie gegen den Staat« oder warf sie mit der Sozialdemokratie zusammen als Gegner des nationalen Staates.

Noch größer war der Eindruck, als Bismarck den gegenwärtigen Kampf einen Teil des »uralten Machtkampfes zwischen Königtum und Priestertum« nannte, »der viel älter ist als die Erscheinung unseres Erlösers in dieser Welt, des Machtstreits, in dem Agamemnon mit seinen Sehern lag, des Machtstreits, der die deutsche Geschichte des Mittelalters erfüllt«. Aber auf seinen Gipfel stieg der Enthusiasmus seiner Anhänger, als Bismarck im Reichstag ausrief: »Seien Sie ohne Sorge, nach Canossa gehen wir nicht.« Das rührte an die erregendsten Erinnerungen der deutschen Geschichte. Heinrich IV. im Büßergewande im Schloßhof von Canossa vor Gregor VII. galt als die tiefste Erniedrigung des Kaisertums und der größte Triumph des Papsttums. Die Nation mußte glauben, daß sie in einem Kampfe um ewige Werte stand, der ihr in der Vergangenheit tiefe Erniedrigung gebracht hatte, der diesmal aber zum siegreichen Ende geführt werden würde.

Falk hätte die Geschicklichkeit eines Zauberkünstlers haben müssen, wenn er bei dieser Begleitmusik das ihm auferlegte Programm hätte »ohne Geräusch« ausführen wollen. Die Einzelheiten der Gesetze, die er durch den Landtag brachte, können heute nicht mehr interessieren. Daß er sein Ziel im wesentlichen verfehlte, ist nicht zu bezweifeln. Aber trotz dieses Mißerfolges ist er eine bedeutende und in ihrer Art anziehende Persönlichkeit. Er glaubte wirklich an seine Aufgabe und betrachtete sie nicht, wie Bismarck, nur als ein taktisches Hilfsmittel; in ihren Dienst hat er eine ungewöhnliche Arbeitskraft, hohe geistige Fähigkeiten und politischen Mut gestellt. Er ist der einzige unter allen Ministern Bismarcks, der eine historische Figur geworden ist, wie er auch der einzige ist, der eine eigene, nicht nur von Bismarck abgeleitete Volkstümlichkeit besessen hat. Bei einer Wahl zum Landtag wurde er gleichzeitig in sieben verschiedenen Kreisen gewählt. Generationen preußischer Voksschullehrer haben seinen Namen in Ehren gehalten, denn er hat mehr für sie getan als irgendeiner seiner Vorgänger oder Nachfolger. Bismarck selbst hat in seinen Erinnerungen, in denen er jede Verantwortung für die Falkschen Gesetze von sich abzuwälzen sucht, doch anerkannt, daß er ein Mann von ungewöhnlichen Gaben und unerschütterlichem Mut gewesen ist.

Wenn Falks Gesetze fehlschlugen, so hatte Bismarck mindestens ebensoviel Schuld daran wie Falk. Der Grundfehler war, daß Bismarck für das Wesen der katholischen Kirche kein Verständnis hatte. Mit Recht urteilte der englische Botschafter, Odo Russell: »Bismarcks autokratische Politik hat die deutschen Bischöfe gezwungen, sich um den Papst zu scharen und um der Disziplin, des Gehorsams und des Beispiels willen Märtyrertum zu erleiden.« Wie fern ihm das Verständnis für die geistigen und moralischen Kräfte lag, gegen welche er kämpfte, zeigt die berühmte Stelle in den »Gedanken und Erinnerungen«, wo er den Kampf des Staates vergleicht mit dem »Bilde ehrlicher aber ungeschickter preußischer Gendarmen, die mit Sporen und Schleppsäbeln hinter gewandten und leichtfüßigen Priestern durch Hintertüren und Schlafzimmer nachsetzten«.

Parteipolitisch hatte der Kulturkampf die Wirkung, daß Bismarck näher an die Liberalen gedrängt wurde und sich mehr von den Konservativen entfernte. Zwar hatten die Konservativen im allgemeinen für den Katholizismus kein stärkeres Interesse; der alte Ludwig von Gerlach, der sich 1866 von Bismarck getrennt hatte (S. 114) und der sich im Alter der Zentrumspartei anschloß, bildet eine Ausnahme. Um so schärfer aber setzten sich die Kreuzzeitungs-Konservativen für die protestantische Kirche und die Erhaltung ihres Einflusses auf die Schule ein. Da die Falkschen Gesetze die geistliche Inspektion der Schulen überhaupt bekämpften, die protestantischen Geistlichen also ebenso traf wie die katholischen, machten die Konservativen Opposition und kamen dadurch mit Bismarck in scharfen Konflikt. Er konnte Opposition nun einmal überhaupt nicht ertragen, gleichviel von welcher Seite sie kam. So hatte er mit einem seiner ältesten Freunde, Hans von Kleist-Retzow, im Herrenhause einen überaus heftigen Zusammenstoß, bei dem Bismarck auch vor höhnischen und persönlich verletzenden Worten nicht zurückscheute. Bei der nächsten Wahl von 1874 zeigte er den Konservativen, daß sie ohne die Hilfe der Regierung nichts ausrichten konnten. Die Zahl ihrer Abgeordneten sank so tief wie in der Konfliktszeit. Nationalliberale und Fortschrittspartei gewannen. Aber auch das Zentrum wuchs jetzt auf hundert Abgeordnete an.

Aber wenn die Konservativen auch im Volke an Boden verloren, so fanden sie an einer anderen, sehr wichtigen Stelle Sympathie, nämlich beim König. Wilhelm war in seinem Alter in religiösen Fragen immer orthodoxer geworden. Er fürchtete wie die Konservativen für die Stellung der evangelischen Kirche. Trotzdem gab er, wenn auch nur sehr widerwillig, den Falkschen Gesetzen seine Unterschrift. Schon im Jahre 1874 sagte er, es sei jetzt Zeit, mehr mit den Konservativen zu regieren. Eine scharfe Gegnerin des Kulturkampfes war die Kaiserin Augusta. Die Verfolgungen katholischer Geistlicher empörten sie; denn sie hatte ein viel besseres Verständnis für die katholische Kirche als der Kanzler. Bismarck blieb diese Opposition Augustas natürlich nicht unbekannt, und sein Haß gegen sie stieg noch höher. Die »Gedanken und Erinnerungen« geben davon mehr als ein deutliches Zeugnis.

Der dramatische Höhepunkt des Kulturkampfes war das Attentat Kullmanns auf Bismarck in Kissingen im Juli 1874. Kullmann war ein junger Böttchergeselle, der einem katholischen Arbeiterverein angehörte. Er schoß auf Bismarck und verwundete ihn leicht an der Hand. Die Regierung und ihre Presse versuchten das Attentat als das Produkt einer politischen Verschwörung auszugeben; aber dieser Versuch hatte nicht die geringste tatsächliche Unterlage. Der Hauptrufer im Streit war Bismarck selbst, den das Attentat in eine ungeheure Aufregung versetzte. Sie kam im Reichstag im Dezember 1874 zum Ausbruch, als der bayrische Zentrumsabgeordnete Dr. Jörg in einer Rede über die auswärtige Politik eine spöttische Anspielung auf die Aufbauschung des Attentats in der Volksstimmung machte. Bismarck erwiderte in höchster Leidenschaft: »Mögen Sie sich lossagen von diesem Mörder, wie Sie wollen, *er hängt sich doch an Ihren Rockschößen fest.*« Dieser Vorwurf der Mitschuld an einem Mordanfall brachte das Zentrum natürlich in die größte Erregung, und ein Abgeordneter, Graf Ballestrem, antwortete mit einem lauten »Pfui«. Bebend vor Wut rief Bismarck: »Pfui ist ein Ausdruck des Ekels und der Verachtung. Glauben Sie nicht, daß mir diese Gefühle fernliegen; ich bin nur zu höflich, um sie auszusprechen.« Im Freundeskreis sagte

Bismarck später, hätte er in diesem Augenblick einen Revolver in der Tasche gehabt, er würde ihn auf den Zwischenrufer abgeschossen haben. Der Humor dieser häßlichen Szene ist, daß dieser selbe Graf Ballestrem fünfundzwanzig Jahre später Präsident des Deutschen Reichstags wurde und sich als solcher der höchsten Achtung auf allen Seiten erfreute.

Wenn man sich dieser heftigen und leidenschaftlichen Angriffe Bismarcks gegen die Zentrumspartei erinnert, wenn man an seine Worte von dem ewigen Kampf zwischen Priestertum und Königtum und an seine stolze Erklärung, niemals nach Canossa zu gehen, denkt, so möchte man glauben, daß Bismarck diesen Kampf keinesfalls aufgeben konnte, es sei denn nach seinem vollständigen Sieg über Zentrum und katholische Kirche. Das Erstaunliche ist, daß Bismarck diesen Kampf nicht nur abbrach, ohne gesiegt zu haben, daß er die meisten mit so viel Leidenschaft und Energie durchgekämpften Gesetze wieder aufhob, sondern daß er es sogar fertigbrachte, sich mit dem Zentrum zu verständigen, um die Nationalliberalen, die ihm im Kulturkampf zur Seite gestanden hatten, aus dem Sattel zu werfen. Das werden wir bei der Geschichte von Bismarcks großer Schwenkung im Jahre 1879 festzustellen haben.

4. Der Fall Arnim

Wenige Tage nach dem eben erzählten Zusammenstoß Bismarcks mit dem Zentrum im Deutschen Reichstag begann vor dem Berliner Stadtgericht ein Kriminalprozeß, dem die ganze Welt mit der höchsten Spannung folgte. Der Angeklagte war kein Geringerer als Seine Exzellenz der Wirkliche Geheime Rat Graf Harry von Arnim, bis vor kurzem Botschafter S. M. des deutschen Kaisers in Paris. Im Oktober 1874 war Europa durch die sensationelle Nachricht verblüfft worden, daß dieser hochgestellte Mann verhaftet und wie ein gewöhnlicher Verbrecher in die Berliner Stadtvogtei gesperrt worden war. Was hatte er begangen? Hoch- oder Landesverrat? Nichts dergleichen! Er hatte es abgelehnt, gewisse Urkunden herauszugeben, die er für sein Privateigentum erklärte, während das Auswärtige Amt behauptete, daß ihm das Eigentumsrecht daran zustehe. Das war eine Meinungsverschiedenheit, ganz dazu angetan, durch ein Zivilgericht entschieden zu werden. Niemals hätte man unter gewöhnlichen Umständen daraus einen Straffall konstruiert. Aber die Umstände waren keineswegs gewöhnlich. Denn was hier in breitester Öffentlichkeit über die Szene ging, war der letzte Akt eines erbitterten politischen und persönlichen Kampfes zwischen Reichskanzler und Botschafter.

Bismarck und Arnim kannten sich seit ihren Jugendtagen. Arnim behauptete sogar, sie seien einstmals Freunde gewesen. Tatsache ist jedenfalls, daß Bismarck, als er an die Spitze des Auswärtigen Amtes getreten war, Arnim als Gesandten beim Heiligen Stuhl nach Rom schickte. Während des Vatikanischen Konzils gerieten sie über die Politik, die Preußen ihm gegenüber verfolgen sollte, in Meinungsverschiedenheiten. Das hinderte Bismarck aber nicht, Arnim nach dem Waffenstillstand als Vertreter des Kaisers bei den Verhandlungen über seine Ausführung nach Frankreich zu senden. Nach dem Abschluß des Friedensvertrages machte Bismarck ihn sogar zum Botschafter in Paris, übertrug ihm also den wichtigsten Posten im ganzen deutschen diplomatischen Dienst. Man sollte annehmen, daß Bismarck auf einen solchen Posten nur einen Mann stellen würde, der sein uneingeschränktes Vertrauen besaß. Tatsächlich aber schrieb Bismarck damals, der neue Botschafter habe »einen unsicheren und wenig glaubwürdigen Charakter«.

Bei der politischen Meinungsverschiedenheit zwischen Bismarck und Arnim handelte es sich in erster Linie um die Stellung zu Thiers und zu der republikanischen Form des französischen Staates. Nach Thiers' Sturz durch die zur Monarchie neigende Mehrheit der französischen Kammer im Mai 1873 machte Bismarck dem Botschafter den Vorwurf, er habe seiner eigenen Politik zuwider gehandelt, indem er nicht Thiers, sondern die Monarchisten unterstützt hätte. Als Kanzler und Minister des Auswärtigen hatte Bismarck zweifellos das Recht, die Richtung der auswärtigen Politik zu bestimmen, der jeder Botschafter sich zu fügen hatte. Bis zu diesem Grade ist sein berühmtes Wort gerechtfertigt: »Meine Botschafter müssen einschwenken wie die Unteroffiziere.« Aber Arnim gab zwar zu, daß er Bismarcks Ansicht nicht geteilt habe, bestritt jedoch, irgend etwas getan zu haben, um die monarchistische Bewegung in Frankreich zu fördern. Hingegen beschwerte er sich seinerseits darüber, daß Bismarck von ihm verlangte, er müsse nicht nur sein Verhalten, sondern auch seine *Berichterstattung* der Auffassung seines Chefs anpassen. Das ist in der Tat eine höchst gefährliche Lehre von den Pflichten eines Botschafters. Über Arnims Berichte ärgerte Bismarck sich besonders deswegen, weil er wußte, daß sie auf den Kaiser Eindruck machten. Er warf ihm geradezu vor, daß sein Argument, die republikanische Entwicklung in Frankreich würde dem monarchischen Prinzip auch im übrigen Europa gefährlich werden, vom Kaiser beifällig aufgenommen wurde.

Bismarck brachte Arnim seine Unzufriedenheit in scharfen und zuweilen geradezu beleidigenden Wendungen zum Ausdruck. Warum? Weil ihm bekannt war, daß Arnim beim Kaiser und noch mehr bei der Kaiserin Augusta beliebt war. Bismarck wußte, daß Arnim mit dem Kulturkampf ebensowenig einverstanden war wie Augusta, und als früherer Gesandter beim Vatikan besaß er in diesen Fragen eine gewisse Autorität. Schlimmer als alles aber war, daß Arnim in einigen konservativen Kreisen als ein möglicher künftiger Reichskanzler bezeichnet wurde. Das war in Bismarcks Augen natürlich die schwerste aller Sünden. Zwar war seine Stellung damals so fest und unerschütterlich, daß er über solches Gerede mit einem Achselzucken hätte hinweggehen können. Aber das war nun einmal nicht seine Art. Jeder Rivale, auch wenn er nicht die allergeringsten Aussichten hatte, war ihm ein im höchsten Maße verdächtiger Feind. In der letzten Unterredung, die er mit Arnim hatte, sagte er ihm ins Gesicht: »Sie konspirieren mit der Kaiserin, und Sie werden nicht eher ruhen, als bis Sie hier an diesem Tische sitzen werden, wo ich jetzt sitze – und dann werden Sie sehen, es ist auch nichts!« Eine echte Bismarcksche Wendung.

Um Arnim zu stürzen, sandte Bismarck nach Paris einen Spion. Es war der Botschaftsrat Fritz von Holstein, der später in der Zeit Wilhelms II. jahrelang der einflußreichste und mächtigste Mann des Auswärtigen Amtes war. Holstein gab sich zu dem schmutzigen Geschäfte her. In der öffentlichen Verhandlung gegen Arnim wurde er als Zeuge vernommen und mußte trotz aller Drehungen und Wendungen unter seinem Eide gestehen, daß er über seinen Chef nach Berlin berichtet hatte. Es war wohl die schlimmste Stunde seines Lebens, sie hat seine ganze Zukunft beeinflußt. Denn diese Enthüllung verschloß ihm für lange Jahre die Türen der guten Gesellschaft. Er hatte alle Qualen des Ausgestoßenen zu erdulden, der noch dazu weiß, daß er seine Not selbst verschuldet hat. Unter solchen Eindrücken entwickelte sich die mißtrauische und verschrobene Eigenart dieses Mannes, die mehr als einmal für die deutsche Politik verhängnisvoll werden sollte.

Natürlich war Arnim einem Gegner wie Bismarck nicht gewachsen. Wie fast alle Gegner Bismarcks spielte er ihm in die Hand durch eigene Fehler, die ihm den ihm anfangs geneigten Kaiser entfremdeten. Schließlich gestattete Wilhelm seinem Kanzler, Arnim nicht nur von Paris abzuberufen, sondern ihn aller Funktionen zu entheben. Man sollte meinen, daß Bismarck sich mit diesem Erfolg hätte zufriedengeben können. Aber er zeigte, daß seine einmal entflammte Rachsucht keine Grenzen hatte. So trieb er es zu der strafrechtlichen Verfolgung des Botschafters, welche diesen völlig ruinierte. Politisch wurde die öffentliche Verhandlung vor dem Berliner Gericht zu einem Triumph für Bismarck, der auch hier wieder eine ganz überlegene Geschicklichkeit an den Tag legte. Er ließ vor dem Gerichtshof einige seiner Depeschen verlesen, die diplomatische Meisterstücke waren und einen außerordentlichen Eindruck machten. Dagegen mußten natürlich Arnims Berichte sehr abfallen. Aber dem kritischen Beobachter konnte nicht entgehen, daß Bismarcks Methoden der Kontroverse und Verfolgung ebenso skrupellos und rücksichtslos waren, wie sie geschickt waren. Dem Grafen Arnim half das natürlich nichts. Er mußte flüchten und im Exil leben. Einige Flugschriften, in denen er seine Sache zu verteidigen suchte und seinen gewaltigen Gegner angriff, zogen ihm weitere Verfolgungen zu. Schließlich wurde er in absentia zu fünf Jahren Zuchthaus verurteilt, ein so offensichtlich grausames und ungerechtes Urteil, daß selbst Bismarck in seinen »Gedanken und Erinnerungen« davon abrückt. Aber auf derselben Seite scheut er sich nicht, neue persönliche Verdächtigungen gegen seinen unglücklichen Gegner vorzubringen, der nun schon vor Jahren im Exil verstorben war.

5. Die »Krieg-in-Sicht-Krise«

Bismarcks Kulturkampf hatte sehr wichtige Folgen und Rückwirkungen auf dem Gebiet der auswärtigen Politik. Nur das Königreich Italien wurde durch den Kampf gegen den Papst, der natürlich auch sein Feind war, an Deutschland angenähert. In England sympathisierten viele mit dem Ziel des Kulturkampfs, dessen Methoden freilich durchweg abgelehnt wurden. Der russischen Regierung war seine antipolnische Tendenz willkommen, aber Gortschakow zog es vor, sich mit der katholischen Geistlichkeit friedlich zu verständigen. Österreich hatte damals eine liberale Regierung, die das Konkordat mit dem Vatikan gekündigt hatte und eine antiklerikale Politik betrieb. Aber sie verstand, ihr Ziel mit friedlichen Methoden zu erreichen und jede Einmischung in die inneren Angelegenheiten der Kirche zu vermeiden, deren treuer Sohn der Kaiser Franz Joseph war. In anderen katholischen Ländern, wie Frankreich und Belgien, verurteilten die Bischöfe und der Klerus den Kulturkampf als eine neue Christenverfolgung, und sie ermutigten die deutschen Katholiken zum Ausharren in ihrem Widerstand. Bismarck war außer sich über diese Einmischung eines fremden Klerus in innere deutsche Angelegenheiten und verlangte ihre Unterdrückung von ihren Regierungen in sehr scharfen Noten nach Paris und Brüssel. Seine schlimmsten Befürchtungen schienen sich zu erfüllen, als im Mai 1873, zur selben Zeit, als Falks sogenannte Maigesetze in Preußen erlassen wurden, Thiers gestürzt und durch den Marschall MacMahon ersetzt wurde.

MacMahon galt als Monarchist, der bereit sei, eine monarchistische Restauration zugunsten eines Königs aus den Häusern Bourbon oder Orléans herbeizuführen. Bismarck fürchtete, daß eine solche Restauration Frankreich wieder in seiner früheren internationalen Position herstellen und daß ein neuer französischer König beim Zaren und anderen Monarchen eine ebenso wohlwollende Aufnahme finden würde wie Ludwig XVIII. in den Zeiten der Heiligen Allianz. Er befürchtete aber auch, daß ein solcher König unter starkem klerikalem oder gar jesuitischem Einfluß stehen und der Mittelpunkt eines europäischen Widerstandes gegen den Kulturkampf werden würde. Die Regierung MacMahons, die sich tatsächlich in weitem Umfang auf den französischen Klerus stützte, galt ihm und vielen Deutschen als eine klerikale Regierung, von der man erwarten konnte, daß sie die katholische Opposition überall in Europa unterstützen würde.

Schon im Frühjahr 1874 hatte Bismarck den Franzosen deutliche Zeichen seines Übelwollens gegeben. Die deutsche Presse erzählte ihren Lesern, der Kanzler habe die europäischen Höfe in einer Zirkularnote darauf hingewiesen, daß der Friede Europas in Gefahr sei, wenn Frankreich sich mit dem Interesse des katholischen Klerus identifiziere. Die Zeitungen sprachen von einem »kalten Wasserstrahl«, den er nach Paris gerichtet habe. Als die französische Regierung sich bemühte, die Bischöfe zu beruhigen, triumphierte die deutsche Presse, der »kalte Wasserstrahl« hätte seine Wirkung gehabt. Selbstverständlich brachte das wiederum die französische öffentliche Meinung in Erregung.

Bismarcks Argwohn gegen Frankreich wurde aber auch aus anderen Quellen gespeist. Es hatte sich mit einer Schnelligkeit erholt, die alle Erwartungen übertraf. Bismarck hatte dem besiegten Feinde in dem Friedensvertrag eine Kriegskostenentschädigung von fünf Milliarden Franken aufgebürdet in der Hoffnung, dadurch seine finanzielle Kraft für lange Jahre zu schwächen. Aber Thiers brachte es fertig, diese für damalige Begriffe ungeheure Summe viel schneller zu bezahlen, als Bismarck und seine Berater für möglich gehalten hatten. Im September 1873 räumte der letzte deutsche Soldat den Boden Frankreichs, und die Befreiung der besetzten Gebiete war vollendet. Das war eine außerordentliche Leistung und zeigte, daß Frankreichs wirtschaftliche und finanzielle Kraft ungebrochen war. Jetzt ging es natürlich daran, seine Armee wieder aufzubauen. Als Bismarck hörte, daß die Franzosen für ihre Kavallerie Tausende von Pferden in Deutschland kauften, erließ er eine Verordnung, welche jede Ausfuhr von Pferden aus Deutschland verbot. Die öffentliche Meinung nahm sofort an, daß diese Maßregel sich gegen Frankreich richte, und geriet in Deutschland, noch mehr aber in Frankreich, in Unruhe.

Bismarck war im Frühjahr 1875 in sehr gereizter Stimmung. Seine Mitarbeiter, selbst Lothar Bucher, klagten über seine Nervosität und Erregbarkeit. Seine böse Laune entlud sich zuweilen explosiv, z. B. gegen die belgische Regierung. Ein belgischer Kesselflicker Duchesne hatte an den Erzbischof von Paris einen Brief geschrieben, in dem er sich erbot, Bismarck gegen eine Belohnung von sechzigtausend Franken zu ermorden. Ob dahinter mehr steckte als ein sehr schlechter Scherz, ist niemals ergründet worden. Der Erzbischof handelte jedenfalls ganz korrekt, indem er diesen Brief sofort der deutschen Regierung mitteilen ließ. Darauf verlangte Bismarck von der belgischen Regierung die Bestrafung Duchesnes. Die belgische Regierung mußte erwidern, daß das belgische Strafgesetzbuch keine Bestimmung enthalte, wonach ein Verbrechen bestraft werden konnte, das weder ausgeführt noch versucht worden war. Das war durchaus keine Besonderheit des belgischen Strafrechts. Im deutschen Strafgesetzbuch war es nicht anders; es wurde erst infolge dieses Vorgangs um einen neuen Strafparagraphen bereichert. Bismarck aber verlangte nun von der belgischen Regierung, sie solle ihr Strafrecht unverzüglich ändern. Diese Forderung war in einer außerordentlich schroffen Note enthalten, in der Bismarck auch auf die Angriffe der belgischen Bischöfe gegen die preußischen Kulturkampfgesetze hinwies. Er ließ die Note nicht nur den anderen europäischen Höfen mitteilen, sondern auch in der deutschen Presse veröffentlichen. All das verschärfte natürlich die internationale Spannung.

Nun brachte die französische Regierung im Frühjahr 1875 vor ihr Parlament eine Vorlage zur Änderung der Organisation der Armee. Diese Vorlage nahm das Parlament wenige Tage, nachdem Bismarck seine Verordnung gegen die deutsche Pferdeausfuhr erlassen hatte, an. Die wichtigste Bestimmung war die Erhöhung der Zahl der Bataillone eines Regiments von drei auf vier. Die Bedeutung dieser vierten Bataillone wurde in Deutschland stark übertrieben, selbst von militärischen Autoritäten wie Moltke. Aber es war in jedem Falle ein Schritt vorwärts zu größerer Kriegsbereitschaft der französischen Armee. Bismarck nahm das außerordentlich ernst. Seine Beunruhigung wurde noch durch ein anderes internationales Ereignis erhöht, nämlich durch eine Zusammenkunft des Kaisers Franz Joseph mit dem König von Italien in Venedig. Der Kanzler argwöhnte, daß sie der erste Schritt zu einer österreichisch-italienisch-französischen Koalition sei, die sich für den Papst und gegen das antiklerikale Deutschland einsetzen wolle. Seiner bewährten Methode getreu, entschloß er sich zur Offensive überzugehen, aber nicht auf dem üblichen diplomatischen Wege, sondern dadurch, daß er in der Presse Alarm schlagen ließ. Am 5. April 1875 veröffentlichte die »Kölnische Zeitung« einen Artikel, der in sehr ernsten und düsteren Worten auf die Gefährdung des europäischen Friedens hinwies, die Reorganisation des französischen Heeres eine Vorbereitung für den Krieg nannte und an die Monarchenzusammenkunft in Venedig einen sehr kritischen Kommentar knüpfte. Der Artikel war aus Wien datiert; aber die engen Beziehungen der »Kölnischen Zeitung« zur Wilhelmstraße waren nur allzu gut bekannt, und jedermann maß daher dem Artikel sofort einen offiziösen Charakter bei. Das war auch völlig zutreffend. Verfasser des Artikels war der Chef von Bismarcks Pressebüro, Aegidi, der dem Redakteur der »Kölnischen Zeitung« bei seiner Einsendung geschrieben hatte: »Ich bitte Sie, diesen Wiener Brief (nur so) an die Spitze einer Nummer zu stellen, doch ohne jeden Kommentar . . . Es ist ein jedes Wort abgewogen wie in einer Staatsschrift.«

Die Sensation, welche dieser Artikel erregte, wurde aber bei weitem noch übertroffen, als zwei Tage später eine andere Zeitung, deren Beziehungen zum Auswärtigen Amt ebensowenig ein Geheimnis waren, die Berliner »Post«, einen Artikel mit der Überschrift »Ist Krieg in Sicht?« veröffentlichte. Diese Überschrift allein genügte, um ganz Europa in Unruhe zu versetzen, und die Antwort, welche der Artikel auf diese Frage gab, war kaum dazu angetan, sie zu beschwichtigen.

Der Verfasser machte die französische Heeresreorganisation für die Gefährdung des Friedens verantwortlich und erklärte, der Krieg sei tatsächlich in Sicht, aber es sei nicht ausgeschlossen, daß die Wolken sich wieder zerstreuen würden. Der Verfasser war Constantin Rößler, ein früherer Beamter des preußischen Pressebüros, der in der Folge stets behauptet hat, er habe seinen Artikel ohne amtlichen Auftrag geschrieben; aber dieser Behauptung darf man wohl mit einiger Skepsis gegenüberstehen. Holstein hat in einer seiner Niederschriften enthüllt, daß Rößler seine Instruktionen von Lothar Bucher, indirekt also von Bismarck, erhalten hat. Den dritten Schuß feuerte das offiziöse Organ des Kanzlers, die »Norddeutsche Allgemeine Zeitung«, ab. Sie kam zu dem Schluß, daß zwar von Österreich und Italien keine Gefahr drohe, um so mehr aber von Frankreich.

Daß hinter dieser dreifachen journalistischen Attacke der deutsche Reichskanzler persönlich stecke, wurde allgemein angenommen und trug selbstverständlich zur Beunruhigung bei. Odo Russell schrieb aus Berlin, daß die sämtlichen Diplomaten ihm das Haus einliefen, um ihm ihr Herz auszuschütten und sich in düsteren Kriegsprophezeiungen zu ergehen. Die Börsen hatten in ganz Europa schwarze Tage, und überall sprach man vom bevorstehenden Krieg. Zu denen, die durch das dräuende Ungewitter überrascht und erschreckt wurden, gehörte auch der deutsche Kaiser, den seine Tochter, die Großherzogin von Baden, auf das Zeitungsgeschrei aufmerksam gemacht hatte. Er schrieb Bismarck einen Brief, in dem er von seiner vollkommenen Überraschung sprach und um Aufklärung darüber ersuchte, was denn eigentlich die Ursache dieser Zeitungsartikel sei. Bismarck stellte in seiner Antwort natürlich jede Verbindung mit den Artikeln in Abrede und war kühn genug, die Vermutung auszusprechen, der Artikel der »Kölnischen Zeitung« sei – ein Börsenmanöver, hinter dem vielleicht Rothschild stecke. Der Kaiser scheint das auch tatsächlich geglaubt zu haben. Aber in der Sache selbst gab er nicht nach, sondern stellte mit Entschiedenheit fest, daß er einen neuen Krieg nicht zulassen werde. Er sagte am 15. April zu dem französischen Militär-Attaché: »Man hat uns brouillieren wollen, das kommt von dem Nonsens zweier Zeitungen. Aber jetzt ist alles beendet, vollkommen beendet.«

War es aber wirklich zu Ende? Man muß sich vergegenwärtigen, was Bismarck tat und tun ließ, *nachdem* der Kaiser diese Worte gesprochen hatte.

Noch an demselben Tage, an dem Wilhelm die Krise für beendet erklärt hatte, sandte das Auswärtige Amt an den Botschafter in London einen Bericht Moltkes und versah ihn mit einem Kommentar, der ungefähr dasselbe besagte wie die sensationellen Artikel, die der Kaiser so scharf verdammt hatte. Alle friedensliebenden Regierungen, hieß es hier, hätten die Pflicht, sich in Paris abmahnend zu äußern und dort auf die Konsequenzen augenscheinlicher Kriegsvorbereitungen aufmerksam zu machen.

Aber Schlimmeres folgte! Ein paar Tage später hatte der französische Botschafter, Graf Gontaut-Biron, der schleunigst von seinem Urlaub zurückgekehrt war, eine Aussprache mit dem deutschen Staatssekretär des Auswärtigen Amtes, von Bülow, in der er diesem versicherte, daß die französische Regierung durchaus friedlich gesonnen sei. Er glaubte, damit auf Bülow einen günstigen Eindruck gemacht zu haben. Aber diese optimistische Auffassung wurde zerstört, als er am 21. April auf einem Diner bei Russell einen einflußreichen Beamten des Auswärtigen Amtes, Herrn von Radowitz, traf. Dieser galt als der Mann von Bismarcks besonderem Vertrauen, besonders, seitdem er im Jahre zuvor vom Kanzler in einer Spezialmission nach Rußland geschickt worden war, von der jeder Diplomat annahm, daß sie einen geheimen Zweck gehabt habe. Gontaut hörte daher mit besonderer Aufmerksamkeit auf das, was Radowitz ihm zu sagen hatte. Er konnte aufatmen, als Radowitz mit der Feststellung begann, daß die Krisis der letzten Wochen vollständig vorüber sei. Aber seine Beruhigung mußte schwinden, als Radowitz mit düsteren Betrachtungen über die Zukunft fortfuhr. Frankreich würde künftig, wirtschaftlich erholt und militärisch gerüstet, Bundesgenossen finden und dann den Revanchekrieg zur Rückeroberung der verlorenen Provinzen beginnen. Warum sollen wir so lange warten und ihm nicht lieber *zuvorkommen*? In diesem Sinne hätten sich einflußreiche Parteiführer geäußert. »Sie müssen zugeben«, sagte Radowitz zu Gontaut, »diese Deductionen sind in der Tat vom politischen, philosophischen, ja selbst vom christlichen Standpunkt aus voll begründet.«

Am 1. Mai sagte Bismarck selbst zu dem österreichischen Botschafter Graf Karolyi, Deutschland habe die Pflicht, gegenüber Frankreich die Initiative zu ergreifen. Karolyi stürzte sofort zu Odo Russell, um ihn von dieser bedrohlichen Äußerung des Kanzlers in Kenntnis zu setzen. Am nächsten Tag aber erhielt Russell den Besuch des Generalstabschefs der deutschen Armee, des Feldmarschalls Graf Moltke, der sich über die politische Lage außerordentlich ernst aussprach. Er ging so weit, die Frage zu erörtern, wer an einem Krieg die Schuld tragen würde. Nicht derjenige Staat trage die Verantwortung für den Krieg, der zuerst zu den Waffen greife, sondern der, welcher ihn provoziere. Als Russell diese Rechtfertigung eines Präventivkrieges zurückwies, erwiderte Moltke: »Wenn die Großmächte sich offen auf Deutschlands Seite stellen und Frankreich beweisen, wie aussichtslos ein Revanchekrieg ist, dann kann ein Krieg vermieden werden.« Kann irgend jemand glauben, daß Moltke sich in dieser Weise in diplomatische Angelegenheiten gemischt haben würde, wenn der Kanzler ihn nicht dazu autorisiert hätte? Beide großen Männer waren viel zu eifersüchtig aufeinander, als daß Moltke je hätte daran denken können, willkürlich in Bismarcks Kompetenz einzugreifen.

Am nächsten Tage, am 3. Mai, sandte das Auswärtige Amt an den Botschafter in Paris, den Fürsten Chlodwig Hohenlohe, eine Note, die genau auf den gleichen Ton gestimmt war. Sie wiederholte nicht nur die Überzeugung des Kanzlers, daß Frankreich einen Krieg gegen Deutschland vorbereite; sie beauftragte Hohenlohe, den beruhigenden Eindruck zu zerstören, den Gontauts Bericht über seine Unterredung mit Bülow in Paris gemacht habe. Hohenlohe, der gerade im Begriff gewesen war, seinen Urlaub anzutreten, verschob seine Abreise, um diesen Auftrag persönlich bei dem französischen Minister des Auswärtigen, dem Herzog von Decazes, auszuführen. Er sagte ihm, Deutschland fühle sich durch die französischen Maßnahmen bedroht, er glaube aber nicht an einen unmittelbar bevorstehenden Krieg. Decazes verstand ihn vollkommen richtig, wenn er Gontaut schrieb, der Zweck von Hohenlohes Besuch sei gewesen, den Eindruck zu zerstören, als ob die Krisis beendet sei.

Man wird alle diese schnell aufeinanderfolgenden Akte kaum anders deuten können, als daß sie Glieder eines wohlüberlegten diplomatischen Feldzugplans Bismarcks von der Art dessen waren, was wir heute einen »Nervenkrieg« nennen würden. Seine Absicht war, die französische Regierung von allen Seiten unter Druck zu setzen und ihr beizubringen, daß ihre Reorganisation der Armee Frankreich an den Rand des Krieges bringe. Sie sollte dadurch so in Angst versetzt werden, daß sie auf die geplanten Maßregeln verzichtete.

Decazes schlug aber den entgegengesetzten Weg ein. Er ließ Gontauts Bericht über die seltsamen Äußerungen von Radowitz' den Höfen der anderen Großmächte in Abschrift zugehen, um ihnen vor Augen zu führen, daß Frankreich von Deutschland mit einem Präventivkrieg bedroht werde. Besonders ließ er es sich angelegen sein, diesen Eindruck beim Zaren hervorzurufen, und er hatte damit Erfolg. Alexander II. versicherte dem französischen Botschafter, er werde ihn rechtzeitig unterrichten, sowie eine ernsthafte Gefahr auftauche. Er gab deutlich zu verstehen, daß er Bismarck nicht gestatten würde, Frankreich plötzlich anzugreifen.

Decazes ergriff aber auch noch eine andere nicht minder wirksame Maßregel: er wandte sich an die öffentliche Meinung Europas und zwar durch das Sprachrohr der Londoner »Times«. Er ließ sich ihren Pariser Vertreter de Blowitz kommen und legte ihm das ganze Urkundenmaterial vor. Das war für Blowitz, der bei all seiner Eitelkeit ein Journalist ersten Ranges war, die richtige Aufgabe. Er schrieb der »Times« einen Pariser Brief, dem der Kenner ansehen mußte, daß er aus den besten Quellen gespeist war, und den die »Times« am 6. Mai unter dem Titel »A French Scare« veröffentlichte. Er erregte sofort eine außerordentliche Sensation und wurde in allen wichtigen Zeitungen Europas nachgedruckt. Lord Derby, der damals an der Spitze des britischen Foreign Office stand, sagte nach seiner Lektüre: »Entweder beabsichtigt Bismarck wirklich Krieg zu machen, oder er will in uns den Eindruck hervorrufen, daß er diese Absicht habe.«

Gerade in diesen Tagen wurde in Berlin ein Besuch des Zaren und

Berliner Kongreß vom 13. 6.–13. 7. 1878: Die Unterzeichnung des Berliner Vertrages am 13. Juli 1878.
Gemälde von Anton v. Werner

Johanna von Bismarck, geb. Puttkamer, 1890.

seines Kanzlers Gortschakow erwartet. Auf ihn konzentrierten sich alle Hoffnungen für die Aufrechterhaltung des Friedens. Die englische Regierung beschloß, dem Zaren jede Unterstützung zu gewähren, falls er seinen Berliner Besuch dazu benutzen wolle, zugunsten des Friedens zu intervenieren. Der russische Botschafter in London, Graf Peter Schuwalow, der Bismarck in Berlin gesprochen hatte, erzählte Derby, Bismarcks Nervenzustand sei eine Gefahr für Europa. Disraeli verglich den deutschen Kanzler mit Napoleon I., und Königin Victoria pflichtete diesem Vergleich bei. Sie schrieb dem Zaren einen persönlichen Brief, und Odo Russell erhielt den Auftrag, alle Mittel zum Ausgleich der Mißverständnisse zwischen Deutschland und Frankreich aufzuwenden und den Zaren bei seinen Bemühungen in dieser Richtung zu unterstützen.

Alexander und Gortschakow kamen am 10. Mai in Berlin an. Sie erklärten dem Kaiser und Bismarck, Europa würde es nicht ruhig mit ansehen, wenn ein Krieg zwischen Deutschland und Frankreich ausbrechen sollte. Wilhelm erklärte ihm ganz aufrichtig, daß er nicht im geringsten einen Krieg wünsche. Auch Bismarcks Erklärungen bewegten sich in derselben Richtung. Er hatte mit Gortschakow eine Unterhaltung, die recht lebhaft geworden zu sein scheint. Er leugnete rundweg, daß er mit den Bemerkungen von Radowitz irgend etwas zu tun habe, und fragte Gortschakow sarkastisch, ob er etwa nach Berlin gekommen sei, um ihm ein »quos ego« zuzurufen, wie einst Neptun den rasenden Stürmen. Gortschakow erwiderte: »Dies Wort steht nicht in meinem Lexikon.« Er bat Bismarck, ihm zu versichern, daß er nicht beabsichtige, Frankreich jetzt oder in Zukunft anzugreifen. »Ich wünsche nichts Schriftliches, Ihr Wort genügt mir.«

Am nächsten Tage konnte der Zar dem französischen Botschafter sagen, daß der Friede gesichert sei; nicht nur der Kaiser und der Kronprinz hätten ihm das in der überzeugendsten Weise auseinandergesetzt, auch Bismarck sei durchaus friedlich gestimmt. Gortschakow gab den Franzosen den guten Rat, möglichst wenig von ihrem Erfolg zu reden. Er selber handelte leider nicht nach diesem Rat, sondern nahm eine triumphierende Miene an, die Bismarck auf die Nerven fiel. Aber auch wenn Gortschakow sich mit dem größten Takt benommen hätte, so wäre Bismarck doch außer sich gewesen. Denn der allgemeine Eindruck war, daß er, der sonst stets über alle Gegner triumphiert hatte, dieses Mal den kürzeren gezogen hätte. Derby sagte: »Bismarck hat die Meinung Europas auf die Probe gestellt, und er hat jetzt seine Antwort bekommen.« Bismarck war nicht der Mann, so etwas jemals zu vergessen. Von nun an stellte er sich ständig als das Opfer von Verleumdungen hin; nie hätte er nur im entferntesten daran gedacht, einen Krieg anzufangen. In diesem Ton erzählt er die Episode auch in seinen »Gedanken und Erinnerungen«, wo er den Leser glauben machen will, zwei böse Intriganten, Gontaut-Biron und Gortschakow, hätten sich ein Märchen ausgedacht, auf das die leichtgläubige Welt hineingefallen wäre; der russische Kanzler hätte in seiner »vanité sénile« den Ehrgeiz gehabt, auf seine Kosten als Friedensengel zu triumphieren. Zum Beweis dafür beruft er sich auf ein Telegramm, das Gortschakow angeblich bei seiner Abreise von Berlin an die Höfe Europas gesandt und das mit den Worten begonnen habe: »Maintenant, also unter russischem Druck, la paix est assurée.« Das hat man ihm jahrelang nacherzählt. Als aber das Telegramm aus den Archiven auftauchte, fand man, daß es tatsächlich den folgenden harmlosen Text hatte: »L'Empereur quitte Berlin parfaitement convaincu des dispositions conciliantes qui y règnent et qui assurent le maintien de la paix.« Was ist dagegen einzuwenden? Bismarck hat Gortschakow, dessen außerordentliche Eitelkeit ihn ärgerte, nie leiden können. Von nun an haßte er ihn geradezu. Diese persönliche Antipathie beeinflußte seine Politik gegenüber Rußland nicht unbedenklich.

Nicht weniger war ihm nun der Botschafter Gontaut-Biron verhaßt. Auch hier spielt ein sehr persönlicher Grund mit: er wußte, daß der Botschafter nicht nur bei der Kaiserin Augusta, sondern auch beim Kaiser sehr beliebt war. Natürlich konzentrierte Bismarck seine Angriffe auf Augusta. Er erlaubte sich sogar in einer Reichstagsrede eine wohlverständliche Anspielung, indem er die Schuld an der Krisis »Diplomaten ohne Erfahrung« und den »Saloneinwirkungen hoher Persönlichkeiten« beimaß. Er wollte Gontaut so schnell wie möglich los werden; aber er mußte bis zum Sturz MacMahons und dem Sieg der französischen Republikaner in der Wahl von 1877 warten, der Gontauts diplomatischer Laufbahn ein Ende setzte. Als der Botschafter sich von Kaiser Wilhelm verabschiedete, sagte ihm dieser: »Ich bedauere Sie herzlich, ich werde Ihnen das beste Andenken bewahren, und ich hoffe, daß auch Sie mich nicht vergessen werden.« Man kann schwer glauben, daß ein Mann, von dem der alte Kaiser sich in solchen Worten verabschiedete, der üble Intrigant gewesen ist, den Bismarck in den schwärzesten Farben schildert.

Die von vielen Historikern erörterte Frage, ob Bismarck 1875 wirklich einen Krieg gegen Frankreich geplant habe, kann nicht beantwortet werden, weil sie falsch gestellt ist. Was Bismarck tatsächlich beabsichtigte, war, in Europa und besonders in Frankreich den Eindruck zu erwecken, als ob er es zum Kriege kommen lassen wollte, falls Frankreich auf der geplanten Heeres-Reorganisation beharre. Hätte die französische Regierung diesem Druck nachgegeben, so hätte Bismarck keinen Krieg nötig gehabt, und er wäre ganz zufrieden gewesen, seine konservative Friedenspolitik fortzusetzen. Was er aber getan haben würde, wenn nicht nur Frankreich fest geblieben wäre, sondern auch Europa Bismarck freie Hand gegeben hätte, kann niemand sagen. Es ist sehr zu bezweifeln, daß er für diesen Fall bereits einen festen Entschluß gefaßt hatte. Es lag nicht in seiner Art, den zweiten Schritt unwiderruflich festzulegen, bevor der erste getan war. Er würde, darf man annehmen, die ganze Lage erneut geprüft haben, bevor er eine endgültige Entscheidung traf. Es ist für seine Taktik bezeichnend, daß alle Drohungen und alles Säbelrasseln nicht offizieller Art war, sondern in Zeitungsartikeln vor sich ging, die amtlich jederzeit dementiert werden konnten, oder in anscheinend gelegentlichen Bemerkungen eines Untergebenen nach einem guten Diner, oder durch Generäle, denen er vorwerfen konnte, sie trieben ihre eigene Politik. Dadurch sicherte er sich persönlich die volle Freiheit der Bewegung für den Fall, daß diese Drohungen fehlschlagen sollten. Er war viel zu vorsichtig und zu verschlagen, um sein wahres Ziel zu enthüllen, bevor es absolut notwendig war.

6. Das Ende der Liberalen Ära

Nach dem Besuch des Zaren in Berlin zog Bismarck sich für mehrere Monate auf seine Landsitze zurück. Schon vor dem Besuch hatte er den Kaiser gebeten, ihn wegen seiner geschwächten Gesundheit aus seinem Amt zu entlassen. Es ist auch kein Zweifel, daß er tatsächlich müde und krank war. Gortschakow sagte: »Bismarck ist krank, weil er zuviel ißt, zuviel trinkt und zuviel arbeitet.« Aber diese Diagnose ist schwerlich vollständig. Der Kaiser wollte natürlich nichts von Bismarcks Rücktritt wissen, und man einigte sich auf einen Kompromiß: Bismarck erhielt unbeschränkten Urlaub. Es ist bezeichnend für seine ganz außerordentliche Stellung, daß die deutsche politische Welt sich fast ohne Widerspruch mit seiner wiederholten mehrmonatigen Abwesenheit von der Reichshauptstadt abfand, obwohl er der einzige und allein verantwortliche Minister des Reiches war. Die Reichsverfassung hatte nicht einmal eine Stellvertretung vorgesehen, so daß während der Abwesenheit des Kanzlers niemand da war, der an seiner Stelle die politischen Akte des Kaisers gegenzeichnen durfte. Bismarck versuchte sich über diese Schwierigkeit mit einer kühnen Auslegung der Reichsverfassung hinwegzusetzen. Aber der fortschrittliche Reichstagsabgeordnete Hänel, eine der ersten staatsrechtlichen Autoritäten Deutschlands, protestierte entschieden gegen diesen Mißbrauch. Das Ergebnis der Kontroverse war der Erlaß eines »Gesetzes über die Stellvertretung des Reichskanzlers« vom März 1878.

Aber auch von diesen mehr formellen Fragen abgesehen, war es natürlich außerordentlich schwierig, die Regierungsgeschäfte in guter Ordnung zu halten, wenn das Haupt der Regierung Monat für Monat abwesend war und sich nur gelegentlich und ruckweise in sie einmischte, noch dazu manchmal ohne die Tatsachen und die politische Entwicklung vollständig zu kennen. Das war nicht so schlimm, solange Delbrück als sein Vertreter zur Stelle war, denn dieser war in fast allen Fragen, wenigstens der inneren und Wirtschaftspolitik, zu Hause und genoß das Vertrauen des Reichstags. Aber plötzlich, im

April 1876, wurde die Welt durch die Nachricht überrascht, daß *Delbrück* um seine *Entlassung* gebeten hatte und daß dies Abschiedsgesuch angenommen worden war. Selbst die bestunterrichteten Politiker standen vor einem Rätsel. Was waren die Gründe für Delbrücks plötzlichen Rücktritt? Bismarck hat dafür zu verschiedenen Zeiten sehr verschiedene Erklärungen gegeben. Die Wahrheit ist: Delbrück schloß aus kleinen, aber bezeichnenden Vorfällen, daß Bismarck, dessen Charakter er genau kannte, ihn los sein wollte. Wäre er eine Kämpfernatur gewesen, so hätte er, auf seine starke parlamentarische Stellung gestützt, auf seinem Posten ausgeharrt und abgewartet, ob Bismarck es auf einen Bruch ankommen lassen würde. Aber ein solcher Gedanke lag ihm vollkommen fern. Er war glücklich gewesen, den großen Kanzler bei seinem Werk unterstützen zu können, und wenn sein Meister seiner jetzt überdrüssig wurde, so wünschte er keineswegs, sich ihm aufzudrängen. Man darf nicht vergessen, daß er nicht aus dem politischen und parlamentarischen Leben hervorgegangen war, sondern aus dem Beamtentum.

Delbrücks Rücktritt erschien vielen klugen Beobachtern als ein deutliches Zeichen, daß die Liberale Ära ihrem Ende entgegenging und Bismarck sich nach der Unterstützung anderer Parteien umsah. Er war nicht das einzige Symptom. Einige Monate zuvor hatte Bismarck dem Reichstag einen Gesetzentwurf unterbreitet, der als ein Vorläufer seiner späteren Maßregeln gegen die Sozialdemokraten angesehen werden kann. Dieser Entwurf wollte das Strafgesetzbuch abändern, um gewisse Formen der oppositionellen Agitation verfolgen zu können. Er richtete sich gegen die Sozialdemokraten, obwohl das nicht ausdrücklich ausgesprochen worden war. Die neuen Paragraphen waren so dehnbar gefaßt, daß niemand vorhersehen konnte, was künftig alles unter Anklage gestellt werden würde. Man sprach daher von »Kautschukparagraphen«. Mit Recht sahen die Liberalen darin den Versuch, den Rechtsstaat zu untergraben und an seiner Stelle das Reich der administrativen Willkür aufzurichten. Unter der Führung von Lasker lehnten die Nationalliberalen den Entwurf ab. Obwohl Bismarck sich den Anschein gab, als nehme er diese Niederlage nicht allzu tragisch, hinterließ sein ganzes Vorgehen doch einen bitteren Nachgeschmack. Warum habe er, so fragten sich die Liberalen, dem Reichstag eine solche Vorlage ohne jede vorherige Verständigung mit ihnen unterbreitet, obwohl er gewußt haben mußte, daß sie genötigt sein würden, sie abzulehnen?

Die Rede, welche Bismarck bei der dritten Lesung dieses Entwurfs hielt, erregte eine große Sensation durch einen scharfen Angriff auf die Kreuzzeitung. Dies Organ des reaktionären Junkertums hatte im Sommer 1875 eine Artikelreihe über »Die Ära Bleichröder-Delbrück-Camphausen« veröffentlicht. Camphausen war der preußische Finanzminister, aber Bleichröder war lediglich Bismarcks persönlicher Bankier. Diese berüchtigten »Ära-Artikel«, die höchst zweifelhafte volkswirtschaftliche Weisheiten mit ermüdender Weitschweifigkeit vortrugen, erregten das größte Aufsehen durch gewisse verdächtigende Andeutungen, die sich nicht nur gegen Delbrück und Camphausen, sondern gegen den Reichskanzler selbst richteten. In der Regel war Bismarck bei jedem journalistischen Angriff auf ihn selbst mit einem seiner lithographierten Strafanträge wegen Beleidigung und Verleumdung zur Stelle. Aber in diesem Falle zog er es vor, die Kreuzzeitung statt dessen im Reichstag aufs heftigste anzugreifen und ihre Leser aufzufordern, die Zeitung in Zukunft zu boykottieren. Aber die preußischen Junker, welche die Mehrzahl ihrer Leser bildeten, antworteten dem Kanzler mit einer äußerst entschiedenen »Deklaration«, in der sie es rundweg ablehnten, von Bismarck Lehren über gutes Benehmen und anständiges Verhalten anzunehmen. Die Unterzeichner dieser Deklaration, die sogenannten »Deklaranten«, zogen sich natürlich Bismarcks ärgsten Zorn, und noch mehr den seiner Frau, zu. Bismarck vergab keinem von ihnen, es sei denn, daß er in aller Form zu Kreuze kroch. Aber so sehr ihn der Vorfall persönlich kränkte, so wenig sah er in ihm einen Grund für einen politischen Bruch mit den Konservativen. Er hatte nicht den geringsten Zweifel, daß sie früher oder später zu ihm zurückkommen und ihren Frieden mit ihm machen würden, weil sie ohne die Unterstützung der Regierung machtlos waren. In der Tat bildeten die Konservativen im nächsten Jahr eine neue Partei, um diejenigen von sich abzuschütteln, die sich den Zorn des Kanzlers zugezogen hatten. Diese Partei nannte sich »deutsch-konservativ«; bevor sie ihr Programm annahm, legte einer ihrer Führer es Bismarck vor, um jeden Punkt zu beseitigen, an dem er Anstoß nehmen konnte.

Es waren nicht nur die Liberalen, die bei Delbrücks Abschied zu der Vermutung kamen, daß der Kanzler sich mit dem Gedanken einer neuen parteipolitischen Kombination trug. Ein Zentrumsführer fragte die Liberalen spöttisch: »Hören Sie nicht den eisernen Tritt der Agrarier mit dem Fürsten Bismarck als Tambourmajor an ihrer Spitze?« Tatsächlich wußte Bismarck selbst noch nicht, nach welcher Seite er sich wenden sollte. Die Konservativen würden nie in der Lage sein, ihm eine Majorität im Reichstag zur Verfügung zu stellen, selbst wenn sie bei der nächsten Wahl ihre Abgeordnetensitze vermehren sollten. Eine neue Mehrheitsbildung war möglich nur mit der Hilfe – der Zentrumspartei, und von dieser trennten den Kanzler so starke Differenzen und die Erinnerung an so heftige Kämpfe, daß eine Verständigung ausgeschlossen erscheinen mußte.

Nun war Bismarck um diese Zeit stark von einem praktischen Problem in Anspruch genommen, nämlich von der Reform der Reichsfinanzen. Die stets steigenden Rüstungslasten konnten aus den bestehenden Einnahmequellen des Reiches immer weniger gedeckt werden. Die Verfassung hatte die Reichsfinanzen in einer eigentümlichen Weise geordnet. Da der Reichstag aus dem allgemeinen Wahlrecht hervorging, wünschte Bismarck, stets voller Mißtrauen gegen die Demokratie, ihm keine direkten Steuern anzuvertrauen. Er wollte die Einkünfte des Reiches möglichst auf indirekte Steuern beschränken, was praktisch auf die Besteuerung der Artikel des Massenverbrauchs wie Bier, Tabak, Zucker, Branntwein und Petroleum herauslief. Aber das Ergebnis dieser Steuern reichte zur Bestreitung der Reichsausgaben keineswegs aus. Um den Ausgleich zwischen Einnahmen und Ausgaben zu sichern, hatte die Verfassung dem Reich das Recht gegeben, die Einzelstaaten zu Beiträgen heranzuziehen, für deren Verteilung sie ein Schema, eine »Matrikel«, aufstellte. Um diese »Matrikularbeiträge« aufzubringen, mußten die Einzelstaaten ihre Einwohner erhöhten direkten Steuern unterwerfen; denn das Recht der direkten Besteuerung war ihnen verblieben.

Dies System war weder für das Reich noch für die Einzelstaaten erfreulich. Bismarck verglich das Reich mit einem »lästigen Kostgänger, der an den Türen der Einzelstaaten betteln gehen« müsse. Diese ihrerseits hatten immer weiter steigende Forderungen des Reichs zu gewärtigen und standen vor der Notwendigkeit, ihre eigenen Steuern in die Höhe zu schrauben. Bismarck wünschte dem Reich eine oder mehrere sehr ertragreiche indirekte Steuern zu sichern, die es von den Einzelstaaten finanziell unabhängig machen würden. Das bedeutete eine scharfe Erhöhung der Abgaben besonders auf Tabak, Bier und Branntwein. Viele Liberale, namentlich der fortschrittliche Führer Eugen Richter, bekämpften diese Erhöhung als eine Belastung des »kleinen Mannes« und forderten direkte Reichssteuern, weil diese die Kreise mit höherem Einkommen und größerem Vermögen treffen würden. Unter den Nationalliberalen hatten auch diejenigen, die sich diese Einwendungen nicht zu eigen machten, ein sehr großes konstitutionelles Bedenken gegen die finanzpolitischen Pläne des Kanzlers. Dies hängt mit der besonderen Art der deutschen Steuergesetzgebung zusammen. In Ländern mit alter parlamentarischer Verfassung, wie z. B. Großbritannien, werden die Steuern alljährlich im Budget festgesetzt. In Deutschland hingegen erfolgte die Festsetzung durch Gesetze, welche für unbeschränkte Dauer erlassen wurden. Die Steuern konnten also nur durch ein neues Gesetz geändert, herauf- oder herabgesetzt werden. Ein neues Gesetz kam aber nicht durch einen Beschluß des Reichstags allein zustande, sondern bedurfte eines zustimmenden Beschlusses des Bundesrats. Nun war ein Beschluß des Bundesrats gegen den Willen Bismarcks praktisch ausgeschlossen. Der Kanzler konnte also jedem Wunsch des Reichstags, eine Steuer herabzusetzen, durch seinen Einfluß auf den Bundesrat ein absolutes Veto entgegensetzen. Ja, er konnte auf demselben Wege sogar ein Budget unmöglich machen, da auch dies nach der Verfassung in der Form eines Reichsgesetzes erlassen wurde, also der Zustimmung des Bundesrats bedurfte. Aber auch wenn auf diese Weise das Zustandekommen eines Budgets vereitelt worden wäre, würden die indirekten

Abgaben weiter in die Reichskasse fließen, da sie dauernd durch Gesetz angeordnet waren.

Alle diese Fragen wurden im Licht der Erfahrung gesehen, die das preußische Parlament in dem Verfassungskonflikt der sechziger Jahre gemacht hatte. Auch damals war kein Budget zustande gekommen, auch damals waren die Steuern weiter erhoben worden, und die Krone hatte sie aus eigener Machtvollkommenheit für die Armee verwendet. Alles das war Bismarcks Werk gewesen, und niemand zweifelte, daß er imstande sein würde, dasselbe Verfahren im Reich zu wiederholen, wenn er in Konflikt mit dem Reichstag geraten sollte, z. B. über den Heeresetat. Der Reichstag wäre in der Tat der Regierung auf Gnade und Ungnade ausgeliefert gewesen. Das sah der preußische Finanzminister Camphausen ganz deutlich, und er wies Bismarck im Januar 1878 darauf hin, daß ein Parlament, welches keine Steuern zu bewilligen habe, an Gewicht verliere. Es ist daher wohl zu verstehen, daß die Nationalliberalen sog. »konstitutionelle Garantien« verlangten, wenn sie die erhöhten indirekten Steuern bewilligen sollten.

Das Problem hatte aber auch noch eine andere wichtige Seite. Die Fragen der Finanzpolitik sind eng verbunden mit denen der Wirtschafts- und Handelspolitik. Was aber waren Bismarcks Ansichten über Handels- und Wirtschaftspolitik? Bis zum Rücktritt Delbrücks hatte er diesem die Führung der Wirtschaftspolitik überlassen. Seine Abschüttelung deutete darauf hin, daß Bismarck sie jetzt in seine eigenen Hände nehmen wollte. Wollte er in der gleichen Richtung fortfahren oder einen neuen Weg einschlagen? Die Handelspolitik des Zollvereins war besonders seit dem Abschluß des Handelsvertrages mit Frankreich 1862 (S. 63) eine gemäßigt freihändlerische gewesen. Der Tarif enthielt meist nur mäßige Zölle, die überwiegend mehr den Charakter von Finanz- als von Schutzzöllen trugen. Einer der letzten Schutzzölle war der auf Roheisen. Im Jahre 1873 war ein Gesetz angenommen worden, auf Grund dessen dieser Zoll am Ende des Jahres 1876 außer Kraft treten sollte. Aber in diesen drei Jahren war die wirtschaftliche Konjunktur umgeschlagen. Der Aufschwung, der dem Kriege gefolgt, hatte sich nach einigen Jahren erschöpft. Den sogenannten »Gründerjahren« folgte eine Krise. Der Absatz stockte, und die Produktion ging zurück. Die Eisenindustrie wurde besonders schwer getroffen. Von der Abschaffung des Zolls befürchtete sie ihren Ruin. Sie versuchte, im Reichstag die Aufrechterhaltung des Eisenzolls durchzusetzen. Die Führung dieses parlamentarischen Vorstoßes übernahm Windthorst. Aber sein Antrag wurde abgelehnt. Die Folge dieser Niederlage war, daß die industriellen Schutzzöllner sich jetzt unter Führung der Eisenproduzenten und der Baumwollspinner im Lande organisierten.

Noch war es nicht klar, auf welche Seite der Kanzler sich schlagen würde. Man kann annehmen, daß er in den Jahren 1876 und 1877 mit sich selbst noch nicht über diese Fragen im reinen war. Das handelspolitische Problem sah er vorwiegend vom Standpunkt des landwirtschaftlichen Großgrundbesitzers, zu dem er durch seine Herkunft wie als Besitzer der mit Hilfe der Dotationen ihm zugefallenen Güter gehörte. Der Großgrundbesitz war um jene Zeit noch nicht schutzzöllnerisch interessiert. Die getreidebauenden Grundbesitzer des Ostens waren noch Exporteure. Die Junker waren daher in ihrer Mehrzahl freihändlerisch gesonnen. Sie waren interessiert am billigen Preis der Waren, die sie konsumierten, und der Industriefabrikate, die sie für ihren Betrieb brauchten, und sie bekämpften deren Verteuerung durch industrielle Schutzzölle. Die Konservativen hatten daher auch gegen den Antrag Windthorst auf Aufrechterhaltung des Eisenzolls gemeinsam mit den liberalen Freihändlern gestimmt. Der Gedanke, das Brotgetreide mit Schutzzöllen zu belegen und dadurch das tägliche Brot zu verteuern, war noch nicht aufgetaucht.

Im Januar 1877 fanden Neuwahlen zum Reichstag statt. Sie brachten keine grundlegenden Veränderungen, obwohl die Liberalen einige Sitze verloren. Immerhin waren die Nationalliberalen mit etwa 130 Abgeordneten nach wie vor die stärkste Partei des Reichstags. Bismarck konnte auf eine solide Mehrheit rechnen, wenn er mit ihnen zusammenarbeitete. Das Zentrum war auf etwa hundert Abgeordnete angewachsen, die beiden konservativen Fraktionen auf etwa 80. Eine Kombination von Zentrum und Konservativen wäre noch nicht stark genug gewesen, um dem Kanzler eine Mehrheit zu garantieren, selbst wenn er bereit gewesen wäre, mit der Partei Ludwig Windthorsts Frieden zu schließen. Die wichtigste Verschiebung im Reichstag war, daß die Stellung Laskers und des linken Flügels der Nationalliberalen Partei sehr geschwächt war. Sie waren zu einer Mehrheitsbildung nicht mehr unentbehrlich, wenn der rechte Flügel der Partei sich mit den Konservativen verständigen konnte. Das bedeutete eine erhebliche Stärkung der Stellung von Bennigsen, dessen Führung die Mitte und der Flügel der Partei zu folgen gewohnt war. An Bennigsen dachte der Kanzler in erster Linie, als er sich mit neuen Plänen für die deutsche Politik trug.

Bismarck hatte sich wieder einmal mit langem Urlaub von Berlin zurückgezogen. Vom 15. April 1877 bis zum 14. Februar 1878 weilte er fern von der Reichshauptstadt auf seinen Landsitzen. Dieser lange Urlaub hatte eine seltsame Vorgeschichte. Im März 1877 hatte er einen seiner Kollegen, den Chef der Admiralität, General *von Stosch*, plötzlich und unvermutet *im Reichstag öffentlich angegriffen.* Es war ein heimtückischer Überfall, der offenbar darauf berechnet war, Stosch zum Rücktritt zu zwingen. Dieser bat auch tatsächlich um seine Entlassung. Aber diesmal leistete der alte Kaiser einen unerwarteten Widerstand. Ein preußischer General durfte nach seiner Meinung nicht so behandelt werden; außerdem schätzte er ihn und seine Leistungen in der Verwaltung der Marine. Er lehnte deshalb das Entlassungsgesuch ab. Ein paar Tage später ließ Bismarck bekanntgeben, daß er seinerseits um seine Entlassung gebeten habe. Gleichzeitig entfesselte er seine Pressemeute gegen alle, die er für seine persönlichen Feinde hielt, ganz besonders gegen die Kaiserin Augusta. Am lautesten bellte Moritz Busch, der auf seine sogenannten »Friktions-Artikel« so stolz war, daß er sie später in seinem Bismarck-Buch wieder abdruckte. Sie sind das gehässigste und beleidigendste Presseerzeugnis, das jemals gegen eine Königin geschleudert worden ist, und kein anderer als Bismarck hatte dem eifrigen Pamphletisten das Material für diese Attacke geliefert. Ein anderer Gegenstand dieser Hetze war der preußische Finanzminister Otto Camphausen, der Vizepräsident des Staatsministeriums. Ihm nahm der Kanzler übel, daß er ihm kein Projekt für die Reform der Reichsfinanzen vorlegte. Das lag aber hauptsächlich daran, daß Camphausen nicht wußte, worauf Bismarck hinauswollte. Der Eindruck der journalistischen Hetze, hinter der natürlich jedermann den Reichskanzler vermutete, war, daß dieser wünsche, seinen Finanzminister abzuschütteln.

Zuerst schien dies Treiben jedoch nicht den Erfolg zu haben, den Bismarck sich davon versprochen hatte. Der Kaiser hielt seinen Widerstand aufrecht. Ein paar Tage lang scheint Bismarck tatsächlich befürchtet zu haben, daß der Kaiser sein Abschiedsgesuch genehmigen würde. Schließlich mußte Wilhelm aber doch nachgeben; er wollte sich von seinem großen Kanzler auf keinen Fall trennen. Man einigte sich dahin, daß Bismarck einen unbeschränkten Urlaub erhielt, so nachteilig das auch für die Regierungsgeschäfte im Reich und in Preußen sein mußte. Die Wirkung all dieser Vorgänge war ein allgemeines Unbehagen.

In der Einsamkeit von Varzin und Friedrichsruh ging Bismarck mit sich zu Rate über die persönlichen und sachlichen Probleme, die nach seiner Ansicht der Lösung harrten. Er war entschlossen, die Finanzen des Reiches in einer Weise zu reformieren, die es in der Zukunft von den Einzelstaaten unabhängig machen würde. Daß er dazu die Hilfe der Mehrheit des Reichstags brauchen würde, war ihm klar, und so sah er sich um nach einem Mann, der ihn einerseits in den Regierungsgeschäften unterstützen und ihm andererseits eine Mehrheit des Reichstags sichern könnte. Schließlich kam er zu dem Ergebnis, daß der Mann, der diesen beiden Aufgaben am besten gewachsen war, der Führer der Nationalliberalen Partei, Rudolf Bennigsen, sei. Er lud ihn zu sich nach Varzin ein. Bennigsen besuchte ihn dort wiederholt. Der wichtigste Besuch fand zu Weihnachten 1877 statt.

Zuerst bot Bismarck dem nationalliberalen Führer den Posten des preußischen Ministers des Innern an. Aber Bennigsen zog den Posten des Finanzministers vor, weil dieser angesichts der finanziellen Pläne Bismarcks der entscheidende werden mußte. Der Kanzler trug sich damals mit dem Gedanken einer engeren Verbindung der beiden Regierungen des Reichs und Preußens. In einem seiner Briefe an Bennigsen spricht er von der Ausdehnung des Systems der Personalunion zwischen den beiden Regierungen; dieses umfaßte bereits die Posten des Ministerpräsidenten, der gleichzeitig Reichskanzler war, des Auswärtigen und Kriegsministers. Jetzt sollte es auf den Finanzminister ausgedehnt werden, der gleichzeitig Stellvertreter des Reichskanzlers und des preußischen Ministerpräsidenten werden sollte. In Preußen war Bismarck durch den Vizepräsidenten des Staatsministeriums vertreten, eben Camphausen, den er jetzt abschütteln wollte. Bismarcks Vorschlag an Bennigsen lief also darauf hinaus, daß er sein Stellvertreter sowohl im Reich wie in Preußen werden und als Finanzminister gleichzeitig im Reich einen großen Teil der Funktionen übernehmen sollte, die früher Delbrück gehabt hatte.

Bennigsen war bereit, anzunehmen, aber *unter einer Bedingung.* Er wollte in die Regierung nicht allein eintreten, sondern nur *gemeinsam mit zwei Parteifreunden.* Diesen Gedanken hat er Bismarck bereits bei seinem ersten Besuch im Juli 1877 entwickelt, bevor er mit seinen Parteifreunden darüber konferiert hatte. Als er im Dezember 1877 eine neue Einladung des Kanzlers erhielt, berief er eine Sitzung des Parteivorstandes ein und trug ihm die Sachlage und die sich aus ihr ergebenden Fragen vor. Als Parteiführer war er offensichtlich verpflichtet, sich der Zustimmung seiner Freunde zu versichern, bevor er einen Schritt von so außerordentlicher Tragweite tat. Der Parteivorstand stimmte in der Tat nicht nur seiner Bereitwilligkeit, selbst in die Regierung einzutreten, zu, sondern stellte sich mit ihm auf den Standpunkt, daß er es nur in Gemeinschaft mit zwei weiteren Freunden tun solle. Man einigte sich auch über die beiden Persönlichkeiten, die hierfür am besten geeignet waren: Max von Forckenbeck und den Freiherrn von Stauffenberg. Forckenbeck war der Präsident des Reichstags und der Oberbürgermeister von Breslau, der zweiten Stadt Preußens. Zudem besaß er persönlich das Vertrauen des Kaisers, der ihn wiederholt um seinen Rat gefragt hatte, und in ganz besonderem Maße dasjenige des Thronfolgers. Stauffenberg galt in Bayern als der hervorragendste Vertreter des nationalen Gedankens; er war ein Mann von feinster Kultur und von einwandfreiem Charakter. Gegen beide Männer konnte aus persönlichen Gründen nicht der geringste Einwand erhoben werden.

Als Bennigsen bei seiner Unterredung in den Weihnachtstagen dem Kanzler diese Bedingung seines Eintritts in die Regierung vortrug, erwiderte dieser, er bezweifle sehr, daß der Kaiser auf einen solchen Vorschlag eingehen werde. Aber Bennigsen kannte Bismarck genügend, um zu wissen, wie gern er sich des angeblichen Widerstands des Kaisers als taktischen Hilfsmittels für seine eigenen Zwecke bediente. Er ließ seine Bedingung nicht fallen. Sein Gesamteindruck war, daß Bismarck sie zwar nicht annahm, aber sie auch nicht kategorisch ablehnte. Er glaubte an ein positives Ergebnis seiner Verhandlungen, zumal er dem größten Teil dessen, was Bismarck ihm als seine finanzpolitischen Ideen vortrug, zustimmen konnte. Wie weit Bismarck ihn in seine wirklichen Pläne einweihte, ist nicht bekannt. Aber eins steht fest: er ließ kein Wort über jenen Teil seiner Pläne verlauten, der alsbald zum Gegenstand der schärfsten Kontroverse werden sollte, das Tabakmonopol.

Was dachte nun aber Bismarck selbst, als Bennigsen sich von ihm in Varzin verabschiedete? Diese Frage wird niemals mit Sicherheit beantwortet werden können. Später behauptete Bismarck, er habe seinen Plan damals für gescheitert betrachtet, weil Bennigsen auf dem gleichzeitigen Eintritt von Forckenbeck und Stauffenberg bestanden habe. Solche späteren Darstellungen Bismarcks können jedoch nie ohne kritischen Vorbehalt angenommen werden. Jedenfalls macht der Brief, den er unmittelbar nach Bennigsens Besuch an den Kaiser schrieb, nicht den Eindruck, als ob er damals die Verhandlungen für gescheitert angesehen hätte. Aber nun kreuzte sich dieser Brief mit einem sehr aufgebrachten Schreiben des Kaisers. Der alte Herr hatte von Bennigsens Besuch in Varzin in den Zeitungen gelesen, und seine Umgebung hatte es ihm so dargestellt, als ob Bismarck beabsichtige, ein liberales Ministerium zu bilden. Von Liberalismus wollte Wilhelm nichts wissen. Am liebsten wäre er jeden Minister losgeworden, der einer Beimischung liberaler Gesinnung verdächtig war. Außerdem ärgerte ihn, daß Bismarck so wichtige Verhandlungen hinter seinem Rücken führte. Dazu hatte er eine Abneigung gegen Bennigsen persönlich, dem er nicht verzeihen konnte, daß er seinem angestammten hannoverschen König untreu geworden war. Obwohl er selbst Georg V. seine Krone geraubt hatte, sah er in einem Hannoveraner, der diesen im Stich gelassen hatte, um ein guter Preuße und sein eigener getreuer Untertan zu werden, nicht viel Besseres als einen Verräter. Könige haben, wie es scheint, zuweilen ihre eigene Logik.

Bismarck ärgerte sich über den Brief des Kaisers so heftig, daß er krank wurde. Ob er irgendwelche Schritte tat, um Wilhelm zu seiner eigenen Auffassung zu bekehren, ist nicht bekannt. Bennigsen gegenüber unterließ er jedoch jede Andeutung, daß er auf schwere Hindernisse gestoßen sei, und fuhr fort, mit ihm zu verhandeln, als ob die Kombination noch im Bereich der Möglichkeit läge.

Das Ende kam, und zwar in einer höchst dramatischen Weise, in der Sitzung des Reichstags vom 22. Februar 1878. Bismarck war im Februar nach Berlin zurückgekehrt, um die außenpolitische Interpellation zu beantworten, die Bennigsen im Namen der Regierungsparteien über die deutsche Politik auf dem Balkan eingebracht hatte; darauf wird bei der Erörterung der Krise im Osten und des Berliner Kongresses einzugehen sein (S. 234). In dieser Verhandlung erschien Bennigsen noch als der Führer der Majorität des Reichstags, welche die Regierung unterstützte.

Wenige Tage später, am 22. Februar, stand der Regierungsentwurf eines Steuergesetzes zur Beratung, welcher eine Erhöhung der Abgaben auf Tabak und andere Artikel vorschlug; Camphausen hatte als preußischer Finanzminister die Vorlage im Namen der Regierung zu vertreten. Um die gegen die neuen Steuern erhobenen Bedenken zu entkräften, erklärte er, daß die Regierung nicht nach einem Tabakmonopol strebe. Es erregte daher die größte Sensation, als sich nach ihm der Reichskanzler erhob und rundheraus sagte: »*Ich strebe dem Monopol zu* und nehme in diesem Sinne die Vorlage als Durchgangspunkt an.« Ja, er ging noch weiter und bezeichnete das Tabakmonopol geradezu als »sein letztes ideales Ziel«. Das war ein Dolchstoß in den Rücken eines Kollegen, ein Überfall aus dem Hinterhalt, der nicht nur die Pflichten der Loyalität, sondern jedes Gebot des Anstandes verletzte. Die Folge dieses Streiches war nicht nur die Ablehnung der Vorlage, sondern auch der Sturz Camphausens. Ein paar Tage später bat er um seine Entlassung, die ihm bewilligt wurde.

Während dieser aufregenden Sitzung präsidierte Forckenbeck dem Reichstag. Bennigsen stieg zum Präsidentenstuhl herauf und sagte ihm: »Das Tabakmonopol können wir doch nicht mitmachen. Wenn Sie einverstanden sind, gehe ich jetzt unmittelbar zum Kanzler und sage ihm, daß er auf uns nicht mehr zu rechnen habe.« Forckenbeck stimmte zu, und Bennigsen gab Bismarck die Erklärung, die den Verhandlungen ein Ende machte. Er hatte dazu mehr als einen Grund. Seine Partei hatte das Tabakmonopol immer abgelehnt, und er wäre in eine unhaltbare Stellung gekommen, wäre er als Finanzminister verpflichtet gewesen, es gegen ihren Willen durchzusetzen. Aber er hatte auch gute persönliche Gründe für seine Ablehnung, in Bismarcks Boot zu steigen. Er war ein Mann von vornehmer Denkart und nahm begreiflichen Anstoß an der absolut nicht vornehmen Weise, in der Bismarck einen alten und verdienten Kollegen mißhandelt hatte. Wenn er sich zudem des Verfahrens erinnerte, das der Kanzler gegenüber Stosch vor kurzem eingeschlagen hatte, so sah er klar vor Augen, wie es ihm einmal ergehen würde, wenn er es wagen sollte, sich zu weigern, nach Bismarcks Pfeife zu tanzen. Auch konnte er nicht übersehen, daß Bismarck schon in Varzin ein falsches Spiel mit ihm getrieben hatte, indem er ihm seine Monopolpläne verheimlicht hatte, die er jetzt, zwei Monate später, als sein »letztes ideales Ziel« verkündete.

So scheiterte eine Kombination, deren Zustandekommen vielleicht der ganzen innerpolitischen Entwicklung Deutschlands ein anderes Gesicht gegeben hätte. Denn nur ein Jahr später brach Bismarck mit den Nationalliberalen und leitete jene konservative und reaktionäre Politik ein, an der er bis zu seinem Sturze festhielt. Kann Bennigsen mit der Verantwortung für diese Entwicklung belastet werden?

Manche Historiker werfen ihm vor, er habe einen verhängnisvollen Fehler begangen, als er auf dem gleichzeitigen Eintritt zweier Parteifreunde in die Regierung bestanden habe. Aber diese Bedingung war nicht nur sachlich gerechtfertigt, sie war geradezu unentbehrlich, wenn Bennigsen als Minister mehr sein wollte als ein willenloses Werkzeug Bismarcks. Auf die wahre Auffassung des Kanzlers wirft ein sehr bezeichnendes Licht ein Wort, das er seinem Mitarbeiter, dem Geheimrat von Tiedemann, gegenüber fallen ließ: er warf den Nationalliberalen Mangel an »Subordination« vor. Subordination ist ein Vorzug bei einem Soldaten, aber ganz gewiß nicht bei einem Staatsmann mit eigenen politischen Ansichten. Selbst Treitschke, der auf dem äußersten rechten Flügel der Partei stand und sich zu einem glühenden Verehrer Bismarcks entwickelt hatte, schrieb an Gustav Freytag: »Bismarck kann selbständige Naturen nicht vertragen, und ich rate keinem Freunde, seinen Kopf in diese Schlinge zu stecken.« Warum wünschte denn Bismarck überhaupt Bennigsens Eintritt in die Regierung? Um eine Garantie dafür zu haben, daß die nationalliberalen Abgeordneten genötigt sein würden, für die Regierungsentwürfe zu stimmen! Und wenn sich unter ihnen einige finden sollten, denen ihr Gewissen verbot, sich seinen Wünschen zu »subordinieren«, so sollte Bennigsen verpflichtet sein, sie aus der Partei zu entfernen. Auf diese Weise hoffte Bismarck, sich Laskers und seiner allzu unabhängigen Freunde entledigen und die Nationalliberale Partei in eine »Partei Bismarck sans phrase« umwandeln zu können. Sollte sich Bennigsen aber weigern, diese Rolle zu spielen, so hatte er an dem Beispiel von Stosch und Camphausen gesehen, wie Bismarck mit einem solchen widerspenstigen Kollegen fertig wurde. Konnte eine derartige Aussicht irgendwelchen Reiz für den Führer einer großen Partei haben? Wenn er andererseits von zwei zuverlässigen, sachkundigen und hochbegabten Freunden bei seinem Eintritt in die Regierung begleitet wurde, so durfte er sich zutrauen, einen Einfluß auf ihre Politik auszuüben und, gestützt auf diese Freunde und sein parlamentarisches Ansehen, jedes Manöver zu vereiteln, das die Einheit und Stellung seiner Partei bedrohte. Das hätte freilich bedeutet, daß Bismarck die Macht mit den Nationalliberalen hätte teilen müssen. Kein Zweifel, daß er dazu niemals bereit war.

Aber die Reichstagsszene vom 22. Februar 1878 hat noch eine andere interessante Seite. Warum wählte Bismarck *gerade diesen Augenblick,* um die Maske abzuwerfen und den Bruch mit Bennigsen zu provozieren? Was hatte sich seit Weihnachten 1877 ereignet, um die Lage gründlich zu ändern?

Am 7. Februar 1878 war *Pius IX.,* der unversöhnliche Papst, *gestorben.* Schon vor Jahren hatte Bismarck gesagt, in der Römischen Kirche folge auf einen streitbaren Papst in der Regel ein friedfertiger. Seine Voraussicht hatte ihn nicht betrogen. Das Konklave der Kardinäle erwählte als Pius' Nachfolger den versöhnlichen Kardinal Pecci, der den Heiligen Stuhl als *Papst Leo XIII.* bestieg. Diese Wahl hatte am 20. Februar, also zwei Tage vor der Reichstagssitzung, stattgefunden. Noch am Tage seiner Erwählung hatte der neue Papst an Kaiser Wilhelm einen Brief gerichtet, in dem er der Hoffnung Ausdruck gab, daß die Beziehungen zwischen der Kirche und dem Deutschen Reich eine Wendung zum Besseren nehmen mögen. Man darf annehmen, daß dieser Brief Bismarck bekannt war, als er sich im Reichstag erhob, um Camphausen zu stürzen. Der Brief des neuen Papstes ließ ihn hoffen, daß es ihm nun doch noch gelingen werde, das Oberhaupt der katholischen Kirche zu einer regierungsfreundlichen Einwirkung auf die katholischen Abgeordneten zu bringen. Zudem hatte er gesehen, daß die schutzzöllnerische Bewegung im Zentrum starken Anhang fand. So eröffnete sich ein Weg zur Verständigung mit dieser Partei. Gewiß hatte er nicht die Absicht, mit ihr ein Bündnis einzugehen. Aber diese Wendung gab ihm die Chance, ein Spiel zu spielen, in dem er Meister war: die eine Partei gegen die andere auszuspielen. Freilich würde er zu diesem Zweck den Kulturkampf ergebnislos abbrechen und sogar einen guten Teil der Kulturkampf-Gesetze opfern müssen. Aber er hatte jetzt deutlich genug gesehen, daß mit dem Kampf gegen die Kirche keine Lorbeeren zu erringen waren, und so war er durchaus bereit, seine Taktik zu ändern. Noch im Sommer dieses Jahres hatte er seine erste Unterredung mit dem Nuntius Masella, bei der er zu einer Verständigung mit der Römischen Kirche zu gelangen suchte. Obwohl dieser Versuch fehlschlug, ließ Bismarck den Faden, den er zu spinnen begonnen hatte, nicht fallen. Und abermals zeigte sich, daß er schließlich den Erfolg heimbrachte, an dem ihm gelegen war.

Das Fiasko, mit dem die Verhandlungen Bennigsens endeten, darf als ein Wendepunkt in der politischen Geschichte des deutschen Kaiserreichs betrachtet werden. Wilhelm I. war glücklich, daß er das Eindringen des Liberalismus in die Regierung verhindert hatte. Aber im weiteren Ablauf der Geschichte tritt klar zutage, daß er damit zu dem schließlichen Sturz seines Hauses beigetragen hat. Diese Fernhaltung des Liberalismus von der Regierung versperrte den Weg zu einer gesunden politischen Entwicklung. Sie trug zu der Isolierung der Monarchie bei, die eine Generation später half, ihren Untergang herbeizuführen. Zu jener Zeit repräsentierte die Nationalliberale Partei das loyale und patriotische deutsche Bürgertum kräftiger und vollständiger, als dies irgendeine Partei seitdem getan hat. Sie wäre in der Lage gewesen, zwischen Monarchie und Parlament eine harmonische Zusammenarbeit herzustellen, von der beide Teile ihren Nutzen gehabt hätten. In das politische Leben des Reiches wäre ein Element der Beständigkeit eingeführt worden, dessen Mangel nach Bismarcks Sturz so offensichtlich wurde. Gewiß trat dieser zur Zeit von Bismarck selbst nicht so deutlich in Erscheinung. Aber Bismarck war ein Ausnahmemensch, der schwerlich gleichwertige Nachfolger finden konnte, und die Einrichtungen eines großen Staates können nicht aufgebaut werden auf den einmaligen Eigenschaften eines einzelnen Menschen.

Bennigsen vermeinte zunächst, daß der Fehlschlag seiner Verhandlungen nur vorübergehend sein und die Macht der Tatsachen Bismarck zwingen würde, darauf wieder zurückzukommen. Er dachte sogar daran, die parlamentarische Stellung seiner Partei auszunutzen, um Bismarck in diesem Sinne zu beeinflussen. Aber bevor irgend etwas Wichtiges geschehen konnte, gab der Zufall Bismarck eine Chance in die Hand, die er mit derselben unvergleichlichen Virtuosität ausnutzte wie einst den Tod König Friedrichs VII. von Dänemark im Dezember 1863. Diese Chance wurde ihm geboten durch die beiden Attentate auf Wilhelm I. im Sommer 1878.

Bevor wir uns dieser Entwicklung zuwenden, ist noch zu erwähnen, daß Bismarck kurz nach dem Bruch mit Bennigsen im März 1878 dem Reichstag den Entwurf eines Gesetzes über seine Stellvertretung vorlegte. Dies »Stellvertretungs-Gesetz« sah einen »Vize-Kanzler« als allgemeinen Vertreter des Kanzlers vor. Für diesen Posten hatte Bismarck ursprünglich Bennigsen ins Auge gefaßt. Aber jetzt berief er dazu einen konservativen Beamten ohne parlamentarisches Mandat, den Botschafter in Wien, Graf Stolberg-Wernigerode. Außerdem machte das Gesetz aber die Leiter der verschiedenen zentralen Reichsämter zu Stellvertretern des Kanzlers in jenen Angelegenheiten, die unter die Zuständigkeit ihres Amtes fielen. So wurde der »Reichsschatz-Sekretär« der Stellvertreter des Kanzlers in finanziellen Angelegenheiten mit dem Recht, an seiner Stelle kaiserliche Anordnungen dieses Inhalts gegenzuzeichnen. Aber trotzdem blieb der Kanzler nach wie vor der einzige verantwortliche Minister des Reichs. Für die Fortschrittspartei forderte Hänel die Einführung verantwortlicher Reichsminister, wie das früher die Nationalliberalen getan hatten. Aber diesmal ließ Bennigsen in ihrem Namen die alte Forderung fallen. Die ganze Partei stimmte für das Gesetz. Auch Lasker schloß sich nicht aus. Trotzdem machte Bismarck in der Debatte auf Lasker einen ebenso scharfen wie unberechtigten Angriff, der ein bezeichnendes Licht auf seine Motive bei seinen Verhandlungen mit Bennigsen wirft.

Die Zahl der Staatssekretäre des Reichs wuchs allmählich mit der Vermehrung seiner gesetzgeberischen und Verwaltungsaufgaben. Auch ihre politische Bedeutung stieg naturgemäß, seitdem kleinere Männer als Bismarck auf dem Sessel des Reichskanzlers saßen. So ist der Staatssekretär des Reichsmarineamts, der Admiral von Tirpitz, zeitweilig ein stärkerer Faktor in der Reichspolitik gewesen als der Kanzler von Bethmann Hollweg. Aber technisch war er nie ein verantwortlicher Reichsminister, sondern ein Stellvertreter und Untergebener des Kanzlers, der auch für die Marinefragen die staatsrechtliche Verantwortung trug. Das ist einer der dauernden Züge, die Bismarck dem deutschen Verfassungsleben aufgeprägt hat. Kein Staatssekretär war Mitglied des Reichstags; die Verfassung machte das unmöglich. Erst im Jahre 1917 zwangen die weitreichenden Wirkungen des Krieges den Kaiser, Mitglieder des Reichstages, wie den Führer der Fortschrittlichen Volkspartei Friedrich Payer, zu Staatssekretären zu berufen. Aber da war es zu spät. Die Tage des Kaiserreichs waren schon gezählt.

7. Das Sozialistengesetz

Am 11. Mai 1878 schoß ein Klempnergeselle namens Hödel auf Kaiser Wilhelm I. Er verfehlte sein Ziel. Der Kaiser blieb unverletzt. Hödel war ein verwahrlostes Individuum, das sich mal zu dieser, mal zu jener Partei bekannt hatte. Eine Zeitlang war er Sozialdemokrat, später schloß er sich der christlichsozialen Partei des Hofpredigers und antisemitischen Demagogen Stöcker an. Es unterliegt keinem Zweifel, daß von einer Verschwörung keine Rede war und Hödel völlig auf eigene Faust gehandelt hatte. Bismarck befand sich zur Zeit des Attentats in Friedrichsruh. Sobald er davon unterrichtet wurde, telegrafierte er an den Staatssekretär von Bülow, seinen Stellvertreter im Auswärtigen Amt, der Vorfall solle dazu ausgenützt werden, um dem Reichstag ein Gesetz gegen die Sozialisten und ihre Presse vorzulegen.

In den Anfangsjahren seiner Regierung hatte Bismarck sich in vertrauliche Verhandlungen mit dem Gründer der sozialdemokratischen Partei, Ferdinand Lassalle, eingelassen; während des Verfassungskonfliktes hoffte er, diesen als Werkzeug gegen die Fortschrittspartei benutzen zu können (S. 109). Später änderte er aber seine Haltung vollständig, indem er in den ersten Jahren nach der Reichsgründung sich für die internationale Zusammenarbeit gegen die umstürzlerischen Bestrebungen der Sozialisten, namentlich der von Karl Marx geleiteten Internationale, einsetzte. Mit diesen Bestrebungen war er gescheitert, besonders weil Großbritannien nicht auf das altgewohnte Asylrecht, das es politischen Flüchtlingen gewährte, verzichten wollte. Um so mehr wandte Bismarck sich dem Gedanken zu, die Sozialdemokratie durch deutsche Gesetze zu unterdrücken. »Wenn ich keine Kücken haben will, muß ich die Eier zerschlagen«, sagte er zu Ludwig Bamberger, dem nationalliberalen Parlamentarier, der das Phänomen der sozialistischen Bewegung in einigen Artikeln erörtert hatte.

Der erste Vorstoß, den Bismarck in dieser Richtung unternahm, war sein Entwurf zur Änderung des Strafgesetzbuchs, den der Reichstag im Frühjahr 1875 unter der Führung Laskers ablehnte (S. 212). Der zweite Vorstoß erfolgte jetzt nach dem Attentat. Die Regierung legte den Entwurf eines Gesetzes vor, das offen auf Unterdrückung der Sozialdemokraten, ihrer Agitation und ihrer Presse ausging. Es war ein liederliches und ungeschicktes Machwerk. Man sah ihm an, daß die mit seiner Ausarbeitung beauftragten Minister einige Paragraphen zusammengeflickt hatten, lediglich um den Wunsch ihres Herrn und Meisters zu erfüllen. Sie nahmen vermutlich an, daß der Entwurf in jedem Fall im Reichstag scheitern würde, weil die Nationalliberalen nicht bereit sein würden, ihre Grundsätze zu opfern. Denn die Vorlage hatte den ausgesprochenen Charakter eines Ausnahmegesetzes, das nur die Anhänger einer bestimmten politischen Auffassung treffen wollte. So verstieß es aufs schärfste gegen den Grundsatz der Gleichheit vor dem Gesetz, gegen die Freiheit der Presse und des Versammlungsrechts. Der Grundgedanke des Rechtsstaats stand auf dem Spiel. In der nationalliberalen Fraktion fanden sich einige wenige, bei denen die Sozialistenfurcht über alle Grundsätze triumphierte, so daß sie für den Entwurf stimmten. Dies waren aber nicht etwa Industrielle oder Großkapitalisten, sondern Universitätsprefessoren wie Treitschke und Gneist. Treitschke, der Prophet der Machtpolitik, war allerdings nur noch dem Namen nach liberal. Aber Gneist, der Meister des Verfassungs- und Verwaltungsrechts, der Bewunderer der englischen Konstitution, war in der Zeit des preußischen Verfassungskonflikts einer der Führer der Opposition gewesen. Es war ein Verhängnis für die politische Mentalität der Deutschen, daß ihre Universitäten allmählich aufhörten, Vorkämpfer der Freiheit zu sein, wie sie es um die Mitte des Jahrhunderts gewesen waren. Aber damals bildeten diese Professoren nur eine einflußlose Minderheit innerhalb der nationalliberalen Fraktion, die abermals der Führung Laskers folgte und den Entwurf ablehnte, nachdem auch Bennigsen im Namen der ganzen Partei gegen ihn gesprochen hatte.

In dieser Rede richtete Bennigsen an die Regierung die Frage, ob die Behauptung wahr sei, daß sie ihre Vorlage in dem Bewußtsein eingebracht habe, daß sie vom Reichstag abgelehnt werden würde. Zu dieser Frage war er um so mehr berechtigt, als Bismarck sich nicht einmal die Mühe gemacht hatte, nach Berlin zu kommen, um für seinen Entwurf einzutreten. Damit befolgte er natürlich nur seine bewährte Taktik. Sein Ziel war, die nationalliberalen Abgeordneten in Gegensatz zu ihren Wählern zu bringen; denn er wußte wohl, daß diese in höherem Grade von der Sozialistenfurcht beseelt waren.

Nun aber erfolgte ein zweites Attentat auf den Kaiser. Am Sonntag, den 2. Juni 1878, schoß ein Dr. Karl Nobiling von einem Fenster in der Straße Unter den Linden auf den im offenen Wagen vorbeifahrenden Kaiser. Diesmal wurde Wilhelm schwer verwundet. Blutüberströmt mußte der einundachtzigjährige Greis in sein Palais zurückgebracht werden.

Nobilings Attentat war die Tat eines Wahnsinnigen. Er entstammte einer wohlhabenden bürgerlichen Familie, hatte Nationalökonomie studiert und in Leipzig promoviert. Er hatte bestimmt keine politischen Verbindungen. In der Sozialdemokratischen Partei war er völlig unbekannt. Ob sein Motiv überhaupt politisch war, wird immer unaufgeklärt bleiben; denn im Augenblick seiner Verhaftung brachte er sich tödliche Wunden bei, an denen er starb, ehe er regelrecht verhört werden konnte. Wahrscheinlich erklärt sich seine rätselhafte Tat aus einem herostratischen Drang, sich durch ein Verbrechen die Unsterblichkeit zu erringen.

Am Tage des Attentats weilte Bismarck wieder in Friedrichsruh. Das Telegramm, das die Schreckenskunde dorthin brachte, wurde seinem Mitarbeiter, dem Geheimrat Tiedemann, ausgehändigt, während der Kanzler sich auf einem Spaziergang im Walde befand. Tiedemann ging ihm sofort entgegen. Hören wir seinen eigenen Bericht: »Wie ich aus dem Park heraustrat, gewahrte ich den Fürsten, der, von seinen Hunden begleitet, langsamen Schrittes im Sonnenschein über das Feld daherkam. Ich trat auf ihn zu und schloß mich ihm an. Er war in heiterster Laune . . . Nach einer kleinen Pause sagte ich: ›Es sind einige wichtige Telegramme eingelaufen.‹ Er antwortete in scherzendem Ton: ›Sind sie so eilig, daß wir sie hier auf freiem Feld erledigen müssen?‹ Ich erwiderte: ›Leider! Sie enthalten eine empörende Nachricht; es ist wieder auf den Kaiser geschossen worden, und diesmal haben die Schüsse getroffen. Der Kaiser ist schwer verwundet.‹ Mit einem Ruck blieb der Fürst stehen. Er stieß in heftiger Bewegung seinen Eichenstock vor sich in die Erde und sagte, tief aufatmend, wie wenn ein Geistesblitz ihn durchzuckte: ›Dann lösen wir den Reichstag auf!‹ . . . Dann erst erkundigte er sich teilnehmend nach dem Befinden des Kaisers und nach den Einzelheiten des Attentats.«

Eine dramatische Szene von fast Shakespearescher Größe. Sie erinnert an die Szene vor dem Schloß in Inverneß; als Lady Macbeth die »große Neuigkeit« erfährt, daß König Duncan zur Nacht in ihrem Schloß einkehren wird, faßt sie beinahe in derselben Sekunde den Entschluß, er dürfe es nicht lebend verlassen. Ebenso folgt bei Bismarck auf die Kunde von dem Attentat blitzschnell der Entschluß, diese günstige Gelegenheit, die der Zufall ihm in den Schoß geworfen, zur Sprengung des allzu unabhängigen Reichstags auszubeuten. Seit Wochen haben seine Gedanken um dies Problem gekreist. Nun kommt dieser Blitz aus heiterem Himmel. Sofort schlägt sein Geist die Brücke von diesem zu jenem und sein Entschluß ist gefaßt und verkündet. In einer Unterhaltung über den Primat des Willens hat Bismarck einmal gesagt: »Ich habe häufig bei mir bemerkt, daß mein Wille entschieden hatte, bevor mein Denken beendet war.«

Wer wollte solche außerordentliche Kraft des Willens und Schnelligkeit des Entschlusses nicht bewundern! Aber wenn man den Vorfall unter politischen und moralischen Gesichtspunkten prüft, kommt man doch zu einem ganz anderen Urteil. Was wußte denn Bismarck, als er seinen Entschluß faßte, über den Ursprung des Attentats, den Attentäter selbst und seine politischen Verbindungen? Nicht das geringste! Trotz alledem hatte er bereits seinen Entschluß gefaßt, den Vorfall zur Unterdrückung der Sozialdemokratie auszunutzen, obwohl er gar nicht wissen konnte, ob Nobiling nicht vielleicht ihr Gegner gewesen war. Ist ein Staatsmann nicht verpflichtet, den Tatbestand erst sorgfältig zu ergründen, bevor er so schwerwiegende Entscheidungen fällt? Von einer solchen Verpflichtung wollte Bismarck nichts wissen. Denn für ihn war es ohne Belang, wie die Dinge in Wirklichkeit lagen. Was ihn interessierte, war allein, wie aus dem Attentat politisches Kapital geschlagen werden könnte, indem er es zur Aufwühlung der Massenleidenschaften ausnutzte. Er wollte ja gar nicht an die Vernunft, sondern an die Leidenschaft appellieren, wobei er sein wirkliches Ziel vor dem Volk geheimhielt, denn sein Manöver richtete sich nicht so sehr gegen die Macht der Sozialdemokraten wie gegen die der Nationalliberalen. Nicht daß es ihm mit seinem Verlangen, die Sozialdemokraten zu unterdrücken, nicht ernst gewesen wäre. Aber diese stellten, im Gegensatz zu den Nationalliberalen, parlamentarisch eine kleine Minderheit dar, die überhaupt nicht ins Gewicht fiel. Andererseits hatten die Nationalliberalen gegen den Entwurf des Sozialistengesetzes gestimmt und ihm damit die Möglichkeit gegeben, sie im Wahlkampf, in dem alle Leidenschaften entfesselt werden würden, auf die Anklagebank zu setzen. »Jetzt habe ich die Kerle!« sagte er im Kreise seiner Vertrauten. »Durchlaucht meinen die Sozialdemokraten?« fragte ein Neugieriger. »Nein, die Nationalliberalen!« antwortete der Kanzler grimmig. Das Gerücht schrieb Bismarck das Wort zu, er wolle die Nationalliberalen an die Wand drücken, bis sie quietschen. In den »Gedanken und Erinnerungen« behauptet er, eine so »geschmacklose und widerliche Redensart« habe »niemals in seinem Denken, geschweige denn auf seiner Lippe Platz gefunden«. Dem sei wie ihm wolle. Sein Gefühl und seine Absichten drückt dies Wort ganz zutreffend aus.

Nach der Verfassung konnte der Reichstag nur durch einen Beschluß des Bundesrats mit Zustimmung des Kaisers aufgelöst werden. Weder der Bundesrat noch das preußische Staatsministerium waren einstimmig für die Auflösung. Die Widerstrebenden hielten sie für unnötig und gefährlich. Sie waren überzeugt, der Reichstag werde einem neuen Sozialistengesetz zustimmen, zumal die nationalliberale Presse bereits dafür eintrat. Auch der Kronprinz, der den Vater zu vertreten hatte, solange er an seinen Wunden darniederlag, war gegen die Auflösung. Aber Bismarck hatte dafür gesorgt, daß dieser nicht, wie er erwartet hatte, zum »Regent«, sondern vom Kaiser zu seinem »Stellvertreter« ernannt wurde. Als Regent hätte der Kronprinz seine eigene Politik treiben können. Als Stellvertreter des Kaisers mußte er dessen Politik so fortführen, wie anzunehmen war, daß der Kaiser selbst sie geführt haben würde. Da Wilhelm den Reichstag unzweifelhaft aufgelöst hätte, konnte der Kronprinz sich nicht der Notwendigkeit entziehen, seine Zustimmung zu geben. Mit allen übrigen Widerständen wurde Bismarcks Energie natürlich leicht fertig.

So wurde denn der Reichstag aufgelöst und ein Wahlkampf von unerhörter Heftigkeit entfesselt. Die Regierungspresse hetzte mit allen Kräften gegen die Nationalliberalen, denen ihre Ablehnung des ersten Sozialistenentwurfs als Todsünde vorgeworfen wurde: sie hätten dem Kaiser den Schutz von Leben und Gesundheit verweigert. Natürlich hätte niemand zu sagen vermocht, wie dieses Gesetz, wenn es zustande gekommen wäre, Nobilings Schüsse hätte verhindern können. Aber darauf achtete man nicht. Populäre Leidenschaften verachten kühle Logik.

In seltsamem Gegensatz zu dieser fieberhaften Erregung stehen die Worte, in denen Bismarck sich um dieselbe Zeit zu dem englischen Premierminister, Lord Beaconsfield, äußerte, als dieser in Vertretung seiner Königin zum Berliner Kongreß gekommen war, an welchem Bismarck als Präsident des Kongresses zwei Tage nach Auflösung des Reichstages, also am 17. Juni, den Teilnehmern ein Bankett gab. Dies ist der Bericht, den der englische Premierminister seiner Königin über seine Unterhaltung bei dem Bankett erstattete: »Ich saß zur Rechten des Fürsten Bismarck . . . Ich lauschte seinen Monologen im Stile von Rabelais, endlosen Enthüllungen von Dingen, über die jeder andere den Mund gehalten hätte. Er warnte mich eindringlich, ich sollte niemals einem Fürsten oder einem Höfling trauen; ich sollte mir nicht einreden lassen, daß seine Krankheit eine Folge des französischen Krieges sei; ihre Ursache sei das schauderhafte Verhalten seines Königs. In seinem Familienarchiv bewahre er die Urkunden auf, Briefe seines Königs, die ihn nach allen seinen Diensten des Verrats bezichtigten. In diesem Tone fuhr er fort, bis ich mich genötigt sah, ihm zu sagen: ›Von der Doppelzüngigkeit, die nach seiner Behauptung allen Monarchen eigentümlich sei, hätte ich bei der Monarchin, der ich diene, nichts gefunden. Sie sei offen und gerecht und alle ihre Minister liebten sie‹«. Die Schmeichlerkunst Disraelis kann hier auf sich beruhen bleiben. Aber wie seltsam klingen diese Anklagen aus Bismarcks Munde gegen seinen König, wenn man sie mit dem vergleicht, was er zur selben Zeit in der Öffentlichkeit sagte und von seinen Trabanten sagen ließ.

Der Ausgang der Wahl war wieder ein Erfolg Bismarcks. Immerhin spricht es für die Kraft, die der liberale Gedanke in Deutschland doch noch hatte, daß die Nationalliberalen nach dieser Hetze nur etwa 100000 Stimmen und die Fortschrittspartei 40000 Stimmen verloren. Aber ihr Mandatsverlust war viel schwerer: dreißig Nationalliberale und zehn Fortschrittsmänner blieben auf der Walstatt. Beide Parteien verfügten zusammen nur noch über 140 Mandate, während die beiden konservativen Parteien ihre Abgeordnetenzahl von 78 auf 115 vermehrten und fast 600000 Stimmen gewannen. Die Sozialdemokratie, die bei der vorigen Wahl eine halbe Million Stimmen gezählt hatte, verlor nicht mehr als 60000. Aber wenn die Nationalliberalen auch immer noch in ansehnlicher Stärke in den Reichstag zurückkehrten – die meisten ihrer Abgeordneten hatten sich ihren Wählern gegenüber verpflichten müssen, einem neuen Gesetz gegen die Sozialdemokraten zuzustimmen.

Der Entwurf eines solchen Gesetzes wurde von der Regierung alsbald dem Reichstag vorgelegt. Es nannte sich »Gesetz gegen die gemeingefährlichen Bestrebungen der Sozialdemokratie«. Diesmal griff Bismarck persönlich in die Reichstagsdebatte mit wiederholten und außerordentlich energischen Reden ein. Sie sind zum Teil von besonderem biographischen Interesse, weil er sich durch die Angriffe des

Sozialdemokraten Bebel und des fortschrittlichen Führers Richter gezwungen sah, seine frühere Haltung gegenüber der Sozialdemokratie und besonders seine Beziehungen zu Lassalle zu rechtfertigen. Er macht kein Hehl aus der Hochschätzung, die ihm Lassalle abgewonnen hatte, und sprach mit der größten Bewunderung von seiner Unterhaltungsgabe, die ihm stets ein Bedauern abgenötigt hätte, wenn ein Gespräch beendet werden mußte (S. 109).

Im Reichstag wurde der Entwurf, abgesehen von der Sozialdemokratie, von den Parteien des Zentrums und des Fortschritts bekämpft, während die Konservativen natürlich begeistert für ihn eintraten. Die Entscheidung lag wieder einmal bei den Nationalliberalen. Ihre große Mehrheit war für das Gesetz. Selbst Lasker konnte es diesmal nicht wagen, grundsätzliche Opposition zu machen; dazu war die Strömung in der Wählerschaft zu stark. Sein Widerstand wäre auch vergeblich gewesen, da das Gesetz auch in diesem Falle einer Mehrheit sicher gewesen wäre. So mußte er sich mit dem Versuch begnügen, wenigstens einige Bestimmungen des Entwurfs abzumildern. In einem wichtigen Punkte hatte er auch Erfolg. Die Dauer des Gesetzes, die nach der Regierungsvorlage unbeschränkt sein sollte, wurde auf zwei und ein halbes Jahr begrenzt, und die Regierung mußte sich damit abfinden.

Die Folge dieses Amendements Lasker war, daß Bismarck sich in jedem zweiten oder dritten Jahr an den Reichstag wenden mußte, um eine Verlängerung des Gesetzes zu erzielen. Viermal setzte er seinen Willen durch, aber der Widerstand, besonders der Liberalen, wuchs ständig. Schließlich machte Bismarck im Jahre 1889 den Versuch, das Gesetz zu einem dauernden umzugestalten. Das mißlang, vornehmlich infolge seiner eigenen verzwickten Taktik. Für ihn selbst hatte dieser Mißerfolg die verhängnisvollsten Folgen, wie bei der Geschichte seiner Entlassung zu Tage treten wird. Am 1. Oktober 1890 erlosch das Sozialistengesetz, um niemals wieder ins Leben gerufen zu werden.

Fragen wir nach seinem Erfolg, so ist folgendes festzustellen. Das Sozialistengesetz hat die Presse und die Organisation der Sozialdemokratischen Partei vollkommen zerstört. Die schwachen Rechtsgarantien, die es enthielt, wurden durch die Praxis der Polizei tatsächlich außer Kraft gesetzt. Sozialistische Politiker und Agitatoren wurden aus vielen Städten in der brutalsten Weise vertrieben. In einer Zeit, die so viel politische Verfolgungen erlebt hat wie unsere, verdient es jedoch hervorgehoben zu werden, daß das Recht, einen Sozialdemokraten in den Reichstag zu wählen, ebensowenig beseitigt wurde wie das Recht der sozialdemokratischen Abgeordneten, von der parlamentarischen Redefreiheit den weitesten Gebrauch zu machen. So stark war immerhin der liberale Geist des Zeitalters, daß selbst ein Bismarck nicht daran zu rühren wagte. Aber auch so war das Gesetz ein äußerst kräftiger und rücksichtsloser Eingriff in die sozialistische

Bewegung. Und trotzdem war sein Erfolg gleich null. Auf die Dauer vermochte es durchaus nicht, das Anwachsen der sozialdemokratischen Stimmen zu verhindern. Allerdings trat 1881 ein Rückgang ein. Aber er war nur vorübergehend. Trotz der Unterdrückung ihrer Agitation in Presse und Versammlung stiegen die sozialdemokratischen Stimmen bei der Reichstagswahl von 1884 auf 550000, 1887 auf 763000 und 1890 auf 1427000. Gemessen an seinen Absichten, war das Gesetz ein vollkommener Fehlschlag. Die Gewaltpolitik Bismarcks versagte gegenüber den Sozialdemokraten ebenso, wie sie dem katholischen Klerus gegenüber versagt hatte. Den schwersten Schaden erlitten die Nationalliberalen, die ihn wenigstens im Anfang unterstützt hatten. Denn sie hatten ihre Grundsätze preisgegeben, und das ist für eine politische Partei die Sünde, für die es keine Vergebung gibt. Das Tragische ist, daß dieses Opfer des Intellekts völlig vergeblich war. Es dauerte nur ein Jahr, so hatten sie aufgehört, die Partei Bismarcks zu sein, ja sie mußten erleben, daß er sich ihrem schärfsten Gegner zuwandte, um mit dessen Hilfe sie ihrer parlamentarischen Position und ihres politischen Ansehens zu berauben.

Aber bevor wir diese Entwicklung weiter verfolgen, müssen wir uns der internationalen Lage zuwenden, wie sie sich unter dem Einfluß einer Krisis auf dem Balkan entwickelt hatte.

8. Der Berliner Kongreß 1878

Im Sommer 1875 hatte sich die Bevölkerung von Bosnien gegen die drückende türkische Mißwirtschaft erhoben. Das war der Beginn einer die ganze Balkanhalbinsel erfassenden Krisis. Andere Aufstände, besonders in Bulgarien, folgten, und zwischen Serben und Türken brach der Krieg aus. Die ganze Halbinsel stand in Flammen. Von den europäischen Großmächten wurden durch diese Entwicklung besonders Österreich-Ungarn, Rußland und Großbritannien in Mitleidenschaft gezogen. Rußland betrachtete sich als den Schutzherrn der christlichen Slawen, die größtenteils zur russisch-orthodoxen Kirche gehörten. Österreich war der nächste Nachbar des vom Aufstand zerwühlten Bosnien. Das Interesse Englands konzentrierte sich auf Konstantinopel, welches es unter keinen Umständen in russische Hände fallen lassen wollte.

Europas bemächtigte sich die Sorge, daß die Krisis auf dem Balkan zu einem Krieg zwischen den Großmächten führen könnte. Wiederholt wurden Versuche gemacht, dem Blutvergießen Einhalt zu tun, z. B. durch das Berliner Memorandum vom Mai 1875, auf das sich Bismarck, Gortschakow und Andrassy geeinigt hatten und das Disraeli nicht akzeptierte. Im Dezember 1876 trat in Konstantinopel eine Konferenz der Großmächte zusammen, deren Vorschläge aber der Sultan ablehnte. Im Februar 1877 schlossen Rußland und Österreich ein geheimes Abkommen, in dem sie ihre Interessensphären gegeneinander abzugrenzen versuchten und sich über ihre Haltung im Falle eines Krieges zwischen Rußland und der Türkei verständigten, der vor der Tür zu stehen schien. Dies Abkommen untersagte den Russen, einen »grand état compact slave«, d. h. einen umfassenden bulgarischen Staat, ins Leben zu rufen. Andererseits räumte er dem österreichischen Kaiser das Recht ein, Bosnien und die Herzegowina militärisch zu besetzen. Im April 1877 erfolgte die russische Kriegserklärung gegen die Türkei. Nach anfänglichen Rückschlägen hatten die russischen Truppen am Ende des Jahres jeden Widerstand gebrochen und standen dicht vor Konstantinopel. Im März 1878 sah der Sultan sich genötigt, mit den Siegern den Frieden von San Stefano zu schließen, der den Russen so ziemlich alles gewährte, was sie verlangten. Insbesondere trat der Sultan seine ganzen bulgarischen Besitzungen ab, und »le grand état compact slave« schien unvermeidlich zu sein. Dagegen erhob sich der stärkste Widerspruch in Österreich-Ungarn und in Großbritannien. Disraeli (jetzt Lord Beaconsfield) übernahm die Führung und sandte die britische Flotte in das Marmarameer. Ein Zusammenstoß mit Rußland schien unmittelbar bevorzustehen. In dieser Lage schlug Andrassy als Leiter der österreichisch-ungarischen Außenpolitik einen Europäischen Kongreß zur Regelung aller orientalischen Fragen vor. Die Grenzen der Türkei waren 1856 durch einen europäischen Vertrag, den Vertrag von Paris, festgelegt worden. Sie konnten daher nur unter Zustimmung aller Signatarmächte dieses Vertrages geändert werden. Während sich Gortschakow bereit erklärte, einem solchen Kongreß den Frieden von San Stefano zu unterbreiten, einigten sich die Großmächte auf Berlin als Tagungsort. Damit ergab es sich von selbst, daß der Kanzler des deutschen Reiches den Vorsitz auf dem Kongreß übernahm. Er wurde am 13. Juni 1878 eröffnet und am 13. Juli von Bismarck geschlossen.

Von dieser kurzen Skizze der Ereignisse, die zum Berliner Kongreß führten, wenden wir uns zu der Politik Bismarcks während dieser kritischen Jahre. Auch hier müssen wir uns natürlich mit der Erwähnung der grundsätzlich wichtigsten Punkte begnügen.

Dabei dürfen wir von einem Satz in dem Tagebuch des deutschen Botschafters in St. Petersburg, General von Schweinitz, ausgehen. Dieser war mit den russischen Problemen besonders genau vertraut, da er schon in den sechziger Jahren als preußischer Militärbevollmächtigter, d. h. als persönlicher Vertreter des preußischen Königs Wilhelm bei seinem russischen Neffen, dem Zaren Alexander II., fungiert hatte. Nachdem er während des Deutsch-Französischen Krieges das Deutsche Reich in Wien vertreten hatte, kehrte er im Februar 1876 als Botschafter nach Petersburg zurück. Auf diesem Posten blieb er bis 1892, also über den Sturz Bismarcks hinaus. Seine »Denkwürdigkeiten«, die lange nach seinem Tode veröffentlicht worden sind, geben – zusammen mit einem Band seiner Korrespondenz – ein gutes Bild des Verfassers, der ein echter Konservativer der guten alten preußischen Schule war. Charakteristisch dafür ist, daß er an die Notwendigkeit dauernder Grundsätze auch in der Politik glaubte und sich nicht mit der Auffassung abfinden konnte, daß sie lediglich durch Erwägungen der Macht und der Zweckmäßigkeit bestimmt werden könne. Der Gegensatz zu Bismarck, der sich daraus für seine Auffassung ergab, ist aus einer Tagebuchnotiz ersichtlich, in der er beklagt, daß die deutsche Regierung die türkischen Wirren »nicht sachlich, d. h. nicht vom Standpunkt humaner und wirtschaftlicher Zweckmäßigkeit ansehe, sondern dieselbe rein politisch ausnutzen wolle, nämlich um eine Gruppierung der Großmächte bzw. eine Beschäftigung derselben herbeizuführen, durch welche uns feindliche Koalitionen für lange Zeit unmöglich werden sollten«. Schweinitz betrachtete offenbar die Herrschaft der Türken über christliche Völkerschaften als einen Anachronismus, der mit Notwendigkeit zu Aufständen und Blutvergießen führte und deshalb beseitigt werden mußte; das war nach seiner Auffassung eine allgemein europäische Angelegenheit, weil sie jeden Europäer und Christen anginge. Ein solcher Gesichtspunkt erhebt sich über rein nationale Erwägungen und steht im Einklang mit dem universalistischen Charakter der alten konservativen Auffassung. Man kann sich daher nicht wundern, daß sie eine gewisse Verwandtschaft mit der liberalen Auffassung aufweist, welche Gladstone um dieselbe Zeit in seiner unvergänglichen Flugschrift über »Die bulgarischen Greuel« vertrat. Schweinitz glaubte weiterhin, daß die russische Regierung sich von demselben Gedanken leiten ließ, wenn sie von Europa Bewegungsfreiheit verlangte, um den Balkan in Ordnung bringen zu können.

Von dieser Auffassung war Bismarck durch Welten getrennt. Das spricht sich deutlich in einer Randbemerkung aus, die er auf eine Depesche aus St. Petersburg setzte. Hier wurde berichtet, Gortschakow habe gesagt: »Das Problem ist weder ein deutsches, noch ein russisches, sondern ein europäisches.« Dazu schreibt Bismarck: *»Qui parle Europe a tort, notion géographique.«* Diese Charakterisierung Europas erinnert an die Worte Metternichs, der ein halbes Jahrhundert zuvor Italien einen geographischen Begriff genannt und damit die nationalen Einheitsbestrebungen der Italiener abgelehnt hatte. »Ich habe das Wort Europa«, schreibt Bismarck, »immer im Munde derjenigen Politiker gefunden, die von anderen Mächten etwas verlangten, was sie im eigenen Namen nicht zu fordern wagten.« Erinnert das nicht an seine preußischen Tage, wo er jeden Staatsmann als Heuchler verdammte, der irgendeine Forderung *im Namen Deutschlands* erhob? Bismarcks Behandlung der Balkanfragen begegnete sich mit derjenigen Beaconsfields, dem eine Sprengung der Drei-Kaiser-Liga wichtiger war als die Beseitigung der türkischen Mißstände im Interesse der unterjochten Balkanchristen. Dies wurde für die Methoden, mit der die Balkankrise tatsächlich behandelt wurde, bedeutsam.

Für Deutschland konnte bei der ganzen Verwicklung kein Vorteil herausspringen. Auf dem Balkan hatte es keine unmittelbaren Interessen. Das hob Bismarck immer wieder und wieder hervor. In seiner Reichstagsrede vom 5. Dezember 1876 prägte er dafür den klassischen Ausdruck, als er davon sprach, es liege kein Interesse vor, »welches auch nur die gesunden Knochen eines pommerschen Musketiers wert wäre«. Er sah seine Aufgabe darin, dafür zu sorgen, daß Deutschlands internationale Stellung durch diese Vorgänge nicht verschlechtert würde. Besonders lag ihm daran, zu verhindern, daß er in die Zwangslage gebracht würde, zwischen Rußland und Österreich-Ungarn als Verbündeten zu »optieren«. Diese Option war aber kaum zu vermeiden, wenn es zu einem Krieg zwischen den beiden östlichen Nachbarn Deutschlands kommen sollte.

Mit besonderer Schärfe sah Bismarck sich vor dies Problem gestellt, als der Zar dem Generalfeldmarschall von Manteuffel sagte: er hoffe, Kaiser Wilhelm würde im Falle eines russischen Krieges mit Österreich ebenso handeln, wie er selbst im Jahre 1870 gehandelt habe, d. h. ihn gegen Österreich unterstützen. Das war eine sehr unangenehme Frage, und Manteuffel scheint durch unvorsichtige Äußerungen selbst bis zu einem gewissen Grade an ihr schuld gewesen zu sein. Bismarck antwortete, »es würde die Interessen Deutschlands tief berühren, wenn die österreichische Monarchie in ihrem Bestand als europäische Großmacht oder in ihrer Unabhängigkeit derart gefährdet würde, daß einer der Faktoren, mit denen wir im europäischen Gleichgewicht zu rechnen haben, für die Zukunft auszufallen drohte«.

Niemand kann bezweifeln, daß das vom deutschen Standpunkt die richtige Entscheidung war. Aber das schließt nicht aus, daß sie die Russen schwer enttäuschte. Sie sahen in Deutschland einen Schuldner, der zwar zahlungsfähig war, aber sich trotzdem weigerte, seinem Gläubiger aus einer Verlegenheit zu helfen.

Unter den Staatsmännern des Auslands gab es mehrere, die Bismarck im Verdacht hatten, er hetze andere Mächte zum Kriege. Lord Salisbury vergleicht ihn mit einer Figur in Sheridans Lustspiel »Die Rivalen«, die sich die größte Mühe gibt, zwei Männer zu einem Duell zu bringen, die nicht die geringste Lust haben, sich zu schlagen. Die englische Regierung wurde äußerst peinlich berührt, als Bismarck ihrem Botschafter Odo Russell sagte, er beabsichtigte, einige militärische Maßregeln gegen Frankreich zu ergreifen, die dort voraussichtlich Aufregung hervorrufen würden, und als er an diese Ankündigung die Frage knüpfte, wie England sich in diesem Falle verhalten würde. Als Bismarck England den Rat gab, Ägypten zu annektieren, sah Lord Derby, der Minister des Auswärtigen, darin einen Beweis für Bismarcks Machiavellismus, da er offenbar darauf ausginge, England mit Frankreich zu entzweien.

Bismarcks Haltung gegenüber Frankreich änderte sich aber, als der Präsident Marschall MacMahon in den Wahlen vom Oktober 1877 geschlagen wurde und die von Gambetta geführten Republikaner einen vollen Sieg erfochten. Die neue republikanische Regierung beeilte sich, die Beziehungen zu Bismarck dadurch zu verbessern, daß sie den Botschafter Gontaut-Biron, der Bismarck seit 1875 so verhaßt war (S. 210), abberief. Graf St. Vallier, der an seine Stelle trat, erhielt die Instruktion, sich mit allen Kräften für die Herstellung guter Beziehungen zu dem mächtigen deutschen Staatsmann einzusetzen. Da Bismarck ihm mit einem günstigen Vorurteil entgegenkam, gelang es dem neuen Botschafter in der Tat, sein Vertrauen zu gewinnen und eine Ära der Annäherung und Versöhnung einzuleiten.

Im Februar 1878 wurde Bismarck durch eine Interpellation Bennigsens genötigt, sich über seine orientalische Politik auszusprechen. In seiner Rede prägte er eines seiner berühmtesten geflügelten Worte, als er die Rolle, welche Deutschland spielen wollte, als die des »ehrlichen Maklers« bezeichnete, im Gegensatz zu der des Schiedsrichters, der den Parteien seine Entscheidung auferlegt.

Dem Kongreß gingen geheime Verhandlungen zwischen Rußland und Großbritannien voraus, von denen Bismarck laufend unterrichtet wurde. Für England verhandelte Lord Salisbury, der im März 1878 Derby als auswärtigen Minister ersetzt hatte, für Rußland der Botschafter in London, Graf Peter Schuwalow. Das Ergebnis war, daß Rußland sich verpflichtete, auf das geplante »Groß-Bulgarien« zu verzichten und in seine Teilung zu willigen. Damit war das dornigste Problem, mit dem der Kongreß sich zu befassen hatte, bereits im wesentlichen gelöst, bevor er zusammentrat. In einer anderen geheimen Abmachung gab Großbritannien der österreichisch-ungarischen Monarchie seine Zustimmung zur Besetzung Bosniens. Schließlich traf es mit dem Sultan eine weitere Vereinbarung, in der dieser genötigt wurde, ihm Cypern abzutreten.

Beaconsfield, Salisbury, Gortschakow, Schuwalow, Andrassy – sie alle kamen nach Berlin, um unter dem Präsidium Bismarcks zu beraten. Sie alle erkannnten seine Autorität uneingeschränkt an, und er erwies sich als ein äußerst energischer Präsident. Alle schwebenden Fragen wurden der Reihe nach vor den Kongreß gebracht. Sobald eine Meinungsverschiedenheit auftauchte, verwies Bismarck sie zur Sonderbehandlung an die unmittelbar beteiligten Mächte. So wurde das bulgarische Problem in Verhandlungen zwischen den englischen und russischen Delegierten, zu denen Andrassy zugezogen wurde, erledigt. Das war keineswegs einfach. Zuerst platzten die Meinungen sehr scharf aufeinander, besonders über die Frage, wo die Grenze der beiden bulgarischen Länder zu ziehen sei, und über das Recht des Sultans, diese Grenze zu befestigen. Am 20. und 21. Juni standen die Verhandlungen vor dem Zusammenbruch. Jetzt setzte sich Bismarck mit aller Kraft für eine Verständigung ein und pflog zu diesem Zwecke private Aussprachen mit Beaconsfield und Schuwalow. Wenn man auch nicht sagen kann, daß die Vereinbarung, die schließlich zustandekam, Bismarcks Werk war, so unterliegt es doch keinem Zweifel, daß er höchst wirksam zu ihren Gunsten eingegriffen hat. In der Nacht des 21. Juni konnte der stets gut unterrichtete Sonderkorrespondent der »Times«, der Bismarck später so verhaßte Blowitz, nach London telegraphieren, daß die Verständigung erreicht sei. Bulgarien wurde geteilt, der nördliche Teil wurde ein autonomes Fürstentum unter türkischer Souveränität, der südliche, für den man den Namen Ost-Rumelien erfand, blieb zwar eine türkische Provinz, jedoch mit einem gewissen Maße von Autonomie und einem christlichen Gouverneur. Beaconsfield und Salisbury schmeichelten sich, einen großen und dauernden Erfolg erzielt zu haben, und Beaconsfield rühmte sich bei seiner Rückkehr nach England, er bringe »den Frieden mit Ehren« heim. Aber nur sieben Jahre später, im Jahre 1885, machte das bulgarische Volk dieser künstlichen Teilung durch einen Aufstand ein Ende und schmolz beide Teile zu einem einzigen bulgarischen Fürstentum zusammen. Damals war Salisbury der Premierminister von Großbritannien, und er hieß diese Vereinheitlichung, gegen die er in Berlin so eifrig gekämpft hatte, willkommen. Die Russen hingegen, die in Berlin ihr Vorkämpfer gewesen, waren jetzt darüber aufs höchste empört. Selten ist die Voraussicht der Staatsmänner so schnell bloßgestellt worden.

Nachdem der Kongreß über das bulgarische Hindernis hinweggekommen war, gelang es verhältnismäßig rasch, auch die übrigen Fragen zu lösen. Österreich-Ungarn wurde das Recht eingeräumt, Bosnien und die Herzegowina zu besetzen, und der leidenschaftliche Protest der türkischen Delegierten wurde von dem Präsidenten scharf und rücksichtslos zurückgewiesen. Rußlands territoriale Begehrlichkeiten wurden zu einem erheblichen Teile erfüllt; insbesondere fiel ihm Batum am Schwarzen Meer zu. Bezüglich der Meerengen des Bosporus und der Dardanellen wurde die Bestimmung des Pariser Vertrages bestätigt: sie blieben nach wie vor in der Hand und unter der Kontrolle der Türkei. Aber die Übereinstimmung hierüber war mehr scheinbar als wirklich. Denn die englische und die russische Auffassung standen sich schroff gegenüber. Wohl erkannten beide Mächte an, daß der Sultan berechtigt war, die Meerengen zu öffnen und zu schließen, aber Salisbury erklärte, Großbritannien werde nur eine *unabhängige* Entscheidung des Sultans anerkennen und respektieren, während Schuwalow der Meinung war, die Sperrung der Meerengen sei ein europäisches Prinzip, das alle Mächte gleichmäßig binde. Der praktische Unterschied beider Auffassungen besteht vor allem darin, daß England sich das Recht vorbehielt, die Entscheidung des Sultans, die Meerengen zu schließen, dann nicht zu respektieren, wenn sie unter russischem Druck erfolgt war. Der Kongreß machte keinen Versuch, diesen Gegensatz zu beseitigen.

Ähnlich verhielt es sich in manchen anderen Fragen. Sie wurden nur im Prinzip entschieden, alle Einzelheiten aber der künftigen Verständigung der Beteiligten überlassen. Für solche Einzelheiten hatte man keine Zeit, und Bismarck war viel zu ungeduldig, um sich damit aufzuhalten. Auch ließ seine Gesundheit zu wünschen übrig, und er wollte im Juli wieder nach Kissingen zur Kur gehen. Die Folge dieses Verfahrens war, daß die Höfe Europas noch jahrelang mit der Ausführung des Berliner Vertrages beschäftigt waren. Als Gladstone 1880 nach seinem Wahlsieg über Beaconsfield wieder zur Macht kam, fand er eine Anzahl der Probleme noch ungelöst vor und ging daran, sie in seiner Art zu lösen, wovon Bismarck nichts weniger als entzückt war.

In der Ansprache, mit welcher der deutsche Reichskanzler den Kongreß schloß, nahm er für diesen in Anspruch, er habe »in den Grenzen des Möglichen Europa den Dienst geleistet, den so schwer bedrohten Frieden gerettet und gesichert zu haben«.

Kann die Geschichte dies Urteil unterschreiben? Allerdings wurde der Friede unter den Großmächten aufrechterhalten; aber Freundschaft und einträchtige Zusammenarbeit waren unmöglich, solange die Kanzleien Europas sich mit der praktischen Auslegung und Anwendung des Berliner Vertrages herumzuschlagen hatten. Eine besonders bittere Kontroverse zwischen Berlin und Petersburg, von der noch mehr zu sagen sein wird, wurde ursprünglich durch Meinungsverschiedenheiten über die Auslegung des Vertrages hervorgerufen. Noch weniger kann man davon sprechen, daß der Kongreß der Balkanhalbinsel den Frieden gebracht habe. Die Besetzung von Bosnien und der Herzegowina durch die Truppen des Kaisers Franz Joseph konnte nur unter schwerem Blutvergießen erfolgen. Andere Balkanvölker kämpften jahrelang, um die Fesseln des Berliner Vertrages abzustreifen. Hier tritt sein entscheidender Mangel zutage. Ein französischer Diplomat, der als junger Mann im Sekretariat des Kongresses gearbeitet hatte, schreibt in seinen Memoiren: »Der Kongreß wies den Serben oder Türken Gebiete zu, oder schlug sie ihnen ab, ohne sich um die Wünsche oder Einwendungen der einen oder der anderen Seite zu kümmern, denen man eine erhabene Gleichgültigkeit entgegensetzte.« Man kann kaum in Abrede stellen, daß der Kongreß die Balkanvölker nur als Figuren auf dem Schachbrett der großen Politik behandelte. Darin war Bismarck nicht besser als die anderen Staatsmänner. Wiederholt sagte er, er kümmere sich nicht im geringsten um »le bonheur de ces gens là-bas«; ihr Wohlergehen sei ihm vollkommen gleichgültig, ihn interessierten nur diejenigen Punkte, die für die Verständigung unter den Großmächten von Bedeutung wären. Er sah nicht, daß die Nationalbewegung, die einst in Italien und Deutschland ihren Anfang genommen hatte, auch unter den Sklavenvölkern des Orients ihre volle Kraft entfalten würde. Darin war er nicht kurzsichtiger als die meisten anderen Staatsmänner jener Zeit, wie z. B. Beaconsfield, aber er kann für sich auch nicht in Anspruch nehmen, weitsichtiger gewesen zu sein. Wohl aber zeigte

Gladstone einen weiteren Blick, als er von dem berechtigten Kampfe jener Völker um ihre Freiheit sprach.

Man darf aber nicht eine Äußerung Bismarcks übersehen, die seine Haltung gegenüber den Balkanvölkern in einem noch fragwürdigeren Licht erscheinen läßt. Einige Monate nach dem Kongreß, im November 1878, schrieb er an den Kronprinzen, der damals seinen Vater vertrat: »Es würde ein Triumph unserer Staatskunst sein, wenn es uns gelänge, *das orientalische Geschwür offenzuhalten* und dadurch die Einigkeit der anderen Großmächte zu vereiteln und unseren eigenen Frieden zu sichern.« Eine Politik, die sich von so machiavellistischen Maximen leiten ließ, war kaum dazu angetan, dem Balkan und Europa dauernden Frieden zu bringen.

Von allen Beschlüssen des Kongresses ist keiner verhängnisvoller geworden als der, *Österreich-Ungarn* die *Besetzung* der türkischen Provinzen *Bosnien* und *Herzegowina* zu gestatten. Hier wurde einer der Drachenzähne ausgesät, die 1914 in so furchtbarer Ernte aufgingen. Aber die Verantwortung für diese Politik trifft Rußland und England in höherem Maße als Bismarck. Sie hatten Andrassy schon vor dem Kongreß ihre Zustimmung zu dieser Besetzung gegeben. Andererseits war Bismarck damit nicht nur in voller Übereinstimmung, er riet sogar Andrassy, die Besetzung auszuführen, bevor der Kongreß zusammentrat, und er verspottete die Österreicher als Tölpel, weil Andrassy sich weigerte, diesem Rat zu folgen. »Ich habe schon von Leuten gehört«, sagte er zu Salisbury, »die eine Taube nicht essen wollen, wenn sie ihnen nicht fertig gebraten vorgesetzt wird; aber das ist mir neu, daß jemand sie zurückweist, bis ihm der Mund gewaltsam geöffnet und die Taube hineingequetscht wird.« Unter diesen Umständen kann man ihn nicht völlig von der Verantwortlichkeit für einen Schritt entlasten, der nicht nur letzten Endes zu einem Weltkrieg geführt, sondern schon vorher seine eigene Politik der Aussöhnung zwischen Österreich und Rußland vereitelt hat. Der französische Botschafter in Berlin, St. Vallier, ein Mann, der Bismarcks staatsmännische Kunst bei allen politischen Gegensätzen höchlich bewunderte, schrieb im Dezember 1881 an Gambetta, der damals Ministerpräsident und auswärtiger Minister war, einen Brief, in dem es heißt: »Bismarck legt den höchsten Wert darauf, sich die Stellung des obersten Schiedsrichters über die Geschicke der drei Kaiserreiche zu wahren. Er weiß sehr wohl, daß ihre Allianz jederzeit von einer Gefahr bedroht ist, nämlich von dem Konflikt der österreichischen und russischen Interessen auf dem Balkan. Aber dieser Konflikt ist *auf die Dauer unvermeidlich*, und Bismarck selbst ist es, der ihn unvermeidlich gemacht hat, indem er das Wiener Kabinett auf den Weg nach Bosnien und Saloniki drängte.« Freilich gelang es Bismarcks Kunst, diesen Konflikt herauszuschieben, aber nur, um ihn seinen Nachfolgern als Erbschaft zu hinterlassen. Daß diese Nachfolger kleinere Männer waren als Bismarck, lag in der Natur der Dinge.

Eine Nebenwirkung der Besetzung Bosniens war die Ausschaltung der Deutschliberalen in Österreich. Sie hatten der Okkupationspolitik Andrassys opponiert. Dabei sprachen gewiß nationalistische Motive mit, weil sie keine Vermehrung der slawischen Bevölkerung der Monarchie wünschten. Aber das war keineswegs ihr einziger Grund. Ein viel tieferer tritt in der Äußerung eines ihrer Führer, des ehemaligen Ministerpräsidenten Hasner, zutage. Er bezeichnete die Okkupation Bosniens als den ersten Schritt zu einer mit Rußland konkurrierenden Orientpolitik. Für die Folge würde Österreich mit seiner *Ehre* engagiert sein, ohne die *Macht* zu haben, sie aufrechtzuerhalten. Das war eine durchaus zutreffende Voraussage. Kaiser Franz Joseph aber ließ sich durch den Wunsch, auf diesem Wege das während seiner Regierungszeit so arg geschmälerte Prestige seines Reiches wiederherzustellen, zu einer verhängnisvollen Überschätzung seiner Kraft verleiten. Bismarck kehrte die Schärfe seiner Kritik nicht gegen den Kaiser, sondern gegen die Deutschliberalen Österreichs, die ihn vor diesem verhängnisvollen Schritt gewarnt hatten. Er verspottete sie im deutschen Reichstag als die »Herbstzeitlosen, weil sie nie etwas zur rechten Zeit getan« hätten. Durch ihre Maßlosigkeit hätten sie die Dynastie genötigt, sich im Interesse ihrer Erhaltung an andere Parteien und Elemente anzulehnen. Zu diesem Urteil Bismarcks steht das der Geschichte in vollstem Widerspruch. Mit ihrer Opposition gegen die Bosnienpolitik vertraten die Deutschliberalen die wahren Interessen der Dynastie, und der Kaiser war es, der den ersten Spatenstich zu dem Grabe tat, in dem Dynastie und Monarchie versunken sind.

9. Der Übergang zum Schutzzoll und die Sprengung der Nationalliberalen Partei

Kaum war der Kongreß geschlossen, so begab Bismarck sich zur Kur nach Kissingen. Hier traf er mit einem Nuntius des Papstes zusammen und hatte mit ihm wiederholte Aussprachen über die Frage, ob eine Verständigung mit dem Vatikan möglich sei, die dem Kulturkampf ein Ende machen könnte. Die Verhandlungen waren jedoch ergebnislos. Noch war Bismarck nicht bereit, dem Vatikan alle die Zugeständnisse zu gewähren, auf denen dieser bestehen zu müssen glaubte. So blieb denn auch Falk vorläufig noch im Amte, obwohl er sich klar darüber war, daß seine Stellung vollkommen unsicher geworden war. Auch der Nationalliberalen mußte sich das Gefühl bemächtigen, daß eines Tages ein politischer Umschlag eintreten könne.

Auf das Ziel, dem Bismarck zusteuerte, fiel ein deutliches Licht, als im Dezember 1878 ein Schreiben des Reichskanzlers an den Bundesrat veröffentlicht wurde, in dem er sein *Programm einer Wirtschafts- und Steuerreform* entwickelte. Hier kritisierte er scharf die direkten Steuern und verlangte eine Erhöhung der Einnahmen aus indirekten Steuern durch Einführung eines Schutzzolltarifs. Das Neue war, daß er sich nicht mit Schutzzöllen für bestimmte notleidende und schutzbedürftige Industrien begnügen wollte, sondern einen allgemeinen Tarif verlangte, der die gesamte Einfuhr erfassen sollte. Das bedeutete einen vollständigen Umschwung in der Handelspolitik, wie sie in den letzten Jahrzehnten vom Deutschen Zollverein und später vom Deutschen Reich getrieben worden war. Auch diese war freilich keine Politik des unbedingten und reinen Freihandels gewesen. Aber sie war doch von der Tendenz beherrscht, die Zahl und das Maß der Schutzzölle allmählich herabzusetzen und die Schranken nach Möglichkeit zu beseitigen, die sich einem freien Austausch im internationalen Güterverkehr entgegenstellten. Genau das entgegengesetzte Ziel bezeichnete der Kanzler jetzt als das seinige.

Das größte Aufsehen aber mußte es erregen, daß Bismarck Zollschutz nicht nur für industrielle Erzeugnisse, sondern auch für *Brotgetreide* und andere Produkte der Landwirtschaft verlangte. Bis dahin war die Besteuerung des täglichen Brotes ernstlich auch von denen nicht verlangt worden, die davon Nutzen ziehen konnten, während die städtische Bevölkerung, die diese Besteuerung zu tragen haben würde, geschlossen dagegen war. Bismarck aber ließ sich dadurch nicht stören. Er setzte im Bundesrat eine Zolltarifkommission ein, die in ihrer großen Mehrheit aus Schutzzöllnern bestand und zu deren Vorsitzenden er den früheren antipreußischen Minister Württembergs, den Freiherrn von Varnbüler, einen entschiedenen Protektionisten, machte. Diese Kommission schlug einen Zoll von 50 Pfennig für den Zentner Brotgetreide vor; aber kurz darauf wurde ein Brief des Reichskanzlers an einen Führer der agrarischen Schutzzöllner veröffentlicht, in dem er diesen Zollsatz nicht nur als unzureichend bezeichnete, sondern die Agrarier geradezu aufforderte, »*sich zu rühren, sich zu vereinigen und Anträge zu stellen*«, um seine Erhöhung durchzusetzen.

Dem Reichstag wurde dann ein ausgesprochen schutzzöllnerischer Tarifentwurf vorgelegt. In der großen Auseinandersetzung, die darüber im Parlament geführt wurde, war Bismarck nicht nur der bedeutendste, sondern auch der eifrigste Wortführer der protektionistischen Sache. Auf seiner Seite standen die beiden konservativen und die Zentrumspartei. Gegen ihn kämpften die von Eugen Richter sehr wirkungsvoll geführte Fortschrittspartei und die Sozialdemokraten. Die Nationalliberale Partei war gespalten. Die Abgeordneten der westlichen Industriebezirke traten entschieden für industrielle Schutzzölle ein. Der linke Flügel, geleitet von Bamberger, bekannte sich zum Freihandel. Delbrück, der ein Mandat zum Reichstag angenommen hatte und von der Opposition vorangeschickt wurde, verteidigte die bisherige Wirtschaftspolitik in einer ausführlichen Rede. Aber als Parlamentarier enttäuschte der einstige Präsident der Reichskanzlei die auf ihn gesetzten Hoffnungen. Die Mehrheit der Nationalliberalen folgte der Führung von Bennigsen und Miquel, die sich für einen gemäßigten Schutzzoll einsetzten und zu einer Verständigung mit dem Reichskanzler zu kommen hofften.

Aber Bennigsen war nicht der einzige Parteiführer, der bei dieser Gelegenheit Bismarck die Hand zu reichen wünschte. Windthorst war ganz bereit, ihm auf seinem schutzzöllnerischen Wege zu folgen, wenn er dagegen Konzessionen an die katholische Kirche eintauschen konnte. Seine Stellung war um so stärker, als die große Mehrheit seiner Partei schutzzöllnerisch gesonnen war, während Bennigsen mit der Opposition des freihändlerischen Flügels seiner Partei zu rechnen hatte. Zudem stellte sich seiner Verständigung mit Bismarck eine sachliche Schwierigkeit entgegen. Wenn er auch höhere Schutzzölle und indirekte Abgaben begünstigte, so konnte er doch nicht umhin, auf sogenannten »konstitutionellen Garantien« zu bestehen. Er sah voraus, daß diese neuen Zölle und Abgaben die politische Stellung des Reichstags empfindlich schwächen würde. Sie würden dem Reichsschatz so große Beträge zuführen, daß er nicht mehr auf Matrikularbeiträge angewiesen war; diese aber waren der einzige Posten im Etat gewesen, bei dem ernsthaft von einer parlamentarischen Bewilligung gesprochen werden konnte. Ähnlich mußte die Entwicklung in Preußen sein, das in Zukunft von der Notwendigkeit befreit sein würde, Matrikularbeiträge aufzubringen. Auf diese Weise würde die Regierung sowohl im Deutschen Reich wie in Preußen vom Parlament unabhängig werden. Bismarck würde in der Lage sein, ohne Rücksicht auf das Parlament zu regieren, das budget-politisch ausgeschaltet sein würde. Eine solche Lage mußte einen liberalen Führer mit den schwersten Bedenken erfüllen, auch wenn sein Liberalismus noch so gemäßigt war. Deshalb verlangte Bennigsen jene »konstitutionellen Garantien«, die dem Parlament seine budget-politische Stellung zurückgeben und sie der neuen finanziellen Lage anpassen sollten. Zu diesem Zwecke schlug er die sogenannte »Quotisierung« gewisser Steuern und Abgaben vor; das bedeutet, sie sollten künftig alljährlich vom Reichstag mit dem der jeweiligen Lage entsprechenden Betrag ins Budget eingesetzt und nicht dauernd für alle Zukunft durch Gesetz festgelegt werden.

Dieser Vorschlag hatte für Bismarck keinen Reiz. Er zog es vor, mit dem Zentrum handelseinig zu werden; denn dieses wollte sich mit Garantien begnügen, die mehr scheinbar als wirksam waren. Nach seinem Vorschlag sollte von den neuen Einnahmen des Reichs nur ein vorher festgesetzter Betrag im Reichsschatz bleiben, alles übrige aber den Einzelstaaten überwiesen werden. Auf diese Weise würde eine *künstliche Lücke* im Reichshaushalt geschaffen werden, zu deren Auffüllung wieder Matrikularbeiträge vom Reichstag bewilligt werden mußten. Äußerlich sah es so aus, als ob der Reichstag sein Budgetrecht behalten würde. Aber in der Tat war es nicht mehr als eine leere Formalität. Würde Bismarck zögern, das Geld, das ihm aus den neuen

Schutzzöllen und Abgaben auf Bier, Alkohol usw. zufloß, etwa für Militärzwecke auszugeben, wenn der Reichstag den Mut aufbringen sollte, die Matrikularbeiträge abzulehnen? Niemand bezweifelte, daß er dann wieder genauso handeln würde wie während des preußischen Verfassungskonfliktes, als er dem Abgeordnetenhaus die Worte entgegenschleuderte: »Wir werden das Geld nehmen, wo wir es finden.«

In der Tat war es Windthorst, mit dem Bismarck handelseinig wurde. Bennigsen, der bis zuletzt mit ihm verhandelt hatte, fiel aus allen Wolken, als er plötzlich erfuhr, daß Bismarck mit dem Führer des Zentrums abgeschlossen habe. Noch vor einem Jahr hätte man es für unmöglich gehalten, daß der Kanzler sich mit derjenigen Partei verbünden würde, die er eine »Breschbatterie gegen den Staat« genannt und als Reichsfeinde verdammt hatte, daß er die Hand Windthorsts ergreifen würde, den er persönlich mit der bittersten Schärfe angegriffen hatte. Jetzt aber wandte er sich ihm zu, um Bennigsen mattzusetzen, den er seinen Freund genannt und dem er noch vor anderthalb Jahren einen Ministerposten angeboten hatte.

Parteipolitisch bedeutete diese überraschende Schwenkung Bismarcks für Bennigsen allerdings eine Erleichterung. Er konnte infolgedessen noch einmal die überwältigende Mehrheit seiner Fraktion unter seiner Führung vereinigen, als er mit ihr gegen den Zolltarif stimmte. Nur etwa ein Dutzend der nationalliberalen Abgeordneten stellte die konstitutionellen Bedenken zurück hinter ihre protektionistischen Wünsche und stimmte mit Konservativen und Zentrum für die Regierung. Sie schieden infolge dieser Abstimmung aus der Partei aus. Aber der Bruch zwischen Schutzzöllnern und Freihändlern wurde, für den Augenblick wenigstens, vermieden.

Natürlich nahm Bismarck den Übergang der Nationalliberalen Partei in die Opposition nicht stillschweigend hin. Bei der ersten Lesung der Vorlage hatte er seine Angriffe auf Lasker konzentriert, weil er noch gehofft hatte, den linken Flügel von der Nationalliberalen Partei absprengen zu können. Bismarcks Rede gegen Lasker gibt seinen früheren Reden gegen Windthorst auf der Höhe des Kulturkampfes an verletzender Schärfe nichts nach; sie strotzt von persönlichen Angriffen. Man spürt ihr seine Freude an, daß er jetzt ohne jede Schonung gegen diesen Mann losziehen konnte, dessen Gewissen nicht elastisch genug war, um dem Kanzler auf allen seinen Wegen zu folgen, und der deshalb seinem Streben im Wege gestanden hatte, die Nationalliberale Partei zu einer unbedingten Regierungspartei herabzudrücken. Zwar hatte Lasker den Kanzler oft durch seinen parlamentarischen Einfluß in schwierigen Lagen und Fragen unterstützt. Davon wollte Bismarck selbstverständlich jetzt nichts mehr wissen. Dabei war Lasker nicht einmal ein unbedingter Freihändler, wie es etwa sein Freund Ludwig Bamberger war. Aber er war ein überzeugter Gegner der Getreidezölle, die er als unsozial und als eine Steuer auf das Brot des einfachen Mannes betrachtete. Die Vorwürfe, die Bismarck seinem Gegner entgegenschleuderte, sind für ihn charakteristischer als für Lasker. Er warf ihm vor, er treibe die Finanzpolitik der Besitzlosen; er verhöhnte ihn als einen derjenigen, von denen die Bibel schreibt: »*Sie säen nicht und sie ernten nicht*, sie weben nicht und sie spinnen nicht . . . diese Herren, die unsere Sonne nicht wärmt und die unser Regen nicht naß macht, wenn sie nicht zufällig ohne Regenschirm ausgegangen sind.« Was für eine wirksame Invektive, aber zugleich was für eine absurde Doktrin! Sie besagt nicht weniger, als daß bei der Wirtschaftspolitik nur diejenigen mitzureden hätten, die persönlich an ihr interessiert sind. Zu diesen persönlich Interessierten gehörte auch Bismarck. Dank der Dotationen war er ein großer Wald- und Forstbesitzer geworden, der an hohen Holzpreisen interessiert war. Das hinderte ihn nicht, bei den Verhandlungen der Zolltarifkommission über die Holzzölle persönlich zu erscheinen und für einen möglichst hohen Zoll einzutreten. Wenn jemand gewagt hätte, ihn deshalb zu kritisieren, so hätte er das vermutlich als »Doktrinarismus« beiseite geschoben. Er würde im Gegenteil behauptet haben, gerade weil er große Waldungen besitze, kenne er die Schwierigkeiten der Holzproduzenten aus eigener Erfahrung und habe deshalb um so mehr das Recht, für sie zu sprechen. Wer an einer wirtschaftlichen Frage kein persönliches Interesse hatte, war nach Bismarcks Ansicht nicht etwa besser geeignet, sie vorurteilslos zu prüfen, sondern überhaupt ungeeignet, sie zu verstehen und zu beurteilen. Das Erstaunliche ist, daß diese Betrachtungsweise nicht etwa die Schichten gegen ihn aufbrachte, die des unmittelbaren wirtschaftlichen Interesses entbehrten. Im Gegenteil, gerade unter denen, die nach seiner Ausdrucksweise »nicht säten und nicht ernteten«, besonders in den akademischen Kreisen, fand Bismarck seine begeistertsten und kritiklosesten Verehrer.

Die Nationalliberale Partei hatte es Lasker persönlich überlassen, sich gegen Bismarcks Verunglimpfungen zu wehren. Als aber Bennigsen in der zweiten Lesung namens seiner ganzen Partei gegen den Tarif sprach, fiel Bismarck über die Partei, die bisher seine wichtigste parlamentarische Stütze gewesen war, mit der gleichen Rücksichtslosigkeit und Schärfe her wie zuvor über Lasker. Er bezog sich auf eine Versammlung des Städtetages, bei der Forckenbeck zum Widerstand gegen die heraufziehende Reaktion aufgerufen hatte, und beschuldigte sie, das Reich in derselben Weise zu untergraben, wie es die Sozialdemokraten täten, und sprach von »destruktiven Kräften«. Er gab offen zu, sein Ziel sei es gewesen, die Nationalliberale Partei von den »disparaten Elementen« zu befreien, d. h. ihren linken Flügel abzusprengen; nachdem ihm das nicht gelungen sei, habe er das Vertrauen zu der Partei verloren. Seine eigene Auffassung von der Aufgabe der politischen Parteien veranschaulichte er, indem er die drei Parteien, die ihn bisher unterstützt hatten, mit drei Regimentern verglich, die sich voneinander nur durch die Farbe des Lederzeugs unterschieden. Das war deutlich genug. Denn niemand konnte zweifeln, daß als der gemeinsame Kommandeur dieser drei Regimenter niemand anders in Betracht kam als die Regierung, d. h. Bismarck selbst. Seinem Befehl hatten die Regimenter zu gehorchen. Wer das nicht tat, war der Insubordination, ja der Treulosigkeit, schuldig.

Die Lage, die Bismarcks Angriff auf seine bisherigen Freunde geschaffen, faßte Windthorst ganz zutreffend zusammen: *»Die liberale Wirtschaft hat bankrott gemacht«*, erklärte er triumphierend; er und die Seinigen ständen nun als die wahren Freunde des Reiches und der Einzelstaaten da. Es war ein vollkommener und grundsätzlicher politischer Umschwung, ausgeführt von dem Staatsmann, der vorher an der Spitze gestanden hatte und auch jetzt an der Spitze blieb.

Falk mußte jetzt natürlich zurücktreten, und zwei andere Minister gingen mit ihm. Falks Nachfolger wurde der Oberpräsident von Puttkamer, der ausgesprochene Vertreter der kulturellen und politischen Reaktion und der Sozialistenhetze.

Über Bismarcks handelspolitische Schwenkung werden Schutzzöllner und Freihändler natürlich immer verschieden denken. Aber man wird heute sagen müssen, daß die damaligen düsteren Prophezeiungen der Freihändler von der Erfahrung nicht bestätigt worden sind. Der außerordentliche und glänzende wirtschaftliche Aufschwung Deutschlands in den Jahrzehnten nach 1879 kann von keiner Seite in Zweifel gezogen werden. Aber die Frage, wie weit dieser Aufschwung eine *Folge* der *Schutzzollpolitik* war, liegt nicht ebenso einfach. Wohl kann man sagen, daß die Getreidezölle die deutsche Landwirtschaft gegen die Konkurrenz des billigen amerikanischen und russischen Getreides geschützt und sie vor dem Schicksal bewahrt haben, das die englische Landwirtschaft erlitten hat. Aber das ist doch nur eine Seite der Sache, und nicht einmal die wichtigste.

Wenn Bismarck und seine konservativen Freunde gehofft haben, daß ihre Schutzzollpolitik den vorwiegend agrarischen Charakter der deutschen Volkswirtschaft erhalten werde, so sind sie durch die tatsächliche Entwicklung vollkommen enttäuscht worden. Deutschland wurde mehr und mehr industrialisiert; es war schon zu Beginn der neunziger Jahre, wie damals der Reichskanzler Caprivi zum Ärger der Agrarier erklärte, auf dem Wege zum Industriestaat, und es ist auf diesem Wege von Jahr zu Jahr weiter fortgeschritten. Diese Entwicklung hatte ihre unausweichlichen Konsequenzen, insbesondere das Anwachsen des industriellen Proletariats und damit der Arbeiterbewegung. Bei der Lage der Dinge in Deutschland mußte diese Entwicklung sozialistisch sein. Der Erfolg des Sozialistengesetzes von 1878 wurde mehr als aufgehoben durch die Wirkungen der Schutzzollpolitik von 1879.

Das trat um so deutlicher in Erscheinung, als die neue Handelspolitik aufgebaut war auf dem Getreidezoll. Nur dadurch war der Sieg des Schutzzolls möglich geworden, daß die Agrarier sich mit den am

Schutzzoll interessierten Industriellen verbündet hatten. In dem Getreidezoll aber sah der Arbeiter eine Besteuerung seines täglichen Brotes. Das verschärfte seine Abneigung gegen den Staat, der zur gleichen Zeit seine Organisation zerstörte und ihn des freien Worts beraubte.

Die landwirtschaftlichen Zölle hatten noch eine weitere politische Wirkung, die nicht minder wichtig war. Die Klasse, die am meisten von ihnen profitierte, war die der Großgrundbesitzer. Ob und wie weit die mittleren Landwirte aus ihnen Nutzen zogen, war immer streitig. Darüber aber konnte kein Zweifel sein, daß der größte Teil des Zollsegens in die Tasche der Korn bauenden Großgrundbesitzer floß. Dazu kam, daß auch die Besteuerung des für den landwirtschaftlichen Großbetrieb wichtigen Branntweins von der Gesetzgebung in einer Weise geordnet wurde, die ebenfalls das Interesse der Großgrundbesitzer vorzugsweise berücksichtigte (sog. Liebesgabe für Branntweinbrenner). Nun waren aber die zahlreichsten und politisch wichtigsten Mitglieder dieser Klasse die *preußischen Junker*, deren Güter dem Land östlich der Elbe das charakteristische Gepräge gaben. Der agrarische Protektionismus und die agrarische Ordnung der Steuern erwiesen sich als die wirtschaftliche Rettung der preußischen Junker. Ohne diese staatliche Hilfe wären viele von ihnen gezwungen gewesen, ihr Land aufzuteilen, und Bauern hätten sich auf einem großen Teil des Bodens ansiedeln können, der dank dieser Gesetzgebung in den Händen der Junker und Großgrundbesitzer verblieb und nur von ihren Familien und Arbeitern bewohnt wurde. Auf diese Weise rettete der Protektionismus nicht nur die wirtschaftliche Existenz, sondern auch die *politische Herrschaft* der preußischen Junker. Zwischen ihnen auf der einen Seite und der aufsteigenden sozialistischen Bewegung auf der anderen wurde der bürgerliche Liberalismus zerrieben.

Aber die politischen Wirkungen greifen noch weiter. Die Schutzzollpolitik förderte und stärkte in Deutschland den Nationalismus. Ihr Schlagwort war »Schutz der nationalen Arbeit«, während dem Freihandel vorgeworfen wurde, daß er des nationalen Sinnes entbehre, eine internationale, ja eine englische Erfindung zur Ausbeutung des europäischen Kontinents sei. Zwar kann man von den meisten deutschen Freihändlern kaum sagen, daß sie Friedensapostel im Stil der großen englischen Freihändler Cobden und John Bright gewesen seien. Aber auch sie hofften, daß der freie Austausch der Güter unter den Völkern zum besseren gegenseitigen Verständnis und damit zur Verminderung der nationalen Gegensätze und zu friedlicher Verständigung führen werde. Es ist kein Zufall, daß die nationalistische und antisemitische Bewegung an den deutschen Universitäten begann, nachdem Bismarck dem Schutzzoll zum Siege verholfen und mit dem Liberalismus gebrochen hatte. Treitschke, der gewaltigste und bedeutendste Herold dieser Bewegung, hatte im Reichstag noch gegen die Getreidezölle gesprochen, aber nichtsdestoweniger nachher für den gesamten Zolltarif einschließlich der Getreidezölle gestimmt. Er trennte sich von der Nationalliberalen Partei, als sie den Zolltarif ablehnte, und verglich bei der Verteidigung von Bismarcks Abkommen mit dem Zentrum in seiner pathetischen Weise die Stellung des Kanzlers mit derjenigen des Königs Wilhelm III. von England, der gesagt hatte: »Heute, da ich lebe, lästern sie mich; wenn ich einmal gestorben bin, werden sie versuchen, mich mit den Fingernägeln aus meinem Grabe zu scharren.«

Bismarck hatte seinen protektionistischen Feldzug mit dem Ziel begonnen, das Reich von den Einzelstaaten dadurch *finanziell unabhängig* zu machen, daß er die Matrikularbeiträge beseitigte. Dies Ziel hat er nicht in vollem Umfange erreicht. Im Gegenteil, dadurch, daß er Windthorsts Vorschläge annahm, stärkte er die partikularistische und schwächte er die unitarische Strömung. Mit vollem Recht sagte Lasker, daß die Argumente, durch welche Bismarck seine Abmachungen mit dem Zentrum rechtfertigte, in vollem Widerspruch zu denen ständen, mit denen er früher für seine großen Ziele gekämpft hatte.

Vielleicht die wichtigste Konsequenz von Bismarcks Schwenkung war die grundsätzliche Wandlung des Geistes der deutschen Politik. Anstelle des Kampfes der *Ideale und Prinzipien* trat der Kampf der *wirtschaftlichen Interessen*. Parteien, die sich auf dem Bekenntnis zu gemeinsamen Idealen aufbauten, waren der Gefahr ausgesetzt, durch wirtschaftliche Interessen auseinandergesprengt zu werden. Ja, das Bekenntnis zu Prinzipien wurde als »Doktrinarismus« verlacht, während die Benutzung politischer Positionen zur Erlangung wirtschaftlicher Vorteile als »Realpolitik« gepriesen wurde. Bismarck hat persönlich das Signal zu dieser Bewegung gegeben durch seinen Aufruf an die Agrarier, »sich zu rühren, sich zu vereinigen« und Anträge auf Erhöhung der Getreidezölle zu stellen, durch seinen allumfassenden Zolltarif, der eine ständige Aufforderung an jede Interessengruppe war, für eine Erhöhung des sie begünstigenden Zolls zu agitieren, und durch seine Diatribe gegen Lasker und die Männer, die »nicht säen und nicht ernten«.

Das erste Opfer dieser Strömung wurde die *Nationalliberale Partei.* Während der Zolltarifdebatte hatte Bennigsen im Reichstag ausgeführt, daß der Freihandel kein notwendiger Bestandteil des liberalen Programms sei. Darin hatte er recht. In vielen Ländern gibt es Parteien, die politisch liberal und wirtschaftspolitisch protektionistisch sind. Auch Friedrich List, der Verfasser des »Nationalen Systems der Politischen Ökonomie«, der erste grundsätzliche Apostel des Schutzzolls in Deutschland, war politisch liberal. Aber so richtig das ist, so verfehlt war es, zu glauben, daß deswegen Freihändler und Schutzzöllner einträchtig in ein und derselben politischen Partei zusammenarbeiten könnten. In einer Zeit, in welcher die Handelspolitik im Mittelpunkt der politischen Kämpfe steht, kann eine Partei nicht auf die

Dauer zwei Flügel umfassen, die in dieser zentralen Frage entgegengesetzte Anschauungen vertreten. Das gilt besonders von der Frage der Getreidezölle. Die Frage, ob das tägliche Brot zugunsten der Grundbesitzer besteuert werden soll, ist und wird immer eine politische Frage ersten Ranges sein. Ein Mann wie Lasker, der keineswegs ein grundsätzlicher Freihändler war, konnte nicht auf die Dauer einer Partei angehören, deren Mehrheit für Kornzölle eintrat.

Es waren freilich nicht nur die Wirtschaftsfragen, welche die Einheit der Partei zerstörten. Zahlreiche Nationalliberale konnten sich nicht mit den Zugeständnissen an die katholische Kirche abfinden, welche Bismarck jetzt durchzusetzen versuchte und für die der rechte Flügel der Fraktion im Abgeordnetenhaus, wenn auch sehr widerwillig, stimmte. Aber über alle diese Einzeldifferenzen hinaus mußte die Partei unter dem Dilemma leiden, vor das Bismarck selbst sie stellte. Seine Schwenkung zeigte deutlich die *tiefe Kluft*, die seine Anschauung von der liberalen trennte. Damit war das *Fundament der Partei zerstört*, die sich zum Ziel gesetzt hatte, die Treue gegenüber ihren liberalen Grundsätzen mit der Unterstützung Bismarcks zu vereinigen.

Der Bruch trat im Sommer 1880 ein. Viele der hervorragendsten nationalliberalen Parlamentarier, wie Forckenbeck, Stauffenberg, Bamberger und Lasker, erklärten ihren *Austritt aus der Partei.* Sie bildeten eine neue parlamentarische Gruppe, die im politischen Jargon den Namen »die Sezessionisten« erhielt. Die Gründe der Trennung setzte Ludwig Bamberger in einer Broschüre »Die Sezession« auseinander, einer der wenigen deutschen politischen Flugschriften, die noch nach vielen Jahren lesenswert sind. Einer ihrer eifrigsten Leser war der Reichskanzler selbst. Wir kennen die kritischen und zum Teil leidenschaftlichen Bemerkungen, mit denen sein großer Bleistift den Rand der Broschüre bedeckte. Sie sind zum großen Teil höchst charakteristisch für seine Denkart.

Bismarck hatte jetzt das Ziel erreicht, das er sich so lange gesetzt hatte. Der linke Flügel der Nationalliberalen Partei war ausgeschieden. Aber eine schwere Enttäuschung erwartete ihn, als 1881 ein neuer Reichstag gewählt wurde. Die Sezessionisten eroberten ebensoviel Sitze wie die Nationalliberalen, ungefähr 50, während die Fortschrittspartei, die Bismarck in seinen Reden kurzab als die Wurzel alles Übels verdammt hatte, es sogar auf 60 brachte. Die Nationalliberale Partei hatte aufgehört, eine große Partei zu sein. Sie war auch nicht mehr imstande, zusammen mit den beiden konservativen Parteien eine parlamentarische Mehrheit zu bilden. Die drei Regimenter, von denen Bismarck in der Zolldebatte gesprochen hatte und die seine parlamentarische Armee bilden sollten, waren herabgesunken zu einer Minderheit, die nur noch ein Drittel des Reichstags umfaßte.

Dem Zerfall seiner Partei drückte der *Rücktritt Bennigsens* im Juni 1883 das Siegel auf. Er legte seine Mandate zum Reichstag und zum preußischen Abgeordnetenhaus nieder, enttäuscht über die Haltung des deutschen Volkes und des deutschen Reichskanzlers. Er hatte sich schließlich der Einsicht nicht entziehen können, daß für einen Politiker, der sich auch nur einen Rest seiner Unabhängigkeit bewahren wollte, die Zusammenarbeit mit Bismarck auf die Dauer unmöglich war.

10. Das Bündnis mit der Habsburg-Monarchie

Den Beziehungen zwischen Deutschland und Rußland war der Berliner Kongreß nicht gut bekommen. Bei den Russen, den Zaren nicht ausgeschlossen, herrschte die Empfindung vor, daß der Kongreß sie der Früchte ihres Sieges über die Türkei beraubt habe, und da Bismarck der einflußreiche Präsident des Kongresses gewesen war, maßen sie ihm die Hauptschuld bei. Zudem war Gortschakow persönlich in Berlin schlecht behandelt worden. Bismarck hatte ihm seinen Kollegen, den zweiten russischen Delegierten Graf Peter Schuwalow, offensichtlich vorgezogen. In ihm hatte er bereits den Nachfolger des hochbetagten Gortschakow gesehen. Es war daher nicht zu verwundern, daß dieser sich alle Mühe gab, den Zaren gegen seinen Rivalen einzunehmen. Das gelang ihm auch. Schuwalow fiel in Ungnade. Er wurde ein Jahr später von seinem Botschafterposten abberufen und kaltgestellt. Viele Russen meinten, daß er sich von Bismarck habe hinters Licht führen lassen, und dieser Eindruck wurde nur dadurch verstärkt, daß Schuwalow beteuerte, Bismarck habe sich auf dem Kongreß nach Kräften für Rußlands Interessen eingesetzt. Und doch war dies tatsächlich der Fall gewesen. Nicht Bismarck war für den geringen Ertrag verantwortlich, mit dem Rußland sich hatte begnügen müssen, sondern die gesamte internationale Lage.

Aber diese Auseinandersetzungen blieben in Wahrheit an der Oberfläche. Der wirkliche Grund für die Enttäuschung der Russen war, daß sie seit 1870 auf die Dankbarkeit Deutschlands für ihre Haltung im französischen Krieg gerechnet hatten, und daß die deutsche Hilfe ausblieb, als Rußland in Schwierigkeiten geriet. So dachte besonders der Zar persönlich. Alexander war sich bewußt, seinem Onkel Wilhelm damals außerordentlich wertvolle Dienste geleistet zu haben, und er glaubte auf die Dankbarkeit zählen zu dürfen, die dieser ihm so nachdrücklich und laut ausgesprochen hatte (S. 179). Es ist deshalb wohl zu verstehen, daß die Stimmung in Petersburg durchaus nicht freundlich war, als diese Dankbarkeit in kritischer Stunde nicht in Erscheinung trat.

Diese Stimmung verschärfte sich noch, als bekannt wurde, daß Bismarck mit dem Kaiser Franz Joseph einen Vertrag abgeschlossen hatte, der den *Artikel 5 des Prager Friedens von 1866* außer Kraft setzte. Dieser Artikel hatte den Bewohnern von Nordschleswig das Recht gegeben, durch eine freie Abstimmung zu entscheiden, ob sie zu Preußen oder zu Dänemark gehören wollten. Seitdem waren zwölf Jahre verflossen, aber die Abstimmung hatte niemals stattgefunden. Und nun wurde diese Bestimmung einfach gestrichen. Das war nach der russischen Auffassung die Belohnung für die Hilfe, die Bismarck Österreich-Ungarn auf dem Kongreß geleistet hatte, und die russische Presse prägte das sarkastische Schlagwort: »Der ehrliche Makler hat sich eine schöne Courtage bezahlen lassen.« Dieser Schachzug Bismarcks mußte besonders den Zaren Alexander II. kränken. Bei seinem ersten Zusammentreffen mit dem deutschen Reichskanzler nach dem Krieg von 1870/71 hatte er ihm gesagt, die deutsche Regierung könne ihm den Dank, den sie ihm für seine wohlwollende Haltung während des Krieges schulde, durch eine Grenzregulierung in Nordschleswig, d. h. eben durch die Ausführung des Artikels 5 des Prager Friedens, abstatten. Bei diesem Vorschlag hatte der Zar das Bewußtsein haben können, nichts Egoistisches zu fordern und um so eher auf Erfüllung rechnen zu dürfen. Statt dessen mußte er nun erleben, daß Bismarck sich dieser Verpflichtung vollständig entledigte, und zwar, wie er nicht umhin konnte, es auszulegen: auf Kosten Rußlands.

Noch mehr brachte den Zaren die Haltung der deutschen Delegierten in den zur Ausführung des Berliner Vertrages eingesetzten internationalen Kommissionen auf. Er glaubte feststellen zu müssen, daß diese sich bei den Abstimmungen niemals auf die russische Seite stellten, und er hatte Bismarck im Verdacht, daß er dies so angeordnet habe. Dann benutzte Bismarck den Ausbruch einer Epidemie in Rußland dazu, um die Einfuhr russischen Viehs und Fleisches nach Deutschland zu verbieten. Darin sah die russische Regierung eine Provokation und eine Schikane.

Die Verstimmung des Zaren kam zu deutlichem Ausdruck in einer Unterredung mit dem deutschen Botschafter, General Schweinitz, der selbst ein aufrichtiger Anhänger der Freundschaft zwischen den beiden Kaiserreichen war. Alexander warf Deutschland vor, daß es sich immer auf die Seite Österreich-Ungarns stelle, und forderte Schweinitz auf, das zu ändern, wenn ihm an der Erhaltung der Freundschaft gelegen sei, die beide Länder ein Jahrhundert lang verbunden habe. Er verwies auf die Sprache der deutschen Presse und sagte: *»Cela finira d'une manière sérieuse.«* Schweinitz suchte den peinlichen Eindruck dieser Worte dadurch zu mildern, daß er in seinem Bericht hervorhob, der Zar habe sie in einem milden, durchaus nicht in einem drohenden Ton gesprochen. Aber das hinderte Bismarck nicht, sie als eine Drohung aufzufassen, für die es nur eine Antwort gab: eine Neuorientierung der deutschen Politik gegenüber Rußland.

Noch Schlimmeres folgte! Der Zar erregte sich so sehr über die Haltung der deutschen Delegierten, daß er am 15. August 1879 einen persönlichen *Brief an den deutschen Kaiser* schrieb, in dem er seinem Herzen Luft machte. Dabei war er so unvorsichtig, auf Bismarcks persönliche Abneigung gegen Gortschakow anzuspielen und sie mit seiner politischen Haltung in Verbindung zu bringen. Nichts konnte einen Mann von der Natur Bismarcks empfindlicher kränken. Zudem schrieb der Zar in diesem Brief von den *»craintes qui me préoccupent et dont les conséquences pourraient devenir désastreuses pour nos deux pays«*. Bismarck bemächtigte sich sofort dieses Satzes und schrieb aus Gastein, wo er diesen Brief las, an seinen Kaiser, solche Worte würden als der *Vorläufer einer Kriegserklärung* aufgefaßt werden, wenn man in der Öffentlichkeit von diesem Briefe erfahren sollte. Er gab dem Brief die denkbar bedrohlichste Auslegung und stellte ihn dem Kaiser als den Ausfluß von Machinationen des russischen Kriegsministers, eines Deutschenfeindes, dar. Nachdrücklich warnte er seinen Herrn, er solle den russischen Wünschen unter keinen Umständen entgegenkommen; vielmehr solle er sie beantworten durch eine intimere Verbindung mit den beiden Rivalen Rußlands, *Österreich-Ungarn und Großbritannien*. Aber er begnügte sich nicht damit, dem Kaiser diese Politik zu empfehlen. Er teilte ihm gleichzeitig mit, daß er den Auswärtigen Minister der Habsburg-Monarchie, den Grafen Andrassy, in Gastein erwarte, und daß er selbst auf dem Heimweg einen Abstecher nach Wien machen werde. Der Kaiser verstand das ganz richtig dahin, daß Bismarck vorhabe, *mit Andrassy einen Bündnisvertrag abzuschließen*. Er war aufs äußerste bestürzt und schrieb an den Rand von Bismarcks Brief: »*Auf keinen Fall*, weil Rußland dies sofort als eine *Rupture* mit sich annehmen muß.«

Wilhelm war ganz entschieden gegen den neuen Kurs seines Reichskanzlers. Die Freundschaft mit Rußland war für ihn ein heiliges Vermächtnis seines Vaters aus der Zeit der Befreiungskriege gegen Napoleon. Den Zaren, seinen Neffen, betrachtete er als seinen besten Freund. Undenkbar erschien ihm ein Bruch mit diesem. Zum ersten Male seit 1862 suchte er sich der Leitung Bismarcks zu entziehen. Er bemühte sich seinerseits, das Mißverständnis – denn mehr war es in seinen Augen nicht – aufzuklären, und sandte als seinen Vertrauensmann den Feldmarschall Edwin von Manteuffel nach Petersburg, der dort schon zuvor einmal als sein Friedensbote gewirkt hatte. Das Ergebnis dieser Mission war eine Einladung des Zaren an den deutschen Kaiser, sich mit ihm in Alexandrovo, der nächsten russischen Station an der deutschen Grenze, zu treffen. Trotz eines Protesttelegramms des Reichskanzlers nahm Wilhelm diese Einladung sofort an.

Beide Kaiser taten in Alexandrovo ihr Bestes, um die alte Freundschaft wieder neu zu knüpfen. Alexander ging sogar so weit, sein tiefes *Bedauern über seinen Brief* auszusprechen und für ihn die volle Verantwortung zu übernehmen. Hochbeglückt kehrte der alte Wilhelm heim, fest überzeugt, daß sich nun alles wieder zum Guten wenden werde. Aber der Brief des Zaren war ja nicht, wie Wilhelm in seiner Naivität glaubte, der wirkliche Grund für Bismarcks Schwenkung, sondern nur der Vorwand, den er dazu ausnutzen wollte, den

Kaiser seiner Politik gefügig zu machen. Bismarcks Entschluß war schon gefaßt gewesen, ehe dieser Brief geschrieben wurde. Das geht aus einigen Bemerkungen hervor, die er zu Schweinitz und zum französischen Botschafter machte. Er schritt jetzt auf dem einmal eingeschlagenen Wege fort, als ob das Zusammentreffen in Alexandrovo niemals stattgefunden hätte. Er übte nicht einmal die Rücksicht, den Kaiser persönlich aufzusuchen und die Sache mit ihm durchzubesprechen. Im Gegenteil, er ging geflissentlich jeder persönlichen Berührung aus dem Wege und stellte den Kaiser dauernd vor vollendete Tatsachen, mit denen dieser sich schließlich notgedrungen abfinden mußte. In Gastein hatte er eine Aussprache mit Andrassy, dann begab er sich nach Wien, um die Verhandlungen abzuschließen.

Was Bismarck dem Grafen Andrassy vorschlug, war ein Bündnisvertrag zwischen dem Deutschen Reich und der österreichisch-ungarischen Monarchie, der den Volksvertretungen beider Reiche vorgelegt werden sollte und nur mit deren Zustimmung wieder aufgehoben werden konnte. Der Inhalt seines Vorschlags war, daß jeder Bundesgenosse sich verpflichten sollte, dem anderen gegen jede dritte Macht beizustehen, die ihn etwa angreifen sollte. So weit wollte Andrassy jedoch nicht gehen. Er war zwar für ein Bündnis, aber er lehnte es ab, den Vertrag dem Parlament vorzulegen, offenbar weil er den Widerstand der nichtdeutschen Nationalitäten Österreichs fürchtete. Ebensowenig wollte er sich zu einem Bündnis verstehen, das die Habsburgmonarchie verpflichtet hätte, gegen Frankreich zu kämpfen, mit dem sie keinerlei Differenzen hatte. Er war nur bereit, ein Bündnis abzuschließen, das sich ausschließlich gegen Rußland richtete. Beide Einschränkungen setzten in Bismarcks Augen den Wert der Allianz erheblich herab. Trotzdem war er bereit, Andrassys Vorschlag anzunehmen. Für Kaiser Wilhelm war ein Bündnis, das sich nicht auf einen Krieg zwischen Deutschland und Frankreich erstreckte, natürlich noch weniger annehmbar, und ein Bündnis, das sich gar ausschließlich gegen Rußland richtete, nicht viel weniger als ein Verrat. Er setzte sich daher mit dem ganzen Rest von Energie zur Wehr, der ihm in seinem hohen Alter noch geblieben war. Bismarck verteidigte seine Politik in mehreren Denkschriften, die wahre Meisterstücke politischer Argumentation sind. Dem kritischen Leser kann aber nicht entgehen, daß ihre Argumente nur nachträglich einen Entschluß rechtfertigen, den der Kanzler schon vorher gefaßt hatte. Es war einer der Fälle, in dem sein Wille entschieden hatte. Er war entschlossen, mit Österreich zu einem Bündnis zu kommen, und er war unerreicht in der Kunst, durchschlagende Gründe für eine Entscheidung beizubringen, zu der sein Wille sich entschlossen hatte.

Schließlich gab Wilhelm nach. Nicht weil er durch Bismarcks Argumente überzeugt war, sondern weil dieser mit seinem Rücktritt drohte, falls der sich sich weigern sollte, den Vertrag zu genehmigen. Zuerst hatte Wilhelm erklärt, er werde lieber abdanken, als eine Allianz gegen Rußland gutzuheißen. Aber was konnte er durch eine Abdankung erreichen? Der Kronprinz, der ihm auf dem Throne gefolgt wäre, war durchaus bereit, das Bündnis mit Österreich abzuschließen. So unterwarf Wilhelm sich denn am Ende dem eisernen Willen seines Kanzlers und unterzeichnete am 5. Oktober 1879 die Vollmacht zum Abschluß des Vertrages. Aber er fügte die Worte hinzu: »Die, welche mich zu diesem Schritt veranlaßt haben, werden es dereinst dort oben zu verantworten haben.« Und dem Staatssekretär von Bülow, der in diesem Fall Bismarcks Politik einigermaßen kritisch gegenüberstand, schrieb er gleichzeitig: »Meine ganze moralische Kraft ist gebrochen.«

So hatte denn Bismarck seinen Plan soweit durchgesetzt, als er das Bündnis mit Österreich betraf. Aber sein ursprüngliches Programm hatte noch einen zweiten Punkt umfaßt: die *Verständigung mit Großbritannien.* Er hatte auch tatsächlich Verhandlungen mit dem englischen Premierminister Lord Beaconsfield begonnen; aber sie nahmen einen sehr merkwürdigen Verlauf. Am 16. September beauftragte der Reichskanzler den deutschen Botschafter in London, Graf Münster, nach Möglichkeit von Lord Beaconsfield zu ermitteln, »welches die Politik Englands sein würde, wenn wir mit Rußland in ein Zerwürfnis geraten sollten«. Münster besuchte Beaconsfield am 26. September auf seinem Landsitz Hughenden. Über diese Unterredung liegen die Berichte beider Teilnehmer vor. Sie weichen in Einzelheiten voneinander ab, doch kann nach Prüfung beider Berichte kaum ein Zweifel darüber sein, daß derjenige des englischen Premierministers an seine Königin der zuverlässigere ist. Nach diesem Bericht hat Münster ihm gesagt, Bismarck schlage eine Allianz zwischen Deutschland, Österreich-Ungarn und Großbritannien vor. Darauf habe er, Beaconsfield, erwidert, er sei durchaus bereit, auf diesen Vorschlag einzugehen. Nach Münsters Bericht wäre der Allianzvorschlag von Beaconsfield ausgegangen, aber beide Berichte stimmen darin überein, daß Beaconsfield sich bereit erklärt hat, eine Allianz mit dem Deutschen Reich und Österreich-Ungarn abzuschließen. Der Botschafter telegraphierte sofort nach der Unterredung an den Kanzler, daß ihr Verlauf ihn in jeder Beziehung befriedigen werde.

Aber Bismarck nahm seinen Bericht tatsächlich völlig anders auf, als es Münster erwartet hatte. Am 8. Oktober teilte er dem Botschafter mit, er sei vom Gang der Unterredung nicht befriedigt; denn Beaconsfield habe seine Frage, was England tun werde, »wenn wir mit Rußland wegen der Orientfrage in Händel geraten«, nicht in vollem Umfang beantwortet. Ja, er *verbot* Münster, die *Verhandlungen fortzusetzen.*

Bismarcks Einwendung läßt sich mit Münsters Bericht über die Erklärung von Beaconsfield ganz und gar nicht zusammenreimen. Denn durch das Angebot seiner Allianz hatte Beaconsfield die Frage des deutschen Reichskanzlers auf das allerbefriedigendste beantwortet; darauf hatte Münster auch ganz zutreffend hingewiesen. Aber selbst wenn man annehmen wollte, daß Bismarck von dieser Antwort nicht befriedigt war, so wäre doch die einzige logische Schlußfolgerung sein Auftrag an den Botschafter gewesen, die Frage noch klarer zu formulieren und eine noch klarere Antwort zu erzielen, aber sicherlich nicht der Befehl, die Verhandlungen abzubrechen. Bismarcks Verhalten müßte als völlig unverständlich bezeichnet werden, wenn wir seine Erklärungen als den Ausdruck seiner wahren Auffassung ansehen würden. Sein Verhalten wird vielmehr erst verständlich durch die Annahme, daß er zwischen dem 16. September, als er Münster den Auftrag zu den Verhandlungen gab, und dem 8. Oktober, als er ihre Fortsetzung verbot, seine Politik geändert hat. Was hatte sich denn in der Zwischenzeit ereignet? Am 7. Oktober, am Tage, bevor Bismarck seinen Gegenbefehl nach London sandte, war der deutsch-österreichische Bündnisvertrag unterzeichnet worden. Wenn die Verständigung mit Großbritannien für Bismarck nur ein Hilfsmittel war, um zu diesem Bündnis zu kommen, so mochten in der Tat weitere Verhandlungen mit London überflüssig geworden sein. Aber das war nicht der ursprüngliche Plan Bismarcks gewesen. Dieser hatte vielmehr eine Verständigung mit England *neben* dem Bündnis mit Österreich-Ungarn umfaßt. Warum ließ er sie jetzt plötzlich fallen?

Wir können den entscheidenden Faktor nur darin sehen, daß in der Zwischenzeit ein *neuer russischer Schritt* bei Bismarck erfolgt war. Am 28. September, also zwei Tage nach Münsters Unterredung mit Beaconsfield, empfing Bismarck den Besuch zweier russischer Diplomaten. Der eine war der Botschafter in Paris, Fürst Orlow, der Witwer von Bismarcks einstiger Freundin, Katharina Orlow (S. 50). Als einem alten Freunde vertraute Bismarck ihm an, nicht nur Kaiser Wilhelm, sondern auch Kaiser Franz Joseph wünschten dringend die Fortsetzung der Freundschaft mit Rußland.

Wichtiger noch war seine Aussprache mit dem russischen Botschafter in Konstantinopel, Saburow; denn mit diesem hatte er im Sommer in Kissingen vor dem Zwischenfall mit dem Zarenbrief eingehende Unterhaltungen geführt. Dabei hatte Saburow sich als unbedingter Parteigänger der Freundschaft mit Deutschland ausgesprochen; sie allein bilde eine gute und sichere Grundlage für die russische Politik. Bismarck hatte seinerseits keinen Hehl aus seinen Beschwerden über den russischen Hof gemacht. Saburow fuhr von Kissingen nach Rußland und legte dem Zaren in einer umfangreichen Denkschrift seine Ansichten vor, um anschließend in des Zaren Sommerresidenz Livadia mit ihm eine eingehende Aussprache zu pflegen. Von hier brachte er nach Berlin die Nachricht, der Zar habe seiner Auffassung über die Lage zugestimmt und ihn beauftragt, Bismarck seiner guten und freundschaftlichen Absichten zu versichern. Im Namen des Zaren gab Saburow jetzt dem Reichskanzler die Zusicherung, daß die künftige russische Politik nur defensiv sein und kein anderes Ziel haben werde als die Ausführung des Berliner Vertrages. So befriedigt war Bismarck von seiner Aussprache mit Saburow, daß er nach ihrer Beendigung sofort einen Entwurf zu Papier brachte, welcher die Grundsätze für eine *neue Verständigung mit Rußland* skizzierte. Der erste Satz dieses Entwurfes sprach die Verpflichtung des Deutschen Reiches aus, in einem *Krieg zwischen England und Rußland neutral* zu bleiben. Mit einem deutsch-österreichischen Bündnis, dessen Zustandekommen Saburow als unzweifelhaft ansah, hätte sich ein solcher Vertrag zur Not vereinbaren lassen. Aber mit einer deutsch-englischen Allianz wäre er natürlich völlig unvereinbar gewesen.

Vielleicht noch deutlicher können wir den Eindruck, den die Aussprache mit Saburow auf Bismarck machte, aus einem Brief ersehen, den er am nächsten Tag, am 29. September, an Andrassy schrieb. Mitteilungen, die er direkt vom Zarenhofe erhalten habe – d. h. also die Mitteilungen Saburows –, hätten ihm »den Beweis geliefert, wie richtig die zwischen uns vereinbarte Politik wirkt«. Der Zar nehme ein deutsch-österreichisches Bündnis mit voller Ruhe als ein fait accompli hin und steuere auf eine Wiedererneuerung des Drei-Kaiser-Bündnisses zu. Indem er sich diese Politik zu eigen machte, gab Bismarck den Gedanken eines Bündnisses mit England implicite auf. Das ist der wahre Grund für den Abbruch der Verhandlungen mit Beaconsfield, nicht dessen angeblich unbefriedigende Antwort.

Das Ergebnis der Diplomatie Bismarcks im Jahre 1879 ist also ein zweifaches: positiv der Abschluß des Bündnisses mit Österreich, negativ die Ablehnung eines Bündnisses mit England. Beide Entscheidungen haben die Geschichte Europas für Jahrzehnte hinaus grundlegend beeinflußt. Das Bündnis des Deutschen Reiches mit der Habsburg-Monarchie – 1882 erweitert, aber nicht gestärkt, durch das Bündnis mit Italien – wurde die Grundlage der deutschen auswärtigen Politik bis zum Ersten Weltkrieg. Die Ablehnung der Verhandlungen über ein Bündnis mit England in demjenigen Zeitpunkt, in dem es vielleicht am ehesten erreichbar gewesen wäre, führte in der weiteren Entwicklung zu einer so völligen Trennung beider Reiche, daß das britische sich schließlich mit Frankreich und Rußland gegen Deutschland zusammenschloß. Damit soll nicht gesagt werden, daß diese Entwicklung das unvermeidliche und logisch notwendige Ergebnis von Bismarcks Weigerung gewesen sei. Aber das darf man wohl sagen, daß sie verhindert worden wäre, wenn Bismarck im Oktober 1879 eine andere Haltung eingenommen hätte. Natürlich kann niemand mit Sicherheit behaupten, daß es tatsächlich zu einem Bündnis gekommen wäre, wenn Bismarck die Verhandlungen mit dem englischen Premierminister fortgesetzt hätte; denn weder die Königin noch der Auswärtige Minister, Lord Salisbury, waren von Beaconsfields Eröffnungen an Münster sonderlich begeistert. Ebensowenig aber kann man behaupten, daß Beaconsfield nicht imstande gewesen wäre, seine Politik durchzusetzen, wenn sie die Zustimmung Bismarcks gefunden hätte. Aber das ist wohl außer Streit, daß die ganze europäische Geschichte des 20. Jahrhunderts anders verlaufen wäre, wenn es 1879 zu dieser Allianz gekommen wäre.

Es war einer der obersten Gesichtspunkte der Politik Bismarcks, nicht in die Zwangslage gebracht zu werden, zwischen den beiden östlichen Nachbarn, Österreich-Ungarn und Rußland, wählen oder wie er es nannte »optieren« zu müssen. Hatte er jetzt trotzdem diese »Option« vollzogen? Das war der allgemeine Eindruck. Aber er ist nicht richtig. In Wahrheit hatte er die Option zwischen Österreich und Rußland wieder vermieden. Was er tatsächlich getan hatte, war, daß er zwischen Rußland und Großbritannien optiert hatte, und zwar zugunsten Rußlands. Wohl hatte er Österreich-Ungarn durch den Abschluß des Bündnisvertrages enger an sich herangezogen, aber zur gleichen Zeit hatte er es fertiggebracht, sich den Weg nach Petersburg offenzuhalten. Es gelang ihm auch einige Jahre später, 1881, eine neue Liga der drei Kaiser von Deutschland, Österreich und Rußland zustande zu bringen. Sie wurde im Jahre 1884 erneuert, erlosch aber – wie noch zu berichten sein wird – im Jahre 1887 infolge der schweren Gegensätze zwischen Österreich und Rußland in der Orientpolitik.

Wir stehen daher vor der Frage: War Bismarcks Politik im Jahre 1879 staatsmännisch klug und richtig? Hatte er recht, sich Österreich-Ungarn zum Verbündeten zu wählen, aber eine Verständigung mit Großbritannien zu vermeiden, um die Brücken nach Rußland nicht abbrechen zu müssen? Die Kombination Deutschland-Österreich-Rußland konnte nur eine vorübergehende sein, weil die entgegengesetzten Interessen der beiden letztgenannten Staaten im Orient ein dauerndes Bündnis unmöglich machten. Andererseits waren im Jahre 1879 keine unüberwindlichen Interessengegensätze zwischen Großbritannien einerseits und Deutschland und Österreich-Ungarn andererseits ersichtlich. Weder hatte das Deutsche Reich eine Flotte, die mit der englischen in Wettbewerb treten konnte, noch betrieb es eine Kolonialpolitik, und beides entsprach durchaus der damaligen Auffassung des Reichskanzlers. Wenn in dieser Lage ein Dreibund Deutschland-Österreich-England zustande gekommen wäre, so ist es zum mindesten möglich und denkbar, daß er längere Dauer gehabt und den Frieden Europas erhalten hätte.

Angesichts dieser weltgeschichtlichen Tragweite von Bismarcks damaliger Entscheidung ist die Frage um so dringlicher, welche Motive und Erwägungen ihn dazu geführt haben mögen. Die Antwort müssen wir dem 29. Kapitel seiner »Gedanken und Erinnerungen«, das den Titel »Der Dreibund« führt, entnehmen. In den Anfangssätzen dieses Kapitels bekennt Bismarck sich zu der Befürchtung, daß früher oder später zwischen den beiden europäischen Richtungen, die er als »das System der Ordnung auf monarchischer Grundlage« und als »die soziale Republik« bezeichnet, ein Kampf unvermeidlich sei. Dem ersten System rechnet er mit Sicherheit nur die drei Kaiserreiche Deutschland, Österreich-Ungarn und Rußland und unter gewissen Bedingungen noch das Königreich Italien zu. England schließt er aus, weil »die englische Verfassung Bündnisse von gesicherter Dauer nicht zuläßt«. Andererseits schiebt er die praktischen Schwierigkeiten, die einer Zusammenarbeit der beiden östlichen Kaiserreiche infolge ihrer Differenzen auf dem Balkan entgegenstehen, mit der Bemerkung beiseite, die Erhaltung des monarchischen Systems sei eine Aufgabe, die ihnen »näherliegen sollte, als die Rivalität um den Einfluß auf die nationalen Fragmente, welche die Balkanhalbinsel bevölkern«.

Wer diese Sätze des großen Staatsmanns heute liest, ist geradezu überwältigt durch ihren Widerspruch mit den wirklichen Tatsachen. Was würde Bismarck heute sagen, wenn er sehen müßte, daß es in keinem der Staaten, die er als die Säulen des monarchischen Systems bezeichnete, mehr einen Monarchen gibt, und daß nur in Großbritannien, welches er mit einem wenig tiefgehenden Argument abtut, die Monarchie noch feststeht. Wir können uns nicht der Erkenntnis entziehen, daß Bismarcks Außenpolitik in seinen späteren Jahren von innenpolitischen Ideen, um nicht zu sagen von innenpolitischen Vorurteilen, beherrscht wurde. Das ist um so bemerkenswerter, als Bismarck im allgemeinen als der bedeutendste Vertreter des Prinzips gilt, für das Ranke den Ausdruck »Primat der Außenpolitik« prägte.

Vielleicht müssen wir noch einen weiteren, mehr persönlichen Grund hinzufügen. Für den großen Lenker des deutschen Staates besaß ein Bündnis nur dann Anziehungskraft, wenn er voraussetzen konnte, daß auch dessen Leitung in seinen Händen liegen werde. Er war der leitende Kopf in jenem preußisch-österreichischen Bündnis von 1864 gewesen, das ihm den Erwerb von Schleswig-Holstein ermöglicht hatte, und er hatte dies Bündnis zerbrochen, sowie es *seinen* Zweck erfüllt hatte. Er durfte mit Sicherheit voraussetzen, daß er auch in dem neugeschaffenen Bündnis mit der Habsburg-Monarchie die Führung in der Hand behalten würde. Österreich-Ungarn hatte keinen Staatsmann, der mit ihm auch nur entfernt verglichen werden konnte. Andrassy stand im Begriff, sein Amt niederzulegen, und seine voraussichtlichen Nachfolger waren Männer von beträchtlich kleinerem Kaliber, denen der Gedanke, Bismarck die Zügel zu entreißen, überhaupt nicht kommen konnte. In Rußland mußte Gortschakow, der jetzt 82 Jahre alt war, binnen kürzester Frist von der Bühne verschwinden. Daß der Zar selbst der Energie des deutschen Kanzlers nicht gewachsen war, hatten gerade die Ereignisse der letzten Monate gezeigt. Der künftige Minister des Auswärtigen, Giers, war ein braver und ehrlicher Beamter ohne Persönlichkeit, den sein Zar mehr als einen gehobenen Kanzleichef denn als einen Staatsmann ansah. Bismarck sprach damals geradezu verächtlich von ihm. Es brauchte ihm keinen Augenblick zweifelhaft zu sein, daß er in einer Kombination mit Österreich-Ungarn und Rußland das entscheidende Wort haben werde.

Mit Großbritannien aber stand es anders. Auch wenn es Deutschlands Verbündeter werden würde, war schwerlich zu erwarten, daß es sich der Führung des deutschen Reichskanzlers unterordnen würde. Bismarck wußte sehr wohl, daß das Britische Reich, dessen Interessen den ganzen Globus umspannten, viel zu groß war, um sich von einem kontinentalen Staatsmann ins Schlepptau nehmen zu lassen, auch wenn es die größte Bewunderung für seine Fähigkeiten und Erfahrungen hatte. Vor allem aber war Bismarck sich bewußt, daß auch in der englischen Außenpolitik der letzte entscheidende Faktor die öffentliche Meinung war und daß sie von Strömungen beherrscht wurde, welche ihm unverständlich und vielfach unsympathisch waren. Schon das nächste Jahr zeigte, daß die britische Wählerschaft die Macht hatte, die auswärtige Politik ihres Landes durch eine Parlamentswahl zu ändern. Sie verwarf im Jahre 1880 Beaconsfields »schwungvolle« Außenpolitik und stellte an die Spitze des Reiches wiederum Gladstone, gegen den Bismarck eine tiefe Abneigung spürte, weil er den Geist des Liberalismus und der Demokratie repräsentierte, die der Kanzler in Deutschland zu unterdrücken sich bemühte. Nach Gladstones großem Wahlsieg äußerte sich der Reichskanzler in Erlassen vom April 1880 an seine Botschafter in Paris und St. Petersburg in einer Weise, die man nicht für möglich halten würde, wenn sie nicht aktenmäßig feststände. Er bezeichnet den Wahlausfall als »gleichbedeutend mit der Wiederaufnahme der *antimonarchischen* Kontinentalpolitik Palmerstons, mit dem Unterschied, daß Palmerston die Mittel zur Bekämpfung des Kaisers Nikolaus außerhalb der Grenzen Rußlands sich zusammensuchen, zum Teil sie aus England selbst nehmen mußte, während eine von Gladstone inspirierte *revolutionäre* Politik die Verbündeten gegen den Thron des Kaisers Alexander in Rußland und den stammverwandten Nebenländern bereits unter der Fahne der panslawistischen Föderation gesammelt vorfindet«. Das klingt doch geradezu wie Metternich redivivus! Zwar lag Bismarck im Herbst 1879 vermutlich die Befürchtung, daß Beaconsfield demnächst gestürzt werden könnte, durchaus fern; aber allein der Gedanke, daß die auswärtige Politik Englands von der öffentlichen Meinung und einer Wahl abhängen könnte, nahmen ihn gegen den Gedanken ein, dort einen Bundesgenossen zu suchen.

Dies scheinen die entscheidenden Erwägungen und Motive gewesen zu sein, die Bismarcks Politik im Jahre 1879 bestimmt haben. Daß er selbst von ihr in der Folgezeit stets durchaus befriedigt gewesen sei, darf man bezweifeln. Zu solchen Zweifeln gibt besonders seine spätere Äußerung zu Kaiser Franz Joseph (1889) Anlaß, sein ganzes Bestreben seit einem Jahrzehnt sei es gewesen, Großbritannien für den Dreibund zu gewinnen. Wir werden noch sehen, daß er in seinen letzten Jahren versuchte, mit Salisbury die Bündnisverhandlungen zu erneuern, die er 1879 mit Beaconsfield abgebrochen hatte. Aber dann mußte er die Erfahrung von der Wahrheit des Satzes machen, den er 1879 seinem Kaiser entgegengehalten hatte, um seinen Widerstand gegen das österreichische Bündnis zu überwinden: »Die Geschichte beweist, daß versäumte Gelegenheiten in der Regel nicht wiederkehren.« In der Zwischenzeit hatte er so manches getan, was schwerlich dazu geeignet war, freundliche Gefühle in England hervorzurufen, wie sich bei der Darstellung seiner Kolonialpolitik zeigen wird.

Aber all das sind Betrachtungen, die nur ein späterer Beobachter anstellen kann. Wenn Bismarck am Ende des Jahres 1879 sein Werk überschaute, durfte er sich uneingeschränkt als Triumphator fühlen. In dem Kampf um den Zolltarif hatte er seine Gegner aufs Haupt geschlagen; durch den Abschluß des Bündnisses mit Österreich-Ungarn hatte er seine Volkstümlichkeit außerordentlich gesteigert. Die Stellung, die er damals einnahm, schildert General von Schweinitz in den folgenden Sätzen: »Hier in Berlin pfeift alles aus demselben Loch. Alles hängt ganz allein von Bismarck ab; nie gab es eine so *vollständige Alleinherrschaft,* nicht etwa bloß auf Furcht, sondern auf Bewunderung und freiwillige Unterordnung der Geister gegründet.«

11. Bismarcks Kolonialpolitik

Die Kolonialpolitik Bismarcks, die in den Jahren 1884 und 1885 eine große Rolle spielt, besitzt ein besonderes biographisches Interesse, weil er in der Zeit vorher ein ausgesprochener Gegner jeder Kolonialpolitik für Deutschland gewesen war und weil er dann in den letzten Jahren seiner Herrschaft im Grunde wieder zu der gleichen negativen Haltung zurückkehrte. In einer seiner letzten Reichstagsreden rief er aus: »Ich bin kein Kolonialmensch«, und aus dem Tagebuch des Ministers Lucius geht hervor, daß er in einer Sitzung des Staatsministeriums im August 1889 gegen den »deutschen Kolonialschwindel« wetterte, der seine Kreise »tölpelhaft störe«. Man kann daher sagen, daß die kurze Periode seines kolonialpolitischen Enthusiasmus nur eine Episode in seinem Leben und in seiner Politik darstellt. Aber diese Episode hatte weitreichende Konsequenzen, sowohl in den Beziehungen Deutschlands zu anderen Staaten, besonders England, wie für die ganze Anschauung des deutschen Volkes. Um so interessanter ist es daher, das Rätsel zu lösen, welche Beweggründe Bismarck auf diesen Weg geführt haben.

In dem Zeitpunkt, in dem Bismarck begann, sich für Kolonien zu interessieren, gab es nur zwei Gebiete auf dem Erdenrund, die einer deutschen Kolonialpolitik offenstanden: der südliche Teil von Afrika und die Inseln der Südsee. In diesen beiden Gebieten besaß Großbritannien die wichtigsten Positionen, in Südafrika die Kap-Kolonie und in der Südsee Australien. Der Erfolg einer solchen Kolonialpolitik mußte daher bis zu einem gewissen Grade von der Haltung Großbritanniens und seiner Kolonien abhängen. Großbritannien war die bei weitem stärkste Seemacht und durfte sich rühmen, »die Wellen zu beherrschen«. Aber seine internationale Stellung hatte sich in bedeutsamer Weise verschoben durch die englische Besetzung Ägyptens im Jahre 1882, die es in einer vorher unbekannten Weise verwundbar machte. Diese Besetzung brachte es in scharfen Gegensatz zu Frankreich, das seit Generationen Ägypten seiner Interessensphäre zugerechnet hatte. Das hatte Bismarck unzweifelhaft vorausgesehen, als er der englischen Regierung wiederholt den Rat gab, »Ägypten zu nehmen«. Die Okkupation hatte die englische Politik besonders deswegen in schwierige Probleme verwickelt, weil viele Angelegenheiten der Verwaltung und der Finanzen Ägyptens einen internationalen Charakter hatten, so daß die Engländer darauf angewiesen waren, sich die Zustimmung anderer Mächte zu sichern.

Wie wir gesehen haben, hatte sich Bismarcks Stellung zu Frankreich wesentlich geändert, seitdem Marschall MacMahon bei den Wahlen vom Oktober 1877 von den Republikanern geschlagen worden und kurz darauf im Januar 1878 von seinem Amt als Präsident zurückgetreten war. Damals begann Bismarcks Versuch, zu einer Aussöhnung mit Frankreich zu kommen, der 1885 sein Ende fand, als Jules Ferry in der dramatischen Kammersitzung vom 30. März durch Clemenceau gestürzt wurde. Ferry unterlag, um die Worte eines französischen Historikers zu gebrauchen, »weil er allzusehr an die blaue Linie der Vogesen vergessen hatte, um ein Tonkinese zu werden«, d. h. weil er mit dem Feinde von 1870 zusammengearbeitet hatte, um für Frankreich in Ostasien ein Kolonialreich zu erwerben. Das damalige Mißtrauensvotum der Kammer, das zweifellos der Volksstimmung entsprach, bedeutete für Bismarck den Fehlschlag seiner Politik, die darauf abgezielt hatte, Frankreich die Niederlage von Sedan ebenso vergessen zu machen, wie es ein halbes Jahrhundert zuvor die Niederlage von Waterloo vergessen hatte. Im November 1884 sagte Bismarck zu dem französischen Botschafter Baron Courcel: »Mon soin constant à partir de 1871 a été de me conduire de telle sorte que je pusse l'amener à pardonner Sedan comme elle en est arrivé après 1815 à pardonner Waterloo.« Vielleicht wären die Franzosen im Laufe der Zeit dahin gekommen, Sedan zu vergessen, aber Straßburg und Metz konnten sie weder vergessen noch vergeben.

Tatsächlich verschwand Bismarcks kolonialpolitisches Interesse bald, nachdem seine Aussöhnungspolitik gegenüber Frankreich gescheitert war. Seitdem war er vielmehr daran interessiert, die Beziehungen zu Großbritannien zu pflegen. Man darf daher sagen, daß diese besondere Verknüpfung von Umständen – Großbritanniens Verlegenheiten in Ägypten und die verbesserten Beziehungen Deutschlands zu Frankreich – die Voraussetzung für Bismarcks kolonialpolitische Experimente war. Aber damit haben wir schwerlich das Motiv aufgedeckt, das ihn auf diese Bahn trieb. Dies können wir nur finden, wenn wir uns seine innenpolitischen Probleme vergegenwärtigen. Das Ergebnis der Wahl von 1881 war, wie wir gesehen haben (S. 246), ein Reichstag gewesen, in dem die konservativen Parteien, auch in Verbindung mit den Nationalliberalen, nur eine Minderheit darstellten. Sooft das Zentrum mit den Sezessionisten und der Fortschrittspartei zusammenging, stand dem Reichskanzler eine oppositionelle Mehrheit gegenüber. Zwar konnte er in handelspolitischen Fragen auf die Unterstützung des Zentrums rechnen. Aber in den meisten anderen Fragen stand es auf der Seite der Opposition. Nun schlossen sich im Sommer 1884, wenige Monate vor den Neuwahlen, Sezessionisten und Fortschrittspartei zu einer vereinigten radikalliberalen Partei zusammen, die den Namen »Deutschfreisinnige Partei« annahm. Die neue Reichstagsfraktion umfaßte mehr als 100 Abgeordnete, darunter zahlreiche hervorragende Parlamentarier wie Eugen Richter und Hänel von der Fortschrittspartei, Forckenbeck, Bamberger und Stauffenberg von den Sezessionisten. Lasker starb gerade damals in New York, wohin er sich zu einer amerikanischen Studienreise begeben hatte. Sein Tod gab Bismarck Gelegenheit zu zeigen, daß in seinen Augen Opposition ein Vergehen war, für das es keine Verzeihung gab, und daß sein Haß selbst den Tod eines Gegners überdauerte. Das amerikanische Repräsentantenhaus hatte bei Laskers Hinscheiden eine Resolution gefaßt, in der es dem deutschen Reichstag seine Sympathie bei dem Tode eines ausgezeichneten und patriotischen Mitgliedes aussprach. Bismarck nahm einige Formalitäten zum Vorwand, um diese Resolution dem Reichstag vorzuenthalten und sie an den Absender zurückzuschicken. Als die Angelegenheit von einem Freunde Laskers im Reichstag zur Sprache gebracht wurde, erhob Bismarck sich zu einer scharfen Anklagerede gegen den Verstorbenen, in der er dessen politische Tätigkeit in Grund und Boden verdammte. Wenn wir an die Reden denken, mit denen im englischen Parlament der Tod eines bedeutenden Mitgliedes auch von seinen lebenslangen Gegnern beklagt wird, etwa an die Rede Salisburys, in der er den verstorbenen Gladstone als einen großen »christlichen Staatsmann« feierte, so tritt uns der Unterschied der politischen Kultur beider Länder deutlich vor Augen. Es gehört zu den Ironien der Geschichte, daß Bismarck selbst das noch an sich persönlich erfahren sollte, als der Reichstag es 1895 ablehnte, ihm zu seinem 80. Geburtstag zu gratulieren.

Die Abneigung Bismarcks gegen die neue Partei, der er schon bei dieser Gelegenheit heftigen Ausdruck gab, hatte einen besonderen Grund. Die Deutschfreisinnige Partei galt als die »Kronprinzen-Partei«. Man erzählte sich, daß der Kronprinz den Zusammenschluß der Freisinnigen in einem Glückwunschtelegramm an Forckenbeck begrüßt habe. Bismarck fürchtete, der Prinz werde, wenn er einmal an die Stelle seines Vaters getreten sein würde, aus den führenden Männern dieser Partei eine Regierung bilden, die ihn von seinem Platze verdrängen werde. Für diese künftige Regierung hatte er schon einen Namen geprägt, der für seine Abneigung und seinen Spott bezeichnend ist. Er sprach von einem »deutschen Kabinett Gladstone«. Nun konnte es kaum noch allzu lange dauern, bis der Thronwechsel eintreten mußte; denn Wilhelm I. war jetzt 87 Jahre alt. Die Deutschfreisinnige Partei zu zerstören und das »Kabinett Gladstone« umzubringen, bevor es geboren war, mußte unter diesen Umständen das oberste Ziel des Kanzlers sein. Dazu brauchte er ein politisches Programm, das seine eigene Popularität erhöhen und die seiner Gegner erschüttern konnte. Im Jahre 1881 hatte er in kaiserlichen Botschaften ein Programm sozialer Reformen proklamiert, das die Versicherung der Arbeiter gegen Krankheit und Unfall, später auch gegen Alter und Invalidität umfaßte. Ein Teil dieses Programms war bereits durch das Krankenversicherungsgesetz verwirklicht worden. Sachlich war dies Programm von größter Bedeutung. Es hat zur Schaffung der deutschen Arbeiterversicherung geführt, die in der ganzen Welt bewundert und von vielen Staaten zum Vorbild genommen wurde. Aber die politische und populäre Wirkung, auf die Bismarck gerechnet hatte, war ausgeblieben. Besonders hatte sich nicht die Hoffnung erfüllt, die Arbeiter der Sozialdemokratie abspenstig zu machen.

Von einer Kolonialpolitik aber durfte Bismarck sich versprechen, daß sie in weiten Kreisen des Bürgertums populär sein würde, nicht nur in den Seestädten wie Hamburg und Bremen, wo sie wichtige wirtschaftliche Interessen für sich hatte, sondern auch vornehmlich in jener Schicht, für die er wenige Jahre zuvor das böse Wort geprägt hatte von den »Herren, die nicht säen und nicht ernten«. Ebenso konnte Bismarck auf der anderen Seite damit rechnen, daß eine Kolonialpolitik bei den Freisinnigen auf Opposition stoßen würde. Einer ihrer Führer, Ludwig Bamberger, hatte sich bereits als ihr energischer Gegner hervorgetan; er hatte behauptet, sie würde dem Reich keinen praktischen Nutzen bringen, da alle wertvollen Kolonialgebiete bereits aufgeteilt seien, und sie berge die Gefahr in sich, Deutschland mit anderen europäischen Staaten in Konflikte zu bringen. Bismarck konnte daher die Kolonialpolitik als ein geeignetes Mittel ansehen, um bei den bevorstehenden Reichstagswahlen die Freisinnigen in Verlegenheit zu bringen und ihnen Mangel an nationalem Gefühl vorzuwerfen. Daneben konnte ihn auch die Hoffnung locken, sie zu ihrem Gönner, dem Kronprinzen, in Widerspruch zu bringen, von dem man annahm, daß er kolonialpolitischen Ideen zuneige.

Aber es scheint fast, als ob bei Bismarck noch ein anderes Motiv mitspielte, auf das eine sehr merkwürdige Äußerung seines Sohnes und vertrauten Mitarbeiters Herbert hindeutet. Nach dem Sturze des Kanzlers, im März 1890, hatte der Botschafter von Schweinitz mit Herbert Bismarck eine Unterhaltung, in deren Verlauf er ihn fragte, wie sich die Begeisterung Bismarcks für eine Kolonialpolitik erkläre, die doch zu allem, was er früher gesagt, in vollem Widerspruch stehe.

Darauf erwiderte ihm Herbert: »Als wir in die Kolonialpolitik hineingingen, mußten wir auf eine lange Regierungszeit des Kronprinzen gefaßt sein, während welcher der englische Einfluß dominieren würde. Um diesem vorzubeugen, mußte die Kolonialpolitik eingeleitet werden, welche volkstümlich ist und *jeden Augenblick Konflikte mit England herbeiführen kann.*« Man scheut sich, einem großen Staatsmann wie Bismarck solche Motive zuzutrauen. Aber man wird nicht bezweifeln können, daß Herbert Bismarck derartige Argumente aus dem Munde seines Vaters gehört hat.

Zu der Zeit, in der Bismarck Kolonialpolitik trieb, war in Großbritannien Gladstone an der Macht. In Anbetracht der heftigen Abneigung, die der Kanzler ihm entgegenbrachte, darf man annehmen, daß es Bismarck eine besondere Freude bereitete, wenn er dem Mann, den seine deutschen Gegner als den größten liberalen Staatsmann der Zeit bewunderten, Schwierigkeiten machen und Niederlagen zufügen konnte. Aber es war gar nicht einfach, mit Gladstone über Kolonialfragen in Streit zu geraten, weil dieser ganz bereit war, sich mit kolonialen Bestrebungen Deutschlands freundschaftlich abzufinden, und keineswegs daran dachte, für England etwa ein koloniales Monopol zu beanspruchen. Sein Standpunkt war vielmehr, daß die englische Politik kein gerechtfertigtes Interesse an der Ausschließung Deutschlands von einer Ausdehnung auf andere Erdteile habe. Aber Gladstone wurde mit diesen Problemen erst im letzten Abschnitt der Entwicklung persönlich befaßt. Zunächst wurden sie in den zuständigen Ministerien bearbeitet. Die Noten, die Bismarck nach London schickte, waren selbstverständlich an das Auswärtige Amt gerichtet, an dessen Spitze Lord Granville stand. Aber dieser mußte sich, bevor er eine Entscheidung treffen konnte, mit dem Kolonialminister Lord Derby in Verbindung setzen, und Derby wiederum hatte in vielen Fällen zunächst die Regierungen der interessierten Kolonien zu konsultieren. Handelte es sich z. B. um südafrikanische Fragen, so mußte mit der Regierung der Kap-Kolonie korrespondiert werden. Eine solche verwickelte Organisation führt leicht zu Verzögerungen, wenn die beteiligten Minister sich nicht die größte Mühe geben, eine schnelle Entscheidung herbeizuführen. Daran ließen es sowohl Granville wie Derby zuweilen fehlen, so daß z. B. eine wichtige Anfrage Bismarcks sechs Monate lang unbeantwortet blieb. Daß Bismarck über so etwas verstimmt war, kann man begreifen, und wir werden uns nicht wundern, daß er aus solchen Zwischenfällen nach Möglichkeit Kapital schlug. Aber er hatte unzweifelhaft unrecht, wenn er für sie Granvilles bösen Willen verantwortlich machte. Granville war ganz gewiß kein Deutschenfeind, und Bismarck selbst wußte das am besten; denn Granville hatte seinen Sohn Herbert, als er Botschaftssekretär in London war, mit der größten Freundlichkeit und Liebenswürdigkeit aufgenommen.

Aber in Wahrheit hatten die Mißverständnisse, die zwischen Berlin und London auftauchten, einen weit wichtigeren Grund als die Schwerfälligkeit der englischen Minister. Sie wurde nämlich in erster Linie dadurch verursacht, daß die Engländer allzu spät erfuhren, daß Bismarck überhaupt kolonialpolitische Absichten hegte. Nach allem, was sie bisher gehört hatten, mußten sie annehmen, daß der Reichskanzler sie weit von sich wies, und der Botschafter in Berlin, Odo Russell, jetzt Lord Ampthill, fuhr fort, in diesem Sinne zu berichten. Das war nicht nur auf seine erschütterte Gesundheit zurückzuführen – er starb im August 1884 –, sondern vor allen Dingen darauf, daß Bismarck ihm den *Wechsel seines Standpunktes geflissentlich verschwieg.* In all den Monaten, in denen Granville ohne Schwierigkeit in der Lage gewesen wäre, seine Haltung Bismarcks Wünschen anzupassen, hörte er weder von seinem Botschafter in Berlin noch von dem deutschen Botschafter in London, Graf Münster, auch nur ein Wort, das ihn über Bismarcks wahre Absichten hätte aufklären können. Münster ist daraus kein Vorwurf zu machen. Denn auch vor ihm hielt der Kanzler seine Pläne verborgen. Als der Staatssekretär des Auswärtigen Amtes, Graf Hatzfeldt, bei Bismarck eine vertrauliche Information des Botschafters anregte, untersagte der Kanzler sie ausdrücklich durch einen Befehl vom 21. Mai 1884.

Da es unmöglich ist, an dieser Stelle den Gang von Bismarcks Kolonialpolitik darzustellen und seine außerordentlich geschickten und verwickelten Manöver im einzelnen auseinanderzusetzen, müssen wir uns mit einem Beispiel begnügen, das besonders weitreichende Folgen hatte.

Am 1. Januar 1907 erstattete Sir Eyre Crowe dem Auswärtigen Minister, Sir Edward Grey, seine berühmte und viel umstrittene Denkschrift über die auswärtige Politik Deutschlands, die der Minister sofort als »äußerst wertvoll« bezeichnete. Die Auffassung von Crowe, der später zum Ständigen Unterstaatssekretär des Amtes emporstieg, hatte großen Einfluß auf die Beamten des Foreign Office. In einer Randbemerkung zu dieser Denkschrift rechtfertigt Crowe seine Beurteilung der deutschen Kolonialpolitik gegen einen Kritiker. Dabei bezieht er sich auf das »berühmte Schwindel-Dokument«, von dem Bismarck behauptet habe, er hätte es an die englische Regierung gesandt, während es in Wahrheit niemals übergeben worden sei. Dazu bemerkt er: »Es ist schwer, für dies Vorgehen ein anderes Wort als Täuschung (deception) zu finden.« Dies sogenannte »Schwindel-Dokument« ist Bismarcks Erlaß an Münster vom 5. Mai 1884. In Einzelheiten ist Sir Eyre Crowes Darstellung unrichtig, aber seine Bemerkung zeigt den Eindruck, den dieser Vorfall im Foreign Office hinterlassen hat.

Die Tatsachen sind die folgenden: Im Januar 1885 hatte Bismarck mit dem Nachfolger Odo Russells, dem Botschafter Sir Edward Malet, eine Unterredung über die Frage, warum der Kanzler seine Haltung in der ägyptischen Frage geändert habe. Dabei beschuldigte dieser die englische Regierung, ihm in Kolonialfragen eine böswillige Opposition zu machen. Zum Beweis dafür bezog er sich auf seine Note vom 5. Mai 1884, in der er Münster beauftragt habe, der britischen Regierung mitzuteilen, daß er genötigt sein würde, französischen Beistand zu suchen, falls England nicht auf seine kolonialpolitischen Wünsche eingehen würde. Dies berichtete Malet sofort nach London, und Lord Granville ließ nun das gesamte Archiv durchsuchen, um Bismarcks Erlaß ausfindig zu machen. Trotz allen Suchens war er nicht zu finden. Darauf bat Granville den Botschafter zu sich und ersuchte ihn um Aufklärung. Granville schreibt darüber an Gladstone: »Ich hatte eine Aussprache mit Münster. Er war auf den Tod erschrocken und stürzte eilends nach Hause, um seine Archive durchzusehen. Tatsächlich fand er den berühmten Erlaß, aber auch ein Telegramm, das ihn anwies, von ihm keinen Gebrauch zu machen. Er bat mich, dies geheimzuhalten.«

Erlaß und Telegramm sind jetzt veröffentlicht und zeigen, daß Münster dem englischen Minister die Wahrheit gesagt hat. Der wichtigste Punkt in dem Erlaß war Bismarcks Ausführung gewesen, die englische Regierung könne ihren guten Willen gegenüber Deutschland in der denkbar besten und klarsten Weise dadurch zum Ausdruck bringen, daß sie ihm die urdeutsche Insel Helgoland abtrete. Das war ein Vorschlag, der Münster ganz besonders zusagte. Er zog ihn, wie er dem Kanzler schrieb, bei weitem den »sehr wohlgemeinten, aber ganz unpraktischen und unreifen Kolonisationsbestrebungen« vor. Auf diese deutliche Kritik der Kolonialpolitik ging Bismarck in seiner Antwort nicht mit einem Worte ein, obwohl es doch äußerst nahe gelegen hätte, dem Botschafter zu sagen, daß sein Standpunkt zu dem der Regierung im vollen Gegensatz stand. Auch jetzt sagte Bismarck dem zur Ausführung seiner Politik berufenen Botschafter nicht das geringste davon, daß er sich zu einer deutschen Kolonialpolitik entschlossen hatte. Münster unterhielt sich streng vertraulich mit Granville über Helgoland, bat ihn aber, davon niemandem, nicht einmal seinen Kollegen, etwas zu sagen. Er versprach, binnen kurzem auf die Frage zurückzukommen. Aber das geschah niemals. Denn am 25. Mai erteilte ihm Bismarck telegrafisch den Befehl, Helgoland nicht mehr zu erwähnen.

Was ist der Grund, der Bismarck zu diesem Gegenbefehl bestimmte? Der Grund, den er selbst in seinem Telegramm angibt, ist so offensichtlich unzulänglich, daß es sich nicht lohnt, ihn zu erörtern. Man wird vielmehr zur Erklärung die folgende Tatsache heranziehen müssen. Am 25. Mai, also an dem Tage, an dem der telegrafische Gegenbefehl an Münster erging, erhielt Bismarck von dem Staatssekretär des Auswärtigen Amtes, Graf Hatzfeldt, den Bericht über eine Unterhaltung mit dem Kronprinzen. Friedrich Wilhelm hatte Hatzfeldt gefragt, ob das Gerücht zutreffe, daß Deutschland die Franzosen ermuntert habe, von den Engländern die Räumung Ägyptens zu verlangen. Darauf hatte ihm Hatzfeldt den Gedankengang der Note vom 5. Mai vorgetragen, *ohne jedoch Helgoland zu erwähnen.* Auch als der Kronprinz ihn ausdrücklich fragte, ob die Note sich nur mit kolonialpolitischen Fragen beschäftigte, hatte Hatzfeldt nichts von Helgoland gesagt. Aber er fragte jetzt den Kanzler, ob er den Kronprinzen nicht doch über Helgoland ins Licht setzen solle. Bismarck antwortete: »Nein«, und telegrafierte gleichzeitig an Münster, er solle nicht mehr von Helgoland sprechen.

Hält man diese Tatsache mit der oben erwähnten Äußerung Herbert Bismarcks zu Schweinitz (S. 260f.) zusammen, so kommt man nicht um die Schlußfolgerung herum, daß Bismarck die Verhandlungen mit Granville nicht abbrach, weil sie in Gefahr waren, zu scheitern, sondern im Gegenteil, weil sie Aussicht hatten, zu gelingen. Helgoland selbst interessierte ihn nicht sehr. Aber er wünschte nicht, daß die Beziehungen zu Großbritannien zu gut würden, denn das bedeutete in seinen Augen, daß der britische Einfluß auf die deutsche Politik ungebührlich wachsen würde, wenn Friedrich Wilhelm einmal den Thron besteigen sollte.

Diese Interpretation wird durch den Fortgang der Angelegenheit bestärkt. Wenige Tage, nachdem Bismarck dem Grafen Münster befohlen hatte, nicht mehr von Helgoland zu sprechen, gab er ihm den Auftrag, Granville zu erklären, daß das Deutsche Reich die Annexion der südwestafrikanischen Küste, welche die Kap-Kolonie kurz vorher ausgesprochen hatte, nicht anerkenne. Die fassungslose Bestürzung, mit der Granville diese Erklärung aufnahm, zeigt deutlich, wie fern ihm der Gedanke gelegen hatte, daß dieser Schritt der Kap-Kolonie in Widerspruch zu den Absichten des Kanzlers stehe, oder mit anderen Worten, wie erfolgreich Bismarck seine Absichten all den Personen verborgen hatte, die in der Lage und willens gewesen wären, ihnen entgegenzukommen, wenn sie nur etwas von ihnen gewußt hätten.

Darüber kann jedenfalls kein Zweifel sein, daß Münster durch Bismarcks telegrafische Anweisung verhindert wurde, Granville den Inhalt von Bismarcks Note vom 5. Mai 1884 vorzutragen, und daß Granville noch nichts von ihr gehört hatte, als der Kanzler selbst sie Malet gegenüber in der Unterredung vom Januar 1885 erwähnte. Man darf vielleicht annehmen, daß es Bismarck während dieser Unterredung nicht gegenwärtig war, daß er vor einem halben Jahr die Weitergabe der Note verboten hatte. Aber wenn das zutrifft, so tat er jedenfalls nicht das geringste, seinen Fehler richtigzustellen, selbst nachdem Granville offiziell und öffentlich im Parlament erklärt hatte, daß er die Note niemals empfangen habe. Auch jetzt bemühte Bismarck sich ganz und gar nicht, das Mißverständnis aufzuklären. Er war nur wütend auf Granville, weil dieser Malets Bericht zusammen mit seiner schlagenden Erwiderung dem Parlament als Blaubuch vorgelegt hatte. Dies Blaubuch ließ er in seinem Organ, der »Norddeutschen Allgemeinen Zeitung«, in einer ganzen Serie von Artikeln aufs schärfste und heftigste kritisieren. Das Bismarck-Blatt scheute sich nicht, dem englischen Minister Vertrauensbruch vorzuwerfen, verschwieg aber seinen Lesern geflissentlich, daß die Note vom Mai 1884 niemals übergeben worden war. Vielmehr mußte der unbefangene Leser der Artikel glauben, daß ihre Übergabe eine unstreitige Tatsache sei.

Mit diesem Papierfeldzug begnügte sich Bismarck aber nicht. Er griff vielmehr Granville gleichzeitig im Reichstag an. Diese Rede ist vielleicht der heftigste Angriff, den bis dahin ein Staatsoberhaupt auf den Außenminister eines anderen Staates in Friedenszeiten gemacht hat. Allerdings hatte ihm Granville einen gewissen Anlaß zu diesem Angriff durch eine indiskrete Bemerkung im Hause der Lords gegeben, wo er sich hatte verleiten lassen, Bismarcks Rat an die englische Regierung zu erwähnen, »Ägypten zu nehmen«. Wenn Bismarck behauptete, er habe diesen Rat niemals gegeben, so sagte er zweifellos nicht die Wahrheit. Trotzdem hatte Granville sich ins Unrecht gesetzt dadurch, daß er Bismarcks Rat öffentlich erwähnte, ohne sich zuvor seiner Erlaubnis zu versichern.

Bismarcks Rede erregte das größte Aufsehen. Mancher sah in ihr das Vorspiel eines Bruches mit England. Aber wer so dachte, kannte Bismarck nicht. Am nächsten Tage sandte der Reichskanzler seinen Sohn Herbert nach London, um mit der englischen Regierung eine Verständigung zuwege zu bringen. Diese Verständigung wurde in der Tat sehr schnell erzielt. Nicht etwa weil Herbert über besonderes diplomatisches Geschick verfügte, sondern einfach, weil Gladstone entschlossen war, unter allen Umständen eine friedliche Verständigung durchzusetzen. Er empfing persönlich Herbert zu einer Aussprache und sagte ihm offen, daß er alles, was in seinen Kräften stehe, tun werde, um Deutschlands berechtigte Ansprüche zu befriedigen. Aber er sagte ihm auch ebenso deutlich, daß Großbritannien die Erfüllung deutscher Wünsche erschwert würde, wenn sie in der Form einer »Erpressung« vorgebracht würden. Das Wort »Erpressung« kann Herbert unmöglich überhört haben, aber in dem äußerst arroganten Bericht, den er über seine Londoner Verhandlungen erstattet, steht davon nichts. Dafür hatte der junge Mann die Dreistigkeit, seinem Vater in diesem Bericht zu schreiben: »Mit Mr. Gladstone sich auf das Wesen der Auswärtigen Politik eines großen Landes einzulassen, ist zwecklos, weil ihm einfach das Verständnis dafür abgeht.« Herbert wußte, daß er sich bei seinem Vater besonders beliebt machte, wenn er in einem solchen Ton von einem Manne sprach, den dieser mit Vorliebe »Professor Gladstone« nannte, wobei der Zusatz Professor offenbar der Ausdruck höchster Verachtung ist.

Ob die Kolonien, die Deutschland durch diese Politik Bismarcks erwarb, die Aufregung und besonders die böse Stimmung gelohnt haben, welche diese Zänkereien zwischen Deutschland und England hervorrufen mußten, darüber kann man geteilter Ansicht sein. Aber man kann nicht ohne Erschütterung den Brief lesen, den damals ein in Deutschland geborener Engländer geschrieben hat. Es ist der berühmte Sprachforscher Professor Max Müller, der Sohn des deutschen Dichters Wilhelm Müller, der als Müller-Oxford in seinem Geburtsland wohlbekannt war. Er hing an seinem alten wie an seinem neuen Vaterland mit der gleichen Liebe und hatte keinen sehnlicheren Wunsch, als beide durch Freundschaft verbunden zu sehen. Diesen Brief richtete er an seinen Freund Schlözer, den deutschen Botschafter beim Vatikan, einen Mann von hoher Bildung und reicher Kultur. Er versichert ihm, daß im englischen Volk keine Antipathie gegen Deutschland bestehe und daß bei ihm auch die Schimpfereien gewisser deutscher Zeitungen keinen Eindruck machten. Aber er warnt die Deutschen, die unentwickelte Macht Englands nicht zu unterschätzen. »Man treibe es in die Enge, und morgen ist jeder Engländer Soldat.« Und dann erhebt er sich zu den Worten: »Nur wenn Deutschland und England in Zukunft fest zusammenhalten, kann der fürchterliche und wahrhaft barbarische Zustand, in dem wir jetzt leben, ein Ende nehmen. Wir leben ja wie die reißenden Tiere in prähistorischen Zeiten. Jedermann in Europa ist jetzt Soldat . . . Was soll man von Europa sagen, wenn kein einzelner Staat sich mehr sicher fühlt, der nicht mehr Kanonen hat als sein Nachbar? . . . Soviel man jetzt auch über den eitlen Metternich spottet, er hat Europa einen dreißigjährigen Frieden gesichert, jetzt haben wir bald einen dreißigjährigen Kriegszustand.« Max Müller bat Schlözer, diesen Gedankengang seinem einstigen Chef, dem Reichskanzler, vorzutragen. Aber Schlözer wußte nur zu gut, daß dieser darauf keine andere Antwort haben würde als das eine Wort: »Humanitätsduselei!«

Eine Episode der kolonialpolitischen Periode ist noch erwähnenswert, weil sie ein besonderes Licht auf Bismarcks Methoden wirft. Im Herbst 1885 kam das Deutsche Reich mit Spanien in einen Konflikt über die Karolinen-Inseln im südlichen Pazifik. Ein deutscher Kapitän hatte in diesen Inseln, die Spanien von alters her als seinen Besitz ansah, die deutsche Flagge gehißt. Nach einigem Hin und Her verständigten sich beide Mächte auf ein Schiedsgericht. Und wen schlug Bismarck als Schiedsrichter vor? Den Papst Leo XIII.! Damit erwies er dem Oberhaupt der katholischen Kirche ein wohlberechnetes Kompliment, für das dieser auch volles Verständnis hatte. Aber es war eine herbe Enttäuschung für jene deutschen Antiklerikalen, die Bismarck mit heller Begeisterung in den »Machtkampf zwischen Monarchie und Priestertum« gefolgt waren.

Der Papst entschied – offenbar zu Recht – zugunsten Spaniens. Aber er schrieb an Bismarck einen Brief voll der schmeichelhaftesten Komplimente und übersandte ihm den Christus-Orden, den zuvor wohl noch nie ein Protestant erhalten hatte. Aber Bismarck verstand es, dies Kompliment noch zu übertrumpfen. In seiner Antwort redete er den Papst mit dem Worte an, das nur regierenden Herrschern vorbehalten ist: »Sire«, und gab ihm so zu verstehen, daß er den Heiligen

Vater als weltlichen Souverän betrachtete, obwohl er sein weltliches Reich verloren hatte.

12. Der Kampf um das Septennat 1887

Im September 1886 brachte Bismarck eine neue Militärvorlage vor den Reichstag. Sie schlug abermals eine erhebliche Vermehrung der Heeresstärke vor, die im April 1887 in Kraft treten sollte. Die Dauer des Gesetzes war auf sieben Jahre bemessen. Es handelte sich also um ein neues »Septennat«. Das letzte war zuvor im Jahre 1880 geschlossen worden. Seine vorgeschriebene Dauer umfaßte die Zeit bis zum März 1888. Das neue Septennat sollte daher bereits ein Jahr, bevor das bestehende erlosch, in Kraft treten.

Warum war Bismarck in solcher Eile? In der amtlichen Begründung der Vorlage wurde auf die Vermehrung der fremden Heere, besonders in Frankreich und Rußland, hingewiesen. Seit dem Sturz Jules Ferrys im März 1885 (S. 258) hatten, wie bereits ausgeführt, die Beziehungen zwischen Deutschland und Frankreich sich wieder verschlechtert. Allerdings war der Präsident der Republik, Jules Grévy, unzweifelhaft friedlich gesonnen und allen kriegerischen Abenteuern durchaus abhold. Dasselbe konnte man von dem Ministerpräsidenten Freycinet, seinem Nachfolger Goblet und dem Minister der Auswärtigen Angelegenheiten Flourens sagen. Auch Bismarck selbst stellte das nicht in Abrede. Aber er behauptete, daß der Kriegsminister der Kabinette Freycinet und Goblet, der General Boulanger, einen Krieg vorbereite.

Der Name Boulanger ist eng verbunden mit der französischen Revanchebewegung. Es besteht auch kein Zweifel, daß in der zweiten Hälfte der achtziger Jahre in Frankreich eine lebhafte Revanchebewegung bestand, die von Paul Deroulède angefacht und von seiner Patriotenliga wachgehalten wurde, und daß Boulanger eine Zeitlang der Abgott dieser Bewegung war. Das Merkwürdige ist aber, daß Bismarck bereits im März 1886 in einer Reichstagsrede die Aufmerksamkeit auf den französischen Kriegsminister gelenkt hatte, bevor dieser etwas tat, das deutsche Besorgnisse hätte rechtfertigen können. Damals brachte Bismarck seinen Namen in Zusammenhang mit sozialistischen Ideen, die »an den Fahnen der feindlichen Armee angebracht« sein würden, und er erinnerte an die Schlagworte der französischen Revolutionskriege. Für diese Anklage konnte Bismarck sich auf nichts weiter stützen als auf einige Berichte des deutschen Militärattaché in Paris, der Boulanger als den Kriegsminister der Revanche bezeichnete. Aber sowohl dieser Attaché wie der Botschafter – es war der inzwischen von London nach Paris versetzte Graf Münster – waren aufs höchste überrascht durch die Auslegung, welche Bismarck und die von ihm beeinflußte Presse jenen Berichten gaben. General Graf Waldersee, der als Generalquartiermeister der Stellvertreter des

Generalstabschefs Feldmarschall Moltke war, nannte in seinem Tagebuch Bismarcks Kriegsgerede »eine Komödie«. In der Tat glaubte niemand, der die Lage in Frankreich wirklich kannte, an die Möglichkeit, daß es Deutschland angreifen könne oder wolle.

Freilich berief Bismarck sich darauf, daß Frankreich sofort in einen Krieg hineingezogen werden würde, sowie ein Konflikt zwischen Deutschland und Rußland ausbrechen sollte. In Rußland regierte jetzt der Zar Alexander III. Er war seinem Vater Alexander II. auf dem Throne gefolgt, als dieser 1881 durch ein nihilistisches Attentat ums Leben gekommen war. Der Sohn war Deutschland gegenüber gewiß nicht von denselben freundschaftlichen Gefühlen erfüllt, wie sein Vater es gewesen war. Er war in der Atmosphäre der panslawistischen Ideen aufgewachsen, die in den oberen Schichten der russischen Gesellschaft herrschten und von einflußreichen Zeitungen propagiert wurden. Gleichwohl hatte er im ersten Jahr seiner Regierung das neue Drei-Kaiser-Bündnis mit den Kaisern von Deutschland und Österreich-Ungarn abgeschlossen und es im Jahre 1884 auf drei weitere Jahre verlängert. Er war also in diesem Augenblick, zum mindesten formell, der Verbündete nicht nur des Deutschen Reiches, sondern auch der österreichisch-ungarischen Monarchie.

Dies Bündnis konnte freilich nicht verhindern, daß die Ereignisse auf dem Balkan die Beziehungen der beiden östlichen Kaiserreiche einer sehr schweren Belastungsprobe unterwarfen. Im Jahre 1885 hatte die trotz des Berliner Vertrages erfolgte Einigung Bulgariens unter dem Fürsten Alexander von Battenberg und sein siegreicher Krieg gegen die Serben die alten Gegensätze wieder zum heftigen Aufflammen gebracht. Die Lage wurde dadurch erschwert, daß Fürst Alexander, der von dem Zaren Alexander II. begünstigt worden war, dem Zaren Alexander III., der sein Vetter war, in hohem Maße verhaßt war. Dieser betrachtete ihn als einen Verräter, weil er sein Fürstentum nicht im Interesse Rußlands regierte, sondern die Interessen der Bulgaren selbst zu seiner Richtschnur nahm. Der Battenberger war damals bei vielen Deutschen sehr populär. Aber der einzige Deutsche, auf den es politisch ankam, dachte ganz anders: Bismarck verurteilte ihn durchaus und kritisierte ihn mit einer Schärfe, die zuweilen in persönliche Gehässigkeit ausartete. Besonders erbittert war Bismarck auf ihn, als er erfuhr, daß er sich um die Hand der Tochter des Kronprinzen, Viktoria, bewarb, und daß die Kronprinzessin diese Verbindung lebhaft begünstigte. Er setzte beim Kaiser durch, daß dieser eine solche Verbindung verbot. Die Kronprinzessin mußte sich fügen.

Kurz darauf nahm die bulgarische Angelegenheit eine ebenso überraschende wie unerfreuliche Wendung. In der Nacht vom 20. auf den 21. August 1886 wurde Fürst Alexander durch eine Bande verschworener bulgarischer Offiziere aus seinem Palais in Sofia gewaltsam entführt und außer Landes gebracht. Er konnte zwar noch einmal dahin zurückkehren und wurde von dem bulgarischen Volk mit Begeisterung empfangen. Aber der Zar sprach ihm in einem groben Telegramm seinen höchsten Unwillen aus, und nun entschloß der Fürst sich, seine Krone endgültig niederzulegen. Er verließ Bulgarien, um nie dorthin zurückzukehren.

Diese Vorgänge riefen in ganz Europa die größte Aufregung hervor. Allgemein nahm man an, daß die Verschwörer die Werkzeuge Rußlands gewesen waren, und der britische Premierminister Lord Salisbury nannte sie in seiner Guildhallrede vom 9. November 1886 rundheraus »Männer, die durch fremdes Gold verführt worden seien«. Auch in Deutschland war man über die russischen Methoden höchst aufgebracht, zumal Alexander nach seinem Sieg über die Serben als ein »deutscher Held« gefeiert worden war. Wiederum stand Bismarck zu dieser Stimmung im denkbar schärfsten Gegensatz. Auf seinen Befehl schrieb seine Presse über diese Vorgänge in einem solchen Ton, daß ein freisinniges Blatt von einem »Wettkriechen vor Rußland« sprach. Diese Entrüstung suchte Bismarck als ein parteipolitisches Manöver abzutun. Aber es steht fest, daß sie auch von Kreisen geteilt wurde, die weder freisinnig noch gegen die Regierung eingenommen waren, z. B. von zahlreichen Offizieren. General von der Goltz, der berühmte deutsche Organisator der türkischen Armee, schrieb aus Konstantinopel, Deutschlands Beflissenheit, Rußland zu dienen, habe dort geradezu verblüfft.

Warum war Bismarck so erbittert auf den Battenberger? Ein seltsames Licht wirft auf diese Frage ein Immediatbericht, den der Kanzler etwa einen Monat nach dem Sturz des Fürsten Alexander Kaiser Wilhelm erstattete. Darin behauptet er, daß der Battenberger, der sich nach Darmstadt zu seiner Familie zurückgezogen hatte, beabsichtige, sich in Deutschland »eine befriedigende Existenz mit größerer Sicherheit und Annehmlichkeit zu begründen«. Die deutsche Opposition hätte in ihm ein nützliches Werkzeug zur Schädigung der Regierung erkannt. »Alle Parteien und Personen, welche am Umsturz des Bestehenden arbeiten, haben mit richtigem Instinkt erkannt, daß Alexander . . . dazu benutzt werden könnte, eine Rolle an der Spitze der Unzufriedenen zu spielen.« Für ihn seien alle Oppositionsparteien. »Er würde *als Reichskanzler* die Majorität des Reichstags für sich haben.« Damit ist die sogenannte Mehrheit »Richter-Windthorst-Grillenberger« gemeint, die so nach den parlamentarischen Führern der Freisinnigen, des Zentrums und der Sozialdemokraten genannt wurde und mit der Bismarck in ständiger Fehde lag.

Dabei konzentrierte sich Bismarcks Haß vorwiegend auf die Deutschfreisinnige, die Kronprinzenpartei. Der Tag, an dem Friedrich Wilhelm den Thron besteigen würde, schien unaufhaltsam näherzurücken. Wilhelm I. war nun fast 90 Jahre alt. Im vorangegangenen Jahr war er von einer Krankheit befallen worden, die das nahende Ende anzukündigen schien. Im Mai 1885 hatte der französische Botschafter Baron Courcel darüber eine Unterhaltung mit dem Reichskanzler. In seinem Bericht schildert er die Erregung Bismarcks in den lebhaftesten Farben: »Je vis son menton s'agiter d'un tremblement convulsif, ses joues s'interjectèrent de rougeur, ses yeux se mouillèrent de larmes.« Diese Krankheit war allerdings noch einmal vorübergegangen, aber der Gedanke an den drohenden Thronwechsel verließ den Kanzler nicht mehr. Was würde er für ihn selbst bedeuten? Vor seinen Augen stand das Bild des vielverspotteten und vielgefürchteten »Kabinett Gladstone«, in das die bedeutendsten Köpfe der Freisinnigen berufen werden und dessen dekorative Spitze der Battenberger sein würde. Die Aussichten dieses Kabinetts würden gar nicht schlecht sein. Es würde nicht nur im Reichstag auf eine Mehrheit rechnen können, sondern sich vor allem der mächtigen Unterstützung des neuen Kaisers und seiner Gattin erfreuen.

Niemand, der Bismarck kannte, konnte annehmen, daß er tatenlos mit verschränkten Armen zusehen würde, wie diese Gefahr zur Tatsache würde. Ein Kämpfer wie Bismarck greift an, bevor der Feind zum Schlagen bereit ist. Das deutsche politische System, das er geschaffen, sicherte ihm die Macht, solange er sich entweder auf die Krone oder auf das Parlament stützen konnte. Die Thronfolge konnte er nicht verhindern. Der Punkt, an dem er ansetzen mußte, war daher der Reichstag. Wenn es ihm gelang, die Zusammensetzung des Parlaments zu seinen Gunsten umzugestalten, dann war der neue Kaiser außerstande, sich seiner zu entledigen, und Bismarck konnte mit Zuversicht auf eine Verewigung seiner Herrschaft rechnen. Um zu diesem Ziel zu gelangen, brauchte Bismarck eine Reichstagsauflösung und Neuwahlen unter einer Parole, die ihm gute Chancen bot. Aus langer Erfahrung wußte er, daß er mit einer militärischen Frage die patriotischen Gefühle der Wähler in Bewegung setzen konnte. Sein Appell mußte unwiderstehlich werden, wenn er dem deutschen Volk den Glauben beibringen konnte, daß ein Krieg vor der Tür stand. Diese Lage erklärt es m. E., daß Bismarck mit seiner neuen Militärvorlage nicht bis zum Ablauf des Septennats von 1880 wartete; denn in der Zwischenzeit könnte der greise Kaiser sterben, und dann wäre es vielleicht zu spät.

Die Vermehrung der Heeresstärke, welche die neue Vorlage brachte, gab Bismarck die gewünschte Gelegenheit zur Reichstagsauflösung nicht. Windthorst, der argwöhnisch auf die Manöver des Kanzlers aufpaßte und ein Gefühl für dessen Lage und Ziele hatte, bewog die Mehrheit des Reichstags, für die Vermehrung in ihrem ganzen Umfange zu stimmen. Sie bewilligte »jeden Mann und jeden Groschen«, wie der populäre Ausdruck lautete. Aber der eigentliche Kampf entbrannte über die *gesetzliche Dauer* der neu festzusetzenden Friedenspräsenzstärke. Die Regierung forderte ihre Festlegung auf sieben Jahre, obwohl sie zugeben mußte, daß diese Frist in keinem früheren Falle eingehalten worden war. Aber das störte Bismarck nicht. Sein wahrer Grund war, daß er mit Sicherheit berechnen konnte, daß die

Freisinnigen dieser Forderung unter keinen Umständen zustimmen konnten; denn ihr Programm hinderte sie daran. Als die Fortschrittspartei und die ehemals nationalliberalen Sezessionisten sich 1884 zu der neuen Partei vereinigt hatten, waren die divergierenden Ansichten der beiden Gruppen über die Militärfragen durch einen Kompromiß ausgeglichen worden. Man hatte sich geeinigt auf die »Feststellung der Friedenspräsenzstärke innerhalb jeder Legislaturperiode«, d. h. für *höchstens drei Jahre.* Um so hartnäckiger bestand Bismarck auf *sieben Jahren.*

Seine ganze Taktik war darauf angelegt, den Bruch unvermeidlich zu machen. Zehn Tage vor dem Zusammentritt des Reichstags zog Bismarck sich nach Friedrichsruh zurück. Dort blieb er während der ersten Lesung der Vorlage und während der Kommissionsberatung, in welcher das Schicksal der Vorlage entschieden werden mußte. Von Friedrichsruh aus schrieb er dem Kriegsminister, der die Vorlage zu vertreten hatte, scharfe und böse Briefe, die offensichtlich darauf angelegt waren, jede Verständigung mit der Reichstagsmehrheit zu verhindern. Er wollte die Parteiführer dazu verleiten, sich gegen das Septennat in einer Weise festzulegen, die ihnen jeden späteren Rückzug und jeden Verständigungsversuch unmöglich machen sollten.

Besonders interessant sind in diesem Zusammenhang Bismarcks Verhandlungen mit dem Vatikan, um diesen dahin zu bringen, daß er dem Zentrum befahl, für das Septennat zu stimmen. Als der preußische Gesandte am Vatikan berichtete, der Papst sei zu einem solchen Befehl bereit, falls die Regierung eine Revision der Kirchengesetze verspreche, lehnte Bismarck das in einem sehr schroffen Telegramm ab, indem er rundheraus erklärte, die Regierung würde auf eine »sehr viel günstigere Operationsbasis« gestellt werden, wenn das Zentrum die Vorlage ablehnte. Ja, er scheute sich nicht, hinzuzusetzen: »Die Armeeverstärkung machen wir auch ohne Zentrum, und zur Not *ohne Reichstag.*« Wie so oft, mußte auch jetzt der Welfenfonds für seine politischen Zwecke herhalten. Seinen Kollegen im Staatsministerium vertraute der Kanzler unter dem Siegel der strengsten Verschwiegenheit schmunzelnd an, daß die Gelder des Welfenfonds für ihn in Rom arbeiteten.

Nachdem der Ausschuß des Reichstags das Septennat abgelehnt hatte, kehrte Bismarck nach Berlin zurück. Er fühlte sich jetzt sicher, daß die Gefahr einer Annahme seiner Vorlage nicht mehr bestand. Jetzt änderte er seine Taktik und trat persönlich mit aller Wucht in den Vordergrund. Er benutzte die zweite Beratung im Plenum, um den Wahlkampf durch mehrere Reden von besonderer Kraft und Schärfe wirksam vorzubereiten. Sie gehören zu seinen bedeutendsten und interessantesten Reden. Bei der Behandlung der internationalen Lage verwahrte er sich feierlich und grundsätzlich gegen die Absicht, einen Präventivkrieg zu entfesseln. Dies motivierte er mit dem geflügelten Worte: »Ich kann der göttlichen Vorsehung nicht in die Karten sehen.« Er gab zu, daß sowohl die französische Regierung wie die Mehrheit des französischen Volkes friedliebend seien, aber er behauptete, in Frankreich läge die Entscheidung stets in der Hand einer entschlossenen Minderheit, und er bezeichnete General Boulanger als denjenigen, der Deutschland angreifen werde, sobald er an die Spitze der Regierung kommen sollte. »Wir haben den Krieg zu fürchten durch den Angriff Frankreichs; ob in zehn Tagen oder in zehn Jahren, das ist eine Frage, die ich nicht entscheiden kann.« Dieser Krieg würde einen furchtbaren Charakter annehmen, er würde »bis zum Weißbluten« geführt werden. Bei der Würdigung dieser machtvollen und eindrucksvollen Rede muß man sich vergegenwärtigen, daß Bismarck wenige Tage zuvor eines Immediat-Berichts des Botschafters in Paris an den Kaiser habhaft geworden war, in welchem Münster auseinandersetzte, daß an einen französischen Angriff gar nicht zu denken sei. Bismarck zwang den Botschafter, diesen Bericht zurückzuziehen, und begründete sein Verlangen mit dem Argument: »Wenn S. M. und die verbündeten Regierungen diese Ansichten teilten, so würde die Reichsregierung kaum in der Lage sein, die von ihr gemachte Militärvorlage vor dem Reichstag zu vertreten und aufrechtzuerhalten.« Hier ist also das Primat der Außenpolitik geradezu in sein Gegenteil verkehrt. Wie hatte der frühere Botschafter in Paris, Graf von der Goltz, im Dezember 1863 an Bismarck geschrieben? »Wenn die Gesandten durch eine Art von Terrorismus gehindert werden, ihre Ansicht auszusprechen, so ist der König nicht mehr *en pleine connaissance de cause* . . . Das ist zwar nicht die parlamentarische, aber auch nicht mehr die monarchische Regierung, sondern die Diktatur des Ministers der Auswärtigen Angelegenheiten« (S. 83).

Ob nun Bismarcks Behauptungen über die französische Kriegsgefahr berechtigt waren oder nicht, für die vom Reichstag zu entscheidende Frage, ob das Gesetz für sieben Jahre gelten sollte, wie die Regierung verlangte, oder für drei Jahre, wie Freisinnige und Zentrum es bewilligen wollten, waren sie offensichtlich belanglos. »Wozu diese langen Deduktionen des Reichskanzlers«, sagte Windthorst in seiner Erwiderung, »die beweisen sollen, daß wir die Verstärkung des Heeres nötig haben? Die große erdrückende Mehrheit ist bereit, die volle Forderung zu genehmigen.« Das wußte Bismarck natürlich ebensogut. Aber er hielt seine Rede ja nicht für den Reichstag, sondern für die Wählerschaft, die er nach der Auflösung in Aufregung versetzen wollte.

Der Reichstag bewilligte das Gesetz auf drei Jahre. In demselben Augenblick, in dem der Präsident das Ergebnis der Abstimmung verkündete, erhob sich der Kanzler und verlas die bereitgehaltene kaiserliche Botschaft, die den Reichstag auflöste. Nicht einen Augenblick wollte Bismarck verlieren, der vielleicht von Windthorst zu neuen Kompromißversuchen hätte benutzt werden können.

Den Wahlfeldzug führte Bismarck mit seinem ganzen unvergleich-

»Der Lotse verläßt das Schiff« – Karikatur zu Bismarcks Entlassung. Aus dem »Punch« am 29. 3. 1890.

Am 16. März 1899 wurden die Leichen Otto von Bismarcks und seiner Frau nach Friedrichsruh überführt.

lichen Geschick, seiner höchsten Energie und seiner ganzen Bedenkenlosigkeit. Wie schon in seinen Reichstagsreden benutzte er das Schreckgespenst eines französischen Angriffskrieges. Auf jede erdenkliche Weise wußte er im deutschen Volk die Angst zu erwecken, daß ein Angriff der Franzosen bevorstehe, daß Boulanger den Krieg vorbereite, daß die Turkos in Deutschland einbrechen würden – wenn das Septennat nicht angenommen würde. Dieselbe Zeitung, die 1875 die Welt durch den Ruf »Krieg in Sicht« erschreckt hatte, brachte jetzt einen Artikel mit der Überschrift »Auf des Messers Schneide«, der Boulanger als die ausschlaggebende Person in Frankreich hinstellte und beteuerte, daß dieser, selbst wenn er wollte, nicht mehr auf den Weg des Friedens zurückkehren könne. Um sich eine Mehrheit im Reichstag zu sichern, bewog Bismarck die drei Parteien, die für das Septennat eingetreten waren, Konservative, Reichspartei und Nationalliberale, sich zu einem »Kartell« zusammenzuschließen, das in jedem gefährdeten Wahlkreis nur einen gemeinsamen Kandidaten aufstellte. Da nach dem geltenden Wahlrecht eine Stichzahl nur zwischen den zwei Kandidaten zulässig war, die im ersten Wahlgang die meisten Stimmen erhalten hatten, erhöhte diese Methode die Chance, den Oppositionsmann aus der Stichwahl zu verdrängen. Großen Eindruck machte es auch, daß Bismarck Rudolf von Bennigsen bewog, ins politische Leben zurückzukehren und eine Kandidatur für den Reichstag zu übernehmen. Auch Miquel, damals Oberbürgermeister von Frankfurt, bewarb sich wieder um ein Mandat.

Das Ergebnis der Wahl war ein *vollständiger Sieg Bismarcks* und eine vernichtende Niederlage der Deutschfreisinnigen. Diese verloren zwar nicht allzu viele Stimmen, aber die Hälfte ihrer Mandate. Um so überraschender war auf der anderen Seite, daß das Zentrum mit seinen sämtlichen hundert Abgeordneten in den Reichstag zurückkehrte. Dabei hatte Bismarck es diesmal fertiggebracht, den Vatikan vor seinen Wagen zu spannen. Er konnte einen Brief des Kardinal-Staatssekretärs veröffentlichen, welcher dem Zentrum das Mißfallen des Papstes aussprach, weil es das Septennat abgelehnt hatte. Es ist eine der größten und glänzendsten Leistungen Windthorsts, daß es ihm gelang, die Gefahren abzuwenden, mit denen dieser Brief seine ganze politische Stellung bedrohte, und sein Schiff in den Hafen zu bringen. Aber trotz dieses Erfolges sah er jetzt sehr düster in die Zukunft. Zu einem liberalen Freunde sagte er: »Nach diesen Wahlen fange ich an, an der Zukunft eines Volkes zu zweifeln, das seine besten Freunde so verunglimpfen läßt.«

Die Nationalliberalen erlebten einen Sieg, wie sie sich ihn seit der Spaltung der Partei nicht mehr erträumt hatten. Aber ihr Sieg war durchaus keine Wiedererstarkung des Liberalismus. Bamberger charakterisierte ihn treffend mit den Worten: »Der Geist der Nationalliberalen, pomphafte Unterwürfigkeit, ist der Ausdruck der deutschen Mittelklassen. Der deutsche Parlamentarismus war eine Episode.« In der Tat, wie sehr hatte sich der Liberalismus dieser einst so stolzen Partei seit 1866 verflüchtigt! In Bamberger lebte noch etwas von dem Geist des Jahres 1848, in dem er einst mitgekämpft hatte. Er mußte bitter enttäuscht sein, wenn er die klägliche Rolle betrachtete, die dem Liberalismus in dem großen Reich des großen deutschen Kanzlers zugewiesen worden war. Das kommt sehr bitter in einer Bemerkung zum Ausdruck, die er beim Wiedersehen mit einem Mitkämpfer von 1848, Karl Schurz, machte. Beide waren nach dem Zusammenbruch der Revolution ins Exil gegangen. Aber während Bamberger nach 1866 in die Heimat zurückgekehrt war, um am Aufbau des neuen Deutschen Reiches mitzuarbeiten, war Schurz in den Vereinigten Staaten geblieben und dort zu einer führenden Stellung emporgestiegen. Sein Los mit dem seines Freundes vergleichend, schrieb Bamberger: »An Schurz habe ich meine Freude gehabt. So könnten wir werden, wenn wir nicht in einer Hundehütte säßen.«

Aber Bamberger war auch klug genug, um zu sehen, was Bismarcks wahres Ziel bei der Entfesselung des Wahlkampfes gewesen war. »Der Kronprinz ist jetzt aller Verlegenheiten überhoben«, schrieb er nach der Wahlniederlage. »Er wird tun, was Bismarck will.« Die Kronprinzenpartei und das »Kabinett Gladstone« waren erledigt. Auch wenn der alte Kaiser am nächsten Tage sterben sollte, würde der neue Kaiser völlig abhängig von Bismarck gewesen sein.

Aber nun folgte eine der bittersten Ironien der Geschichte. Wenige Monate nach dem Wahlkampf, den Bismarck gegen seinen künftigen Kaiser geführt und gewonnen hatte, stellte es sich heraus, daß dieser künftige Kaiser ein todkranker Mann war. Kaum durfte man hoffen, daß er überhaupt jemals zur Regierung kommen werde. Es war ein Schatten, ein tragischer Schatten, über den Bismarck seinen letzten großen Triumph errungen hatte.

13. Der Rückversicherungsvertrag mit Rußland 1887

Das Kriegsgespenst, mit dessen Hilfe Bismarck die Reichstagswahlen gewonnen hatte, machte einen tiefen Eindruck in Europa, ganz besonders in Frankreich, wo jedermann den Angriff von der anderen Seite fürchtete. Diese Ängste beruhigten sich natürlicherweise auch noch nicht so bald, nachdem der Wahlkampf vorbei war. Wie groß die Aufregung in Frankreich war, zeigte sich einige Wochen später bei einem Vorfall, der unter normalen Umständen vermutlich als ein unbedeutender Zwischenfall behandelt worden wäre. Ein Beamter der französischen Grenzpolizei, Schnaebele, wurde im April 1887 von der deutschen Polizei wegen angeblicher Beteiligung an einem Landesverrat verhaftet, wobei es nicht einmal über allen Zweifel sicher war, ob die Festnahme diesseits oder jenseits der Grenze stattgefunden hatte. Der Vorgang war deshalb so anrüchig, weil Schnaebele von einem deutschen Grenzbeamten unter dem Vorwand, daß eine gemeinsame Dienstangelegenheit zu erledigen sei, über die Grenze gelockt worden war. Die Franzosen glaubten, es handle sich um eine Falle, die Bismarck ihnen gestellt habe, um ihr nationales Gefühl zum Aufwallen zu bringen und einen Krieg zu provozieren. Dieser Verdacht ist jedoch unbegründet. Bismarck sah vielmehr nach wenigen Tagen, daß die deutsche Position unhaltbar sei, und ordnete die Freilassung Schnaebeles in einem sehr klugen, auch völkerrechtlich bemerkenswerten Erlaß an. Infolgedessen legte sich allmählich die Aufregung, nachdem es ein paar Tage so ausgesehen hatte, als ob Europa dicht vor einem Kriege stände. Aber der Vorfall zeigte mit erschreckender Deutlichkeit, wie zugespitzt die Lage war. Selbst als Boulanger kurz darauf durch den Präsidenten Grévy mit der Hilfe des neuen Ministerpräsidenten Rouvier aus dem Kriegsministerium verdrängt wurde, kehrte die friedliche Stimmung noch nicht zurück.

Um so mehr war Bismarck darauf bedacht, Frankreich politisch und diplomatisch vollständig zu isolieren. In einer Reihe von Verhandlungen mit Österreich, Italien und Großbritannien schmiedete er geradezu eine Kette von internationalen Verträgen, die alle dazu dienen sollten, Deutschlands Stellung zu sichern. Wenn man bedenkt, daß er damals bereits ein Mann von 72 Jahren war, muß man staunen über die rege und vielseitige Tätigkeit, die er in diesem Jahre 1887 entfaltete. Seine Energie und Wendigkeit standen auf ganzer Höhe.

Das interessanteste Glied dieser Kette von Verträgen ist der geheime Vertrag, den Bismarck am 18. Juni 1887 mit Rußland abschloß und der unter dem Namen *Rückversicherungsvertrag* berühmt geworden ist. Das Geheimnis wurde so sorgfältig gehütet, daß die erste Nachricht, die Deutschland und Europa davon erhielt, von Bismarck selbst kam, und zwar unter außerordentlich merkwürdigen Umständen. Im Herbst 1896 stattete der Zar dem Präsidenten der französischen Republik in Paris einen Besuch ab, der als die feierliche Bestätigung des russisch-französischen Bündnisses angesehen wurde und in Frankreich eine beispiellose Begeisterung hervorrief. Bismarck, der jetzt ein gestürzter Mann voller Haß gegen seine Amtsnachfolger und besonders gegen den Kaiser Wilhelm II. war, klagte diese in seinem Leibblatte, den »Hamburger Nachrichten«, an, die Schuld an dem Zustandekommen der russisch-französischen Allianz zu tragen; denn sie hätten es abgelehnt, den Vertrag zu erneuern, den er selbst mit der russischen Regierung abgeschlossen hatte und der eine Annäherung zwischen Rußland und Frankreich unmöglich gemacht hätte. Diese geradezu unglaubliche Enthüllung eines Staatsgeheimnisses von allerhöchster Bedeutung hat bis in unsere Tage den Eindruck lebendig erhalten, als ob dieser Rückversicherungsvertrag ein wirksames Mittel gewesen wäre, eine Entwicklung zu verhindern, die niemals eingetreten wäre, wenn nur Bismarck an der Spitze des Deutschen Reiches geblieben wäre.

Wie liegen die Tatsachen?

Im Jahre 1887 bestand noch das Drei-Kaiser-Bündnis, und nicht nur die österreichische Regierung, sondern auch der Auswärtige Minister Rußlands, Giers, hofften, daß es vor seinem Ablauf im Juni 1887 erneuert werden würde. Aber der Zar war dagegen, und Bismarck tat nichts, um seinen Widerstand zu überwinden. Im Januar 1887 kam Graf Peter Schuwalow, der frühere russische Botschafter in London, der auf dem Berliner Kongreß sich der Gunst Bismarcks erfreut hatte (S. 247), nach Berlin, wo sein Bruder, Graf Paul Schuwalow, russischer Botschafter war. Beide Brüder vertraten im Gegensatz zu dem Minister Giers den Gedanken, daß Rußland das Drei-Kaiser-Bündnis nicht erneuern, dafür aber mit dem Deutschen Reich allein ein Bündnis eingehen sollte. In diesem Sinne wirkten sie besonders auch auf den Zaren ein und stärkten seine Abneigung gegen die von Giers empfohlene Politik. In diesem Sinne äußerte sich Peter Schuwalow in Berlin zu Bismarck und seinem Sohn Herbert, dem Staatssekretär des Auswärtigen Amtes. Diese Anregung nahm Bismarck sehr günstig auf. Herbert Bismarck hatte über eine Unterredung mit Peter Schuwalow berichtet, dieser schlage einen Vertrag zwischen Deutschland und Rußland vor, in dem die Partner sich gegenseitig wohlwollende Neutralität zusicherten für die beiden Fälle, die ihnen die wichtigsten waren, nämlich für einen Krieg Deutschlands gegen Frankreich und für einen russischen Krieg zum Erwerb der Meerengen von Konstantinopel. Dazu schreibt Bismarck: »Den halte ich für möglich, trotz Garantie der Integrität Österreichs.« Die Übereinstimmung ging so weit, daß der Kanzler bereits am 10. Januar mit Schuwalow gemeinsam die Grundzüge eines solchen Vertrages entwarf. Bismarck war dann sehr enttäuscht und aufgebracht, als Monate vergingen, ohne daß die russische Regierung Schuwalows Plan amtlich aufgenommen hätte. Der Grund dieser Zögerung war, daß der Zar persönlich sich weigerte, Bismarck freie Hand gegenüber Frankreich zu geben.

Endlich im Mai 1887 langte der Botschafter Paul Schuwalow mit dem Entwurf eines Vertrages in Berlin an. Er hatte seine erste Unterredung mit Bismarck am 11. Mai 1887. In dieser Unterredung beging Bismarck eine Indiskretion, die bereits eine arge Treulosigkeit gegenüber seinem österreichischen Bundesgenossen war. Nachdem er dem Botschafter erklärt hatte, daß er einer Besetzung Konstantinopels durch die Russen nichts in den Weg legen werde, setzte er ihm auseinander, wie schwierig es für ihn sei, die deutsche Neutralität für einen Krieg Rußlands gegen Österreich-Ungarn zu versprechen. Hören wir Schuwalows eigenen Bericht: »Zu meiner größten Überraschung entnahm der Reichskanzler seiner Mappe eine Urkunde und las sie mir von Anfang bis zu Ende vor. Es war der Text des geheimen Vertrages (mit Österreich), der im Oktober 1879 für 10 Jahre abgeschlossen worden war.« Dazu bemerkt Schuwalow mit Bleistift am Rande: »Der Kanzler bat mich, nichts davon zu sagen, daß er mir den Text wörtlich vorgelesen hat.« Diese Bitte ist sehr verständlich, da der Vertrag selbst ausdrücklich und unzweideutig sagt, daß er einer dritten Macht nur auf Grund einer vorherigen Verständigung der beiden Vertragsparteien mitgeteilt werden soll. Eine solche Verständigung war nicht erfolgt, als Bismarck ihn dem Russen vorlas.

Der Grund für Bismarcks erstaunliche Indiskretion war, daß er Schuwalow zeigen wollte, wie weit er bei einer Verständigung mit Rußland gehen konnte, und ihm klarmachen wollte, daß er sich nicht zur Neutralität für den Fall verpflichten konnte, daß Rußland einen Angriffskrieg gegen Österreich führte. Alle anderen Forderungen Rußlands war er bereit, zu konzedieren. Als Gegengabe für diese Bereitwilligkeit erwartete er offensichtlich die Zusicherung der russischen wohlwollenden Neutralität im Falle eines deutschen Krieges gegen Frankreich. Er war daher abermals enttäuscht, als Schuwalow ihm in einer zweiten Unterredung mitteilte, daß Rußland die Verpflichtung zur Neutralität in dem Falle eines deutschen Angriffskrieges gegen Frankreich ablehnte. Der Zar selbst war es, der die Instruktion des Botschafters in diesem Sinne angeordnet hatte. Das Ergebnis der Verhandlungen war ein Vertrag, in dem beide Parteien sich gegenseitig wohlwollende Neutralität für den Fall des Krieges gegen eine dritte Großmacht zusicherten. Aber diese Zusage war auf beiden Seiten eingeschränkt: sie sollte nicht Platz greifen im Falle eines russischen Angriffs auf Österreich-Ungarn und eines deutschen Angriffs auf Frankreich. Außerdem erkannte Deutschland das vorwiegende Interesse Rußlands in Bulgarien an und versprach ihm nicht nur wohlwollende Neutralität, sondern auch seine moralische und diplomatische Unterstützung, falls der Zar sich entschließen sollte, den Eingang zum Schwarzen Meer zu verteidigen und Maßnahmen zu ergreifen, »*pour garder le clef de sons Empire*«. Mit diesem »Schlüssel des russischen Reiches« war natürlich auf die Meerengen des Bosporus und der Dardanellen hingewiesen. Der Vertrag wurde in Berlin am 18. Juni 1887 unterzeichnet, d. h. an demselben Tage, an dem das Drei-Kaiser-Bündnis erlosch.

Zwei Fragen sind es, vor die uns dieser Vertrag stellt. Die erste ist die Frage, ob er mit den anderen zu Recht bestehenden Verträgen des Deutschen Reiches vereinbar ist, die zweite, ob er tatsächlich den Zweck erfüllt hat, für den er geschlossen war. Sicherte er Deutschland gegen einen Krieg mit Rußland oder dagegen, daß Rußland sich in einem deutsch-französischen Kriege auf die Seite Frankreichs stellte? Die erste Frage gehört in das Gebiet des Völkerrechts und der politischen Moral, die zweite in das des politischen Erfolgs.

Suchen wir zunächst die erste Frage zu beantworten. Hier handelt es sich in erster Linie um Deutschlands Bündnis mit Österreich-Ungarn. Dies blieb ja nicht nur bestehen, es war nach wie vor die offizielle Grundlage der deutschen Außenpolitik. Hier hatte Deutschland der Habsburg-Monarchie seinen Beistand versprochen, falls sie von Rußland angegriffen wurde. Unter dem neuen Vertrag, dem Rückversicherungsvertrag, versprach Deutschland den Russen seine Neutralität, falls sie von der Habsburg-Monarchie angegriffen werden sollten. Die Verteidiger des Rückversicherungsvertrags behaupten, daß beide Verträge sehr wohl miteinander vereinbar seien, weil sie verschiedene Fälle ins Auge faßten. Aber in Wahrheit ist der Unterschied der beiden Fälle nur ein scheinbarer und kein wirklicher. Denn alles hängt davon ab, wie in einem konkreten Falle die Frage beantwortet wird: wer ist der Angreifer? Das ist aber die schwierigste und verwickeltste Frage, die es überhaupt in der Politik gibt. Solange Kriege geführt werden, haben beide Parteien immer mit der gleichen Entschiedenheit erklärt, die angegriffene zu sein. Während und nach jedem Kriege hat eine unendliche Kontroverse darüber getobt, wer denn nun in Wahrheit der Angreifer gewesen ist. Wer war es z. B. im Siebenjährigen Krieg, im Krieg von 1870, im Ersten Weltkrieg?

Nehmen wir einmal an, zwischen Rußland und Österreich-Ungarn wäre ein Krieg ausgebrochen. Beide Reiche würden sich an Deutschland mit der Aufforderung gewandt haben, seine vertraglichen Pflichten zu erfüllen. Dann mußte die Frage, wer in diesem Krieg der Angreifer war, nicht in einer sorgfältigen und ruhigen Untersuchung entschieden werden, wie sie der Historiker zwanzig oder hundert Jahre später anstellen kann, sondern in der denkbar kürzesten Frist, vielleicht binnen vierundzwanzig Stunden. Und wer war der Richter, der sie zu entscheiden hatte? Der deutsche Kaiser oder, solange Bismarck am Ruder stand, der deutsche Reichskanzler. Mit anderen Worten, die Frage, wer ist der Angreifer, mußte von demselben Mann entschieden werden, der diese Entscheidung in die Tat umsetzen mußte, entweder dadurch, daß er in den Krieg eintrat, oder dadurch, daß er sich neutral erklärte. Freilich hatte auch nach dem deutsch-österreichischen Bündnisvertrag der deutsche Kaiser diese Frage zu entscheiden; er war berechtigt zu erklären, in diesem Falle ist Österreich der Angreifer, also liegt der *casus foederis* nicht vor. Aber die Lage unterschied sich trotzdem fundamental vor und nach Abschluß des Rückversicherungsvertrages. Solange das Deutsche Reich nur mit Österreich-Ungarn verbündet war, konnte der Kaiser von Österreich sich darauf verlassen, daß der deutsche Kaiser diese Frage im Geiste der Bundestreue prüfen und entscheiden würde. Von dem Augenblick an, in dem Bismarck hinter dem Rücken seines Alliierten den geheimen Rückversicherungsvertrag mit Rußland abschloß, konnte er diese Zuversicht nicht mehr haben. Denn von diesem Augenblick an hatte Deutschland ein eigenes Interesse, die Vorteile gegeneinander abzuwägen, die ihm die Erfüllung des einen oder des anderen Vertrages bringen würde. Deutschlands Haltung hing also ausschließlich von der Erwägung seines eigenen Vorteils ab, nicht mehr von dem Bündnisvertrage. Der Rückversicherungsvertrag beraubte Österreichs Vertrag mit dem deutschen Reich jedes wirklichen Wertes.

Der Rückversicherungsvertrag war geheim. Wie aber, wenn er durch irgendeinen Zufall Österreich verraten worden wäre? Volk und Regierung würden sich dort von ihrem Bundesgenossen verraten gefühlt haben, und mit gutem Grunde. Kann man einen Vertrag rechtfertigen, den der eine Bundesgenosse hinter dem Rücken des anderen mit eben der Macht abschließt, gegen die ihr Bündnis gerichtet ist? Im Privatleben würde niemand daran denken, ein solches Verhalten zu verteidigen. Darf es im politischen Leben der Völker anders sein?

Alle diese Überlegungen sind keineswegs nur theoretische Konstruktion. Die veröffentlichten Akten zeigen deutlich, wie heikel die praktischen Fragen in den Monaten wurden, die dem Vertragsschluß folgten. Dabei ist der österreichische Vertrag nicht der einzige, mit dem der Rückversicherungsvertrag in unvereinbarem Widerspruch steht. Hier räumte Bismarck Rußland das Recht auf die Meerengen ein, in den Monaten vorher aber hatte er auf Österreich, Italien und vor allem Großbritannien eingewirkt, um sie zu gegenseitigen Zusagen zu bringen, welche die Aufrechterhaltung des *status quo* im Mittelländischen und Ägäischen Meer sichern sollten. In einem Vertrag mit Italien vom Februar desselben Jahres hatte die deutsche Regierung der italienischen zugesichert, sie über alle die Dinge zu informieren, die sie ihr nach dem Rückversicherungsvertrag vom Juni verheimlichte. Anderes ließe sich hinzufügen. Aber dies mag genügen, um zu zeigen, daß der Rückversicherungsvertrag unter dem Gesichtspunkt des Völkerrechts und der politischen Moral nicht gerechtfertigt werden kann.

Wie aber steht es mit dem Erfolg des Vertrages? Die »Realpolitiker«, die nur die Gesichtspunkte der reinen Machtpolitik anerkennen, werden vielleicht sagen, die rechtlichen und moralischen Fehler des Vertrages würden bei weitem aufgewogen durch die Tatsache, daß er eine französisch-russische Allianz wirksam verhindert habe. Sie können darauf hinweisen, daß diese Allianz erst zustande gekommen ist, nachdem Bismarck gestürzt war und seine Nachfolger die unverzeihliche Torheit begingen, auf den Rückversicherungsvertrag zu verzichten. Sie können sich darauf berufen, daß der Vertrag im Jahre 1890 außer Kraft trat, als Caprivi seine Verlängerung ablehnte, daß die Entente Cordiale zwischen Frankreich und Rußland erst im August 1891 begann und ihre volle Bedeutung dann durch die Militärkonvention vom August 1892 erhielt. Aber das ist nur die eine Seite der Sache.

Zunächst: vergessen wir nicht, daß ebensogut wie Deutschland trotz seines Bündnisses mit Österreich sich berechtigt fühlte, mit Rußland den Rückversicherungsvertrag abzuschließen, auch der Zar trotz dieses Vertrages berechtigt gewesen wäre, sich mit Frankreich zu verbünden. Er hatte sich die Freiheit der Aktion vorbehalten, falls Frankreich von Deutschland angegriffen werden sollte. Tatsächlich waren sowohl die Wilhelmstraße wie der Botschafter von Schweinitz sich durchaus nicht sicher, ob der Zar nicht mit Frankreich ein geheimes Einverständnis abgeschlossen hatte oder demnächst abschließen werde. Aber das ist nicht der entscheidende Punkt. Viel bedeutsamer noch ist die Frage, ob der Rückversicherungsvertrag eine Annäherung zwischen Rußland und Deutschland herbeigeführt hat und ob die Stimmung der beiden Regierungen – von den Völkern gar nicht zu reden – infolge des Vertragsschlusses freundlicher geworden ist. Diese Frage ist unbedingt zu verneinen.

Nur wenige Tage nach dem Abschluß des Vertrages war die deutsche Presse erfüllt von Angriffen auf den Wert und die Sicherheit der russischen Staatspapiere, die an der Berliner Börse gehandelt wurden. Für Rußland waren auswärtige Anleihen unentbehrlich. Berlin war für diese der wichtigste Markt. Die deutsche Pressekampagne war die Antwort auf einen Ukas, den der Zar im Mai 1887, d. h. also während der Verhandlungen über den Rückversicherungsvertrag, erlassen hatte und der Ausländern verbot, in Rußland Grundeigentum zu besitzen. Er traf besonders deutsche Interessen, da zahlreiche Angehörige des Deutschen Reiches in Rußland Grundbesitz hatten. Der Ukas war auch tatsächlich eine Repressalie gegen eine deutsche politische Maßregel, nämlich gegen die Ausweisung von 30000 polnischen Untertanen Rußlands aus Preußen durch eine Verordnung Bismarcks (S. 66).

Diesem Pressefeldzug trat der Reichskanzler nicht nur nicht entgegen, er gab ihm sogar seinen offiziellen Segen, indem er die Deutsche Reichsbank und die Preußische Staatsbank (Seehandlung) anwies, gegen die russischen Papiere ein Lombard-Verbot zu erlassen. Das heißt, diese Banken schlossen russische Papiere von der Beleihung aus, ein Vorgehen, dem sich die anderen deutschen Banken anschließen mußten. Infolgedessen wurden die russischen Papiere aus Deutschland und aus den Händen der deutschen Kapitalisten vertrieben. Nun konnte Rußland ohne fremde Anleihen nicht bestehen. Wo sollte es sie jetzt hernehmen? Der einzige Markt, der den Russen zugänglich war und ausreichende Kapitalkraft besaß, war der französische, und die französischen Bankiers waren gern bereit, in die Lücke zu springen. Schon im Frühjahr 1888 erschienen sie in Petersburg, um über eine russische Anleihe zu verhandeln, und im Herbst wurde sie an der Pariser Börse voll gezeichnet. Andere Anleihen folgten mit noch besserem Erfolge. Das französische Publikum investierte sein Kapital gern in russischen Papieren, und bald war Paris für sie der ausschlaggebende Markt. Das war eine Entwicklung von höchster politischer Bedeutung. Die finanziellen Bande brachten die beiden Länder einander näher. Rußland war jetzt aufs höchste am Wohlergehen Frankreichs interessiert; auch der Zar konnte auf die Dauer nicht seine verächtliche Haltung gegenüber der Französischen Republik aufrechterhalten, deren Bürger Millionen über Millionen für sein Heer, seine Eisenbahnen und die wirtschaftliche Entwicklung seines

Reiches hergaben. Die Finanzen bahnten den Weg für eine politische Allianz. Bismarck hat immer behauptet, die politischen Beziehungen seien unabhängig von finanziellen und wirtschaftlichen Fragen. Nun zeigte sich, wie verfehlt diese Theorie war.

Hatte der Vertrag vielleicht wenigstens die Wirkung, den Zaren Alexander freundlicher für Deutschland und für Bismarck persönlich zu stimmen? Auch diese Frage ist zu verneinen. Seine wahre Stimmung trat sehr klar zutage, als er im November 1887 auf der Heimreise von Kopenhagen seinen Weg sehr widerwillig über Berlin nehmen mußte. Bismarck kam dorthin von seinem Landsitz, um vom Zaren in Audienz empfangen zu werden. Er war in hohem Grade nervös, denn er war sich nicht sicher, ob Alexander ihn überhaupt empfangen werde. Dieser hatte ihn nämlich im Verdacht, in der bulgarischen Frage ein doppeltes Spiel zu spielen. Bismarck war in der Lage, die Unrichtigkeit dieser Anschuldigung durch Urkunden nachzuweisen, die er dem Zaren vorlegte. Insofern endigte das Zusammentreffen für ihn mit einem Erfolg. Ist es aber nicht äußerst merkwürdig, daß der Zar dem deutschen Reichskanzler ein solches Manöver überhaupt zutraute, wenige Monate nachdem er mit ihm einen geheimen Vertrag abgeschlossen hatte, der die dauernde Freundschaft beider Reiche sichern sollte? Sogar Paul Schuwalow, der im Juni den Vertrag mit Bismarck zustande gebracht hatte, sagte im Dezember zu dem französischen Botschafter: »Seien Sie unbesorgt, wir werden Deutschland nicht erlauben, uns zu dirigieren. Die Zeit der Illusionen ist vorüber. Wir kennen sehr wohl den Wert unserer Aktionsfreiheit.« Auf der anderen Seite hielten in Deutschland die meisten Generäle einen Krieg mit Rußland für unmittelbar bevorstehend. Als Schweinitz im Dezember 1887 nach Berlin kam, wurde ihm eine Denkschrift des Feldmarschalls Moltke gezeigt, in welcher der Chef des Generalstabs der deutschen Armee eine sofortige Kriegserklärung gegen Rußland – mitten im Winter! – empfahl.

Das war nun freilich durchaus nicht die Auffassung des Reichskanzlers; aber wie tief sein Vertrauen in die guten Beziehungen zu Rußland gesunken war, zeigt die neue Militärvorlage, die er im Dezember 1887 dem Reichstag vorlegte. Sie erhöhte die Stärke des deutschen Heeres sehr erheblich dadurch, daß sie den Landsturm in es eingliederte. Damit beginnt die Entwicklung, die zu den Millionenheeren des zwanzigsten Jahrhunderts führte. Hier ist vielleicht der erste Schritt zu jener Auffassung des Krieges, die heute »total« genannt wird. Die Rede, mit der Bismarck im Februar 1888 für diese Vorlage eintrat, zielte deutlich auf Rußland. Einige Tage vorher hatte er den deutsch-österreichischen Vertrag veröffentlichen lassen, um der Welt zu zeigen, wo das Deutsche Reich stand. Das akzentuierte seine Reichstagsrede noch weit kräftiger. »Um Liebe werben wir nicht mehr, weder in Frankreich noch in Rußland. Wir laufen niemandem nach.« Das konnte man in Petersburg nicht mißverstehen. Vielleicht mußte der

Zar auch an den Rückversicherungsvertrag denken, wenn er in Bismarcks Rede die Worte las: »Keine Großmacht kann auf die Dauer in Widerspruch mit dem Interesse des eigenen Volkes *an dem Wortlaut irgendeines Vertrages kleben.*« Die Vorlage wurde vom Reichstag einstimmig angenommen, nicht etwa, weil jede Opposition gegen den Militarismus aufgehört hätte, sondern weil man an die Gefahr eines unmittelbar bevorstehenden russischen Krieges glaubte.

Daß der Zar trotz des Rückversicherungsvertrages das größte Mißtrauen gegen Bismarck hegte, bestätigte sein eigener Bruder, der Großfürst Wladimir, im April 1888, als er zu Herbert Bismarck sagte: »Der Zar erkennt das Genie Ihres Vaters an, aber er fürchtet stets, von ihm hintergangen zu werden.« Für den engen Geist des Zaren hatte die überlegene Gewandtheit und Verschlagenheit des deutschen Kanzlers etwas Unheimliches. Er wußte, wie dieser den österreichischen Kaiser hintergangen hatte; er fürchtete sich deshalb um so mehr, von ihm in der gleichen Weise behandelt zu werden. Wie, wenn dieser gefährliche Mann es durch irgendein Kunststück dahin brachte, daß man in Rußland etwas von dem geheimen Vertrag erfuhr? Wußte der Zar doch nur zu gut, daß sein Volk eine antideutsche Politik von ihm erwartete. »Warum wird die Geheimhaltung von Rußland so dringend und ängstlich verlangt?« hatte Schweinitz im März 1887 an Bismarck geschrieben. »Nur deshalb, weil der Kaiser Alexander glaubt, daß scheinbarer Deutschenhaß notwendig für seine Popularität und Sicherheit im Innern ist.«

Was für einen Nutzen kann man sich von einem Vertrage versprechen, den der eine Partner vor seinem Bundesgenossen und der andere vor seinem Volk geheimhalten muß? Ein solcher Vertrag konnte keinem von ihnen die Sicherheit und Beruhigung gewähren, die er bringen sollte. Er war eine wertlose Künstelei, viel zu schwach, um wirkliche Bedeutung zu gewinnen. Er hätte die Probe einer ernsten Krisis nicht besser bestanden als die Verträge der Pragmatischen Sanktion Kaiser Karls VI., von der Carlyle schrieb, sie habe »sich in Wasser aufgelöst, wie Eis an einem heißen Junitage«. Wenn es Historiker gibt, die den Rückversicherungsvertrag höher einschätzen, so erklärt sich das nur daraus, daß er dieser Belastungsprobe niemals unterworfen worden ist. Aber ist es wirklich »Realpolitik«, einigen kunstvoll redigierten Paragraphen eine übertriebene Bedeutung beizumessen?

Bismarck war selbstverständlich zu einsichtig, um sich solchen Illusionen hinzugeben. Nach seinem Sturz übertrieb er allerdings den Wert des Vertrages geflissentlich, wie er ihn auch während der Krise vom März 1890 dazu auszunutzen versuchte, um sich an der Macht zu erhalten. Aber daraus geht keineswegs hervor, daß er etwa 1887 oder 1888 ebenso gedacht habe. Es zeigt nichts weiter, als daß der gestürzte Kanzler rücksichtslos mit jeder Waffe um sich schlug, von der er glaubte, daß sie den Kaiser treffen könnte.

Wie er in den Jahren 1887 und 1888 wirklich dachte, zeigen seine Versuche, die Beziehungen zu England zu verbessern. Im November 1887, vier Tage nach seiner Audienz beim Zaren in Berlin, schrieb er an Lord Salisbury seinen berühmten persönlichen Brief, der zu den interessantesten Erzeugnissen seiner Feder gehört. In diesem Brief kennzeichnet er seine Auffassung der europäischen Lage dadurch, daß er auf der einen Seite England mit Deutschland und Österreich als die »saturierten« Staaten zusammenstellt, während er von einer dauernden Gefährdung des europäischen Friedens durch Frankreich und Rußland spricht. »Das Ziel unserer Politik muß sein«, fährt er fort, »uns die Bündnisse zu sichern, die uns zugänglich sind mit Rücksicht auf die Gefahr, daß Deutschland gezwungen werden kann, gleichzeitig unsere beiden mächtigen Nachbarn zu bekämpfen.« Das ist gewiß nicht die Sprache eines Staatsmannes, der glaubt, die Grenzen seines Landes durch sein System geheimer Verträge gesichert zu haben. Ob der Brief darüber hinaus das verschleierte Angebot eines Bündnisses mit Großbritannien enthält, mag hier dahingestellt bleiben.

Diesen letzten Schritt tat Bismarck unzweideutig vierzehn Monate später im Januar 1889. In der Zwischenzeit waren die beiden Kaiser Wilhelm I. und Friedrich III. gestorben, und Wilhelm II. hatte den Thron des Deutschen Reiches bestiegen. Der Rückversicherungsvertrag bestand noch, aber so gering war Bismarcks Vertrauen auf ihn, daß er sich bemühte, mit Großbritannien ein Bündnis herbeizuführen. So war er denn wieder dort angelangt, wo er für kurze Zeit im Jahre 1879 gestanden hatte. Damals hatte er plötzlich seinen Auftrag für den deutschen Botschafter zurückgezogen und die Verhandlungen, die schon mit Lord Beaconsfield in Gang gekommen waren, kurzerhand abgebrochen, weil ihm die Wiederherstellung der freundschaftlichen Beziehungen zu Rußland möglich und anziehender erschien als die Verbindung mit England (S. 253). Zehn Jahre lang hatte er versucht, ohne Großbritannien auszukommen, und zu immer künstlicheren Hilfsmitteln gegriffen, um Deutschlands Stellung zu sichern. Nun war sein verwickeltes System von Bündnissen und Verträgen fertig, aber seine Besorgnis war so groß wie je zuvor. Zwar hatte er die deutschen Generäle zum Schweigen gebracht, die von dem unvermeidlichen Krieg gegen Rußland sprachen und je eher, desto lieber losschlagen wollten. Aber über die Aussicht, den Frieden erhalten zu können, dachte er kaum zuversichtlicher als jene. Jetzt wandte er sich wieder nach London und beauftragte seinen Botschafter von Hatzfeldt, dem britischen Premierminister einen englisch-deutschen Vertrag gegen einen französischen Angriff vorzuschlagen. Aber jetzt kam er zu spät. Salisbury war einem solchen Bündnis abgeneigt. Schon 1879, als er Staatssekretär des Auswärtigen in Beaconsfields Kabinett gewesen war, war er sehr skeptisch. Was er seitdem von Bismarcks Politik und besonders von seiner Auffassung des Begriffs

»Bundesgenosse« gesehen hatte, war nicht geeignet, seine Skepsis zu vermindern. Die Zeit für ein solches Bündnis sei noch nicht gekommen, sagte er zu Herbert Bismarck; »inzwischen lassen wir es auf dem Tisch liegen, ohne ja oder nein zu sagen; mehr kann ich im Augenblick leider nicht tun.« In Wahrheit war diese Antwort ein Nein, und die Zeit für ein Ja kam niemals.

Dies Bündnisangebot an Großbritannien ist der letzte wichtige Schritt, den Bismarck in der Außenpolitik unternahm. So schließt die lange und an Triumphen so unendlich reiche Laufbahn Bismarcks als Leiter der preußischen und deutschen auswärtigen Politik mit einem Fehlschlag.

14. Die Tagödie Kaiser Friedrichs III.

Im März 1888 endete das von den größten Erfolgen gekrönte lange Leben Wilhelms I. Am 9. März stand Bismarck vor dem Reichstag und verkündete ihm den Abschluß einer großen Epoche. Es war eine überaus eindrucksvolle Szene. Der Eiserne Kanzler war tief bewegt. Tränen standen in seinen Augen.

Es war ein Augenblick von der höchsten Bedeutung in Bismarcks Leben. Er wußte, daß er mit seinem alten Herrn seine wichtigste Stütze verloren hatte. Wer auch immer nach ihm den Thron bestieg, würde schwerlich gewillt sein, seinen Namen und seine Autorität so unbedingt für alles herzugeben, was der Kanzler tat und plante. Der neue Kaiser, Friedrich III., bestieg den Thron als ein sterbenskranker Mann, dessen Herrschaft höchstens nach Monaten bemessen werden konnte. Sein Halsleiden war nun unzweifelhaft als Krebs erkannt, und seine Stimme hatte er bereits infolge einer Operation eingebüßt.

Nicht mehr als 99 Tage blieben ihm, zu leben und zu regieren.

Niemand wird je imstande sein, mit Sicherheit zu sagen, wie Friedrich III. das Deutsche Reich regiert hätte, wenn ihm Gesundheit und Leben beschieden gewesen wären. Aber eines darf man sagen: er war ein Mann von liberaler und humaner Überzeugung, die er auch als Kaiser und König nicht vergessen hätte. Er würde in der Entwicklung des Deutschen Reiches eine Lücke überbrückt haben, die sich als verhängnisvoll erwiesen und bis zum heutigen Tage nachgewirkt hat. Eine ganze Generation wurde übergangen, die Generation, die 1848 jung gewesen, in der Zeit des preußischen Verfassungskonflikts und der Kämpfe um die nationale Einigung zur Reife gekommen und von liberalen Gedanken erfüllt war. An ihre Stelle setzte sich jetzt eine jüngere Generation, die von jenen Ideen und Kämpfen kaum mehr etwas wußte und in der Bewunderung des nationalen Glanzes und des kriegerischen Ruhmes aufging. Ein neuer Kaiser stand im Vordergrund, der noch unreifer war als seine Jahre und der in seiner

Verantwortungslosigkeit und Großmannssucht davon sprach, daß seine Rekruten auf Vater und Mutter schießen müßten, wenn er es befehle. Wie anders wäre der Gang der deutschen Geschichte gewesen, wenn an der Stelle dieses jugendlichen Bramarbas ein reifer Mann gestanden hätte, der den Wert der Freiheit kannte und Worte der Menschlichkeit gesprochen hätte.

In den einflußreichen Kreisen des Hofes und der Armee war Friedrich III. nicht beliebt. Noch weniger gefiel ihnen seine Frau, die Kaiserin Viktoria, die Tochter der englischen Königin. Der schwerste Vorwurf, den sie gegen den Kaiser erhoben, war, daß er sich von seiner Gattin, die ihm an Intelligenz und Energie überlegen war, beeinflussen ließe. Viktoria war in der Tat eine ungewöhnlich intelligente und geistig selbständige Frau, die schon aus diesem Grunde sehr schlecht in ihre von veralteten Vorstellungen beherrschte Umgebung hineinpaßte. Sie hatte aber auch sehr ausgesprochene politische Ansichten, die sich von denen des Kanzlers sehr weit entfernten. Der Gegensatz kommt sehr deutlich in einem Briefe zum Ausdruck, den sie wenige Wochen nach dem Tode Kaiser Friedrichs an eine Freundin schrieb: »Warum standen wir denn gewissermaßen in der Opposition? Weil unser Patriotismus die Größe unseres Vaterlandes verbunden sehen wollte mit dem edlen Sinn für Recht, Moralität, für Freiheit und Kultur, für die Selbständigkeit des Individuums. Hebung des Einzelnen als Mensch und als Deutscher, Europäer und Weltbürger! ›Improvement‹, ›Progress‹, ›Ennoblement‹, – war unser Motto! – Dazu gehört Friede, Toleranz und ›Charity‹, diese Dinge, das Kostbarste, was der Mensch auf Erden hat, sahen wir mit Füßen treten, verlachen, als ›Luxus‹, ›unpraktisch‹, ›unzeitgemäß‹, – verschwommene Träumereien verschreien, alle diejenigen verleumden, die diese Prinzipien hochhielten! Blut und Eisen allein hatten Deutschland groß und einig gemacht! . . . Alle nationalen Untugenden wurden als Patriotismus aufgefaßt.« Die Kritik, die in diesem Briefe ausgesprochen wird, richtet sich offenbar gegen Bismarck, aber nicht minder gegen ihren Sohn, Wilhelm II. Die Beziehungen zwischen Mutter und Sohn waren sehr gespannt. Wilhelms Anmaßung brachte seine Mutter auf. Aber sie sah in ihm auch die Verkörperung all der politischen Neigungen, die sie für Deutschlands Verderben hielt. Bismarck und noch mehr sein Sohn Herbert gossen in den kritischen Jahren 1887 und 1888 Öl ins Feuer. Wilhelm spielte sich als unbedingter glühender Bewunderer des Kanzlers auf, besonders auch in taktlosen Reden während der Krankheit seines Vaters. Bismarck bediente sich des jungen Mannes als Werkzeug gegen seinen Vater und noch mehr gegen seine Mutter. Vielleicht sündigte auch Viktoria durch Mangel an Takt, der in ihrer schwierigen Lage doppelt notwendig gewesen wäre. Aber man darf nicht vergessen, daß sie sich bewußt war, von Feinden, ja von Spionen umgeben zu sein, und daß sie keine Möglichkeit hatte, den Rat erfahrener und treuer Männer einzuholen.

Der kranke Kaiser war selbstverständlich außerstande, in die Führung der Staatsgeschäfte irgendwie energisch einzugreifen. Er mußte Bismarck in seinen Ämtern bestätigen und mit ihm so gut wie möglich zusammenarbeiten. Das war freilich nicht leicht. Am 5. April 1888 wurde das deutsche Volk plötzlich durch die Nachricht eines dem Auswärtigen Amte nahestehenden Blattes überrascht, der Kanzler stehe im Begriff, von seinen Ämtern zurückzutreten und zwar infolge eines geheimen Konfliktes mit dem Kaiserpaar; die Kaiserin und ihre Mutter, Königin Victoria, beabsichtigten nämlich, die Tochter des Kaisers, Prinzessin Viktoria, mit dem Battenberger, dem früheren Fürsten Alexander von Bulgarien, zu verheiraten.

Tatsächlich hatte sich folgendes abgespielt. Bismarck hatte erfahren, daß der Kaiser den Fürsten Alexander nach Berlin eingeladen hatte, um ihm einen hohen Orden zu verleihen und ihn wieder in die preußische Armee aufzunehmen, der er früher angehört hatte. Er hatte dagegen sofort in der bestimmtesten Weise protestiert. Er hatte dem Kaiser vorgestellt, daß die guten Beziehungen zwischen dem Deutschen Reiche und Rußland ernstlich bedroht wären, wenn der Wunsch der Kaiserin, den Battenberger zu ihrem Schwiegersohn zu machen, erfüllt würde. Diese Vorstellungen hatte er durch die Drohung unterstützt, zurückzutreten, falls der Kaiser seinem Rat nicht folgen sollte. Darauf hatte Friedrich nachgegeben und Alexanders Besuch telegraphisch abbestellt. All das war geschehen, *bevor* die sensationelle Nachricht von Bismarcks drohendem Rücktritt in die Öffentlichkeit gebracht und das Publikum gegen die Kaiserin aufgehetzt wurde. Diesen Entrüstungssturm hat Bismarck bewußt entfacht. Er wußte, wie begierig ein Teil der Bevölkerung den Schrei aufnehmen würde, daß die »Engländerin« Deutschlands größten Staatsmann einer Weiberlaune opfern wolle.

Die von Bismarck entfesselte Hetze und die Stimmung jener Tage ist äußerst lebendig in einem Briefe geschildert, den der englische Gesandte in Dresden, Sir George Strachey, an den Privatsekretär der Königin Victoria, Sir Henry Ponsonby, schrieb: »Diese Stadt, die durch und durch bismarckbegeistert ist, zeigt sich im höchsten Maße von Haß auf die Kaiserin und unsere Königin erfüllt. Der ›Grenzbote‹ in Leipzig, der oft von Bismarck benutzt wird, veröffentlichte kürzlich eine lange Tirade gegen die beiden gekränkten Damen, die an Frechheit und Giftigkeit noch die preußischen ›Reptilien‹ übertraf. Die Freisinnige Partei ist in Sachsen schwach, aber sie hat Kaiser und Kaiserin und die Königin mit größtem Mut und mit Beharrlichkeit verteidigt, und ihr Dresdner Organ erschöpft sich täglich in Lobesreden auf alle drei. Wie in Berlin bekunden die Freisinnigen (die nach englischen Begriffen etwa auf dem Standpunkt unserer Tories stehen) eine wunderbare Loyalität, während die Bismarckianer sich wie die Anarchisten betragen. Bei dem großen Festessen zu Ehren des Geburtstages des Königs von Sachsen waren alle politischen Spitzen sich darüber einig, daß Bismarck der moralische, vielleicht auch der materielle Urheber der ganzen Hetze ist. Obgleich die Mehrheit der Anwesenden ›Totengräber‹ sind (d. h. auf den baldigen Tod des Kaisers spekulieren), hat mir doch niemand sehr widersprochen, als ich meinen Gefühlen über den Kanzler in einer höchst undiplomatischen Sprache Luft machte.«

Aber die interessanteste Seite der Affäre ist die Hereinziehung Rußlands. Bismarck regte das nationale Gefühl dadurch auf, daß er behauptete, der Zar würde das Vertrauen zu der deutschen Regierung verlieren, wenn der ihm so verhaßte Prinz von Battenberg der Schwiegersohn des deutschen Kaisers würde. Auch das war nicht wahr. Bismarck erlebte eine seiner schwersten Enttäuschungen, als er versuchte, von der russischen Regierung eine Erklärung dieses Sinnes zu extrahieren. Auf Zar Alexander III. hatten nämlich die Proklamationen, mit denen der neue Kaiser seine Regierung eingeleitet hatte, einen sehr günstigen Eindruck gemacht. Schweinitz konnte aus Petersburg berichten, der Zar habe sich noch nie so befriedigt über seine Beziehungen zu Deutschland ausgesprochen wie seit der Thronbesteigung Friedrichs III. Der Minister Giers, der die guten Beziehungen zu Bismarck aufs sorgfältigste gepflegt hatte, konnte sich doch nicht enthalten, zu sagen, es würde sich in Berlin nichts ändern *»excepté le ton, et ce sera déjà beaucoup«*. Auf Bismarcks Befehl ersuchte ihn jetzt Schweinitz um die Erklärung, daß ein Besuch des Battenbergers in Berlin in Rußland als eine antirussische Kundgebung aufgefaßt werden würde. Aber der Kern der sehr sorgfältig überlegten Antwort von Giers war der Satz: »Obwohl wir einen solchen Besuch bedauern würden, würden wir doch überzeugt bleiben, daß weder Kaiser Friedrich noch der Kanzler ihre Politik der Freundschaft mit Rußland ändern würden.« Mit anderen Worten, der Zar lehnte es ab, irgendwelche politische Folgerung aus einem Besuch zu ziehen, den Bismarck dem deutschen Volk als eine unerträgliche Beleidigung des Zaren hingestellt hatte. Die russische Antwort war genau das Gegenteil derjenigen, die er erwartet und gewünscht hatte. Das hinderte Bismarck aber keineswegs, zu seinem Leibjournalisten Busch, dem Redakteur des »Grenzboten«, von dem russischen Krieg zu sprechen, den eine Heirat der Kaisertochter mit dem Battenberger provozieren würde und von dem nur Großbritannien Vorteil haben würde.

Solche Andeutungen über angebliche englische Vorteile und Tendenzen stehen völlig im Einklang mit Bismarcks Versuch, die Stimmung in Deutschland gegen die Königin Victoria aufzuhetzen, die ihren Besuch bei ihrer Tochter und ihrem todkranken Schwiegersohn angesagt hatte. Der Kanzler versuchte sogar, auf den englischen Botschafter dahin einzuwirken, daß er seine Regierung bestimmen solle, der Königin den Besuch in Berlin zu widerraten. Aber Salisbury antwortete auf Malets Brief: »Ich bedauere, den Wunsch des Fürsten Bismarck nicht erfüllen zu können. Aber was er von mir verlangt, ist, daß ich ihm helfen solle, die Wünsche seines Kaisers und meiner Königin zu durchkreuzen, um den boshaften Gefühlen des Zaren eine Genugtuung zu bereiten. Damit würde ich ohne jeden Zweifel meine Pflicht verletzen, und wenn die Zusammenarbeit mit Deutschland nur für diesen Preis zu haben ist, dann müssen wir darauf verzichten.« Die Königin selbst nannte Bismarcks Manöver »treulos, böse und höchst unklug«. Als sie nach Berlin kam, zeigte der begeisterte Empfang, den die Berliner ihr bereiteten, daß die anti-britische Stimmung sich auf die engen Kreise des Hofes, der Offiziere und Beamten beschränkte, die sich dank ihrer Verbindung mit Diplomatie und Presse als Vertreter der deutschen öffentlichen Meinung aufspielen konnten.

Wiederum fragt man sich, aus welchen Gründen entfesselte Bismarck diesen Sturm gegen das Kaiserpaar, obwohl der Besuch des Battenbergers bereits abgesagt war, ehe er seine Pressemeute mobil machte? Wieder muß man auf seinen Immediatbericht an Kaiser Wilhelm I. von 1886 verweisen, in dem er den Prinzen Alexander als den künftigen Reichskanzler an die Wand malt, der sich im Reichstag der Unterstützung der Opposition erfreuen würde. Inzwischen hatte Bismarck dieser Opposition bei den Septennatswahlen aufs Haupt geschlagen. Aber die Volksstimmung zeigte bereits deutliche Zeichen des Rückschlags; mehrere Nachwahlen ließen erkennen, daß die Wähler aus dem Taumel aufzuwachen begannen, in den sie das Kriegsgefahrgeschrei vor einem Jahre versetzt hatte. Es ist durchaus denkbar, daß Bismarcks Phantasie, die alle Zügel abwarf, wenn es sich um einen Rivalen handelte, ihm bereits wieder einen Plan der Kaiserin vorspiegelte, den Battenberger zum Kanzler zu machen, den Reichstag aufzulösen und mit Hilfe von Neuwahlen die alte Mehrheit zurückzubringen, die ihn gegen Bismarck unterstützen würde. Zwar kann man mit ziemlicher Sicherheit sagen, daß weder die Kaiserin noch gar der Fürst Alexander an so etwas dachten. Aber wenn es sich um seine Macht und Stellung handelte, neigte Bismarck zur Gespensterseherei.

Gegenüber diesem Ausbruch des nationalistischen Fanatismus waren Kaiser und Kaiserin fast hilflos. Sie hatten keinen unabhängigen und sachkundigen Ratgeber, weil niemand sich ihnen nähern konnte, ohne das Mißtrauen des allgewaltigen Kanzlers zu erwecken. Es ist für die Lage bezeichnend, daß es eines unterirdischen Kanals bedurfte, um ihnen einen zuverlässigen Rat zugehen zu lassen. Die Kaiserin hatte eine vertraute Freundin, die Baronin von Stockmar, Witwe eines früheren Privatsekretärs des Kronprinzen, Ernst von Stockmar; dieser war der Sohn des berühmten Dr. Stockmar, der dem Prinzgemahl Albert in den ersten schweren Jahren mit seinem weltklugen Rat zur Seite gestanden hatte. Frau von Stockmar war mit dem freisinnigen Reichstagsabgeordneten Ludwig Bamberger, der in ihrer Nähe in einem stillen Winkel des alten Berliner Westens wohnte, befreundet. Diesen suchte sie auf, berichtete ihm von den Schwierigkeiten und

Problemen, mit denen Kaiser und Kaiserin zu kämpfen hatten, und bat um seinen Rat. Dazu war Bamberger gern bereit, wenn es auch in der geheimsten und vertraulichsten Weise geschehen mußte, damit keine Kunde davon zu Bismarcks Ohren drang. Die Kaiserin schrieb an Frau von Stockmar einen Brief; diese brachte ihn zu dem »Nachbarn«, der in einem an Frau von Stockmar gerichteten Briefe antwortete. Auf diesem umständlichen Wege kamen Kaiser und Kaiserin in den Besitz der Ratschläge eines klugen, hochgebildeten und erfahrenen Parlamentariers, der Bismarck seit vielen Jahren – als Anhänger wie als Gegner – aufmerksam und scharfsichtig studiert hatte, sein Wesen und seine Methoden genau kannte und sie warnen konnte, wenn sie von einem Manöver des mächtigen Staatsmannes bedroht waren. Bambergers Rat war wesentlich beteiligt an der einzigen politischen Aktion, die Friedrich in seiner kurzen Regierungszeit unternehmen konnte, der Entlassung des erzreaktionären Ministers von Puttkamer, der durch schamlose Wahlbeeinflussungen das Rechtsgefühl des Kaisers verletzt hatte. Am 8. Juni 1888 erhielt er seine Entlassung. Eine Woche später beendete der Tod die Leiden des Kaisers.

Als Friedrich sein Ende nahen fühlte, berief er Bismarck an sein Sterbebett und legte die Hände der Kaiserin in die des Kanzlers. Sprechen konnte er nicht mehr. Aber seine Geste zeigte deutlich, daß er dem mächtigen Kanzler den Schutz seiner Gattin anvertrauen wollte, die, wie er sehr wohl wußte, in einer Welt von Feinden zurückblieb. Er sah voraus, daß sein Sohn, der nun den Thron besteigen mußte, das Gegenteil von dem tun werde, was er selbst sich einst vorgenommen hatte, und daß er vor allem seine Mutter ohne Schonung und ohne Takt behandeln werde. Aber seine Hoffnung, daß ihr in dieser schweren Lage Bismarck ein Schutz sein werde, wurde bitter enttäuscht.

Im Gegenteil, Bismarck war es, der dem Andenken Kaiser Friedrichs den schwersten Schlag und seiner Witwe die tiefste Wunde zufügte. Es handelt sich um die Angelegenheit des Tagebuchs Kaiser Friedrichs. Wenige Monate nach seinem Tode veröffentlichte die hochangesehene Monatsschrift »Deutsche Rundschau« in ihrem Oktoberheft einen Auszug aus dem Tagebuch, das der damalige Kronprinz während des Deutsch-Französischen Krieges geführt hatte. Es erzählte mancherlei Hochinteressantes von den Kämpfen, die sich im deutschen Hauptquartier in Versailles abgespielt hatten, als die Schaffung von Kaiser und Reich auf der Tagesordnung war. Es zeigte den Kronprinzen als begeisterten Vorkämpfer der nationalen Einigung, der das neue Reich auf liberaler Grundlage aufbauen wollte. An einigen Stellen kritisierte der Kronprinz Bismarcks Haltung als allzu zögernd. Aber kein unparteiischer Leser konnte den Eindruck erhalten, daß diese Veröffentlichung seine wahren und unvergleichlichen Verdienste verkleinerte. Der Historiker mußte in dem Tagebuch eine äußerst wertvolle Quelle erkennen, mit deren Hilfe falsche Eindrücke berichtigt und dieser große Augenblick der deutschen Geschichte im richtigen Lichte gezeigt werden konnte.

Aber als Bismarck von ihr erfuhr, war er aufs höchste aufgebracht und entrüstet. Um so mehr als die verhaßte freisinnige Presse umfangreiche Auszüge aus ihr abdruckte und mit begeisterten Kommentaren versah. Er ordnete sofort ein Strafverfahren wegen *Landesverrats* gegen den Mann an, der diesen Auszug der »Rundschau« übergeben hatte. Es war Professor Geffcken, der zu den Vertrauten des verstorbenen Kaisers gehört hatte. Er wurde in Untersuchungshaft genommen. Bismarck bezichtigte ihn, den Auszug gefälscht zu haben, obwohl er ganz genau wußte, daß er vollkommen echt war. Das hat er selbst seinem Trabanten Busch anvertraut. Aber seine Wut machte ihn blind gegen alle moralischen Gesetze.

Seine Anschuldigungen faßte Bismarck in einem *Immediatbericht* an den Kaiser zusammen, und diesen Bericht ließ er mit Wilhelms Zustimmung veröffentlichen. Er machte einen außerordentlich großen und außerordentlich peinlichen Eindruck; denn er zeigte mit erschreckender Deutlichkeit, daß der große Kanzler vor nichts zurückschreckte, wenn seine Wut ein Opfer forderte. Er enthielt unerhörte Angriffe auf den Kaiser, der nun im Grabe ruhte. Einer seiner ersten Sätze lautet: »Ich besaß nicht die Erlaubnis des Königs (d. h. Wilhelms I.), über intimere Fragen unserer Politik mit S. Kgl. Hoheit zu sprechen, weil S. Majestät Indiskretionen an dem von französischen Sympathien erfüllten englischen Hofe fürchtete.« Es ist kaum zu begreifen, daß der größte Staatsmann des Jahrhunderts einen solchen Satz nicht nur schreiben, sondern auch veröffentlichen konnte. Ein konservativer Politiker, der sich immer als glühender Bewunderer Bismarcks bekannt hatte, schrieb jetzt: »Wenn das wirklich geschah, durfte es nicht ausgesprochen werden. Denn nicht nur das Andenken des toten Kaisers leidet darunter, sondern auch das Vertrauen der Nation zur Dynastie muß ins Wanken geraten«, und er deutet an, daß diese Verleumdung in erster Linie gegen die Witwe des Kaisers gerichtet sei. Das war unzweifelhaft Bismarcks Ziel, obgleich er aus einem unzweideutigen Brief des Adjutanten Viktorias wußte, daß diese mit der Veröffentlichung nichts zu tun hatte. So erfüllte der Kanzler den letzten Wunsch des sterbenden Kaisers.

Juristisch endete Bismarcks Feldzug mit einer schweren Niederlage. Das Reichsgericht stellte das Verfahren ein und setzte Geffcken in Freiheit, nachdem er drei Monate in Untersuchungshaft gesessen hatte. Die politischen Folgen waren vielleicht noch ärger. Denn die ganze Angelegenheit gab dem jungen Kaiser vermutlich zum ersten Male den Eindruck, daß Bismarcks Rat nicht immer so weise und so selbstlos war, wie er bis dahin gemeint hatte. Diesem Rat war er gefolgt besonders, als er die Veröffentlichung des Immediatberichts genehmigt hatte. Aber was sollte er jetzt sagen, wenn ihm jemand vorstellte, daß diese Veröffentlichung dem Ansehen seines Hauses

Schaden getan habe? Und es gab so manchen in seiner Umgebung, der sich die Gelegenheit nicht entgehen ließ, die allmächtige Stellung des Kanzlers zu untergraben.

15. Bismarcks Sturz

Wilhelm II. war noch nicht dreißig Jahre alt, als er den Thron bestieg. Das ist ein Alter, in dem man schwerlich die Reife erwarten kann, die der Herrscher eines großen Reiches besitzen muß. Unglücklicherweise war Wilhelm noch unreifer, als seinen Jahren entsprochen hätte. Das hatte sein Vater sehr wohl erkannt; er hatte dagegen Protest erhoben, als der alte Wilhelm und Bismarck den jungen Prinzen allzu früh mit den Fragen der auswärtigen Politik beschäftigen wollten. »Angesichts der *mangelnden Reife* sowie der Unerfahrenheit meines ältesten Sohnes, verbunden mit seinem *Hang zur Überhebung* wie zur Überschätzung, muß ich es geradezu für gefährlich bezeichnen, ihn schon jetzt mit auswärtigen Fragen in Berührung zu bringen«, schrieb Friedrich Wilhelm am 28. September 1886 an den Kanzler. Er empfahl statt dessen, dafür zu sorgen, daß der Prinz »vor allen Dingen die innersten Verhältnisse seines eigenen Landes kennenlerne . . . ehe er bei seinem ohnehin schon sehr raschen und zur Übereilung neigenden Urteil sich mit der Politik befasse«. Aber der Rat des Vaters fand taube Ohren. Erst die späteren Ereignisse zeigten, wie recht er in jedem Punkt gehabt hatte.

In den paar Jahren, die zwischen diesem Brief und Wilhelms Thronbesteigung lagen, hatte er nicht viel dazugelernt. Die Aufgabe, ihn in die Verfassung und Verwaltung seines eigenen Landes einzuführen, war keinem Geringeren als Professor Rudolf Gneist, der damals als die höchste Autorität auf diesem Gebiet angesehen wurde, anvertraut worden. Aber der große Gelehrte empfing von seinem prinzlichen Schüler keineswegs einen günstigen Eindruck. »Wie alle Prinzen, denen man in ihrer Jugend Weihrauch gestreut hat, *glaubt Prinz Wilhelm alles zu wissen, ohne etwas gelernt zu haben.*« Die schwere Erkrankung seines Vaters hatte ihm früh Gelegenheit gegeben, sich in den Vordergrund zu drängen und sich als den Vorkämpfer des Nationalgefühls aufzuspielen. Seine Eitelkeit wurde noch gesteigert durch den Beifall seiner militärischen Umgebung, besonders der Potsdamer Gardeoffiziere, deren Gesellschaft er jeder anderen vorzog. Diese Herren priesen ihn als das Muster aller militärischen Tugenden, und selbst Bismarck bezeichnete ihn als die Hoffnung Deutschlands gerade deswegen, weil er die Eigenschaften eines preußischen Gardeoffiziers besitze.

Aber Wilhelms Neigung, sich selbst und seine Stellung zu überschätzen, hatte doch noch tiefere Gründe. Bismarcks Lebenswerk war es gewesen, die Stellung des Königs von Preußen gewaltig zu erhöhen und ihn zum wahren Herrscher Deutschlands zu machen. Sein ganzes System war auf dem Grundsatz aufgebaut, daß allein der Kaiser und König das Recht der politischen Entscheidung in seiner Hand habe. Den extremsten Ausdruck hatte das in seiner Erklärung vor dem Parlament gefunden, in Preußen sei der König »der wirkliche faktische Ministerpräsident«. Für jeden seiner politischen Schritte usurpierte er die Aufschrift »die Politik des Kaisers«, und jeden Opponenten brandmarkte er als Feind des Kaisers. Natürlich wußte jeder Politiker, daß das eine reine Fiktion war. Aber wer kann sich wundern, daß ein junger und ehrgeiziger Kaiser, der zum ersten Mal das Vergnügen des Herrschens kostete, diese Formel wörtlich nahm und sich einredete, die »Politik des Kaisers« müßte seine persönliche Politik sein.

Überdies war die Verehrung des Königshauses der Hohenzollern zum integrierenden Bestandteil des patriotischen Glaubensbekenntnisses geworden, das in Tausenden von Schulen und von hundert Universitätskathedern gepredigt wurde. Nicht nur der alte Kaiser wurde in Ruhmeshymnen besungen, fast jedes Mitglied des Hohenzollernhauses wurde als ein Ausbund staatsmännischer Tugenden hingestellt. Man denke nur an Treitschkes Versuch, aus dem beschränkten und ängstlichen König Friedrich Wilhelm III. so etwas wie eine patriotische Heldengestalt zu machen. Als ein anderer Historiker, Professor Hermann Baumgarten, gegen diese Art der Geschichtsschreibung protestierte, stand er fast allein unter seinen Kollegen, die ihn wie einen unpatriotischen Nörgler ansahen.

Diese Atmosphäre trug in hohem Maße zu der Anmaßung des jungen Kaisers bei. Nur ein starker und in sich gefestigter Charakter kann dem schädlichen Einfluß unausgesetzter Beweihräucherung und anhaltenden Beifallklatschens widerstehen. Diesen Charakter besaß Wilhelm nicht. Aber er hatte manche Eigenschaften, die großen Eindruck auf die Menschen machten, welche mit ihm in nähere Berührung kamen. Er war unzweifelhaft ein Mann von schneller Auffassungsgabe und einer nicht alltäglichen Fähigkeit, seine Ansichten bestechend und eindrucksvoll zu formulieren. Aber diese Gaben waren ihm letzten Endes gefährlich, weil ihm der Wille und die Fähigkeit zur ernsten Arbeit fehlten. General Graf Waldersee, der seine Thronbesteigung mit Jubel begrüßt hatte, schreibt schon sehr bald danach in sein Tagebuch, der Kaiser gehe ernsten Vorträgen seiner Minister und militärischen Mitarbeiter aus dem Wege, weil sie ihn langweilten. Bismarck selbst beklagte sich bereits im Februar 1889 in einer Sitzung des Staatsministeriums, es mache S. M. mehr Vergnügen, nach Potsdam zu Offiziersdiners zu fahren und Regimenter zu alarmieren, als seinem Rate zu folgen und womöglich jede Woche eine Konseilsitzung zu halten, um sich in die Regierungsgeschäfte einzuarbeiten.

Konnte man erwarten, daß ein solcher Mann sich mit der Rolle zufriedengeben würde, die sein Großvater neben Bismarck gespielt hatte? Zwar hatte er, als er zu seinen Eltern im Gegensatz stand, den Kanzler in den Himmel erhoben. Damals hatte Bismarck ihn für seine Zwecke benutzt und ebenso wie sein Sohn Herbert die Gegensätze eher verschärft als ausgeglichen. Besonders Herbert hatte sich in unheilvoller Weise eingemischt. Er war mit sechsunddreißig Jahren Staatssekretär des Auswärtigen Amtes geworden und war von seinem Vater offensichtlich zum Nachfolger bestimmt. Aber er besaß keine der großen Eigenschaften des Kanzlers, als Staatsmann ebensowenig wie in der Kunst der Menschenbehandlung. Durch Anmaßung und Taktlosigkeit hatte er sich schnell in seinem Amte allerseits unbeliebt gemacht.

Nun aber begannen die Menschen, die Wilhelm umgaben, bald, ihm ins Ohr zu flüstern, daß er niemals ein großer Herrscher werden würde, solange er sich von dem mächtigen Kanzler als sein Werkzeug gebrauchen lasse. Auch Friedrich der Große, sagten sie ihm, wäre nie der große Monarch geworden, als der er in der Weltgeschichte dastehe, wenn er sich von einem Bismarck hätte leiten lassen. Diese Intrigen blieben dem Kanzler nicht verborgen. Besonders den General Waldersee hatte er im Verdacht, gegen ihn zu wühlen. Ohne Zweifel war der General ein Mann von brennendem Ehrgeiz, und es ist verständlich, daß Bismarck ihm zutraute, er strebe nach seiner eigenen Stellung. Ein Beispiel der Intrigen, durch die man Kaiser und Kanzler voneinander zu trennen versuchte, ist der berühmte »Scheiterhaufenbrief« des Hofpredigers und antisemitischen Agitators Stöcker. Dieser gehörte im Reichstag zum rechten Flügel der konservativen Partei, dessen Organ die »Kreuzzeitung« war. Deren Chefredakteur war der Abgeordnete Freiherr von Hammerstein, ein politisch sehr begabter, aber moralisch völlig haltloser Mann, den schließlich Wechselfälschungen ins Zuchthaus brachten. Dieser rechte Flügel der Konservativen verabscheute jede Berührung mit dem Liberalismus, selbst wenn er in der sehr abgeschwächten Form des Nationalliberalismus auftrat, und betrieb die Zerstörung des Kartells, in dem Bismarck die Konservativen mit den Nationalliberalen zusammengespannt hatte (S. 273). Stöcker war früher ein Günstling des Prinzen Wilhelm und seiner Gattin gewesen; vermutlich hatte er sich damals mit der Hoffnung geschmeichelt, er werde einmal den jungen Kaiser beherrschen, wenn nur erst Bismarck beiseite geschoben sein werde. Schon im August 1888 schrieb Stöcker an Hammerstein einen Brief über die Methoden, wie man den Kaiser von dem Kanzler entfernen könne, ohne daß er des Manövers gewahr würde. In diesem Briefe steht der berühmte Satz: »Man muß rings um das Kartell Scheiterhaufen anzünden und sie hell auflodern lassen . . . Merkt der Kaiser, daß man zwischen ihm und Bismarck Zwietracht säen will, so stößt man ihn zurück. Nährt man in Dingen, so er instinktiv auf unserer Seite steht, seine Unzufriedenheit, so stärkt man ihn prinzipiell, ohne persönlich zu reizen. Er hat kürzlich gesagt: sechs Monate will ich den Alten verschnaufen lassen, dann regiere ich selbst.« Nach diesem Rezept handelte Hammerstein, z. B. indem er Bismarck in seiner »Kreuzzeitung« vorwarf, er habe durch die Veröffentlichung des Immediatberichts über das Tagebuch Kaiser Friedrichs das monarchische Gefühl des deutschen Volkes verletzt.

Allein, noch war Bismarck stark genug, um über alle Intrigen zu triumphieren. Auf seine Veranlassung stellte der Kaiser Stöcker vor die Alternative, entweder seine politische Agitation oder seine Stellung als Hofprediger aufzugeben. Stöcker zog die Annehmlichkeiten des Hofamtes vor und verpflichtete sich, seine Agitation einzustellen. Aber der Kaiser wandte sich auch öffentlich gegen die »Kreuzzeitung« und erklärte sich für die Aufrechterhaltung des Kartells. Er ernannte den Führer der Nationalliberalen Partei, Rudolf von Bennigsen, zum Oberpräsidenten seiner Heimatprovinz Hannover und bot auch dem anderen Führer der Partei, Johannes Miquel, dessen blendende Unterhaltungsgabe ihm imponierte, einen ähnlichen Posten an. Aber der kluge Mann, der wußte, daß Bismarck weder ihn liebte noch ihm traute, lehnte ab. Er rechnete darauf, daß seine Zeit kommen würde, wenn Bismarck aufgehört habe, Reichskanzler zu sein.

Obwohl Bismarck nicht zweifelte, daß in der Umgebung des Kaisers gegen ihn gearbeitet wurde, versäumte er doch, daraus die wichtigste Konsequenz zu ziehen und so lange wie irgend möglich in Berlin und in der Nähe des Monarchen zu bleiben. Das würde ihm die Möglichkeit gegeben haben, seinen Einfluß zu festigen und Wilhelm mit seiner reifen Staatskunst und langjährigen Erfahrung zu beraten. Statt dessen zog er sich für Monate nach Varzin und Friedrichsruh zurück. Vielleicht redete er sich ein, sein Sohn Herbert werde imstande sein, an seiner Stelle den Kaiser zu leiten. Hier wurde der sonst so kritische Menschenkenner ein Opfer seiner Überschätzung des Sohnes, der tatsächlich einer solchen Aufgabe in keiner Weise gewachsen war.

Doch waren es keineswegs allein diese persönlichen Fragen, die zu Bismarcks Sturz führten. Politische Meinungsverschiedenheiten traten bald zwischen Kaiser und Kanzler.

Die erste machte sich bemerkbar, als im Mai 1889 ein großer Bergarbeiterstreik in Westfalen ausbrach. Bismarck stand den Beschwerden der Arbeiter durchaus unsympathisch gegenüber. Wie es seiner Junkernatur entsprach, stand er auf der Seite der Arbeitgeber. Der Kaiser aber hatte im Gespräch mit einigen Privatleuten allerlei über die Lebensbedingungen der Bergarbeiter gehört, das großen Eindruck auf ihn gemacht hatte. Heutzutage wird es keinem Menschen einfallen, ihm daraus einen Vorwurf zu machen. Aber die Art, in der er seinen Sympathien Geltung zu verschaffen versuchte, war leider taktlos und ungeschickt. Während einer Sitzung des Staatsministeriums, der Bismarck präsidierte, erschien er plötzlich, um eine schneidige Rede gegen die Unternehmer zu halten und sich zu gebärden, als ob die Entscheidung des Streites von seinem persönlichen Belieben abhänge. Nachdem er sich wieder entfernt, bemerkte der Kanzler sarkastisch,

S. M. habe von den Machtbefugnissen des Königs noch die Auffassung Friedrich Wilhelms I.; es sei sehr nötig, ihn vor Übereilung zu schützen.

Hatte dieser Vorfall Bismarck schon gezeigt, daß Wilhelm in sozialen Fragen weit von ihm abwich, so tauchten noch weit ernstere Schwierigkeiten auf, als es sich um das Sozialistengesetz handelte. In dem Kartell-Reichstag, der aus den Septennatswahlen hervorgegangen war, besaß Bismarck einen Reichstag, der seinen Wünschen in höherem Maße gefügig war als irgendeiner seiner Vorgänger. Diese Lage wünschte er dazu auszunutzen, um das *Sozialistengesetz* zu einer *dauernden* Einrichtung zu machen, so daß er es nicht mehr nötig hatte, den Reichstag alle paar Jahre um seine Verlängerung zu bitten. Die Kartellmehrheit war auch gern bereit, diesen Wunsch zu erfüllen. Eine entsprechende Vorlage, die Bismarck 1889 einbrachte, hatte daher die beste Aussicht, Gesetz zu werden. Auch die Nationalliberalen waren willens, ihre Hilfe für die Verewigung des Sozialistengesetzes herzugeben. Sie verlangten nur die Ausmerzung einer Bestimmung, die zu besonderen Härten und Beschwerden Anlaß gegeben hatte. Das Gesetz gab der Polizei die Befugnis, sozialistische Agitatoren aus ihrem Wohnsitz *auszuweisen*, und sie hatte davon häufig in brutaler Weise Gebrauch gemacht. Im deutschen Volk war immerhin noch soviel liberales Empfinden vorhanden, daß an solchen Vorgängen auch Menschen Anstoß nahmen, die zur Sozialdemokratie nicht die geringste Zuneigung verspürten. Die Nationalliberalen weigerten sich, der Polizei diese Befugnis für eine unbeschränkte Zukunft zu geben, und stimmten daher im Dezember 1889 in der Reichstagskommission gegen diesen Paragraphen der Regierungsvorlage. Die Konservativen, die lebhaft für die Ausweisungsbefugnis eingetreten waren, erklärten darauf, das ganze Gesetz sei zwecklos, wenn sie nicht wiederhergestellt würde. Trotzdem wurde sie auch in der zweiten Lesung der Kommission mit den Stimmen der Nationalliberalen und der Oppositionsparteien (Zentrum, Freisinnige und Sozialdemokratie) abgelehnt. Infolgedessen stimmten die Konservativen bei der Schlußabstimmung der Kommission gegen das ganze Gesetz. Dies würde damit bereits in der Kommission gescheitert sein, wenn Windthorst nicht seine Parteifreunde veranlaßt hätte, bei dieser Abstimmung ihre Stimmen für das Gesetz abzugeben. Die Neuwahlen zum Reichstag standen nämlich vor der Tür, und Windthorst erkannte, wie wichtig es für diese sein würde, wenn Konservative und Nationalliberale gezwungen sein würden, ihre Differenz in aller Öffentlichkeit vor dem Plenum des Reichstags auszutragen. Die Plenarsitzungen mußten nach den Weihnachtsferien im Januar 1890 stattfinden, und im Februar wählte das Volk den neuen Reichstag.

Während der Kommissionsberatungen begab sich der Führer der Konservativen, Herr von Helldorf, nach Friedrichsruh, um die Lage mit dem Reichskanzler zu besprechen. Helldorf war sich bewußt, daß die Regierungsvorlage zum Scheitern verdammt war, wenn die Regierung auf der Ausweisungsbefugnis bestehen sollte. Deshalb war er bereit, für das Gesetz *ohne diese Klausel* zu stimmen, vorausgesetzt, daß die Regierung deutlich erklärte, daß sie das Gesetz auch in dieser verstümmelten Gestalt annehmen würde. Eine solche deutliche Regierungserklärung brauchte er für den bevorstehenden Wahlkampf. Aber Bismarck gab ihm die gewünschte Zusage nicht. In späteren Jahren hat er behauptet, Helldorf habe ihn mißverstanden, und er hat ihn sogar verdächtigt, mit seinen Feinden im Bunde gewesen zu sein. Aber das zeigt nur, daß er selbst nachträglich Zweifel an seiner Taktik bekommen hat. Die Frage, die Helldorf ihm vorlegte, war einfach und klar, und es wäre Bismarck ein leichtes gewesen, sie klar und unzweideutig zu beantworten, wenn er nur gewollt hätte. Aber er wollte nicht, und er wußte auch genau, warum.

Während das Schicksal des Sozialistengesetzes noch in der Schwebe war, kam eine andere Meinungsverschiedenheit zwischen Kaiser und Kanzler zum Ausbruch. Wilhelm begann, sich für Fragen der sozialen Gesetzgebung zu interessieren. Das mag, wie Bismarck behauptete, auf Unterhaltungen mit nichtamtlichen Personen zurückzuführen sein, die ihm vorstellten, es müßte auf gesetzlichem Wege etwas zum Schutze der Arbeiter, besonders der Frauen und Kinder, gegen Überarbeitung und gewisse Formen der Ausbeutung getan werden. Das war natürlich in Deutschland durchaus kein neuer Gedanke. Seit Jahren hatten verschiedene Reichstagsparteien Anträge auf gesetzlichen Arbeiterschutz gestellt, und der Reichstag hatte wiederholt entsprechende Beschlüsse gefaßt. Aber sie hatten kein praktisches Ergebnis, und zwar allein deswegen, weil Bismarck persönlich nicht wollte. In bezug auf Arbeitsverträge und Arbeiterschutz hing er hartnäckig an Ideen, wie sie die Manchesterpartei ein halbes Jahrhundert zuvor vertreten, aber inzwischen längst praktisch aufgegeben hatte. Vorschläge zum Schutz der Arbeiter fielen bei ihm unter den allgemeinen Begriff »Humanitätsdusel«. In der Tat setzte er in seinem Alter Reformen auf allen Gebieten sein Veto entgegen. Der preußische Finanzminister, ein bewundernder Anhänger Bismarcks, hatte ein Gesetz zur Reform der direkten Steuern in Preußen bereits fertig ausgearbeitet. Der Entwurf hatte sogar schon die Unterschrift des Königs erhalten. Aber bevor er im Landtag zur Beratung kommen konnte, schloß Bismarck diesen, und das Gesetz verschwand in den Akten.

Nun lag es auf der Hand, daß ein Arbeiterschutzgesetz nicht zu vermeiden war, wenn der Kaiser sich dafür einsetzte. Da die Zustimmung des Reichstags feststand, konnte auch der Widerstand des Kanzlers die Entwicklung nicht aufhalten. Das sah auch Bismarcks Stellvertreter in der Regierung des Reiches und Preußens, der Staatssekretär des Reichsamtes des Innern, Heinrich von Boetticher. Er hatte keinen Zweifel, daß der Kanzler sich einer Niederlage aussetzte, wenn er auf seinem verbohrten Widerstand beharrte. Er eilte daher nach Friedrichsruh, um ihm zum Nachgeben zu raten. Umsonst! Alle politischen und sachlichen Argumente prallten an der Hartnäckigkeit des Eisernen Kanzlers ab. Die einzige Wirkung von Boettichers Bemühungen war, daß er jetzt dem Fürsten verdächtig wurde. Sein argwöhnisches Gemüt konnte für die Haltung seines bisherigen Vertrauensmannes keine andere Erklärung finden, als daß er sich der aufgehenden Sonne zuwandte, vielleicht sogar in der Hoffnung, selbst Reichskanzler zu werden. Das war natürlich in seinen Augen die schwerste aller Sünden. Seit jeher hatte er in jedem, in dem er mit Recht oder Unrecht einen Rivalen witterte, seinen Todfeind gesehen. Wieviel mehr jetzt, wo es sich nicht nur um seine Stellung, sondern auch um die Nachfolge seines Sohnes handelte. Daß Boetticher sich herausnahm, ihm, dem Kanzler, einen politischen Kurs vorzuschlagen, erschien ihm nicht nur als Anmaßung, sondern auch als Undankbarkeit in Anbetracht der finanziellen Hilfe, die er ihm einmal in schwieriger Lage aus den Mitteln des Welfenfonds gewährt hatte (S. 143f.).

An dem Tage, an dem Boetticher in Friedrichsruh war, am 9. Januar, wurde der Reichstag wieder eröffnet. Am 23. Januar stand die zweite Lesung des Sozialistengesetzes auf seiner Tagesordnung. Für Bismarck wäre es offenbar das Richtige gewesen, sofort nach Berlin zurückzukehren. Das riet ihm nicht nur Boetticher, sondern auch der Chef der Reichskanzlei, von Rottenburg, an dessen Ergebenheit kein Zweifel sein kann. Aber Bismarck wollte auch diesen Ratschlag nicht hören und ließ sich lieber von seinem Sohn Herbert zureden, seinen Aufenthalt in Friedrichsruh nicht abzubrechen. So kehrte er denn nicht vor dem 24. Januar nach Berlin zurück. Für den Nachmittag dieses Tages hatte der Kaiser eine Kronratssitzung anberaumt, vor der er den Kanzler noch unter vier Augen zu sprechen wünschte. Der Kronrat war auf 6 Uhr angesetzt. Um 3 Uhr versammelte der Kanzler das Staatsministerium um sich.

Diese Sitzung eröffnete Bismarck mit Ausführungen über die Arbeiterschutzvorschläge, die der Kaiser voraussichtlich dem Kronrat unterbreiten würde. Er riet dem Ministerium, dazu weder Ja noch Nein zu sagen, sondern sich Zeit für eingehendere Beratung zu erbitten. Dem stimmten alle zu. Dann aber ging er zur Erörterung des Sozialistengesetzes über. Es war am Tage vorher vom Reichstag in zweiter Lesung beraten worden. Mit einer einzigen Ausnahme waren alle Einzelbestimmungen durch Mehrheitsbeschluß angenommen. Die Ausnahme war jene Bestimmung über die Ausweisungsbefugnis der Polizei, die auch im Plenum mit den Stimmen der Nationalliberalen und der Opposition abgelehnt worden war. Darauf hatte Helldorf im Namen seiner Partei erklärt: wenn diese Bestimmung nicht noch in der dritten Lesung wieder in das Gesetz eingefügt würde, so würde seine Partei gegen das ganze Gesetz stimmen, es sei denn, daß die Regierung öffentlich erklärte, sie würde das Gesetz auch in der verstümmelten Form annehmen. Dieser Beschluß der konservativen Fraktion war offensichtlich das Ergebnis eines Kompromisses zwischen den beiden Flügeln, von denen der eine das Kartell sprengen, der andere es aufrechterhalten wollte. Er entsprach vor allem wahltaktischen Bedürfnissen: die Konservativen mußten in der Lage sein, sich vor ihrer Wählerschaft zu rechtfertigen, wenn sie entgegen ihren früheren entschiedenen Erklärungen zum Schluß doch für das Gesetz ohne Ausweisungsbefugnis stimmten. Deshalb war ihnen eine *öffentliche* Erklärung der Regierung unentbehrlich.

Aber im Ministerrat erklärte Bismarck es jetzt für einen Fehler, wenn die Regierung die Annahme des verstümmelten Gesetzes durch eine solche öffentliche Festlegung erleichtern würde; denn dadurch würde sie den Reichstag von seiner Verantwortung befreien. Boetticher wandte sich gegen diese Taktik des Kanzlers, indem er darauf hinwies, daß das Schicksal der Vorlage besiegelt sei, falls die Regierung die von den Konservativen begehrte Erklärung nicht abgäbe. Auch andere Minister traten ihm bei. Aber mit Bismarck war nicht zu reden. Er hatte sich zur Rechtfertigung seines Standpunktes eine neue künstliche Theorie über das Verhältnis von Bundesrat und Reichstag zurechtgelegt, die – wie derartige Theorien so oft – nur dazu dienen sollte, seine wahren Motive im dunkeln zu halten.

Als die Minister sich um 6 Uhr zum Kronrat versammelten, trafen sie Kaiser und Kanzler in einer Unterhaltung, die jedoch nicht zu einer Verständigung geführt hatte. Der Kaiser eröffnete die Sitzung mit einer Rede, in der er seine sozialpolitischen Pläne entwickelte. Sie waren durchaus nicht himmelstürzend: Verbot der Fabrikarbeit am Sonntag, Beschränkung der Arbeit von Frauen und Kindern, alles Dinge, die heute als selbstverständlich angesehen werden. Aber die Rede, in der Wilhelm diese an sich gesunden Vorschläge vertrat, klang recht seltsam. Er warf z. B. den deutschen Unternehmern vor, sie quetschten ihre Arbeiter aus wie die Zitronen und ließen sie auf dem Mist verfaulen. Schließlich endete er mit der Ankündigung, er wolle ein »roi des gueux«, ein König der Bettler, sein. Dies Schlagwort hatte Bismarck selbst vor fünfundzwanzig Jahren gebraucht, als er die Fortschrittspartei mit etwas königlich preußischem Sozialismus aus dem Sattel heben wollte. Es war ihm schwerlich eine Freude, daß es jetzt vom Kaiser für eine Sozialpolitik verwendet wurde, die ihm im tiefsten Herzen zuwider war. Der Kaiser wollte sofort, noch an demselben Tage, der zufällig der Geburtstag Friedrichs des Großen war, eine Proklamation an sein Volk erlassen, in der er sein sozialpolitisches Glaubensbekenntnis der Welt verkündete. Aber als die Minister, der Weisung des Kanzlers getreu, um Zeit für eine eingehendere Beratung baten, gab er sich zufrieden.

Um so heftiger brach der Konflikt aus, als Wilhelm sich dem Sozialistengesetz zuwandte. Er setzte sich für die Annahme des Gesetzes auch ohne Ausweisungsbefugnis ein. Bismarck widersprach. Als er sah, daß seine künstlichen theoretischen Argumente keinen Eindruck auf den Kaiser machten, geriet er in immer größere Erregung und platzte schließlich mit dem verhängnisvollen Wort heraus: »wenn das Gesetz falle, so müsse man sich ohne es behelfen und die Wogen höher gehen lassen. Dann mag es zu einem Zusammenstoß kommen!« So gab er hier plötzlich seine wahren Beweggründe preis. Er hoffte, die Sozialdemokratie würde, von den Fesseln des Gesetzes befreit, Unruhen erregen und ihm dadurch die Gelegenheit geben, sie mit bewaffneter Hand niederzuwerfen. Ganz richtig verstand der Kaiser das dahin, daß der Eiserne Kanzler auf einen gewaltsamen Konflikt lossteuerte, und er antwortete ihm deutlich genug, er wolle seine ersten Regierungsjahre nicht mit dem Blute seiner Untertanen färben. Er forderte die anderen Minister auf, ihre Meinung zu sagen; er hatte Grund anzunehmen, daß mehr als einer mit ihm übereinstimmte. Aber er erlebte eine bittere Enttäuschung. Nicht einer von ihnen wagte es, in Gegenwart des Kanzlers sich auf die Seite des Kaisers zu stellen. Ihm blieb nichts anderes übrig, als nachzugeben. Bismarcks starker Wille triumphierte, und das Sozialistengesetz war verloren.

Wilhelm verließ den Kronrat in höchster Erregung. Er fühlte sich von den Ministern in Stich gelassen. »Das sind ja gar nicht meine Minister«, rief er aus, »das sind *die Minister des Fürsten Bismarck.*« Wo war nun Bismarcks Dogma, daß er »die Politik des Kaisers« treibe und daß »in Preußen der König der wirkliche faktische Ministerpräsident« sei? Es war bei der ersten Gelegenheit zerbrochen, bei der ihm der Kaiser nicht zugestimmt hatte.

Am nächsten Tage fand im Reichstag die dritte Lesung des Sozialistengesetzes statt. Die von den Konservativen geforderte Regierungserklärung unterblieb, und sie lehnten nun, gemeinsam mit den Oppositionsparteien, das ganze Gesetz ab. Es war der Todestag des Ausnahmegesetzes. Zwar blieb es noch bis zum 30. September 1890 in Kraft, so daß die Neuwahlen im Februar unter dem Schatten seiner Unterdrückungsmaßregeln stattfinden mußten. Wie aber sollte es weitergehen? Würde irgendein Reichstag den Wünschen Bismarcks willfähriger sein als der Kartell-Reichstag? Niemand konnte das annehmen. Im Gegenteil, allgemein erwartete man von den bevorstehenden Wahlen eine Niederlage der Kartellparteien, und die ungeschickte Taktik der Regierung beim Sozialistengesetz, der offenbare Mangel an Führung, der Zusammenstoß zwischen Nationalliberalen und Konservativen machte diese Niederlage zweifellos. In der Tat, die Uhr des Sozialistengesetzes war abgelaufen. Niemals wurde auch nur der Versuch gemacht, es wieder ins Leben zu rufen.

War Bismarck der einzige, der nicht sah, daß er nie wieder einen so gehorsamen Reichstag wie den Kartell-Reichstag bekommen würde? Wer hätte seinen Scharfsinn so unterschätzen können? Nein, seine Haltung in dieser Frage kann nur durch die Annahme erklärt werden, daß er in Wahrheit einen Konflikt wünschte. Aber wie konnte er den schweren Fehler machen, das im Kronrat deutlich auszusprechen? Man vergleiche damit seine Haltung in den entscheidenden Kronratssitzungen seiner großen Zeit von 1863–1866! Wie glänzend hatte er es damals verstanden, dem König auch nicht ein Wort mehr zu sagen, als vom Standpunkt seiner Pläne gut war. »Meinem Vater fehlt der alte Hammerschlag!« sagte der jüngere Sohn des Kanzlers, der kühle und etwas zynische Wilhelm Bismarck. Der Vater selbst fühlte sehr bald, daß er sich vergaloppiert hatte. Am Morgen nach der Kronratssitzung fand ihn Rottenburg mit Tränen in den Augen auf seinem Sofa liegend. Er könne nicht mehr im Amte bleiben, sagte er, der Kaiser sei ihm völlig entfremdet. Aber diese Stimmung verflog wieder. Bismarck war nicht der Mann, die Macht aus den Händen zu geben, ohne mit ganzer Kraft um sie gekämpft zu haben.

Zunächst versuchte er es mit einem Kompromiß. Bei der nächsten Zusammenkunft der Minister empfahl er, die Arbeiterschutzvorschläge des Kaisers zu unterstützen. Wilhelm war glücklich. Der folgende Tag, der 27. Januar, der Geburtstag des Kaisers, hatte ganz den Anschein einer Versöhnungsfeier. Aber nur wenige Tage später erfuhr der Kaiser, daß Bismarck neue Schwierigkeiten machte. Wilhelm hatte den König von Sachsen gebeten, durch seinen Vertreter im Bundesrat einen Entwurf einzubringen, der seine sozialpolitischen Wünsche zusammenfaßte. Aber der Kanzler drohte dem sächsischen Bevollmächtigten, er werde zurücktreten, falls dieser sich einfallen lassen sollte, den Auftrag seines Königs auszuführen. Wilhelm wurde argwöhnisch, als er hörte, die Minister unterzögen den Entwurf einer Proklamation, in der er sein sozialpolitisches Programm verkünden wollte, ihrer Beratung. Bismarck arbeitete den Entwurf in zwei Proklamationen um: die eine enthielt die vorgeschlagenen Gesetzesänderungen, die andere die Einladung zu einer in Berlin abzuhaltenden internationalen Konferenz zur Beratung der sozialen Frage. Während die Sitzung des Staatsministeriums noch im Gange war, erschien plötzlich der Kaiser, unangemeldet und sporenklirrend. Das war keineswegs die Art, in der Bismarck gewohnt war, von seinem König behandelt zu werden. Aber Wilhelm beruhigte sich offensichtlich, als Bismarck ihm die Beschlüsse des Ministeriums mitteilte, und zog sich wieder zurück.

Die Proklamationen wurden fertiggestellt. Bismarck beteiligte sich persönlich an der Redaktion. Aber als der Kaiser sie unterzeichnet hatte und Bismarck um seine verfassungsmäßige Gegenzeichnung bat, lehnte dieser es ab, seinen Namen unter das dem Kaiser so wichtige Dokument zu setzen. Das war eine sehr ernste Angelegenheit. Aber der Kaiser war so beglückt darüber, daß er seine Proklamation an die Öffentlichkeit bringen durfte, daß er darüber hinwegsah und sie ohne die Gegenzeichnung des Kanzlers am 4. Februar 1890 im Reichs-Anzeiger publizieren ließ.

Zu dieser Zeit war die Wahlbewegung im vollen Gange. Um so

größer war der Eindruck, den die Proklamationen machten, ganz besonders wegen der fehlenden Gegenzeichnung des Kanzlers. Die Opposition zog daraus sofort den Schluß, nicht nur, daß das Sozialistengesetz tot und begraben war, sondern auch, daß die Politik des Kaisers in offenem Gegensatz zu der des Reichskanzlers stand. Ludwig Bamberger las die Proklamation, als er sich gerade in seinen Wahlkreis begeben wollte. Halb im Scherz, halb im Ernst sagte er zu einem Freunde: »Wer weiß, vielleicht feiert Bismarck seinen 75. Geburtstag an diesem 1. April als Privatmann in Friedrichsruh.«

Bismarck konnte sich nicht verhehlen, daß die Dinge nicht so bleiben konnten, wie sie standen. In der nächsten Sitzung des Ministeriums teilte er mit, er beabsichtige, sein Amt als preußischer Ministerpräsident niederzulegen und sich auf das Amt des Reichskanzlers zu beschränken; der Kaiser sei damit einverstanden. Vielleicht hatte er gehofft, die Minister würden dagegen protestieren und in ihn dringen, auch in Preußen an der Spitze zu bleiben. Aber er sah sich enttäuscht. Alle Herren stimmten dem neuen Arrangement zu, und Boetticher beeilte sich sogar, dem scheidenden Ministerpräsidenten eine schöne Abschiedsrede zu halten, was natürlich Bismarcks Zorn auf ihn nur erhöhte.

An demselben Tage, an dem diese Sitzung stattfand, tat Bismarck einen Schritt, der alles, was er bisher getan, in den Schatten stellt. Der französische Botschafter Herbette war vollkommen überrascht, als der deutsche Reichskanzler, der sonst fast nie einen fremden Diplomaten aufsuchte, plötzlich in seiner Botschaft erschien. Aber sein Erstaunen wuchs noch, als sein erlauchter Besucher ihn unverblümt aufforderte, er solle die Regierung der französischen Republik veranlassen, die Internationale Konferenz, zu der sein Kaiser eben eingeladen hatte, zu vereiteln. »Der Kanzler hat unzweideutige Stellung gegen seinen Souverän genommen«, schrieb Herbette nach Paris. Bismarck, fügte er hinzu, sei in der besten Laune gewesen. Offenbar machte die mehr als zweideutige Situation, in die er sich begeben, ihn nicht im geringsten verlegen. Er amüsierte sich mit bissigen Bemerkungen über den Großherzog von Baden, den Onkel des Kaisers. Am Schluß unterhielten die Herren sich anknüpfend an Gobelins, die das Zimmer des Botschafters schmückten, über die Argonautensage, und Herbette erwähnte eine Legende, daß Medea doch schließlich wieder zu Jason zurückgekehrt sei. Da lachte der Kanzler, summte das Verschen »On revient toujours à ses premiers amours«, und verabschiedete sich mit den Worten: »Wer weiß, vielleicht geht's auch mir noch so.«

Es war nicht das einzige Manöver, das Bismarck unternahm, um die Internationale Konferenz, an der das Herz des Kaisers hing, zu vereiteln. Natürlich blieben diesem solche Quertreibereien auf die Dauer nicht verborgen, und er wurde noch mehr überzeugt, daß er sich jedes Streiches von seinem Kanzler versehen müsse. Sein Souveränitätsgefühl war schwer gekränkt. »Ich war es der Krone schuldig«, sagte er später, »mich von dem Manne zu trennen.«

Nun griff Bismarck zu derselben Methode, die er dem kranken Kaiser Friedrich gegenüber mit so großem Erfolg angewandt hatte. In einer ausländischen Zeitung ließ er die Nachricht erscheinen, er habe sich durch Meinungsverschiedenheiten mit dem Kaiser gezwungen gesehen, um seine Entlassung aus seinen preußischen Ämtern zu bitten. Aber wiederum erlebte er eine Enttäuschung. Die Zeitungen, die 1888 bei einer solchen Nachricht in ein hysterisches Geschrei ausgebrochen waren, nahmen jetzt diese Neuigkeit mit größter Seelenruhe auf, ja ließen deutlich erkennen, daß sie mit dieser Wendung durchaus einverstanden seien. Ein nationalliberales Blatt schrieb sogar, Bismarcks Rücktritt von seinen preußischen Ämtern sei im besten Interesse der preußischen Minister, deren Initiative der Kanzler unterdrückt habe.

Dann kamen am 20. Februar die Reichstagswahlen. Ihr Ausgang bestätigte Bismarcks schlimmste Befürchtungen. Die Kartellparteien erlitten die schwersten Verluste. Die Freisinnigen verdoppelten die Zahl ihrer Mandate und die Sozialdemokraten die ihrer Stimmen. Fast anderthalb Millionen Wahlzettel wurden für sie abgegeben – trotz der weitgehenden Beschränkung ihrer Agitation durch das Sozialistengesetz. Der Wahlausgang war der schwerste Schlag, der je dem System Bismarck zugefügt worden war. Zahllose Wähler empfanden, sie seien von Bismarck 1887 durch sein Kriegsgefahrgeschrei hinters Licht geführt worden. Noch mehr waren überzeugt, daß er seine einstige unvergleichliche Fähigkeit zum Herrschen und Führen eingebüßt habe. Ein Zentrumsblatt hatte kurz zuvor einen Leitartikel mit dem Satze überschrieben: »Es gelingt nichts mehr«, und er wurde immer wiederholt als treffender Ausdruck der Lage.

In einem parlamentarischen Staate wäre die Folge einer solchen Wahlniederlage der Rücktritt des leitenden Staatsmannes gewesen. Aber das Deutsche Reich war kein parlamentarischer Staat, und Bismarck lag nichts ferner, als vor einer Volksabstimmung Platz zu machen. Im Gegenteil, jetzt gab er sogar seinen Gedanken auf, auch nur einen Teil seiner Ämter niederzulegen. Er wollte nicht nur alle seine Ämter behalten, sondern auch seine Minister noch vollständiger seinem Willen unterwerfen. Den Schwierigkeiten der veränderten parlamentarischen Situation wollte er dadurch begegnen, daß er eine neue Mehrheit kombinierte. Mit den Kartellparteien war es vorbei. Vielleicht war es aber möglich, eine neue Mehrheit aus Konservativen und Zentrum zu bilden. Von einer Mehrheit konnte allerdings nur dann die Rede sein, wenn Polen und Welfen, die in der Regel mit dem Zentrum stimmten, auch hierbei mitmachten. Zwar hatte Bismarck sie bisher stets als die »Reichsfeinde« par excellence angesehen. Aber das würde ihn nicht hindern, sie als Werkzeuge für die Erhaltung seiner Macht zu verwenden.

Aber der Kanzler erwog in seinem Geiste ein noch weit wichtigeres Projekt. Er gedachte der Umstände, unter denen er einst im Jahre 1862 die Macht ergriffen hatte. Wie lange hatte sich damals Wilhelm I. gegen ihn gesträubt! Er hatte sich erst für ihn entschieden, als er sah, daß niemand anders da war, der bereit und fähig gewesen wäre, ihn durch den Verfassungskonflikt mit dem preußischen Abgeordnetenhaus hindurchzubringen. Ein neuer Konflikt würde Wilhelm II. in die gleiche Zwangslage bringen. Einen solchen Konflikt herbeizuführen, traute Bismarck sich unbedenklich zu. Dafür boten sich ihm zwei Wege dar: entweder eine Heeresvermehrung, die alles Bisherige überstieg, oder ein neues Sozialistengesetz, welches das alte an Schärfe und Rücksichtslosigkeit noch weit hinter sich ließ. Daß der Reichstag solche Vorlagen ablehnen würde, stand für Bismarck fest. Dann würde er ihn auflösen und Neuwahlen vornehmen. Wie aber, wenn die Wähler ihm dann nur einen noch widerspenstigeren Reichstag schickten? Das war durchaus nicht unwahrscheinlich, aber für diesen Fall hatte er sein Rezept bereit. Er hatte sich eine neue Theorie zurechtgelegt, die ihm auf dem Gebiet der Reichsverfassung dieselben Dienste leisten sollte, die ihm die berüchtigte »Lückentheorie« in den sechziger Jahren im preußischen Verfassungskonflikt geleistet hatte (S. 51). Seine neue Theorie war höchst einfach: das Reich sei ein Bündnis der deutschen Fürsten – nicht etwa der deutschen Einzelstaaten. Wenn die Fürsten mit der Wirksamkeit ihres Bündnisses unzufrieden wären, so könnten sie es kündigen und das Reich auflösen, so wie die Teilhaber einer Handelsgesellschaft sie auflösen können, wenn ihr Ertrag sie nicht befriedigt! Das deutsche Volk brauchte darüber nicht befragt zu werden. Es hatte nicht mitzureden. Es würde abzuwarten haben, bis die Fürsten sich zu einem neuen Bund mit einer neuen Verfassung entschlossen, die zweifellos die Rechte des Reichstags verkürzen und das allgemeine Wahlrecht abschaffen würde. Diese neue Theorie Bismarcks schlug dem deutschen Nationalgefühl geradezu ins Gesicht. Sie war die Verneinung alles dessen, was Bismarcks Größe in der deutschen Geschichte ausgemacht hatte. Der Heros der deutschen Einigung als ihr Zerstörer – es kann kaum ein traurigeres Schauspiel geben!

Zum Glück für das Deutsche Reich, aber auch zum Glück für Bismarck wurden diese Pläne niemals ausgeführt, ja niemals ernsthaft in Angriff genommen. Der Kaiser lehnte den ersten Schritt, den der Kanzler ihm vorschlug, ab, selbst ohne zu wissen, welchem Ziel dieser in Wahrheit zustrebte.

Inzwischen brachten zwei andere Zwischenfälle die Krisis zum vollen Ausbruch. In einer Sitzung des Staatsministeriums lenkte Bismarck die Aufmerksamkeit seiner Mitglieder auf eine königliche Kabinettsordre aus dem Jahre 1852, d. h. aus den ersten Jahren des preußischen Verfassungslebens, die den Ministern vorschrieb, dem König nur in Gegenwart des Ministerpräsidenten Vortrag zu halten.

Diese Ordre war seit mehr als zwanzig Jahren in Vergessenheit geraten. Niemand hatte sich mehr um sie gekümmert, und niemand konnte sagen, wie sie ausgeführt werden sollte, wenn der Ministerpräsident in jedem Jahr sechs oder mehr Monate fern von der Hauptstadt auf seinen Gütern zubrachte. Der Kaiser sah in diesem Versuch Bismarcks, eine längst obsolet gewordene Order wieder ins Leben zu rufen, nur den Versuch, ihn im Verkehr mit seinen Ministern zu beschränken und ihn völlig unter seine Kontrolle zu nehmen.

Ebenso aufgebracht war er, als er hörte, daß der Kanzler den Besuch des Zentrumsführers Windthorst empfangen hatte. Der alte Parlamentarier wußte, daß Bismarck mit dem Gedanken einer neuen Kombination spielte, in der seiner Partei eine wichtige Rolle zugedacht war. Andererseits hatte er Bismarck im Verdacht, daß er bereit sei, die deutsche Reichsverfassung umzustürzen, wenn er seiner Schwierigkeiten nicht mehr Herr werden sollte. »Wenn ich eine Lokomotive auf mich zukommen sehe«, hatte er zu Bamberger gesagt, »bleibe ich nicht im Weg stehen, sondern springe auf und fahre mit.« Warum sollte er nicht einmal hören, was Bismarck ihm zu bieten hatte? So ließ er sich von Bleichröder in das Amtszimmer des Reichskanzlers führen. Die Unterhaltung dauerte über anderthalb Stunden. Aber als Windthorst das Reichskanzlerpalais verlassen hatte, sagte er zu einem Freunde: »Ich komme vom Sterbebett eines großen Mannes.« Tatsächlich war es dieser Besuch Windthorsts, der Bismarck den Todesstoß gab.

Denn als Wilhelm davon hörte, geriet er außer sich. In einem parlamentarischen Staate hat der Regierungschef, da er vom Vertrauen des Parlaments abhängig ist, zweifellos das gute Recht, sich dessen Mehrheit so zusammenzustellen, wie sie ihm für seine Zwecke am besten paßt. Aber in Deutschland, wo der Kanzler immer wieder verkündet hatte, daß er nicht vom Vertrauen des Parlaments, sondern ausschließlich vom Kaiser abhängig sei und daß er »die Politik des Kaisers« ausführe, lag es grundsätzlich anders. Hier konnte dem Kaiser nicht das Recht bestritten werden, von seinem Kanzler Aufklärung darüber zu verlangen, was er vorhabe, bevor dieser die bisherige parlamentarische Situation auf den Kopf stellte. Insoweit kann man Wilhelm keinen Vorwurf machen. Aber die Art, wie er dabei zu Werke ging, war völlig verfehlt. Sie zeigte die Eigenschaften, die sein Vater bereits beklagt hatte, seine Arroganz und seine Unreife.

Die letzte schicksalsschwere Unterredung zwischen Bismarck und Wilhelm II. fand am 15. März 1890 im Hause Herbert Bismarcks statt. Der Kanzler teilte dem Kaiser mit, daß er Windthorst bei sich gesehen habe. Darauf erwiderte Wilhelm in einer Weise, die so falsch wie nur irgend möglich war: »Ich hoffe, Sie haben ihn zur Tür hinauswerfen lassen.« Nach diesem unglücklichen Anfang wurde die Unterredung immer stürmischer und erbitterter. Schließlich verlangte der Kaiser die Aufhebung der Kabinettsordre von 1852. Bismarck lehnte dies ab und verlor in seiner steigenden Erregung alle Fassung. Er fing an von dem Plan des Kaisers zu reden, den Zaren zu besuchen, und sagte, er müsse davon dringend abraten, weil er Berichte erhalten habe, die deutlich zeigten, wie unfreundlich der Zar von dem Kaiser denke. Diese Berichte hielt er in seiner Hand. Aber, erklärte er, er könne sie dem Kaiser nicht zeigen, weil sie ihn beleidigen würden. Auch diesmal war die Wirkung die gleiche. Wilhelm brannte um so heftiger darauf, diese Berichte zu lesen. Bismarck übergab sie. Und nun muß der Kaiser unter den Augen des grimmen Alten lesen, daß der Zar von ihm gesagt hat: »*C'est un garçon mal élevé et de mauvaise foi.*« Der Kaiser, der seinem Kanzler Vorschriften über seinen Verkehr machen wollte, empfängt eine Lektion wie ein Schuljunge.

Nun ist es zu Ende! Wilhelm geht davon, nachdem er seinen Befehl wiederholt, ihm die Aufhebung der Kabinettsordre umgehend zu unterbreiten.

Auch Bismarck konnte jetzt nicht mehr zweifeln, daß der Augenblick der Trennung gekommen war. Aber er rührt sich nicht. Weder legt er die Aufhebung der Kabinettsordre vor, noch bittet er um seine Entlassung. Auch als der Kaiser einen General zu ihm sendet, um seinen Befehl in Erinnerung zu bringen, verharrt Bismarck in seiner passiven Haltung. Und nun macht Wilhelm einen neuen schweren Fehler. Er hatte aus der Reichskanzlei Berichte des Konsuls in Kiew erhalten, die von Kriegsvorbereitungen der Russen sprachen. In der Stimmung, in die ihn die beschimpfenden Worte des Zaren versetzt hatten, übertreibt er die Bedeutung dieser Berichte und wirft Bismarck in einem offenen Billett vor, ihn nicht rechtzeitig »auf diese furchtbar drohende Gefahr« aufmerksam gemacht zu haben. »Es ist die höchste Zeit, die Österreicher zu warnen und Gegenmaßregeln zu ergreifen.«

Damit hatte Wilhelm genau das getan, was Bismarck sich gewünscht hatte. Er hatte sich in die auswärtige Politik eingemischt! Das war ein Grund, mit dem er vor die Öffentlichkeit treten konnte. Sofort läßt er seinen journalistischen Vertrauensmännern das Stichwort geben, er müsse jetzt gehen, weil der Kaiser militärische Maßnahmen gegen Rußland verlange. Jetzt war für ihn der Zeitpunkt gekommen, sein Abschiedsgesuch einzureichen. Dies Gesuch ist zur Veröffentlichung bestimmt. Aber der Kaiser verbietet sie. Dafür wird es an dem Tage, an dem Bismarck aus dem Leben scheidet, von Busch in einer Berliner Zeitung publiziert, um als Anklageschrift des toten Kanzlers gegen den lebenden Kaiser zu wirken. Es ist mit der ganzen Meisterschaft des großen Staatsmanns und Stilisten abgefaßt. Nur die Streitpunkte werden hervorgehoben, in denen Bismarck sicher ist, die öffentliche Meinung auf seiner Seite zu haben. Der schärfste Akzent wird auf Wilhelms Einmischung in die auswärtige Politik gelegt. Er könne, schreibt er, die Anordnung des Kaisers nicht ausführen. »Ich würde damit alle die für das Deutsche Reich wichtigen Erfolge in Frage stellen, welche unsere auswärtige Politik seit Jahrzehnten im Sinne der beiden hochseligen Vorgänger Ew. Maj. in unseren Beziehungen zu Rußland unter ungünstigen Verhältnissen erlangt hat, und deren über Erwarten große Bedeutung für die Gegenwart und die Zukunft Graf Schuwalow mir soeben bestätigt hat.« So klagt der gestürzte Staatsmann den Kaiser an, sein Lebenswerk zerstören zu wollen. In wuchtigen, meisterhaft formulierten Sätzen belastet er den jungen Mann, der ihn aus dem Amte gejagt, mit der vollen Verantwortung für alles Unheil, welches das Deutsche Reich in Zukunft treffen werde. Einen Satz dieses Gesuches kann niemand ohne tiefe menschliche Erschütterung lesen: »Es ist mir, bei meiner Anhänglichkeit an den Dienst des Königlichen Hauses und an Eure Majestät und bei der langjährigen Einlebung in Verhältnisse, welche ich für dauernd gehalten hatte, sehr schmerzlich, aus den gewohnten Beziehungen zu Allerhöchst demselben und zu der Gesamtpolitik des Reichs und Preußens auszuscheiden.« Hier spricht der geborene Herrscher, dem plötzlich alles geraubt wird, was ihm das Leben lebenswert gemacht hat. Das ist eine menschliche Tragödie.

Aber das Mitgefühl mit dieser menschlichen Tragödie darf uns nicht blind machen dagegen, daß der Sturz des großen Kanzlers ebenso notwendig wie tragisch war. So groß und unvergleichlich Bismarck als Staatsmann war, so läßt sich nicht verkennen, daß er am Ende seiner Kunst angelangt war. Er sah keinen anderen Ausweg aus seinen Schwierigkeiten mehr als den offenen gewaltsamen Konflikt und den Staatsstreich. Wenn wir an die Pläne der Auflösung des Reiches denken, die Bismarck in seinem Hirn wälzte, so kann jeder, der sein Andenken hochhält, nur dem Schicksal dankbar sein, das ihn davor bewahrt hat, zu zerstören, was er einst aufgebaut hatte. Freilich ließ er sein Werk in den Händen eines Mannes, der völlig unfähig war, es zu entwickeln, ja auch nur, es zu erhalten. Das war Deutschlands Unglück. Aber Bismarcks Fehler war es, daß dieser Mann eine Macht in Händen hielt, die für einen gewöhnlich Sterblichen viel zu groß war. Und ebenso war es Bismarcks Fehler, daß weder das Deutsche Reich ein Parlament besaß, das diesem Herrscher hätte Zügel anlegen können, noch das deutsche Volk die Unabhängigkeit des Geistes, die einer solchen Lage gewachsen gewesen wäre.

Unter Bismarcks genialer Führung war das deutsche Volk geeint, stark und mächtig geworden. Aber der Sinn für Freiheit und persönliche Unabhängigkeit, für Gerechtigkeit und Menschlichkeit war in verhängnisvoller Weise geschwächt worden durch die Herrschaft des großen Staatsmannes, durch seine Interessenpolitik und Realpolitik. Es ist deshalb kein Zufall, wenn sein Lebenswerk nicht von Dauer war und wenn die preußische Krone und die Hohenzollern-Dynastie, die er zu stolzerer Höhe emporgehoben hatte, als ihnen je zuvor zuteil geworden, schon zwanzig Jahre nach seinem Tod in den Staub sanken.

ZEITTAFEL

1815 1. April: Bismarck wird als zweiter Sohn des Rittmeisters a. D. Ferdinand von Bismarck und seiner Gattin Wilhelmine, geb. Mencken, auf dem Familiensitz zu Schönhausen in der Altmark geboren. Väterlicherseits entstammte Bismarck dem märkischen Adel, mütterlicherseits dem Bürgertum. Seine Kindheit verbrachte er auf dem Gut Kniephof bei Naugard in Pommern.

1823 Zögling der Plamannschen Erziehungsanstalt in Berlin.

1827 Schüler des Friedrich-Wilhelm-Gymnasiums und später des Gymnasiums zum Grauen Kloster.

1832 Student in Göttingen. Mitglied des Corps Hannovera.

1834 Student der Rechte in Berlin.

1835 Nach dem Abschluß des Studiums in Berlin Auskultator am Berliner Stadtgericht und beim Kammergericht.

1836 Regierungsreferendar in Aachen.

1837 Referendar in Potsdam.

1839 Von der Bürokratie angeödet, scheidet Bismarck aus dem Staatsdienst aus und zieht sich auf Kniephof zurück, um die Unabhängigkeit eines Gutsherrndaseins zu genießen.

1842 Er reist nach England, Frankreich und in die Schweiz.

1843 Er schließt sich dem Kreis der pommerschen Pietisten um Kleist-Retzow, Moritz von Blankenburg und seine Gattin Marie von Thadden-Trieglaff an. Der »tolle Bismarck« entsagt seiner ausschweifenden Lebensführung und wird unter dem Einfluß des Kreises zum gläubigen Christen.

1845 Übersiedlung nach Schönhausen. Deichhauptmann und Abgeordneter des sächsischen Provinziallandtages.

1847 Mai: Abgeordneter der sächsischen Ritterschaft im Vereinigten Landtag. Bismarck tritt als Royalist hervor und verteidigt die überkommenen Feudalrechte gegen die Angriffe der Liberalen.
Juli: Bismarck verheiratet sich mit Johanna von Puttkamer, seiner Freundin aus dem pommerschen Kreis.

1848 Bismarck an der Gründung der hochkonservativen »Kreuzzeitung« beteiligt. Er steht der konservativen Partei der Gebrüder Gerlach nahe.

1849 Februar: Er wird in die zweite Kammer des preußischen Landtages gewählt.

1850 März/April: Als Mitglied des Erfurter Unionsparlaments attackiert Bismarck die Unionspolitik des Freiherrn von Radowitz.

3. Dezember: In seiner Olmützrede billigt Bismarck den verhaßten Vertrag von Olmütz und bekennt sich zur Interessenpolitik der Großmächte.

1851 Mai: Ernennung zum preußischen Bundestagsgesandten in Frankfurt. In Bismarcks Briefwechsel mit Leopold von Gerlach kündigt sich sein Gesinnungswandel an: Er distanziert sich allmählich von der Prinzipienpolitik der Altkonservativen.

1858 Beginn der »Neuen Ära«.

1859 Da Bismarcks politische Richtung österreichfeindlich ist, wird er als Gesandter zum russischen Hof nach St. Petersburg abgeschoben.

1862 22. Mai: Gesandter in Paris.
Herbst: Bismarck wird nach Berlin zurückgerufen. Unterredung mit Wilhelm I., bei der er sich verpflichtet, seinem König als seinem Lehnsherrn zu dienen.
8. Oktober: Ministerpräsident und Minister des Auswärtigen.

1863 Januar: Polnischer Aufstand.
Die Regierung geht gegen die liberale Parlamentsmehrheit vor.
August: Alvenslebensche Konvention. Die preußisch-russische Koalition bahnt sich an. Absage Preußens an den Frankfurter Fürstentag. Der österreichische Reformplan scheitert am Widerstand Preußens.

1864 18. April: Erstürmung der Düppeler Schanzen durch preußische Truppen.
25. April: Eröffnung der Londoner Konferenz zur Lösung der Schleswig-Holstein-Frage. Sie geht ergebnislos auseinander.
1. August: Der Wiener Friedensschluß bestimmt, daß die Herzogtümer Schleswig, Holstein und Lauenburg von einem Kondominium Österreichs und Preußens verwaltet werden.
14. August: Vertrag von Gastein. Lauenburg fällt an Preußen.

1865 Bismarck wird in den Grafenstand erhoben. Als Dotation erhält er Varzin in Pommern.
Oktober: Geschicktes Hinhalten Napoleons III. durch Verhandlungen in Biarritz.

1866 Konflikt mit Österreich über die Bundesreform und über die Schleswig-Holstein-Frage.
7. Mai: Ferdinand Cohen-Blind verübt ein Attentat auf Bismarck.
14. Juni: Kriegserklärung des Bundes an Preußen.
3. Juli: Schlacht von Königgrätz. Österreich wird unter der Führung Ludwigs von Benedek geschlagen. Hannover, Hessen-Kassel, Nassau, Schleswig-Holstein und Frankfurt werden Preußen angegliedert.
26. Juli: Präliminarfriede von Nikolsburg. Schonung Österreichs

	zum Zweck der Wiederaufnahme diplomatischer Beziehungen. 18. August: Gründung des Norddeutschen Bundes. Schutz- und Trutzbündnisse Preußens mit den süddeutschen Staaten. Bismarck wird Bundeskanzler. 23. August: Prager Friede. Uneingeschränkte Vorherrschaft Preußens in Norddeutschland. Österreich scheidet aus dem Bund aus. 3. September: Bismarck gewährt Indemnität für die vom Landtag während der letzten Jahre nicht bewilligten Ausgaben.
1867	April: Luxemburg-Krise. Bismarck verhindert die Annexion Luxemburgs durch Frankreich.
1868–1870	Spanischer Staatsstreich. Thronkandidatur des Erbprinzen Leopold von Hohenzollern-Sigmaringen. Unter dem Einfluß Bismarcks tritt das preußische Militär für die Kandidatur ein. Der Erbprinz und der König lehnen sie ab.
1870	13. Juli: Veröffentlichung der Emser Depesche. Bismarcks Redaktion des Textes verändert den Sinn dahingehend, daß Frankreich sein Ansehen wegen der Kandidatur-Frage einbüßen oder Preußen den Krieg erklären muß. 19. Juli: Kriegserklärung Frankreichs an Preußen. 1. September: Schlacht bei Sedan. Französische Niederlage.
1871	18. Januar: Reichsgründung in Versailles. König Wilhelm I. von Preußen wird zum deutschen Kaiser ausgerufen. Der Kaiserbrief des Bayernkönigs Ludwig II. wahrt den Anschein der Legitimität. Die Reichsverfassung gleicht der Verfassung des Norddeutschen Bundes. Bismarck wird Reichskanzler, bleibt aber noch preußischer Minister des Auswärtigen. 10. Mai: Frankfurter Friede. Frankreich muß eine Kriegsentschädigung zahlen und auf Elsaß-Lothringen verzichten. Bismarck wird in den Fürstenstand erhoben und erhält Friedrichsruh im Herzogtum Lauenburg.
1872	September: Treffen der drei Kaiser in Berlin.
1873	Mai: Die Falkschen Gesetze stützen Bismarcks Kulturkampf gegen die katholische Kirche. 22. Oktober: Drei-Kaiser-Bündnis des Deutschen Reichs mit Österreich und Rußland. Erzielt wird die Isolierung Frankreichs.
1874	Bismarck erkennt die spanische Republik an.
1875	Krieg-in-Sicht-Krise. Bismarcks Versuch, Frankreich durch Beeinflussung der öffentlichen Meinung in Europa unter Druck zu setzen, schlägt fehl.
1878	11. Mai: Attentat auf Kaiser Wilhelm I. 2. Juni: Zweites Attentat auf Kaiser Wilhelm. Auflösung des Reichstages.

Juni/Juli: Der Berliner Kongreß tagt unter dem Vorsitz Bismarcks. Beilegung des Konflikts auf der Balkanhalbinsel. Bismarck nach seiner Selbstinterpretation »der ehrliche Makler« Europas.

1879 7. Oktober: Zweibund zwischen dem Deutschen Reich und Österreich-Ungarn.

19. Oktober: Das Sozialistengesetz richtet sich gegen die Sozialdemokratische Partei. Presse- und Versammlungsverbot; Ausweisung sozialistischer Agitatoren.

Schutzzollpolitik des Reichskanzlers im Rahmen einer Wirtschafts- und Steuerreform. Kritik des Freihandels.

1881 Beginn der Sozialgesetzgebung.

1882 20. März: Dreibund des Deutschen Reichs und Österreich-Ungarns mit Italien.

18. Juni: Erneuerung des Drei-Kaiser-Vertrages.

1884/1885 Bismarck präsidiert der Kongo-Konferenz.

1887 Februar: Seit den Reichstagswahlen regiert Bismarck mit einer Parlamentsmehrheit der im Kartell zusammengeschlossenen Parteien.

11. März: Annahme des Septennats, eines Militärgesetzes, das die Heeresstärke regelt.

18. Juni: Rückversicherungsvertrag mit Rußland.

1888 9. März: Tod Kaiser Wilhelms I. Beginn der 100tägigen Regierung Kaiser Friedrichs III. Um dem russischen Abkommen keinen Abbruch zu tun, vereitelt Bismarck das Projekt einer Ehe zwischen der Prinzessin Viktoria und dem Fürsten Alexander von Battenberg-Bulgarien.

15. Juni: Regierungsantritt Kaiser Wilhelms II.

1890 25. Januar: Der Reichstag widersetzt sich der Verlängerung des Sozialistengesetzes.

4. Februar: Veröffentlichung der die Sozialgesetzgebung betreffenden kaiserlichen Erlasse. Da die Gegenzeichnung des Reichskanzlers fehlt, drängt sich die Vermutung auf, die Politik des Kaisers stehe in offenem Gegensatz zu der des Reichskanzlers.

20. Februar: Die Opposition gewinnt in den Reichstagswahlen die Mehrheit der Stimmen. Angebliche Staatsstreichpläne Bismarcks.

18. März: Als Bismarck versucht, die Kabinettsordre von 1852 wieder ins Leben zu rufen, die den Umgang der preußischen Minister mit dem König erschwert, fordert der Kaiser seinen Rücktritt.

20. März: Entlassung Bismarcks.

1894 Aussöhnung zwischen dem Kaiser und Bismarck.

1898 30. Juli: Bismarck stirbt in Friedrichsruh. Sein Leichnam wird dort in einem Mausoleum beigesetzt.

LITERATURVERZEICHNIS *)

Allen, D. Y., From Romanticism to Realpolitik. Studies in 19th-century German conservatism. Diss. Columbia Univ. N. Y. 1971. Ann Arbor 1972 (Mikrofilm).

Apsler, A., Iron chancellor, Otto von Bismarck. New York 1968.

Aydelotte, W. O., Bismarck and British colonial policy. The Problem of South West Africa. New York 1970.

Bammel, E., Die Reichsgründung und der deutsche Protestantismus. (= Erlanger Forschungen, A, 22) Erlangen 1973.

Bartel, H. (Hrsg.), Die großpreußisch-militaristische Reichsgründung 1871. Voraussetzungen und Folgen. Berlin 1971.

Bethge, H., Otto von Bismarck. Ein Lebensbild in Anekdoten. Berlin 1970.

Binder, H.-O., Reich und Einzelstaaten während der Kanzlerschaft Bismarcks: 1871–1890. (= Tübinger Studien zur Geschichte und Politik 29) Tübingen 1971.

Blanke, R. D., Prussian Polish policy and the Polish minority in Prussia under Bismarck and Caprivi. Diss. Berkley Calif. 1970. Ann Arbor 1971 (Mikrofilm).

Böhme, H., Deutschlands Weg zur Großmacht. Studien zum Verhältnis von Wirtschaft und Staat während der Reichsgründungszeit 1848–1881. Köln/Berlin 1966.

Böhme, H. (Hrsg.), Probleme der Reichsgründungszeit, 1848–1879. (= Neue Wissenschaftliche Bibliothek 26) Köln/Berlin 1968.

Böhmer, B., Frankreich zwischen Republik und Monarchie in der Bismarckzeit. Bismarcks Antilegitimismus in französischer Sicht (1870–1877) (= Münchener Hist. Stud. Abt. Neuere Geschichte 6) Kallmünz 1966.

Bormann, C., Bismarck und Südosteuropa vom Krimkrieg bis zur Pontuskonferenz. Hamburg 1967.

Büscher, A., Die Reichsgründung in gesamt-deutscher Sicht. (= Hist.-pol. Hefte der Ranke-Gesellschaft 5) Göttingen 1961.

Bußmann, W., Otto von Bismarck. Geschichte. Staat. Politik. (= Institut für Europäische Geschichte Mainz Vorträge Nr. 43) Wiesbaden 1966.

*) Darstellungen seit 1960. Zeitschriftenliteratur und Quellenpublikationen wurden hier nicht aufgenommen. Zur Orientierung dienen:

Born, K. E., (Hrsg.), Bismarck-Bibliographie. Quellen und Literatur zur Geschichte Bismarcks und seiner Zeit, bearb. von W. Hertel unter Mitarbeit von H. Henning. Köln, Berlin 1966.

Bußmann, W., Das Zeitalter Bismarcks. (= Handbuch der Deutschen Geschichte, neu hrsg. von L. Just, Bd. 3, II) 4. Aufl. Konstanz 1968.

Gall, L., (Hrsg.), Das Bismarck-Problem in der Geschichtsschreibung nach 1945. (= Neue Wissenschaftliche Bibliothek 42) Köln, Berlin 1971.

Gebhardt, B., Handburch der Deutschen Geschichte, hrsg. von H. Grundmann. Bd. 3. 9. neu bearb. Aufl. Stuttgart 1970.

Hallmann, H., (Hrsg.), Revision des Bismarckbildes. (= Wege der Forschung Bd. 285) Darmstadt 1972.

Bußmann, W., Die auswärtige Politik des Deutschen Reiches unter Bismarck 1871–1890. (Quellen und Arbeitsh. zur Geschichte und Politik) Stuttgart 1974.

Carstensen, R., Bismarck, Anekdotisches. München 1968.

Deuerlein, E., Deutsche Kanzler von Bismarck bis Hitler. München 1968.

Dittrich, J., Frankreich und die spanische Thronkandidatur der Hohenzollern. Die »Kriegsschuldfrage« von 1870. Mit einer Einführung von Gerhard Ritter. München 1962.

Erusalimskij, A. S., Bismarck. Diplomatie und Militarismus. Originalausg. 1968. Deutsch Frankfurt 1970.

Fellner, E., Der Dreibund. Europäische Diplomatie vor dem 1. Weltkrieg. Wien 1960.

Fischer-Frauendienst, I., Bismarcks Pressepolitik. (= Studien zur Publizistik Bremer Reihe 4) Münster 1963.

Friede, D., Der verheimlichte Bismarck. Neue Untersuchungen über Bismarcks Rußlandpolitik. Würzburg 1960.

Friesel, L., Das Bismarckbild der Alldeutschen. Bismarck im Bewußtsein und in der Politik des Alldeutschen Verbandes von 1890 bis 1933; ein Beitrag zum Bismarckverständnis des deutschen Nationalismus. Diss. (Masch.) Würzburg 1964.

Geheimes Staatsarchiv Preußischer Kulturbesitz, Berlin-Dahlem (Hrsg.), Bismarck in der Karikatur. Ausstellungskatalog. Berlin 1968.

Grosrichard, Y., Les cent visages de Bismarck. Paris 1970.

Hamerow, T. S., Otto von Bismarck. Boston 1962.

Hamerow, T. S. (Hrsg.), Otto von Bismarck. A Historical Assessment. (= Heath Publications in European Civilisation) Lexington 1962.

Hamerow, T. S., The Social Foundations of German Unification 1858–1871. Princeton 1969.

Haselmayr, F., Diplomatische Geschichte des Zweiten Reichs von 1871–1918. 5 Bde. München 1955–1962.

Hess, A., Das Parlament, das Bismarck widerstrebte (1862–1866). (= Polit. Forschungen 6) Köln u. Opladen 1964.

Hillerbrand, D., Bismarck und Gorcharkov. Diss. Stanford Univ. 1968. Ann Arbor 1969 (Mikrofilm).

Hillgruber, A., Kontinuität und Diskontinuität in der deutschen Außenpolitik von Bismarck bis Hitler. 1. Aufl. 1969. 3. Aufl. Düsseldorf 1971.

Hillgruber, A., Bismarcks Außenpolitik. (= Rombach Hochschul-Paperback 46) Freiburg i. B. 1972.

Höfele, K. H., Geist und Gesellschaft der Bismarckzeit. (1870–1890). Göttingen 1967.

Hollyday, F., Bismarck's rival. A political biography of General and Admiral Albrecht von Stosch. (Duke historical publications) Durham 1960.
Huber, E. R., Bismarck und das Reich. (= Deutsche Verfassungsgeschichte seit 1789. Bd. 3) Stuttgart 1963.

Isler, R., Diplomatie als Gespräch. Bismarcks Auseinandersetzung mit Österreich im Winter 1862/1863). Winterthur 1966.

Kent, G. O., Arnim and Bismarck. Oxford 1968.
Kober, H., Studien zur Rechtsanschauung Bismarcks. (= Tübinger Studien zur Geschichte und Politik 13) Tübingen 1961.
Kolb, E., Der Kriegsausbruch 1870. Politische Entscheidungsprozesse und Verantwortlichkeiten in der Julikrise 1870. Göttingen 1970.
Krug von Nidda, R., Königgrätz – 1866. Zwei Auffassungen von Deutschland. Zürich 1966.
Kumpf-Korfes, S., Bismarcks »Draht nach Rußland«. (= Quellen und Studien zur Geschichte Osteuropas 16) Berlin 1968.

Lades, H., Bismarck und die Mittellage Deutschlands in Europa. (Die Orientierung Beiheft 1965, 1) Pfaffenhofen 1965.
Lösener, A., Grundzüge von Bismarcks Staatsauffassung. (= Schriften zur Rechtslehre und Politik 39) Bonn 1962.

Maatz, H., Bismarck und Hannover 1866–1898. (= Veröffentlichungen der Hist. Komm. für Niedersachsen, Bremen usw. 25, 8) Hildesheim 1970.
Mai, J., Die preußisch-deutsche Polenpolitik 1885–1887. Eine Studie zur Herausbildung des Imperialismus in Deutschland. Berlin 1962.
Malettke, K., Die Beurteilung der Außen- und Innenpolitik Bismarcks 1862–1866 in den großen Pariser Zeitungen. (= Hist. Stud. 399) Lübeck/ Hamburg 1966.
Medlicott, W. N., Bismarck and modern Germany. (Teach yourself history Library) London 1965.
Mitchell, A., Bismarck and the French Nation 1848–1890. New York 1971.
Mommsen, W., Otto von Bismarck. (= rowohlts monographien 122) 3. Aufl. Hamburg 1968.

Naujoks, E., Bismarcks auswärtige Pressepolitik und die Reichsgründung (1865–1871). Wiesbaden 1968.
Neu, H., Bismarcks Versuch einer Einflußnahme auf die Kölnische Zeitung. Ein Beitrag zur Geschichte der rheinischen Presse in der Zeit der Reaktion. (Sonderdruck) Bonn 1965.
Neubach, H., Die Ausweisungen von Polen und Juden aus Preußen 1885/86. Ein Beitrag zu Bismarcks Polenpolitik und zur Geschichte des dt.-poln. Verhältnisses. (= Marburger Ostforschungen 27) Wiesbaden 1967.
Nöll von der Nahmer, R., Bismarcks Reptilienfonds. Aus den Geheimakten Preußens und des Deutschen Reiches. Mainz 1968.

Pack, W., Das parlamentarische Ringen um das Sozialistengesetz Bismarcks, 1878–1890. (= Beiträge zur Geschichte des Parlamentarismus und der politischen Parteien 20) Düsseldorf 1961.

Pflanze, O., Bismarck and the development of Germany. Princeton 1963.

Plachetka, M. G., Die Getreide-Autarkiepolitik Bismarcks und seiner Nachfolger im Reichskanzleramt. Bonn 1969.

Pöls, W., Sozialistenfrage und Revolutionsfurcht in ihrem Zusammenhang mit den angeblichen Staatsstreichplänen Bismarcks. (= Hist. Stud. 377) Lübeck/Hamburg 1960.

Preußen, Prinz v., F. W., Bismarcks Reichsgründung und das Ausland. Göttingen 1972.

Puntila, L. A., Bismarcks Frankreichpolitik. (Bismarckin Ranskan-Politiikka) (Geschichte im Buch) Göttingen 1971.

Rall, H., König Ludwig II. und Bismarcks Ringen um Bayern 1870/1871. (= Schriftenreihe zur bayerischen Landesgeschichte 67) München 1973.

Rein, G., Otto von Bismarck. Der schöpferische Staatsmann. Vortrag zum 150. Geburtstag des Reichsgründers. Darmstadt 1965.

Renk, H., Bismarcks Konflikt mit der Schweiz. Der Wohlgemuth-Handel von 1889. Vorgeschichte, Hintergründe und Folgen. (= Basler Beiträge zur Geschichtswissenschaft 125) Basel/Stuttgart 1972.

Reuss, M. A., Under Bismarck's shadow. The German Foreign Ministry expansion of influence, 1888–1895. Diss. Duke Univ. 1971 Ann Arbor 1972 (Mikrofilm).

Richter, W., Bismarck. Frankfurt a. M. 1962

Rosenberg, H., Große Depression und Bismarckzeit. Wirtschaftsablauf, Gesellschaft und Politik in Mitteleuropa. (= Veröffentlichungen d. Hist. Komm. zu Berlin beim Friedrich-Meinecke-Institut der F. U. Berlin 24) (Publikationen zur Geschichte der Industrialisierung Bd. 2) Berlin 1967.

Rothfels, H., Bismarck, der Osten und das Reich. Darmstadt 1960.

Rothfels, H., Bismarck. Vorträge und Abhandlungen. (Geschichte und Gegenwart) Stuttgart 1970.

Seeber, G., Zwischen Bebel und Bismarck. Zur Geschichte des Linksliberalismus in Deutschland 1871–1893. (= Deutsche Akademie d. Wiss. zu Berlin. Schriften d. Inst. für Geschichte I, 30) Berlin 1965.

Sellman, R. R., Bismarck and the unification of Germany. (Methuen's Outlines-Bildband) London 1973.

Sempell, C., Otto von Bismarck. (= Twayne's rulers and statesmen of the world Series 16) New York 1972.

Snyder, L. L. u. Brown, I. M., Bismarck and German unification. London 1966.

Snyder, L. L., The blood and iron chancellor. A documentary-biography of Otto von Bismarck. Princeton 1967.

Spael, W., Ludwig Windthorst. Bismarcks kleiner großer Gegner. Ein Lebensbild. Osnabrück 1962.

Schieder, Th., Das Deutsche Kaiserreich von 1871 als Nationalstaat. Köln 1961.
Schieder, Th., Nietzsche und Bismarck. (= Kölner Universitätsreden 30) Krefeld 1963.
Schieder, Th. u. Deuerlein, E. (Hrsg.), Reichsgründung 1870/71. Tatsachen, Kontroversen, Interpretationen. Stuttgart 1970.
Schmidt, E., Volkmar, Der Kulturkampf in Deutschland 1871–1890. Göttingen/Berlin 1962.
Schridde, R., Bismarck und Hannover. Die Gesandtenzeit 1851–1862. (Veröffentlichungen der Hist. Komm. für Niedersachsen) Hildesheim 1963.
Schüssler, W., Preußen und Österreich in der deutschen Geschichte. Göttingen 1963.

Steefel, L. D., Bismarck, the Hohenzollern candidacy and the origins of the Franco-German war of 1870. Cambridge 1962.
Steinmetz, O., Bismarck und die Deutsche Marine. Herford 1974.
Studnitz, v., H.-G., Bismarck in Bonn. Bemerkungen zur Außenpolitik. Stuttgart 1964.

Taylor, A. J. P., Bismarck, Mensch und Staatsmann. Originalausg. 1955. Deutsch (= Piper-Paperback 9) München 1962.

Vallotton, H., Bismarck. (= Les grandes Études historiques 85) Paris 1961.
Verchau, E., Otto von Bismarck. Eine Kurzbiographie. Berlin 1969.
Voth, W., Die Reichsfinanzen im Bismarckreich und ihre Bedeutung für die Stellung des Reichstages. Eine Studie über das Budgetrecht und dessen Ausübung in den Jahren 1871–1918. Diss. (Masch.) Kiel 1966.

Wandruszka, A., Schicksalsjahr 1866. Graz/Wien/Köln 1966.
Wehler, H.-U., Bismarck und der Imperialismus. Köln/Berlin 1969.
Winckler, M., Bismarcks Bündnispolitik und das europäische Gleichgewicht. Stuttgart 1964.
Wittenberg, E., Bismarcks politische Persönlichkeit im Bilde der Weimarer-Republik. Bd. 1 Lund 1969.
Wolter, H., Die Stellung der deutschen Sozialdemokratie zur Außenpolitik des preußisch-deutschen Reiches unter Bismarck (1878–1890) Diss. (Masch. vervielf.) Leipzig 1966.
Zechlin, E., Bismarck und die Grundlegung der deutschen Großmacht. Fotomech. Neudruck der 1. Ausg. v. 1930 2. verb. u. um einen Anhang verm. Aufl. Darmstadt 1960.
Zechlin, E., Die Reichsgründung. (= Deutsche Geschichte. Ereignisse und Probleme, hrsg. von W. Hubatsch 3,2) Frankfurt/Berlin 1967.
Zmarzlik, H.-G., Das Bismarckbild der Deutschen gestern und heute. Vortrag gehalten am 24. 11. 65 im Stud. gen. der Univ. Freiburg i. B. Freiburg i. B. 1967.

NAMEN- UND SACHREGISTER